재건축 · 재개발
총회진행, 임원선임 · 해임, 시공자선정 實務

재건축 · 재개발
총회진행, 임원선임 · 해임, 시공자선정 實務

발행일 | 2018년 8월 10일
저　자 | 법무법인 강산, 조필규
발행처 | 도서출판 파워에셋

출판등록 | 2014년 5월 2일(제2014-000010호)
주소 | 충청남도 아산시 탕정면 탕정면로 124
책내용문의 | 02-592-6390 / 114gs@naver.com

Copyright@Chaeum, Inc.
이 책의 저작권은 저자와 출판사에 있습니다
서면에 의한 저자와 출판사의 허락없이 책의 전부 또는 일부 내용을 사용할 수 없습니다.

ISBN 979-11-89287-01-6-03320　값 30,000원

저자와의 협의에 의해 인지는 붙이지 않습니다
잘못 만들어진 책은 구입처나 본사에서 교환해 드립니다.

재건축 · 재개발
총회진행, 임원선임 · 해임, 시공자선정 實務

법무법인 강산, 조필규

<1인당 분담금 약3,000만원 절감법>

시공자 선정 및 계약 노하우

<재판에서 이기는>

총회, 이사회, 대의원회 진행법

추진위원회, 주민총회 진행법

<국내 최초>

조합임원 선임, 해임 쟁점 해설

개정판 머리글

　국내 최초로 재건축·재개발 조합의 총회, 이사회, 대의원회 운영방법 및 조합임원 선임, 사임, 해임에 따른 법률문제를 다룬 「조합운영실무」책과 시공자 선정 방법 및 계약 문제를 다룬 「시공자 선정 및 계약 노하우」책이 각 단행본으로 나온 지 벌써 6년이 흘렀습니다. 위 책은 저자가 서울 강남구의 대규모 재건축조합의 조합장직무대행을 수행하면서 필요성을 절감하여 집필을 하게 된 것입니다.

　위 책들은 이미 매진되었음에도 불구하고 여러 가지 이유로 개정을 미루다가 드디어 이번에 개정판을 내게 되었습니다. 개정판은 독자들의 편의를 위해 위 2권의 책을 합하여 「재건축·재개발 총회진행, 임원선임·해임, 시공자선정 實務」로 변경하게 되었습니다.

이 책은 제목 그대로 재건축·재개발 조합에서 ① 조합임원을 선임, 해임함에 따른 모든 법률문제와 ② 총회, 이사회, 대의원회를 진행하는 방법, ③ 추진위원회, 주민총회를 진행하는 방법, ④ 시공자 선정방법 및 도급계약노하우를 다루고 있습니다.

아마 위 주제와 관련된 논문은 있으나, 총회진행 및 임원 선임·해임, 시공자 선정 문제만을 집중적으로 다룬 책은 이 책이 국내 유일할 것입니다.

모든 조합원들의 꿈은 하나일 것입니다. 분담금은 적게 내고, 아파트는 최고 품질로 짓는 것입니다. 이러한 꿈을 이루는 방법은 간단합니다. 조합원들이 조합임원을 제대로 선임하고, 총회에 적극적으로 참여하여 각자의 권리의무를 다하고, 시공자를 제대로 선정하고 도급계약을 제대로 체결하는 것입니다. 예를 들어 도급계약 중 비용상환순서를 공사비, 유이자 대여금 순서에서, 유이자 대여금, 공사비 순서로만 바꾸어도 1,000세대의 경우 약70억원이 절감된다는 통계가 있습니다.

조합원 1인당 약3,000만원의 분담금을 절감하는 비법은 간단합니다. 아직 시공자와 도급계약을 체결하지 않은 조합은 서울시가 발표한 표준도급계약서 내용대로 계약을 체결하고, 이미 도급계약을 체결한 조합은 시공자에게 이 책이 제시하는 독소조항의 변경을 요구하고, 이에 응하지 않으면 민법에 의거하여 계약을 해제하면 됩니다. 그래도 시공자는 원가공개 문제로 조합을 상대로 손해배상청구소송을 하지는 못합니다.

정비사업의 분담금은 시공자와의 계약에 달려 있다고 해도 과언이 아닌데, 그동안 시공자와의 도급계약을 소홀히 하거나, 시공자에게 일방적으로 끌려 다닌 측면이 있습니다. 특히 입찰지침서의 작성이 가장 중요함에도 불구하고 남의 것을 베끼는 우를 범하고, 가계약도 실제는 계약임에도 불구하고 소홀히 하는 경향이 있는 것도 사실입니다.

이에 법무법인 강산은 구체적인 계약서는 오픈하지 못하지만(법무법인 강산은 내부적으로 수십 개의 계약서를 분석하여 조합에 가장 유리한 계약서를 가지고는 있으나, 조합별로 상황이 다르기 때문에 오픈을 하지 못하는 것입니다), 나머지 시공자 선정 및 계약노하우는 공개하여 조합원들에게 도움을 주고자 집필하게 된 것으로써 법무법인 강산의 20년 노하우가 집약된 것입니다.

이 책은 2018년 7월까지의 법 개정 내용 및 판례가 반영되어 있습니다. 또한 저자의 사견도 피력하여 제도개선에 일조하고자 노력하였습니다.

저자들은 도시정비법에 대해서 활발한 자문 및 연구, 강의 활동을 펼친 공로로 국토교통부장관 및 경기도지자로부터 표창을 수상한 바도 있습니다.

이 책이 분쟁 없는 조합을 운영하고, 시공자와 도급계약을 제대로 체결하여, 조합원들의 분담금을 줄이는 계기가 되기를 소망합니다.

현금청산에 대해서는 「재건축·재개발 현금청산금 아는 만큼 더 받는다」 책을 참고하기 바랍니다.

2018. 8. 1.

법무법인 강산, 조필규 드림

◆ 「도시 및 주거환경정비법」의 명칭은 이하 "법", 「도시 및 주거환경정비법 시행령」은 "령", 「도시 및 주거환경정비법 시행규칙」은 "규칙"이라 표시함.
◆ 국토교통부가 보급하는 「주택재건축·재개발 정비사업조합 표준정관」은 "표준정관", 「정비사업조합설립추진위원회 운영규정」은 "운영규정"이라 표시함.
◆ 책 구입 문의 : 02-592-6390 / lawmain@hanmail.net

차례

PART 1 임원 선임 · 사임 · 해임 실무

Chapter 1 서론_ 18

Chapter 2 임원 선임_ 22
   01. 문제 제기_ 23
   02. 서울시 선거관리규정에 의한 선거관리위원회 구성_ 25
   03. 최초 선임_ 36
   04. 연임_ 59
   05. 변경 선임_ 63
   06. 총회에서의 재결의(추인) 가능 여부_ 72
   07. 선임·해임 관련 소송_ 74

Chapter 3 임원 해임 또는 사임_ 92
01. 해임·사임의 효력발생_ 96
02. 직무정지 및 직무대행자_ 101
03. 해임에 대한 인가 여부_ 108
04. 해임총회 쟁점_ 109

Chapter 4 임기만료·사임·해임 임원의 업무수행범위_ 126
01. 업무수행권 존재 여부_ 128
02. 업무수행범위_ 131
03. 조합장의 사임에 따른 조합 정관에 의한 직무대행자의 권한 범위_ 137

Chapter 5 결론_ 140

PART 2 추진위원회·주민총회

Chapter 1 기본 법률관계_ 148
01. 추진위원 피선임자격_ 149
02. 추진위원 선출_ 151
03. 추진위원 해임_ 154

Chapter 2 추진위원회 회의_ 158
01. 추진위원회 소집권자 및 의장_ 159
02. 소집 시기 및 장소_ 165
03. 추진위원회 소집 게시 및 통지_ 166
04. 추진위원회의 의결사항_ 170
05. 추진위원회의 의결방법_ 172
06. 의사록의 작성_ 176
07. 주민총회의 무산과 추진위원회의 결의 갈음_ 177

Chapter 3 주민총회_ 178
01. 주민총회 소집권자 및 의장_ 179
02. 추진위원회의 사전의결 여부_ 186
03. 소집의 시기 및 장소_ 187
04. 주민총회 소집 게시 및 통지_ 188
05. 주민총회 의결사항_ 191
06. 주민총회 의결방법_ 193
07. 의사록의 작성_ 199
08. 정족수 미달로 인한 재소집_ 200

PART 3 조합 총회 · 대의원회 · 이사회

Chapter 1 총회 일반론_ 204
01. 총회 종류_ 208
02. 총회 권한_ 211
03. 총회 의결사항_ 213
04. 총회 결의 없는 계약_ 218
05. 총회 대행은 정비회사만 가능_ 228
06. 긴급안건으로 처리 가능여부_ 231

Chapter 2 총회 소집 및 개최방법_ 234
01. 소집권자_ 235
02. 의장_ 250
03. 소집절차_ 254
04. 소집 시기 및 장소_ 260
05. 소집 게시 및 통지_ 262
06. 의사진행요령_ 266
07. 총회 결의_ 280
08. 의사록 작성 및 비치_ 318
09. 정족수 미달로 인한 재소집_ 327
10. 조합원에게 총회 참석비용 지급 가능 여부_ 329
11. 총회장소에 경비원을 두는 방법_ 331

Chapter 3 창립총회_ 334
    01. 추진위원회의 조합창립총회 개최여부_ 335

    02. 창립총회의 방법 및 절차 등_ 337

    03. 미동의자 발언권_ 343

    04. 창립총회 후 조합설립인가신청시까지의 사정변경에 대비_ 344

Chapter 4 대의원회_ 346
    01. 서론_ 347

    02. 대의원의 수_ 348

    03. 대의원회의 정족수 부족_ 349

    04. 대의원의 피선임자격_ 351

    05. 대의원의 선출_ 352

    06. 대의원의 해임_ 354

    07. 대의원회의 총회권한 대행_ 355

    08. 대의원회의 운영_ 357

    08. 총회의 무산과 대의원회의 결의 갈음_ 365

Chapter 5 이사회_ 368
    01. 이사회 설치에 관한 규정_ 369

    02. 이사회 소집 및 의장_ 371

    03. 이사회의 권한_ 373

    04. 이사회의 결의_ 374

    05. 감사의 이사회 출석권한 및 감사요청_ 378

    06. 의사록의 작성_ 379

PART 4 시공자 선정 총회 및 계약 노하우

Chapter 1 발상의 전환으로 분담금 절감하기_ 384
    01. 시공자 갑질 예방법_ 385

    02. 정비사업 시공은 땅 짚고 헤엄치기_ 387

    03. 시공사 선택 기준 다양화_ 389

04. 선정과 계약을 동시에 하라_ 397

05. 현장소장 선택_ 399

06. 대안·혁신·특화 설계의 불편한 진실_ 400

07. 컨소시엄 입찰 허용 시 주의점_ 403

08. 조합장 월급_ 405

09. 조합임원 연대보증_ 406

10. 독소조항 제거 등_ 408

Chapter 2 시공자 선정 시기 및 방법_ 414

01. 일반론_ 415

02. 재개발·재건축사업_ 419

03. 사업계획 변경 시 수의계약 가능 여부_ 421

Chapter 3 선정 절차_ 426

01. 한눈에 보는 선정 절차_ 427

02. 입찰방법_ 431

03. 금품제공 금지_ 433

04. 설계 제안 시 적정성 검토_ 435

05. 현장설명회_ 436

06. 입찰서의 접수 및 개봉_ 437

07. 대의원회의 의결_ 438

08. 건설업자등의 홍보_ 439

Chapter 4 입찰 및 낙찰 관련 법적 쟁점_ 444

01. 경쟁입찰 시 입찰자가 스스로 입찰을 포기하는 경우_ 445

02. 입찰보증금의 법적성격_ 446

03. 입찰지침서_ 448

Chapter 5 시공자 선정 총회 등_ 454

01. 과반수 직접 출석_ 455

02. 서면결의_ 458

03. 현장 설명_ 460

04. 의결정족수_ 461

05. 총회 비용_ 462
　　06. 계약의 체결 및 계약사항의 관리_ 463
　　07. 공사비 검증제도 신설_ 466
　　08. 새로운 시공자 선정 절차 금지 가처분 허용 여부_ 468
　　09. 시공자 계약 해제 총회 과반수 직접 참석 여부_ 469
　　10. 시공자선정 총회결의무효확인소송_ 472

Chapter 6 도급계약 노하우_478
　　01. 기울어진 운동장_ 479
　　02. 오해와 진실_ 483
　　03. 약정해제사유 추가_ 485
　　04. 위약금 제대로 약정_ 487
　　05. 불합리한 공사비 증액 차단_ 489
　　06. 연대보증 문제_ 493
　　07. 계약해제로 인한 원상회복 시 가산금리_ 499
　　08. 서울시 표준도급계약서 활용_ 503

Chapter 7 도급계약 해제 요령_ 506
　　01. 일방적인 해제 가능 여부_ 507
　　02. 약정해제권 행사_ 510
　　03. 대여금 미지급으로 인한 해제_ 511
　　04. 해제 시 검토사항_ 513
　　05. 공동사업주체인 시공자 해제_ 514

Chapter 8 시공자 선정 비리 뿌리 뽑는다_ 518
　　01. 시공자선정 취소 명령 또는 과징금, 입찰제한 신설_ 519
　　02. 개정내용 요약_ 520
　　03. 법 개정 사항_ 521

PART 5 분쟁 사례

　　01. 하자판단 기준 시점_ 528

02. 임원 선거가 무효가 되는 조건_ 529
03. 소집절차 하자를 추인하는 경우, 재인준 결의_ 530
04. 이사회 또는 대의원회의 소집결의의 하자_ 531
05. 소집권한 없는 자에 의한 소집_ 534
06. 통지상의 하자_ 538
07. 결의방법의 하자_ 544
08. 무효인 결의를 기초로 이루어진 후속 결의 효력_ 550
09. 조합원의 권리를 부당하게 박탈하는 경우_ 552
10. 선거운동방법 위배_ 553

PART 1
임원 선임 · 사임 · 해임 실무

Chapter 1 서론
Chapter 2 임원 선임
Chapter 3 임원 해임 또는 사임
Chapter 4 임기만료 · 사임 · 해임 임원의 업무수행범위
Chapter 5 결론

Chapter 1

서론

조합이 정비사업을 시행하기 위해서는 정비사업조합(이하 '조합'이라고만 하고, 민법상 조합은 민법상 조합이라고 한다)을 구성하여야 하고[001], 「도시 및 주거환경정비법」(이하 '법' 또는 '도시정비법'이라고만 한다) 제41조에 의하면(구법 제21조), 조합의 임원은 조합장, 이사, 감사로 구성한다.

　조합 임원은 조합장을 1명으로 하고, 조합 이사는 3명 이상, 감사는 1명 이상 3명 이하의 범위에서 정관으로 정한다. 다만, 토지등소유자의 수가 100인을 초과하는 경우에는 이사의 수를 5명 이상으로 한다(법 제41조 제1항, 령 제40조).

001　토지등소유자가 20인 미만인 경우는 토지등소유자가 시행하기도 한다.

조합 임원의 임기는 3년 이하의 범위에서 정관으로 정하되, 연임할 수 있다(법 제41조 제4항)[002]. 따라서 이제는 정관에 의한 종신제 임원은 불가하다.

조합 임원의 선임 및 해임은 총회 의결을 거쳐야 하고(법 제45조 제1항 제7호), 조합장을 제외한 나머지 임원 및 대의원의 보궐선임은 대의원회에서 한다(령 제43조 제6호).

<u>조합 임원의 선출방법 등은 정관으로 정한다.</u> 다만, 시장·군수등은 조합 임원이 사임, 해임, 임기만료, 그 밖에 불가피한 사유 등으로 직무를 수행할 수 없는 때부터 6개월 이상 선임되지 아니한 경우 시·도 조례로 정하는 바에 따라 변호사·회계사·기술사 등으로서 대통령령으로 정하는 요건을 갖춘 자를 전문조합관리인으로 선정하여 조합 임원의 업무를 대행하게 할 수 있다(법 제41조 제5항).

임원을 선임하기 위한 총회의 소집절차·시기 등에 필요한 사항은 정관으로 정한다(법 제44조 제5항). 총회의 의결은 이 법 또는 정관에 다른 규정이 없으면 조합원 과반수의 출석과 출석 조합원의 과반수 찬성으로 한다(법 제45조 제3항)[003].

따라서 조합에 있어서 그 집행기관인 임원의 선임·해임·사임·임기만료·보궐선임 등을 규정한 정관내용은 매우 중요하다. 실무적으

---

002 임기에 대해서 구법에서는 정관에 위임하고, 법에는 규정하고 있지 않았다.
003 구법에서는 총회 의결정족수를 정관에 위임하였으나, 전면개정법에서는 법에 규정한 것이다.

로 조합 관련 분쟁에서 많은 부분을 차지하고 있는 것이 임원 선임·해임 등에 따른 법률문제이다. 특히 표준정관 부칙에 의하면 조합설립인가 후 또는 등기 후에 정관이 시행된다고 규정하고 있는바, 그렇다면 최초임원 선임의 준거규정은 무엇인지에 대한 논의도 필요한 실정이다. 그런데 국토교통부에서 발표한 표준정관을 보면 이 문제들에 대해서 명확하지 못하거나 아예 누락되어 있는 경우가 많고, 주로 선임·해임의 방법론에 치우쳐 있는데, 각 조합들은 표준정관을 그대로 사용하고 있는 실정이다[004].

그 결과 최초 임원 선임 시 준거규정은 무엇인지, 선임·사임·해임·보궐선임 등의 효력발생 시기는 언제인지, 해임 또는 사임되거나 임기만료 된 자의 경우 업무수행권은 있는지와 있다면 그 업무수행범위는 어디까지인지, 직무대행자 선임권자 및 직무대행자의 업무수행범위는 어디까지인지 등에 관하여 많은 논란과 분쟁이 있어 왔다.

---

004 표준정관은 법적 구속력은 없다. 그러나 「서울특별시 도시 및 주거환경 정비조례」 제20조 제1항 제4호에 의하면, 정관은 법 제40조 제2항에 따른 표준정관을 준용하여 작성함을 원칙으로 한다고 되어 있어, 대부분의 조합에서는 표준정관 내용을 그대로 사용하고 있는 실정이다. 그러나 표준정관은 발표 된지 오래되어 현재는 법 규정에도 맞지 않는 부분이 너무 많으므로, 조속한 개정을 기대한다.

Chapter 2

임원 선임 실무

01 문제제기

 조합에 있어서 임원이 선임되는 경우는 여러 가지 경우가 있다. 즉, 조합설립 시 선임되는 경우(이하 '최초 선임'이라 한다), 기존 임원이 연임되는 경우(이하 '연임'이라 함), 기존 임원이 아닌 다른 임원이 선임되어 변경등기가 필요한 경우(이하 '변경 선임'이라 한다. '보궐 선임'을 포함한다)가 있다.

 조합임원 선임 시에는 선거관리위원회(이하 '선관위'라고 한다) 구성이 가장 중요하다. 실무에서 선관위를 구성하지 못하여 임원 선임을 하지 못하는 경우가 많다.

 선거관리규정에 "<u>선거관리위원은 ○○구역 조합원 중에서 대의원회에서 선임 한다</u>"라고 되어 있는데, 미리 선관위가 구성되어 있지 않은 경우에는 대의원회의 정족수가 부족하여 선관위를 구성하지 못하므로 조합 임원 선임 총회 자체가 불가하다.

선관위원은 대의원회에서 선임되어야 하므로, 조합이 임원과 대의원을 선출하기 위해서는 우선 대의원회에서 선관위원을 선임하는 절차를 선행한 후 선관위원이 선거관리규정에 따라 선거절차를 관리하여야만 한다. 따라서 만일 조합에 선거관리규정이 정한 적법한 선관위원이 존재하지 아니하면 임원과 대의원 선출을 위한 임시총회는 불가한 것이다.

만일 선관위원을 사실상 추대하고 이들에 의해 선거절차를 진행한 다음 임시총회에서 선거관리위원 선임을 추인 받음으로써 하자를 치유하는 방식은 위법하다. 무효행위를 추인한 때에는 달리 소급효를 인정하는 법률규정이 없는 한 새로운 법률행위를 한 것으로 보아야 하고, 이는 무효인 결의를 사후에 적법하게 추인하는 경우에도 마찬가지이다(대법원 2011. 6. 24 선고 2009다35033 판결). 따라서 총회에서 선관위원 선임을 추인하는 것은 가능하다 할 것이나, 사실상 추대되었던 선거관리위원의 선임을 임시총회에서 추인한다고 하더라도 그들의 추인 전 선거관리 행위까지도 소급하여 유효하게 되는 것은 아니다(서울고등법원 2018. 2. 21.자 2017라21265 결정).

이에 여기서는 먼저 서울시 선거관리규정을 중심으로 선거관리위원회 구성 문제를 먼저 설명하고자 한다. 서울시 외에 있는 조합 설립추진위원회나 조합은 서울시 선거관리규정처럼 선거관리위원회 구성에 대한 규정 정비부터 제대로 할 것을 권한다.

02 서울시 선거관리규정에 의한 선거관리위원회 구성

가. 창립총회

조합설립추진위원회가 선관위를 구성한다.

<u>5인 이상 9인 이내의 선관위원</u>으로 구성하며, 선관위원은 선거인 중에서 당해 정비사업의 조합설립추진위원회설립에 동의한 자 중 <u>추진위원회에서 후보자를 등록받아 추진위원회 의결을 통해 선임 및 구성한다.</u>

선관위원이 임기 내 사망 또는 사퇴 등 궐위된 경우에는 조합설립추진위원회 선관위는 <u>제7조제3항 내지 제4항에 따른 후보자 등록 또는 선관위원의 추천을 받아 조합설립추진위원회 선관위 의결로서 즉시 선임</u>해야 한다.

서울특별시 정비사업 표준선거관리규정

제7조(선거관리위원회 구성) ① 이 규정에 따라 선거를 관리하고 집행하기 위하여 조합설립추진위원회 선관위를 구성하여야 하며, 조합설립추진위원회 선관위는 조합설립추진위원회 조직 및 업무와 독립적으로 선거관리에 관한 창립총회 등의 업무를 총괄한다.

② 조합설립추진위원장은 조합설립추진위원회 선관위 구성을 위해 다음 각 호를 포함한 선거관리위원(이하 "선관위원"이라 한다.) 후보자 등록을 조합설립추진위원회 홈페이지에 공고하고 클린업시스템에 게시하여야 한다.

  1. 선관위원 등록기간 및 장소
  2. 선관위원 신청자격

  【주】선관위원 등록자격은 조합설립추진위원장이 사전 추진위원회와 협의하여 ○인 이상의 선거인의 추천을 받은 자, 범죄경력이 없는 자로 정할 수 있음.

  3. 모집 인원 초과 등록 시 선관위원 선정방법 등

  【주】정수 이상의 선관위원이 등록하였을 경우 공정선거 사무를 수행할 학식과 사회경험이 풍부한 자를 추진위원회에서 비밀투표 또는 공개추첨 방식 등으로 선임할 수 있음.

③ 조합설립추진위원회 선관위는 5인 이상 9인 이내의 선관위원으로 구성하며, 선관위원은 선거인 중에서 당해 정비사업의 조합설립추진위원회설립에 동의한 자 중 추진위원회에서 후보자를 등록받아 추진위원회 의결을 통해 선임 및 구성한다. 다만, 선관위원 후보자가 정수 이상 등록된 경우로서 추진위원회 또는 선거인의 1/10이상의 요청이 있는 경우 선관위원의 선임을 구청장에게 의뢰할 수 있다.

  【주】선관위원의 수는 당해 정비사업의 규모 및 조합설립추진위원 수 등을 고려하여 5인 이상 9인 이내에서 정할 수 있으며, 선관위원 후보자가 정수 이상 등록된 경우 공정선거 사무를 수행할 학식과 사회경험이 풍부한 자를 우선하여 추진위원회에서 비밀투표 또는 공개추첨 방식 등으로 선임할 수 있음.

④ 제3항에도 불구하고 선거관리의 공정성과 전문성 확보를 위하여 추진위원회 의결을 통하여 필요하다고 인정할 경우 구청장 또는 관할 선거관리위원회(해당 조합설립추진위원회의 소재지를 관할하는 구 선거관리위원회를 말한다. 이하 "관할 선관위"라 한다.)의 추천을 받아 선거인이 아닌 자를 선관위원으로 선임할 수 있다. 이 경우 수당 등 보수 및 실비는 조합설립추진위원회 선관위가 부담한다.

【주】선거관련 전문적인 지식, 경험과 학식이 풍부한 자가 필요하다고 인정될 경우 구청장 등으로부터 추천받아 선관위원을 선임할 수 있음.

⑤ 선관위원의 임기는 창립총회의 임원·대의원 선출과 관련하여 제47조제1항에 따른 당선자 공고와 동시에 종료된다.

【주】선관위원의 임기는 제47조제1항에 의한 당선자 공고까지로 한다. 단, 선관위원장 및 간사는 선거관리 업무가 종료된 이후에도 제52조에 따른 선거관련 자료의 인계의 업무를 수행하여야 함.

⑥ 조합설립추진위원장은 조합설립추진위원회 선관위가 구성되고 선거사무가 개시되기 전에 선거사무에 필요한 사무실 및 사무용 집기와 토지등소유자 명부 등 선거사무에 필요한 정보를 조합설립추진위원회 선관위에 제공하여 선거관리를 지원하여야 한다.

【주】조합설립추진위원회 선관위 사무실은 공명선거를 위하여 필요할 경우 조합설립추진위원회사무실 또는 입후보자 소유 및 임차건물과 별도로 둘 수 있음.

⑦ 조합설립추진위원회의 임원과 그 직계존비속, 조합설립추진위원회와 계약된 업체 또는 단체의 임·위원 또는 직원, 입후보자 또는 그 직계존비속은 선관위원이 될 수 없다.

제8조(선거관리위원회의 조직 등) ① 조합설립추진위원회 선관위에는 선관위원 중에서 선거관리위원장(이하 "선관위원장"이라 한다.) 1인, 간사 1인을 둔다.

② 선관위원장과 간사는 선관위원 중에서 호선에 의하여 선정한다.

③ 제2항에 따른 선관위원장 및 간사 선정을 위한 최초 회의소집은 조합설립추진위원회장이 하며, 제7조제3항에 의하여 조합설립추진위원회 선관위가 구성된 날로부터 7일 이내에 조합설립추진위원장이 최초 회의소집을 아니할 경우에는 선출된 선관위원 중 연장자, 직무대행자, 구청장 순으로 회의소집 및 의장의 직무를 대행할 수 있다. 조합설립추진위원회 선관위는 조합설립추진위원회 선관위가 구성되는 즉시 조합설립추진위원회 홈페이지에 공고하고 클린업시스템에 게시하여야 한다.
④ 선관위원장은 조합설립추진위원회 선관위를 대표하고, 창립총회(임원선출 창립총회에 한한다.) 등의 임시 의장이 된다. 조합설립추진위원회 선관위는 정관(안)에서 정하는 창립총회 등 기간에 대하여 그 지위를 가진다.
⑤ 선관위원이 임기 내 사망 또는 사퇴 등 궐위된 경우에는 조합설립추진위원회 선관위는 제7조제3항 내지 제4항에 따른 후보자 등록 또는 선관위원의 추천을 받아 조합설립추진위원회 선관위 의결로서 즉시 선임해야 한다.
⑥ 조합설립추진위원회 선관위는 선거관리계획에 정한 바에 따라 선거관리에 필요한 사무를 보조하는 선거사무보조원을 둘 수 있다.
【주】선거관리에 필요한 선거사무보조원은 선관위원의 수 범위 내에서 조합설립추진위원회 선관위에서 별도로 정할 수 있음.

제51조(창립총회에서의 선거) ① 조합설립 추진위원회가 영 제22조의2에서 정한 창립총회에서 확정된 정관에서 정하는 바에 따라 임원·대의원을 선출하고자 할 경우에는 이 규정에 의한다.
② 제1항에 의하여 창립총회에서 임원·대의원 선출을 위한 선거관리를 시행할 경우에는 제2조 내지 제55조 규정을 준용한다. 이 경우 "조합"을 "조합설립 추진위원회"로 "정관"을 "정관(안)"으로 "총회"를 "창립총회"로 "조합원"을 "토지등소유자"로 "대의원회"를 "추진위원회"로 한다.

나. 변경, 연임, 보궐

이때에는 대의원회와 이사회가 정상적으로 구성되어 있어야 하는 것이 가장 중요하다. 즉, 법정 정족수 부족이 생길 경우에는 아예 선관위를 구성하지 못하므로, 비상상황에 대비하는 규정을 두어야 한다.

선관위는 대의원회에서 후보자를 등록받아 대의원회 의결을 통해 선임 및 구성한다. <u>조합원의 수가 100인 미만인 조합</u>으로서 대의원회가 구성되지 않은 경우 제3항에 따른 "대의원회"는 "<u>이사회</u>"로 한다.

조합장을 제외하고 보궐선거는 대의원회에서 한다. 대의원회에서 보궐선거를 하는 경우에도 선관위를 구성하여야 한다. <u>선관위원은 대의원 중 후보자를 등록받아 대의원회 의결을 통해 3인 이상 7인 이하로 선임</u>하여 선관위를 구성한다.

그리고 조합장이 궐위되거나 유고된 경우, 대의원회나 이사회가 기능을 하지 못하는 경우에 대비하여 서울시는 상세하게 선관위 구성이 가능하도록 보완 규정을 두고 있다(규정 제50조).

한편 판례는 유고의 의미를 사망, 질병, 법원의 직무집행정지 가처분결정 기타 부득이한 사정으로 직무를 집행할 수 없는 경우로 해석하고 있다(대법원 2008. 12. 11. 선고 2006다57131 판결, 대법원 2010. 5. 13. 선고 2010다3384 판결 등).

제7조(선거관리위원회 구성) ① 이 규정에 따라 선거를 관리하고 집행하기 위하여 조합 선관위를 구성하여야 하며, 조합 선관위는 조합 조직 및 업무와 독립적으로 선거관리에 관한 총회 등의 업무를 총괄한다.
② 조합장은 임원·대의원 임기만료 60일전까지 조합 선관위 구성을 위해 다음 각 호를 포함한 선거관리위원(이하 "선관위원"이라 한다.) 후보자 등록을 조합 홈페이지에 공고하고 클린업시스템에 게시하여야 한다.
【주】조합 임원의 임기는 3년 이하의 범위 내에서 조합 정관에서 정하는 바에 따라 명문화하고, 임기만료 이후 임원이 처리한 업무의 효력에 대한 법률적 분쟁방지를 위해 임기만료 60일전까지 후임자 선임업무를 개시하여야 함. 해당 조합 정관 등으로 대의원의 임기를 정한 경우는 같은 기준 적용
　1. 선관위원 등록기간 및 장소
　2. 선관위원 신청자격
【주】선관위원 등록자격은 조합장이 사전 대의원회와 협의하여 ○인 이상의 선거인의 추천을 받은 자, 범죄경력이 없는 자로 정할 수 있음.
　3. 모집 인원 초과 등록 시 선관위원 선정방법 등
【주】정수 이상의 선관위원이 등록하였을 경우 공정선거 사무를 수행할 학식과 사회경험이 풍부한 자를 대의원회에서 비밀투표 또는 공개추첨 방식 등으로 선임할 수 있음.
③ 조합 선관위는 5인 이상 9인 이내의 선관위원으로 구성하며, 선관위원은 선거인 중에서 당해 정비사업의 조합설립에 동의한 자 중 대의원회에서 후보자를 등록받아 대의원회 의결을 통해 선임 및 구성한다. 다만, 선관위원 후보자가 정수 이상 등록된 경우로서 대의원회 또는 선거인의 1/10이상의 요청이 있는 경우 선관위원의 선임을 구청장에게 의뢰할 수 있다.
【주】선관위원의 수는 당해 정비사업의 규모 및 조합원 수 등을 고려하여 5인 이상 9인 이내에서 정할 수 있으며, 선관위원 후보자가 정수 이상 등록된 경우 공정선거 사무를 수행할 학식과 사회경험이 풍부한 자를 우선하여 대의원회에서 비밀투표 또는 공개추첨 방식 등으로 선임할 수 있음.

④ 제3항에도 불구하고 선거관리의 공정성과 전문성 확보를 위하여 대의원회 의결을 통하여 필요하다고 인정할 경우 구청장 또는 관할 선거관리위원회(해당 조합의 소재지를 관할하는 구 선거관리위원회를 말한다. 이하 "관할 선관위"라 한다.)의 추천을 받아 선거인이 아닌 자를 선관위원으로 선임할 수 있다. 이 경우 수당 등 보수 및 실비는 조합 선관위가 부담한다.

【주】선거관련 전문적인 지식, 경험과 학식이 풍부한 자가 필요하다고 인정될 경우 구청장 등으로부터 추천받아 선관위원을 선임할 수 있음.

⑤ 선관위원의 임기는 총회의 임원·대의원 선출과 관련하여 제47조제1항에 따른 당선자 공고와 동시에 종료된다.

【주】선관위원의 임기는 제47조제1항에 의한 당선자 공고까지로 한다. 단, 선관위원장 및 간사는 선거관리 업무가 종료된 이후에도 제52조에 따른 선거관련 자료의 인계의 업무를 수행하여야 함.

⑥ 조합장은 조합 선관위가 구성되고 선거사무가 개시되기 전에 선거사무에 필요한 사무실 및 사무용 집기와 조합원 명부 등 선거사무에 필요한 정보를 조합 선관위에 제공하여 선거관리를 지원하여야 한다.

【주】조합 선관위 사무실은 공명선거를 위하여 필요할 경우 조합사무실 또는 입후보자 소유 및 임차건물과 별도로 둘 수 있음.

⑦ 조합의 임원·대의원과 그 직계존비속, 조합과 계약된 업체 또는 단체의 임·위원 또는 직원, 입후보자 또는 그 직계존비속은 선관위원이 될 수 없다.

⑧ 조합원의 수가 100인 미만인 조합으로서 법 제25조제1항에 따라 대의원회가 구성되지 않은 경우 제3항에 따른 "대의원회"는 "이사회"로 한다(이하, 같다).

【주】조합원의 수가 100인 미만으로 도정법 상 대의원회 구성 대상에서 제외되는 조합의 경우, 이사회에서 선관위원 후보자를 등록 받아 이사회 의결을 통해 선임 및 구성할 수 있음(이하, 본 규정에서 공통 적용)

제8조(선거관리위원회의 조직 등) ① 조합 선관위에는 선관위원 중에서 선거관리위원장(이하 "선관위원장"이라 한다.) 1인, 간사 1인을 둔다.

② 선관위원장과 간사는 선관위원 중에서 호선에 의하여 선정한다.

③ 제2항에 따른 선관위원장 및 간사 선정을 위한 <u>최초 회의소집은 조합장</u>이 하며, 제7조제3항에 의하여 <u>조합 선관위가 구성된 날로부터 7일 이내에 조합장이 최초 회의소집을 아니할 경우에는 선출된 선관위원 중 연장자, 직무대행자, 구청장 순으로 회의소집 및 의장의 직무를 대행할 수 있다.</u> 조합 선관위는 조합 선관위가 구성되는 즉시 조합 홈페이지에 공고하고 클린업시스템에 게시하여야 한다.

④ 선관위원장은 조합 선관위를 대표하고, 총회(임원선출 총회에 한한다.) 등의 임시 의장이 된다. 조합 선관위는 정관에서 정하는 총회 등 기간에 대하여 그 지위를 가진다.

⑤ 선관위원이 임기 내 사망 또는 사퇴 등 궐위된 경우에는 조합 선관위는 제7조제3항 내지 제4항에 따른 후보자 등록 또는 선관위원의 추천을 받아 조합 선관위 의결로서 즉시 선임해야 한다.

⑥ 조합 선관위는 선거관리계획에 정한 바에 따라 선거관리에 필요한 사무를 보조하는 선거사무보조원을 둘 수 있다.

【주】선거관리에 필요한 선거사무보조원은 선관위원의 수 범위 내에서 조합 선관위에서 별도로 정할 수 있음.

제48조(보궐선거 등) ① 임원, 대의원 등의 임기 중 궐위된 자의 선거관리를 하고자 할 경우에는 이 규정에 의한다. <u>단, 조합장은 제외한다.</u>

② 제1항에 따라 보궐선거를 위한 선거관리를 시행할 경우, "선거인"은 "대의원"으로 "총회"는 "대의원회"로 본다. 이 경우 제7조제3항에 따른 <u>선관위원은 대의원 중 후보자를 등록받아 대의원회 의결을 통해 3인 이상 7인 이하로 선임하여 선관위</u>를 구성하며, 제7조제2항·제4항 내지 제6항, 제8조 내지 제22조 및 제39조 내지 제46조 규정의 일부 또는 전체를 적용하지 아니하거나 별도로 정할 수 있다.

【주】궐위된 대의원의 후보자는 대의원 5인 이상의 추천을 받은 자로 한다. 이 경우 대의원의 수가 5인 미만인 경우 선거인 ○○인 이상으로 한다.

③ 임원, 대의원 중 궐위된 자가 발생할 경우 조합장은 즉시 제2항에 따른 보궐선거를 위한 대의원회 소집을 하여야 한다. 다만, <u>대의원이 임기 중 궐위되어 대의원의 수가 법 제25조제2항에 따른 대의원의 수에 미달되게 된 경우에는 제2항에도 불구하고 총회에서 보궐선임을 하여야 한다.</u>

제50조(권한의 대행 등) ① 제48조에 따른 조합의 보궐선거에 대하여 조합장이 해임, 사임, 당연퇴임 등으로 궐위된 경우 부조합장, 상근이사 중 연장자(궐위 등으로 상근이사가 없는 경우 이사 중 연장자), 법원에서 파견된 직무대행자, 구청장 순으로 그 직무를 대행한다.
② 제49조에 따른 추진위원회의 보궐선거에 대하여 추진위원장이 해임, 사임, 당연퇴임 등으로 궐위된 경우 부위원장, 추진위원 중 연장자, 법원에서 파견된 직무대행자, 구청장 순으로 그 직무를 대행한다.
③ 대의원의 수가 법 제25조제2항에 따른 대의원의 수에 미달되게 된 경우에는 제7조제3항·제13조제3항·제31조제1항에 따른 "대의원회"는 "이사회"로 하며, 이 경우 선관위원 후보자가 정수 이상 등록된 경우의 선관위원 선임은 구청장이 한다.
④ 추진위원의 수가 운영규정 본문 제2조제2항에 따른 추진위원의 수에 미달되게 된 경우에는 제7조제3항·제13조제3항·제31조제1항에 따른 "대의원회"는 "추진위원장"으로 하며, 이 경우 선관위원 후보자가 정수 이상 등록된 경우의 선관위원 선임은 구청장이 한다.
⑤ 제3항 및 제4항에도 불구하고 이사회의 의결 정족수가 부족하거나 추진위원장(직무 대행자 포함)의 직무 수행이 불가하여 선관위원 선임이 어려운 경우에는 선거인 1/10 이상의 요청에 따라 공공지원자가 선관위원 후보자 등록을 받아 제7조제3항 및 제48조제2항 단서에 규정된 선관위원을 선임할 수 있다.
⑥ 제5항에 따라 공공지원자가 선관위원을 선임하는 경우에는 제13조제3항의 "대의원회의 의결"을 "공공지원자 승인"으로, 제31조제1항의 "대의원회"를 "공공지원자"로 한다.

다. 선거관리위원회의 임기 종료시점

서울시 표준선거관리규정은 제7조 제5항은 "선관위원의 임기는 총회의 임원·대의원 선출과 관련하여 제47조제1항에 따른 당선자 공고와 동시에 종료된다."라고 규정한다.

그리고 비록 가처분등에 의해 당해 선거에서 임원을 선출하지 못하였다고 하더라도 선거관리위원의 임기는 종료된다고 보아야 한다.

> **대법원 2014. 12. 11 선고 2013다204690 판결**
>
> 선거관리위원의 임기는 당해 선거업무가 끝남과 동시에 종료되는 것으로 규정하고 있는 사실, 피고는 2009. 7. 29. 개최된 제10차 대의원회에서 당시 2009. 10. 29.로 예정되어 있던 임시총회에서의 임원선임을 위하여 5인을 선거관리위원으로 선출한 사실, 원고들 등 2차 해임결의에 의해 해임된 자들은 위 변경된 조합정관에 의해 임원이 될 수 없다는 이유로 피고의 선거관리위원회로부터 위 2009. 10. 29.자 임시총회에서의 임원 선출 입후보 등록이 거절되었고, 그 후 2009. 10. 27.자 법원의 임시총회개최금지가처분결정에 의하여 위 임시총회는 개최되지 못한 사실, 피고는 임시조합장 소외 6 명의로 2010. 8. 26. 입후보자 모집 공고에서 '접수기간 같은 날부터 2010. 9. 6.까지, 후보자 선정방법 서류 등록순 마감(조합장 2명, 이사 12명, 감사 3명)'이라고 명시하고 위 변경된 조합정관에 의하여 후보자격을 심사한다는 취지를 밝힌 사실, 피고는 2010. 10. 27. 이 사건 임시총회를 개최하였고, 조합장 1명, 이사 8명, 감사 2명을 각 선임하는 이 사건 선임결의가 이루어진 사실, <u>한편 피고는 선거관리위원을 새로 선출하지 아니한 채 위 제10차 대의원회에서 선출된 선거관리위원들로 구성된 선거관리위원회로 하여금 이 사건 임시총회에서의 임원 선임에 관한 선거업무를 진행하게 한 사실</u>을 알 수 있다.

사정이 이와 같다면, 위 제10차 대의원회에서 선출된 선거관리위원들의 임기는 당해 선거업무인 2009. 10. 29.자 임원 선출을 위한 임시총회가 앞서 본 바와 같이 개최되지 못함으로써 위 선거관리규정에 따라 종료하였다고 할 것이고, 피고는 그로부터 약 1년이 지난 이 사건 임시총회에서의 임원 선임에 관한 선거업무를 위하여 새로운 선거관리위원회를 구성했어야 할 것임에도 위 선거관리규정을 위반하여 임기가 만료된 선거관리위원들로 구성된 선거관리위원회로 하여금 담당하게 하였으므로, 적법한 선거관리위원회가 구성되지 아니한 상태에서 실시된 선거를 통하여 선출된 자들을 피고의 임원으로 선임한 이 사건 선임결의는 그 절차에 하자가 있다.

03 최초 선임

가. 최초 선임의 준거규정

(1) 정관 작성자

법 제38조 제1항은 "조합은 법인으로 한다.", 법 제49조는 "조합에 관하여는 이 법에 규정된 사항을 제외하고는 민법 중 사단법인에 관한 규정을 준용한다."고 규정하고, 령 제26조 제4호는 추진위원회 업무로 "조합 정관의 초안 작성"을 규정하고, 령 제27조 제4항은 창립총회에서 조합 정관을 확정한다고 규정하고 있다. 또한 법은 제41조에서 임원의 숫자, 제43조에서 결격사유만을 규정하고, 나머지 임원의 자격 등 구체적인 사항은 정관에 위임하고 있다.

그런데 표준정관[005]의 규정을 살펴보면, 재건축표준정관 부칙은

---

[005] 재건축표준정관은 2006. 8. 25, 재개발표준정관은 2003. 6. 30. 발표함.

"이 정관은 ○○구청의 조합설립인가를 받은 날부터 시행한다."고 규정하고 있고, 재개발표준정관 부칙은 "이 정관은 ○○지방법원에 ○○주택재개발정비사업조합으로 등기를 받은 날부터 시행한다."고 규정하고 있다.

그렇다면, 인가나 등기 전에는 정관 부칙에 의하여 아직 정관이나 선거관리규정 등이 시행되지도 않았는데, 어떠한 규정을 가지고 최초 임원을 선임하여야 하는지가 문제된다.

사단법인이 설립되는 과정을 살펴보면, 보통은 먼저 설립을 계획하는 자들이 법인의 설립이라는 공동목적을 달성할 것을 약속하여 결합하고, 이어서 법인 설립에 필요한 여러 행위를 하고, 주무관청의 허가와 설립등기를 갖추어 법인이 성립한다. 바꾸어 말하면 첫 단계에서는 설립자(발기인) 상호간에서 법인설립을 목적으로 하는 법률관계가 성립하고, 둘째 단계에서는 그 이행으로서 정관의 작성·구성원의 결정 기타 법인 설립을 위한 여러 요건을 충족하는 행위를 하고, 셋째 단계에서 법인이 성립한다.

이 첫 단계에 있는 것을 설립자(발기인) 조합, 둘째 단계에 있는 것을 설립중의 법인이라고 한다[006]. 이를 정비사업 조합에 대비하여 보면, 최초에 추진위원회를 구성하기 위한 '가칭 추진위원회'가 설립자 조합이고, 주무관청의 승인을 받은 추진위원회는 '설립 중의 법인'이라고 본다[007].

---

006 곽윤직, 민법총칙(제7판), 박영사, 134.
007 법은 추진위원회를 필수적으로 승인 받아야 하고(법 제31조 제1항), 승인받은 추진위

한편 사단법인을 설립하려면 2인 이상의 설립자가 정관을 작성하여 기명·날인을 하여야 한다(민법 제40조). 정관이란 실질적으로는 법인의 조직·활동에 관한 근본규칙을 말하고, 형식적으로는 그 근본규칙을 기재한 서면을 말한다[008]. 대법원은 정관은 당해 법인의 기관과 구성원에 대해서 구속력을 갖는 법규범(자치법규)이라고 한다[009]. 민법은 그 수를 정하고 있지 않으나 사단의 성질상 설립자(발기인)는 반드시 복수이어야 하므로 2인 이상이어야 한다. 정관의 작성에는 설립자들이 반드시 기명·날인을 하여야 하고, 기명날인이 없는 정관은 효력이 없다.

이와 같이 2인 이상의 설립자들이 사단법인의 근본규칙을 정하는 행위인 정관의 작성이 곧 사단법인의 설립행위이고, 이 설립행위의 성질은 합동행위이다[010]. 그런데 조합은 추진위원회를 먼저 설립하고 승인받은 추진위원회가 정관 초안을 작성하도록 하고, 작성된 정관에 대해 법 제36조에 의하여 토지등소유자의 서면동의를 받도록 하고, 그 정관의 확정은 창립총회에서 한다는 특별규정을 두고 있으므로(령 제27조), 그렇다면 조합의 설립행위라고 할 수 있는 원시정관(법인의 설립 시에 발기인이 최초로 작성하는 정관을 원시정관이라고 한다)[011]

원회 만이 정관 초안을 작성하고 정비사업시행계획서를 작성하는 등 법인 설립에 필요한 행위를 하도록 하고 있으므로(법 제32조, 령 제26조), 사단법인과는 다르게 법인 설립 전에 추진위원회가 있으므로, 추진위원회를 '설립 중의 법인'으로 보아도 무방하다고 생각한다.

008 권오복, 민법법인과 등기, 육법사, 113.
009 대법원 1995. 12. 22. 선고 93다61567 판결
010 곽윤직, 민법총칙(제7판), 박영사, 131. 권오복(주 8), 355.
011 법원행정처, 상업등기실무(Ⅱ), 71.

의 작성자는 추진위원회라고 생각한다[012].

 이에 대해 서울고등법원은 구법 제20조 제1항은 "조합은 다음 각 호의 사항이 포함된 정관을 작성하여야 한다."라고 하여, 정관 작성 주체를 조합으로 명시하고 있으므로 추진위원회는 정관을 작성할 권한이 없다고 판시하고 있다[013]. 그러나 구법 제20조 제1항이 조합은 정관을 작성하여야 한다고 규정하고 있다고 하여 원시정관의 작성권자가 조합이라는 것은 아닌 것이다. 원시정관은 시간적으로 추진위원회가 작성할 수밖에 없는 것이다.

 따라서 2018. 2. 9부터 시행되는 전면개정법(이하 '전면개정법'이라고만 한다) 제40조 제1항은 "조합의 정관에는 다음 각 호의 사항이 포함되어야 한다."라고 규정하여, 모순을 제거한 것이다.

(2) 정관 작성 시기

 조합설립행위로서의 원시정관 작성행위가 어느 시점에 있는 것으로 볼 것인지가 문제된다. 다만, 조합설립행위로서의 원시정관 작성시점과 정관의 효력이 발생하여 그 정관을 가지고 사업시행을 할 수 있는 시기는 일치할 수 없는 것이다. 원시정관은 조합의 성립 이전에 작성되는 것이기 때문이다.

 이에 관하여 대법원도 기존무허가건축물 소유자는 일단 조합설립당

---

012 법은 추진위원회의 업무로 정관작성이라고 하지 않고, 정관 초안의 작성이라고 규정하고 있기는 하나, 추진위원회 만이 조합을 설립할 수 있는 것이므로(법 제16조), 추진위원회가 정관을 작성한다고 보아야 한다고 사료한다.
013 서울고등법원 2011. 5. 18. 선고 2010누36467 판결

시에 토지등소유자는 되지 않으나, 조합이 설립되면 비로소 정관규정에 의하여 조합원이 되는 것이라고 하였고[014], 또한 조합설립인가처분을 받아 설립등기를 마치기 전에 개최된 창립총회에서 이루어진 결의는 주택재개발사업조합의 결의가 아니라 주민총회 또는 토지 등 소유자 총회의 결의에 불과하다고 봄이 타당하다고 하여[015], 비록 간접적으로나마 정관을 가지고 사업시행을 할 수 있는 시기는 조합설립 후로 보고 있고, 재건축정비사업에 동의하여 재건축정비사업조합의 조합원이 된 甲 등이 조합 정관에서 조합원의 신탁등기의무 등을 규정하고 있는데도 아직 의무가 발생하지 않았다는 이유로 이를 이행하지 않은 사안에서, 甲 등은 그들이 소유한 재건축정비사업구역 내 부동산에 관하여 정관 효력 발생일인 2004. 12. 27.자 신탁을 원인으로 한 소유권이전등기절차를 이행하고 이를 인도할 의무가 있다고 본 원심판단을 정당하다고 하여(대법원 2012. 05. 09. 선고 2010다71141 판결), 명시적으로 정관 부칙에 의한 법인 등기일을 정관 효력발생일로 보고 있다.

따라서 여기서 조합 원시정관의 작성 시기를 논의하는 실익은 설립 중의 법인인 추진위원회가 작성하여 효력이 발생한 정관 규정(예를 들어 선거관리규정, 임원의 자격 및 숫자, 사무소 위치 등 창립총회 이전에 필수적으로 적용되어야 하는 규정에 한정한다)을 토대로 창립총회의 규범을 삼고자 하는데, 그 규범의 효력발생시기를 명확하게 하기 위함이다[016].

---

014 대법원 2009. 10. 29. 선고 2009두12228 판결
015 대법원 2012. 4. 12. 선고 2010다10986 판결
016 주식회사와 유한회사의 원시정관은 그 작성에 더하여 공증인의 인증을 받음으로써 효

추진위원회가 원시정관을 작성하고 이를 토대로 토지등소유자 중 법정 동의 숫자 이상이 기명·날인한 서면 동의서를 제출받은 때에 정관이 작성되었다고 볼 수 있다는 견해가 있다[017].

생각건대, 사단법인의 정관의 작성에는 설립자들이 반드시 기명·날인을 하여야 하고, 기명·날인이 없는 정관은 효력이 없는데, 법은 이에 관하여 특별한 규정을 두지 않고 추진위원회는 정관 초안을 작성하도록 하고 있고, 추진위원회 결의만으로는 기명·날인 행위가 있다고 의제하기는 무리가 있고, 나아가 조합설립동의서 '3. 조합정관 승인'란에 "조합정관 간인은 임원 및 감사 날인으로 대체한다."고 규정하고 있으므로, 이 견해가 타당하다고 본다.

따라서 추진위원회는 정관의 부칙규정에 구애받지 않고, 동의를 받은 원시정관 규범을 토대로 선거관리위원회를 구성하고, 최초 임원을 선임하면 된다고 본다.

(3) 정관의 확정

2009. 8. 11. 개정된 법 시행령에 의하면, 정관은 <u>창립총회의 결의로 확정하여야 한다</u>. 현행법 시행령 제27조 제4항 제1호도 마찬가지이다.

이에 대해서 서울고등법원은 입법자는 법인 근본규칙인 정관이 갖

력이 발생하지만(상법 제292조, 543조), 민법은 이와 같은 규정을 두고 있지 않기 때문에, 사단법인이나 조합의 정관에 있어 최소한 공증인의 인증이 그 효력요건은 아니며, 정관이 작성된 때에 곧 그 효력이 발생한다.

017   서울행정법원 2010. 10. 1. 선고 2010구합26346 판결

는 중요성에 비추어 추진위원회가 정관 초안을 작성한 후 토지등소유자들로부터 법정 동의율을 충족하는 서면동의를 받은 후 다시 창립총회에서 이를 확정하도록 이중 통제장치를 마련한 것으로 보인다고 판시하고 있다[018].

이러한 창립총회의 확정결의는 확정할 정관의 존재를 전제로 하고 있는 것이므로, 확정 전에 정관이 작성되어 효력이 있다고 할 수밖에 없게 된다는 점에 있어서는, 창립총회의 확정결의는 정관의 제정이나 효력을 부여하는 절차가 아니라, 동의와 병렬된 인가요건으로 취급하는 것이 타당하다.

나. 자격요건
(1) 자격요건을 갖추어야 하는 시기

법 제43조 제1항은 조합 임원의 결격사유로 "미성년자·피성년후견인 또는 피한정후견인, 파산선고를 받고 복권되지 아니한 자, 금고 이상의 실형의 선고를 받고 그 집행이 종료(종료된 것으로 보는 경우를 포함한다)되거나 집행이 면제된 날부터 2년이 경과되지 아니한 자, 금고 이상의 형의 집행유예를 받고 그 유예기간 중에 있는 자, 이 법을 위반하여 벌금 100만원 이상의 형을 선고받고 5년이 지나지 아니한 자"를 규정하고 있다.

이러한 자격요건을 언제 갖추어야 하는지가 문제된다.

---

018 서울고등법원 2011. 5. 18. 선고 2010누36467 판결

조합 임원의 선임은 보궐 선임을 제외하고는 총회의 의결을 받아야 하므로, 선임총회의 의결당시에 자격이 있어야 한다는 견해[019]와, 조합설립인가 처분은 설권적 처분으로서 인가를 받아야 효력을 발생하고, 행정처분의 위법여부는 행정처분이 행해졌을 때의 법령과 사실상태를 기준으로 판단하여야 하므로[020], 조합설립인가 처분 당시에 자격조건을 갖추어야 한다는 견해가 있을 수 있다.

생각건대, 비록 조합설립인가 행위가 설권적처분이라고 하더라도 만일 임원 선출 당시에 피선출자가 정관이나 법에 정한 자격요건에 미달한다는 사실을 알 경우에는 조합원들이 그 사람을 임원으로 선출하지는 않을 것으로 예측되고, 나아가 선출당시에는 자격이 없었으나 우연히 조합설립인가가 지연된 사정으로 인하여 자격요건을 갖추게 된 경우 이를 인정하는 것은 정의 관념에도 반하므로, <u>임원은 그 선출 시에 자격요건을 구비하여야 한다고 본다.</u>

한편 대법원은 "토지등소유자의 일부가 추진위원장의 집행유예기간 중 그 설립에 동의하였다고 하더라도 설립승인 처분 당시에 이미 그 집행유예 기간이 도과되어 있었던 이상 그러한 사정만으로 토지등소유자의 동의가 효력을 잃는다고 단정할 수 없고, 추진위원장의 자격을 잃는다고도 할 수 없다." 라고 판시하여, 후자의 견해를 취하고 있는 듯이 보이나, 이 판결은 조합 임원 선출에 관한 것은 아니고, 또한 추진위원장은 선출 총회에서 확정되는 것이 아니고 승인처분으로 선출이 확정되는 것이므로, 대법원이 명확히 후자의 견해를 취한 것으로

---

019   김교창, 표준회의진행법, 법률신문사, 65-66.
020   대법원 1993. 5. 27. 선고 92누19033 판결

볼 수는 없다.[021]

(2) 정관에 결격사유 추가 가능 여부

조합 정관에 법 제43조 제1항에 의한 임원의 결격사유 외에 추가로 결격 사유(예를 들면 '조합총회결의로 해임된 이력이 있는 자')를 둘 수 있는지가 문제된다.

법제처는 이를 긍정하고 있다.

민원인 - 조합의 정관에서 법령상 조합임원의 결격사유 외의 결격사유를 추가할 수 있는지(「도시 및 주거환경정비법」 제23조제1항 관련)
[법제처 16-0394, 2016. 11. 7., 민원인]
【질의요지】
「도시 및 주거환경정비법」(이하 "도시정비법"이라 함) 제20조제1항제6호에서는 같은 법 제13조에 따른 조합(이하 "조합"이라 함)은 조합임원의 선임방법 및 해임에 관한 사항이 포함된 정관을 작성하여야 한다고 규정하고 있고, 같은 법 제23조제1항 각 호에서는 조합임원의 결격사유를 규정하고 있는바,
조합은 도시정비법 제23조제1항 각 호에서 규정하고 있는 조합임원의 결격사유 외의 결격사유를 정관에서 추가로 정할 수 있는지?
< 질의 배경 >
조합원인 민원인은 조합에서 "총회의 결의로 해임된 이력이 있는 자" 등을 조합 임원의 결격사유로 추가하려고 하자 조합 임원에 대한 법정 결격사유 외의 사유를 정관으로 추가할 수 있는지를 국토교통부에 질의하였는데, 국토교통부로부터 정관으로 조합 임원의 결격사유를 추가할 수 있다고 답변을 받자 이에 이의가 있어 직접 법제처에 법령해석을 요청함.

---

021 대법원 2009. 6. 25. 선고 20008두13132 판결

> 【회답】
> 조합은 도시정비법 제23조제1항 각 호에서 규정하고 있는 조합임원의 결격사유 외의 결격사유를 정관에서 추가로 정할 수 있습니다.
>
> 【이유】
> 그런데, 도시정비법 제20조제1항제6호에서는 조합은 조합임원의 선임방법 및 해임에 관한 사항이 포함된 정관을 작성하여야 한다고 규정하고 있고, 같은 법 제21조제6항 본문에서는 조합임원의 선출방법 등은 정관으로 정한다고 규정하고 있는데, 이 때 조합임원의 "선임방법"이란 조합임원의 선임에 필요한 기준과 방식 등을 의미하는 것으로, "선임방법"에는 선임을 위한 기준이나 요건으로서의 "자격요건"도 포함되며(대의원의 선임방법에 관한 법제처 2013. 2. 28. 회신 13-0023 해석례 참조), 조합 임원이 될 수 없는 결격사유는 조합임원의 "자격요건"에 해당하므로, 조합의 정관으로 정할 수 있는 조합임원의 "선임방법"에 결격사유에 관한 사항도 포함된다고 할 것인바, 조합은 도시정비법 제20조제1항제6호 및 제21조제6항 본문의 위임에 따라, 법률에서 규정하고 있는 조합임원의 결격사유 외의 결격사유를 정관에서 추가로 규정할 수 있다고 할 것입니다.

반면 대법원은 "총회에서 해임된 자는 임원으로 선임될 수 없다."라는 정관조항은 무효인 정관이라고 본다(대법원 2014. 12. 11 선고 2013다204690 판결).

이에 대해서는, 조합마다 정관으로 임원의 결격사유를 임의로 창설한다면 정비사업의 다양한 이해관계에 따라 조합 임원의 피선거권 제약이 무분별하게 행해질 수 있고, 법은 제43조 제1항에 조합 임원의 결격사유를 규정하되 그 외에 정관으로 정할 수 있는 어떠한 위임근거도 두고 있지 아니하므로, <u>조합 임의로 결격사유를 정관에 추가하는 것은 위법하다는 견해도 있다.</u>

재개발조합에서 임원 자격을 '조합설립에 동의한 자'로 한정한 정관에 대해 대법원은 적법하다고 보고 있다.

> **대법원 2014. 5. 29 선고 2012두17780 판결**
> 3. 참가인 조합의 정관 및 선거관리규정의 효력 관련 법리오해 주장에 관하여
> 원심판결 이유에 의하면, 원심은, ① 구 도시 및 주거환경정비법(2009. 1. 30. 법률 제9401호로 개정되기 전의 것) 제23조 제1항이 조합임원의 결격사유를 규정하고 있고, 한편 같은 법 제20조 제1항 제6호는 조합은 정관에 조합임원의 권리·의무·보수·선임방법·변경 및 해임에 관한 사항을 포함시키도록 하고 있는바, 법인인 재개발정비사업조합은 자주적인 판단에 따라 위 규정에 반하지 않으면서 동시에 합리적인 범위 내에서라면 조합임원 등의 자격을 정관으로 제한할 수 있다고 볼 것인 점, ② 조합장 등에게는 조합을 대표하면서 막대한 사업자금을 운영하고 조합원의 부담이 되는 계약을 체결하는 등의 권한이 주어져 있는 반면, 일반적으로 조합 설립에 동의하지 아니한 조합원들은 주택재개발에 대하여 반대하거나 조합의 운영에 관하여 무관심한 경우가 대부분이고, 나아가 이들이 조합임원으로 선임되는 경우 조합의 이익과 상반되는 행위를 함으로써 조합에 손해를 끼칠 우려가 있을 뿐 아니라 조합을 건전하게 운영할 것을 기대하기 어려우므로, 조합 설립에 동의하지 아니한 조합원이 조합장 등이 되는 것은 불합리한 점, ③ 특히 주택재개발사업은 주택재건축사업과는 달리 조합 설립에 동의하는지 여부를 불문하고 사업구역 내 토지등소유자가 당연히 조합원이 되므로, 조합 설립에 동의한 사람 중에서 임원을 선출하는 별도의 규정이 필요한 점 등을 근거로, 재개발정비사업조합 정관에 조합장 등의 자격을 조합 설립에 동의한 사람으로 제한하였다는 사정만으로는 그 조합설립인가가 위법하다고 할 수 없다고 판단하였다.
> 관련 법리와 기록에 비추어 살펴보면, 원심의 위와 같은 판단은 정당한 것으로 수긍할 수 있고, 거기에 참가인 조합의 정관 및 선거관리규정의 효력에 관한 법리를 오해 한 잘못이 없다.

생각건대, 법 제41조 제5항은 조합 임원의 선출방법 등을 정관으로 정할 수 있도록 정하고 있는데, 위 대법원 판례에 나타나 있는 판결 이유처럼 '합리적인 범위 내'에서라면 조합임원 등의 자격을 정관으로 제한할 수 있다고 볼 것이다.

(3) 자격요건 제한 가능 여부

재건축정비사업조합 표준정관 제15조 제2항은 "조합임원은 총회에서 조합원 과반수 출석과 출석 조합원 과반수의 동의를 얻어 다음 각 호의 1에 해당하는 조합원 중에서 선임한다. 다만, 임기 중 궐위된 경우에는 다음 각 호의 1에 해당하는 조합원 중에서 대의원회가 이를 보궐선임 한다. 1. 피선출일 현재 사업시행구역 안에서 3년 이내 1년 이상 거주하고 있는 자(다만, 거주의 목적이 아닌 상가 등의 건축물에서 영업 등을 하고 있는 경우 영업 등은 거주로 본다), 2. 피선출일 현재 사업시행구역 안에서 5년 이상 건축물 및 그 부속토지를 소유한 자"라고 각 규정하고 있다.

한편 영업의 의미에 대해 다음과 같은 하급심 판결이 있다.

> **서울동부지방법원 2016. 1. 12.자 2015카합10267 결정**
> 정관 및 조합운영내규에서 이 사건 조합임원의 피선출자격을 제한하는 취지는 투기목적 등으로 단기간에 조합원의 자격을 취득한 자를 배제하고 조합의 현황을 자세히 파악할 수 있는 지위에 있는 자를 임원으로 선출함으로써 그 임원으로 하여금 조합원들의 이익을 보다 충실히 대변하도록 하기 위한 규정이라고 할 것인데(하략) ① 채무자는 이 사건 조합의 사업시행구역 내에 부동산중개업소가 위치한 상가의 지분을 공유하고 있을 뿐만 아니라, 위 부동산의 공유지분과 관련하여 대표조합원으로 선임되어 있는 점, ② 위 각 규정에서 임원 피선출자격으로 "1년 이상 '영업 등'을 하고 있는 자"로 규정하고 있는바, 그 문언 상으로도 엄격하게 사업자 등록이 완료된 자 또는 자기의 계산으로 영업하는 자에 의한 영업만을 의미한다고 한정하여 해석하기 어려운 점(오히려 채무자는 위 부동산중개업에 대하여 사무소의 상당부분을 출자하고 있는 것으로 평가할 수 있다), ③ 중개보조원은 공인중개사가 아니라고 하더라도 중개대상물에 대한 현장안내 및 일반서무 등의 업무를 보게 되는 것인바(공인중개사법 제2조 제6호), 채무자는 그러한 업무를 통해 이 사건 조합의 현황을 충분히 파악할 수 있는 지위 내지 이해관계에 있었던 것으로 보이는 점 등에 비추어 보면, 앞서 본 소명사실 및 기록에 나타난 자료만으로는 채무자가 이 사건 조합의 정관 및 조합운영내규의 관련규정에서 요구하는 임원 피선출자격을 갖추지 못하였다고 단정하기 어렵고, 달리 이를 소명할 자료가 없으므로, 채권자들의 주장은 피보전권리에 관한 소명이 부족하여 이유 없다.

법원행정처는 이와 같이 규약에 임원의 자격을 제한하는 것도 가능한데, 이 경우 특히 법령에 별도의 규정이 없고, 그 내용이 사회질서에 반하지 않아야 하고, 임원의 자격을 일정한 경력을 갖춘 자로 제한하는 것도 가능한 것으로 해석하고 있다[022]. 이하에서는 문제되는 사항에 대해 구체적으로 살펴보고자 한다.

---

022 법원행정처, 상업등기실무[Ⅱ], 2011년, 175. 이하 '상업등기실무'라고만 한다.

① 조합설립 미동의자의 임원·대의원 피선출권 제한 가능 여부

재건축사업의 경우에는 미동의자는 조합원이 아니므로 임원 등으로 선임이 불가하나, 재개발사업은 조합원 강제가입제를 채택하고 있으므로, 조합설립에 미동의한 자가 임원 등으로 선출될 수 있는지에 대해 논란이 있어 왔다. 이에 대해서는 하급심 판결도 엇갈리고 있었다.

이에 대해 대법원은 "조합의 선거관리규정 중 조합 임원 후보자에 대한 추천권을 조합설립에 동의한 토지등소유자에게만 부여한 조항은, 도시정비법상 재개발조합설립인가 전의 토지등소유자는 조합설립의 동의 여부에 따라 그 법적 지위에 차이가 있다고 볼 수 없음에도 조합설립에 동의하지 않고 있는 토지등소유자들의 임원 선출에 관한 추천권을 원천적으로 봉쇄하고 있어 토지등소유자들에게 평등하게 부여되어야 할 조합 임원 추천권을 합리적 사유 없이 제한하는 규정이어서 무효라고 판단한 원심은 정당하다." [023]라고 판시하였고, 반면에 위 대법원 2014. 5. 29 선고 2012두17780 판결은 재개발조합설립에 동의한 자로 한정한 정관은 적법하다고 판시하였다.

② 피선출일 문제

임원의 피선출권을 '피선출일'로 하지 않고 '창립총회일'로 정한 정관에 대해 서울중앙지방법원은 무효라고 판시하였다[024]. 최초선임의 경우에는 창립총회일로 하여도 문제가 없으나, 후일 변경되는 경우에도 창립총회일로 하면 임원 자격을 상당히 제한하는 결과가 초래

---

023 대법원 2011. 4. 28. 선고 2010다106269 판결
024 서울중앙지방법원 2006. 11. 13.자 2006카합3246호 결정

되므로[025], 피선출일로 하는 것이 타당하다고 본다.

③ 후보자추천인 제도에 의한 자격제한

임원 후보 등록 시 일정 수 이상의 추천인을 요하도록 정할 경우 정관에 그 규정이 있거나 선거관리규정에 정하여 총회의 의결을 받은 경우에는 유효하다 할 것이고, 다만, 추진위원회 의결만으로는 위법하다[026].

대법원은 "노동조합이 규약으로 임원이 될 수 있는 자격을 일정한 수 이상의 조합원의 추천을 받은 자 및 노동조합원이 된 때로부터 일정한 기간이 경과한 자로 제한한 경우에도, 추천을 받아야 할 조합원의 숫자가 전체 조합원의 숫자에 비추어 소수 조합원의 권리를 해할 우려가 있는 정도에 이르지 아니하고, 요구되는 기간이 사용자와 노동조합의 실정을 파악하여 노동조합의 임원으로 직무를 수행하는 데에 필요하다고 인정되는 합리적인 기간을 넘어서는 것이 아니라면, 노동조합이 자주적인 판단에 따라 규약으로 정할 수 있는 것으로서 조합원들의 피선거권의 평등에 대한 현저한 침해라고는 볼 수 없으므로, 그와 같은 규약은 노동조합법 제22조에 위반하는 것이 아니라고 봄이 상당하다. 따라서 원심이 이와 취지를 같이하여, 피고 조합의 위원장 입후보자격을 전체 조합원의 수(310명)의 1할에도 못 미치는 조합원 30인 이상의 추천과 조합원 경력 1년 이상인 자로 제한하는 내용의 개정규약이 노동조합법 제22조에 위반된다고 할 수 없다고 판단한 것

---

025 예를 들어 창립총회는 2006년 1월 20일에 하였으나, 2013년에 이르러 임원을 선출할 경우, 임원 자격 요건을 창립총회일로 하면 창립총회 후에 매수를 한 조합원은 소유요건과 거주요건을 갖추지 못한다.
026 서울서부지방법원 2008. 7. 18. 선고 2008가합283 판결(확정)

은 정당하다."라고 판시하고 있다[027].

(4) 조합원이 법인인 경우 조합 임원 피선출권

조합의 정관에서 임원은 총회에서 조합원 중에서 선출하는 것으로 규정하고 있더라도, 그 조합원이 법인인 경우에는 그 대표자가 임원의 피선출권을 갖는 것인지가 문제된다[028].

법 제45조 제5항 제3호는 "법인인 토지등소유자가 대리인을 지정하는 경우. 이 경우 법인의 대리인은 조합 임원 또는 대의원으로 선임될 수 있다."라고 규정하고 있다[029].

따라서 이제는 법인의 대표자가 아닌 법인의 대리인이 임원 피선출권을 갖는다고 보아야 할 것이다. 나아가 법인의 대리인은 변호사 등 그 법인의 임직원이 아닌 자도 무방하다고 본다.

재건축표준정관 제10조 제2항 제3호는 "이 경우 법인의 대리인은 조합의 임원 또는 대리인으로 선출될 수 있다."라고 규정하고 있다. 한편 이사는 자연인에 한하고 법인은 이사가 될 수 없다는 것이 통설이므로[030], 조합도 마찬가지로 법인이 아닌 그 법인의 대리인이 임원이 되는 것이다.

---

027 대법원 1992. 3. 31. 선고 91다14413 판결
028 대법원 2001. 1. 16. 선고 2000다45020 판결
029 연혁 : 2015. 9. 1. 제24조 제5항 신설
030 권오복, 민법법인과 등기, 육법사, 443.

다. 선임의 효력발생 시기

임원 및 대의원의 선임 및 해임은 총회의 의결을 거쳐야 하고(법 제45조 제1항 제7호), 시장·군수의 인가를 받아야 하며(법 제35조 제2항), 조합 임원 또는 대의원의 변경(법 제45조에 따른 총회의 의결 또는 법 제46조에 따른 대의원회의 의결을 거친 경우로 한정한다)도 인가를 받아야 하나(령 제31조 제4호)[031], 경미한 사항의 변경이므로, 조합총회의결 없이 시장·군수에게 신고하고 변경할 수 있다(법 제35조 제5항 단서).

조합 임원의 변경에 관하여 법 제35조 제5항 단서에 따라 하는 신고는 행정청이 그 실체적 요건에 관한 심사를 한 후 수리하여야 하는 이른바 '수리를 요하는 신고'이다(서울행정법원 2016. 11. 28. 선고 2016구합3284 판결).

임원선임행위의 성질은 법인·이사 사이의 위임에 유사한 계약이다.[032)033)034]

따라서 임원의 자격이 그 선임행위만으로서 즉시 효력이 생기는 것은 아니고, 위임에 유사한 계약에 의하여 피선임자의 취임승낙이 있어야 하며, 주무관청의 인가사항인 경우에는 그 인가가 있어야 비로소 그 효력이 생긴다. 임원의 성명·주민등록번호는 등기사항이며(비송사건절차법 제62조), 나아가 조합은 등기함으로써 성립하므로(법 제

---

031 조합장은 법 제45조에 따라 총회의 의결을 거쳐 변경인가를 받아야 한다.
032 조합장은 법 제45조에 따라 총회의 의결을 거쳐 변경인가를 받아야 한다.
033 권오복, "법인 아닌 사단과 재단의 성립과 해산", 육법사(2009), 137. 권오복(주 8), 388.
034 곽윤직, 민법총칙(제7판), 박영사, 145.

38조 제2항), 최초 임원은 등기까지 하여야 효력이 발생하고, 그 이후에는 이를 등기하지 않으면 선임·해임·퇴임을 가지고 제3자에게 대항[035]할 수 없다(민법 제54조 제1항).

즉, 임원의 선임에 관한 총회의 결의는 피선임자를 임원으로 한다는 취지의 법인내부의 결정에 불과하므로, 피선임자는 총회의 결의에 당연히 구속되는 것은 아니다[036].

취임승낙의 의사표시는 취임승낙서에 인감을 날인하고 인감증명서를 첨부하여야 한다[037]. 임원으로서 선임 및 승낙과 시장·군수의 인가가 있으면, 등기 전이라도 설립등기에 필요한 행위를 할 수 있으며, 다만 법인은 등기가 있어야 성립되는 것이므로, 결국 최초 임원의 선임은 ① 총회 결의, ② 취임 승낙[038], ③ 시장·군수의 인가, ④ 설립등기가 있으면, 그 효력이 발생하는 것이다.

시장·군수의 인가는 보충적 행정행위로서 강학상 인가에 속한다[039]. 참고로 주식회사에서 이사 또는 감사의 지위 취득에 주주총회의 선임결의와 피선임자의 동의 외에 별도의 임용계약의 체결이 필요하

---

035 '대항하지 못한다'는 뜻은 법률행위의 당사자가 제3자에 대하여 법률행위의 효력을 주장하지는 못하지만, 제3자가 그 효력을 인정하는 것은 무방하다는 것이다. 곽윤직, 민법총칙(제7판), 박영사, 41.
036 권오복, 민법법인과 등기, 육법사, 137.
037 2007. 12. 31. 민법법인 및 특수법인등기처리규칙을 개정하여 시행함. 즉 동 규칙 제6조로 상업등기규칙 제84조 및 제104조 제2항이 준용되어 취임승낙을 증명하는 서면과 인감증명을 요구하고 있다. 권오복, 민법법인과 등기, 육법사, 388.
038 총회의 결의가 성립될 것을 조건으로 미리 취임승낙을 하는 것도 가능하다(상업선례 1-169). 법원행정처(주 10), 184.
039 대법원 2005. 10. 14. 선고 2005두1046 판결

지 않다(대법원 2017. 3. 23. 선고 2016다251215 전합).

따라서 <u>최초로 선임된 임원의 임기는 법인의 성립일 즉, 설립등기일부터 진행한다</u>[040].

라. 최초 임원 선임 쟁점
(1) 일괄 선출 문제

이사 · 대의원 선임 시 일괄로 선출하는 경우가 있으나, 이는 위법하므로, 개별로 선출하여야 한다[041]. 특히 이사 선임자는 개별 이름을 호명하여 당선을 선포하고 그것이 의사록에 기입되어야 등기가 가능하다.

하자 사례를 살펴보면, 첫째, 선관위가 각 동별로 대의원 수를 배정하고 토지등소유자들로 하여금 해당 동에 해당하는 대의원만을 선출하고 동시에 동별로 선출된 대의원 전체에 대하여 '선출대의원 승인의 건'에 대하여 결의를 하게 함으로써 토지등소유자들로서는 '해당 동'을 제외한 나머지 동에 해당하는 대의원에 대하여는 선출되지도 않은 대의원을 상대로 승인 결의를 하였는바, 이는 정관과 선거관리규정에 위법하다고 한 사례[042], 둘째, 총회에서 조합원들이 대의원을 선출하기 이전에 선거관리위원회에서 입후보자들에 대한 투표를 미리

040　권오복, 민법법인과 등기, 육법사, 139. 상업등기선례 200904-1(2009.4.8. 사법등기심의관-840 질의응답)
041　수원지방법원 안양지원 2011. 5. 14. 결정 2011카합61.
042　수원지방법원 안양지원 2011. 8. 26. 결정 2011카합127 직무집행정지가처분. 위 판결취지대로라면 대의원 각각에 대해서 찬반 표시를 묻고 다득표로 선출하는 것이 최선이다. 그러기 위해서는 정관에 대의원에 대하여 다득표 선출을 규정하여야 한다.

해 그 중 일부만을 대의원 예비후보로 선정한 것과 이들을 포함한 대의원 후보자 50명 각자에 대한 찬반을 묻는 방식에 의하지 아니하고 50명 전체에 대한 찬반을 묻는 방식으로 전원을 대의원으로 선출한 것은 위법하다고 한 사례[043], 셋째, 대의원 개별후보자에 대한 찬반투표방식으로 이루어져야 함에도 대의원 후보자 74명 전원에 대하여 찬성·반대의 의사를 묻는 방식으로 결의가 진행된 것은 업무규정에 위배된다고 할 것이므로 이 사건 선출결의는 위와 같은 하자가 있어 무효라고 본 사례[044]가 있다.

반면에 서울서부지방법원은 "조합원들로 하여금 대의원후보에 대한 개별적 찬성, 반대의사를 표시할 수 있는 기회를 박탈하지 않는 선에서 운영의 편의를 위하여 일괄적으로 대의원후보를 호명하고, 찬반의 의사를 표시하는 형식을 취했다는 점만으로 위 대의원 선임결의가 위법하다고 보기는 어렵다."고 판시[045]하고 있으나, 이는 매우 예외적인 판결로서 찬성하기 어렵다. 이사나 대의원으로 입후보한 자 중에는 그 선출에 찬성하는 자도 있고, 반대하는 자도 있을 수 있는데, 이러한 경우에 일괄로 선출한다는 것은 선택권을 박탈하는 것이므로, 위법하다고 생각한다.

(2) 자격상실 또는 입후보 철회 문제

임원의 최소 숫자는 법에 정하여져 있는 데, 임원 선출 후에 임원이나 대의원이 매매 등으로 자격이 상실되어 법정 숫자에 부족한 경우가

---

043 구리인창C구역 판결례
044 수원지방법원 안양지원 2011. 5. 11. 선고 2011카합61 결정
045 서부지방법원 2008. 7. 18. 선고 2008가합283 판결

문제된다. 또한 정관에 5인으로 규정하고 5인만 입후보를 받아 총회를 마쳤는데 후일 검증과정에서 이사 선임자의 자격이 문제되거나, 총회 직전에 조합설립업무를 방해하기 위해 일부러 후보를 사퇴한 경우에 문제가 생긴다.

자격이 문제되어 법정 숫자에 부족한 경우는 당연히 다시 총회를 열어 부족한 임원 및 대의원을 선임하여야 조합설립인가가 가능하다고 본다. 물론 이 경우 다시 총회를 개최할 경우 모든 임원 및 대의원을 다시 선임하여야 하는지 아니면 부족한 숫자만 다시 선임하면 되는지 여부가 문제된다. 규칙 제8조 제2항 제1호 마목은 "창립총회에서 임원·대의원을 선출한 때에는 선임된 자격을 증명하는 서류"로 규정하여, 정관만 확정하고 임원을 나중에 선출하는 것도 가정하고 있는 바, 그렇다면 부족한 숫자만 다시 선출해도 무방하다고 본다. 다만 조합은 등기를 하여야 성립하는바, 창립총회를 2회에 걸쳐 하였을 경우 소집권자, 소집절차 등에 문제가 생겨 등기가 불가한 경우가 생길 수 있으므로, 이런 경우 실무적으로는 제1회 창립총회는 불성립된 것으로 보고 다시 모든 절차를 밟아 창립총회를 하는 것이 안전하다고 생각한다.

그리고 후보자 사퇴의 경우 이를 무시하고 후보자로 선출하였을 경우 그 효력이 문제된다. 생각건대, 표준정관처럼 정관이나 선거관리규정에 별다른 규정이 없다면, 후보자 사퇴는 자유이므로, 다시 선출을 함에 따른 손해배상문제는 별론으로 치고 법적으로 사퇴를 막는 것은 기본권 침해이므로 사퇴 후에는 선임효력이 없다. 다만, 정관이나 선거관리규정에 이에 대비하여 미리 후보자 사퇴는 후보자등록기간에만 가능한 것으로 제한하였다면, 이러한 경우 그 효력이 문제되나, 이 경우도 결국 취임승낙이 없다면 그 효력은 없다고 보아야 할 것이다.

또한 실무적으로는 총회에 공증인을 반드시 출석시켜야 하고, 사퇴에 대비하여 이행각서를 받아두기도 한다[046)047].

(3) 다수후보자가 경합할 경우

다수후보자가 경합할 경우에 대비하여 정관 제22조에 '조합장 후보자가 3인 이상일 경우, 임원 및 대의원 선거 시 정수이상의 후보자가 등록할 경우에는 다수득표자로 선정한다.' 라는 규정을 두는 것도 검토하여 볼 만하다.

이러한 규정이 없으면 실무적으로 매우 곤란한 문제에 직면한다. 예를 들면 이사 정원이 7명인데 10명의 후보자가 등록을 한 경우 또는 대의원 정원이 100명인데 150명이 등록한 경우 법 제45조 제3항은 "총회의 의결은 이 법 또는 정관에 다른 규정이 없으면 조합원 과반수의 출석과 출석 조합원의 과반수 찬성으로 한다." 라고 규정하고 있고, 표준정관에 의하면 과반수 출석에 과반수 찬성으로 의결을 하는 것인데, 정원에 미달하는 경우가 생기거나 정원을 초과하는 경우가 생

---

046 공증인법 제66조의2(법인의사록의 인증) ① 법인 등기를 할 때 그 신청서류에 첨부되는 법인 총회 등의 의사록은 공증인의 인증을 받아야 한다. ② 제1항에 따른 인증을 하는 공증인은 그 총회 등의 결의의 절차 및 내용이 진실에 부합(부합)하는지를 확인하여야 한다.

047 등기 필요 서류 즉, 취임승락서, 인감증명서 등도 미리 징구하여 두는 것이 이사 당선자가 마음이 변하여 위와 같은 서류를 제출하지 않는 방법으로 조합설립을 방해하는 것을 막을 수 있을 것이다.

길 수도 있는 것이다. 따라서 위와 같은 예외적인 규정을 두는 것이 조합운영을 원활하게 하는 것이다.

(4) 조합장이 대의원인지 여부

전면개정법 제42조 제2항은 "제1항에 따라 조합장이 대의원회의 의장이 되는 경우에는 대의원으로 본다."라고 규정하여 입법적으로 해결하였다.

04 연임

가. 연임 가능 여부

구법은 조합 임원의 연임에 관하여는 별도의 규정을 두고 있지 않고 있었다. 따라서 연임이 가능한지에 대해 논란이 있었다. 전면개정법은 입법으로 해결하였다.

전면개정법 제45조 제1항은 조합 임원의 선임 및 해임은 총회의 의결을 거쳐야 함을 규정하고, 법 제41조 제4항 "조합임원의 임기는 3년 이하의 범위에서 정관으로 정하되, <u>연임할 수 있다</u>."라고 명백히 규정하고 있다. 표준정관[048] 제15조 제3항은 '임원은 총회의 의결을 거쳐 연임할 수 있다'는 규정을 두어 임원들에 대한 새로운 선거절차를 거치지 않고 기존 임원들에 대한 연임을 총회에서 의결할 수 있도

---

048 표준정관이라고만 표시한 경우는 재건축정관과 재개발정관 모두를 말하는 것이다.

록 규정하고 있다.

위 법 규정에 의하면, 아래 판결들과 같은 논란은 이제는 불가하고, 법에 의해 당연히 연임이 가능한 것이다.

조합이 정기총회에서 기존 임원들에 대한 연임을 안건으로 상정해 의결하는 것이 법령이나 정관에 위반된다고 보기는 어려울 뿐 아니라, 기존 임원들에 대한 연임 안건이 부결될 경우 조합원들에게 임원에 입후보하거나 다른 조합 임원을 선출할 수 있는 기회가 부여되어 있는 점에 비춰볼 때, 조합 총회에서 임원들의 연임을 의결하는 것이 조합원들의 선거권 및 피선거권을 침해한다고 볼 수 없다[049)050)].

---

049 대법원 2010. 11. 11. 선고 2009다89337 판결. 하급심 광주고법 2009. 10. 7. 선고 2009나609 판결.
사실관계 : 2006. 4. 19. 추진위 승인, 2008. 4. 16. 주민총회 개최 통지, 2008. 5. 2. 주민총회 개최
판결요지 : 피고의 운영규정의 취지는 위원장이나 감사의 임기가 만료한 경우에 선임 또는 연임의 결정은 주민총회의 의결을 거쳐야 하지만, 피고가 여러 가지 사정을 고려하여 새로이 위원장이나 감사를 선임할 것인지, 아니면 임기가 만료된 위원장이나 감사를 연임시킬 것인지 정할 수 있도록 한 것으로 보인다. 그러므로 피고가 그 재량에 따라 새로운 입후보자등록공고 등의 절차를 밟아 주민총회에 위원장, 감사의 선임 안건을 상정하든지, 그렇지 아니하고 주민총회에 위원장, 감사의 연임 안건을 상정할 것인지를 선택할 수 있다고 해석된다. 따라서 원고를 포함한 토지 소유자들의 위원장이나 감사에 대한 선출권 내지 피선출권은 주민총회에서 임기가 만료된 위원장이나 감사를 연임하는 안건에 관하여 이를 부결하는 내용의 반대 결의가 이루어진 다음에 새로운 추진위원으로서 위원장이나 감사를 선임하는 결의를 하는 경우에 보장하면 충분하고, 피고가 주민총회에 임기가 만료된 위원장이나 감사를 연임하는 안건을 상정하는 때에는 새로운 입후보자가 등록하는 것이 아니므로 입후보자등록공고 등의 절차를 거치지 않았다고 하더라도 그것이 원고들을 포함한 토지 소유자들의 위원장이나 감사에 대한 선출권 내지 피선출권을 침해하였다고 볼 수는 없다.
050 서울중앙지방법원과 서울북부지방법원은 2011. 2월 ○인제1구역주택재개발사업조합의 조합장직무집행정지가처분 소송과 2011. 5. 13. ○문제1구역주택재개발정비사업조합 소송에서 기존 임원들에 대한 연임결의 절차에서 선거관리위원회의 구성 및 입후보자 등록공고 절차를 거치지 않았다고 해서 조합원들의 조합장과 임원에 대한 선임권 내지 피선임권이 침해됐다고 보기 어렵다고 판시했다.

서울서부지방법원도 같은 취지로 "법률 및 정관 규정의 해석에 의하면 임원의 임기가 만료된 경우 채무자 조합은 후보자 등록절차를 밟아 총회에 새로운 임원의 선임 안건을 상정할 것인지, 아니면 기존 임원의 연임 안건을 상정할 것인지를 선택할 수 있다. 도시정비법 제21조제5항이 조합 임원의 상한을 법률로써 규정하고 있으나, 채권자들의 주장과 같이 기존 임원의 임기만료 후 연임을 안건으로 한 결의가 허용되지 않는다거나 다른 조합원들에게 입후보 기회를 부여한 경우에만 연임결의가 허용된다고 보기는 어렵다(연임 안건을 상정하여 부결되면 그 때 입후보등록 절차를 밟으면 된다). 또한 선거관리규정 제23조 이하에서 후보자 등록에 대해 규정하고 있으나, 이는 후보자 등록절차를 밟아 임원 선임 하는 경우에 적용되는 것이지, 연임 결의를 하는 경우에도 반드시 후보자 등록 절차를 거쳐야 하는 것으로 해석되지 않는다." 라고 판시하였다(2017. 9. 1.자 2017카합50339 결정).

나. 연임총회를 반드시 임기 내에 하여야 하는지 여부

조합 정관이나 추진위원회 운영규정에 명백히 임기가 만료되었다고 하더라도 후임자가 선임될 때까지 그 직무를 수행할 권리가 보장되므로 임기 내에만 연임총회가 가능하다고 보기는 어렵다는 견해와, '연임'이라는 문구 자체가 이어서 업무를 연속하여 수행하는 것이므로 임기 내에 하여야 한다는 견해가 있을 수 있다.

서울북부지방법원 2009. 11. 12.자 2009카합992 결정
2006. 7. 18. 조합설립승인 2008. 9. 9. 연임결의, 즉 2년 지난 후에 연임결의도 효력인정 사례

생각건대, 정관은 무조건 임기에 이어서 연임을 하는 것이 아니라 '총회의 의결을 거쳐' 연임을 하는 것이므로 총회의 의결을 거치는 한 전자의 견해가 타당하다고 본다.

물론 이는 표준정관 규정을 명확히 하는 방법으로 정리하는 것이 가장 타당하다. 즉, 재건축표준정관 제15조 제3항을 "임원의 임기는 선임된 날(창립총회 후 최초로 조합설립인가를 받은 경우에는 조합설립등기일, 그 이후부터는 행정청의 인가를 받은 날)로부터 3년까지로 하되, 총회의 의결을 거쳐 연임할 수 있다. 이때 연임을 하고자 하는 경우에는 임기 내에 총회를 개최하여 연임 안건을 상정하여 제22조에 따라 의결하여야 하며, 연임안건이 부결된 경우에는 새로운 임원을 선출하기 위한 입후보절차 등을 거쳐 부결된 총회일로부터 3개월 이내에 새로운 임원선출을 위한 총회를 개최하여야 한다. 이 때 연임이 부결된 임원도 입후보할 수 있다. 다만, 사임을 하거나 제17조 규정에 의한 결격사유가 발생한 경우 또는 제18조 규정에 의한 해임결의가 있는 경우에는 그러하지 아니하다." 라고 개정하는 것이 타당하다고 본다.

05 변경 선임

> **표준정관[51] 제18조** ②임원이 자의로 사임하거나 제1항의 규정에 의하여 해임되는 경우에는 지체없이 새로운 임원을 선출하여야 한다. 이 경우 새로 선임된 임원의 자격은 시장·군수의 조합설립변경인가 및 법인의 임원변경등기를 하여야 대외적으로 효력이 발생한다.
> **제15조** ③임원의 임기는 선임된 날부터 2년까지로 하되, 총회의 의결을 거쳐 연임할 수 있다.

가. 변경 선임 요건

최초로 임원을 선임한 후에 그 임원이 사임·해임·임기만료·자격상실 등으로 다시 변경 선임을 하여야 할 경우가 생긴다. 이러한 변경 선임 문제에 대해서 표준정관[052] 제18조 제2항은 "임원이 자의로 사임하거나 제1항의 규정에 의하여 해임되는 경우에는 지체 없이 새로

---

051 재개발표준정관이나 재건축 표준정관이나 같다.
052 재개발표준정관이나 재건축 표준정관이나 같다.

운 임원을 선출하여야 한다. 이 경우 새로 선임된 임원의 자격은 시장·군수의 조합설립변경인가 및 법인의 임원변경등기를 하여야 대외적으로 효력이 발생한다."라고 규정하고 있다.

즉, 표준정관은 제15조 제4항은 "임원의 임기는 선임된 날부터"라고 규정되어 있는데, 정관 제18조 제2항은 "인가 및 법인의 임원변경등기를 하여야 대외적으로 효력이 발생한다."라고 규정하고 있어, 변경선임의 효력발생일에 대해서 해석상 논란이 생긴 것이다.

법 제49조는 "조합에 관하여 이 법에 규정된 사항을 제외하고는 민법 중 사단법인에 관한 규정을 준용한다."고 규정하고 있고, 법 제44조 제5항은 "총회의 소집절차·시기 등에 필요한 사항은 정관으로 정한다.", 법 제45조 제7항은 총회의 의결방법 등에 필요한 사항은 정관으로 정한다."라고 규정하고, 민법 제54조 제1항은 "설립등기이외의 본 절의 등기사항은 그 등기 후가 아니면 제삼자에게 대항하지 못한다."라고 규정하여, 민법상 변경등기는 선의의 제3자에게 대항하지 못한다는 대항요건으로 보고 있음에도 불구하고, 표준정관은 "등기를 하여야 대외적으로 효력이 발생한다."라고 규정하여 이 규정의 의미가 무엇인지가 논란이 되는 것이다.

대법원은 이사 등기는 대항요건으로 보고 있다[053].

생각건대, 민법상 변경선임행위의 효력은 등기가 없어도 일단 인가

---

053 대법원 1967. 2. 21. 선고 66다1347 판결. 대법원 1965. 6. 29. 선고 65다848 판결

를 받으면 그 효력이 발생하나, 제3자에게 대항하려면 등기가 있어야 한다는 의미인데, 표준정관은 선임행위의 효력을 대내적과 대외적으로 나누어 대내적으로는 등기가 없어도 효력이 발생하나, 대외적으로는 인가 및 등기가 있어야 효력이 발생하는 것으로 대항요건과는 다른 의미로 규정하고 있는 것으로 보인다. 이러한 정관규정은 민법 법리에 반하여 무효라는 견해와 민법 제54조 제1항은 강행규정이라고 볼 수 없으므로 표준정관이 이를 강화하여 대외적 효력은 등기가 있어야 한다고 규정한 것은 유효하다는 견해가 있을 수 있는바, 사견으로는 표준정관이 '대외적으로 효력을 발생한다.' 라고 규정하고 있는 것은 결국 대항요건을 규정한 것으로 볼 여지가 있고, 민법의 대원칙 상 등기는 대항요건이므로, 결국 등기는 대항요건이라고 생각한다.

그렇다면, 설립당시 임원 외에 그 후에 변경 선임 되는 임원은 ① 총회 결의, ② 취임 승낙, ③ 시장·군수의 인가로서 효력이 생기고, 등기는 단지 선의의 제3자에게 대항하지 못하는 대항력 문제에 불과하다. 물론 반대견해에 의하면 당연히 등기까지 있어야 효력이 생기는 것이다. 한편 이사가 해임되었음에도 불구하고 사임의 등기가 된 경우에도 이사의 자격이 소멸한 점에는 차이가 없으므로 그 효력이 있다[054].

한편 새로 조합장으로 선임된 자는 아직 등기가 되어 있지 않더라도 조합의 대표자로서 자신의 조합장 취임등기를 신청할 수 있다[055]. 그러나 조합은 일반 민법상 조합과는 달리 수많은 협력업체를 선정하고 있

---

054 편집대표 곽윤직, 민법주해 민법총칙(1), 박영사, 665.
055 법원행정처, 상업등기실무(Ⅰ), 140.

으므로, 조합의 안정적인 운영을 위해서는 등기까지 있어야 변경 선임의 효력이 발생하도록 하여, 제3자를 보호할 필요성은 있으므로, 입법적인 해결이 있기를 기대해 본다.

조합장이 새로 선임된 이사가 마음에 들지 않아 그 등기를 해태할 경우에 직무유기죄가 성립하는지가 문제된다. 직무유기죄는 공무원 범죄이므로 성립하지 않는다.

나. 보궐 선임

> **표준정관 제15조** ②조합 임원은 총회에서 조합원 과반수 출석과 출석 조합원 3분의 2 이상의 동의를 얻어 조합원(조합설립인가일 현재 사업시행구역 안에 1년 이상 거주하고 있는 자에 한한다)중에서 선임한다. 다만, 임기중 궐위된 경우에는 조합원중에서 대의원회가 이를 보궐선임한다.
> ④제2항 단서의 규정에 따라 보궐선임된 임원의 임기는 전임자의 잔임기간으로 한다.
> **제18조** ②임원이 자의로 사임하거나 제1항의 규정에 의하여 해임되는 경우에는 지체없이 새로운 임원을 선출하여야 한다. 이 경우 새로 선임된 임원의 자격은 시장·군수의 조합설립변경인가 및 법인의 임원변경등기를 하여야 대외적으로 효력이 발생한다.

령 제43조 제6호는 조합장을 제외한 나머지 임원을 보궐 선임하는 경우는 대의원회의 의결에 의한다고 규정하고 있다. 따라서 조합장은 총회이고, 나머지 임원 및 대의원은 대의원회에서 보궐 선임이 가능하다.

그런데 법정 대의원 수에 미달하는 경우 보궐 선임은 어떻게 하여야 하는지가 문제된다. 이에 관련하여 대법원은 "법정 대의원 최소 인원수에 관한 도시정비법 제25조 제2항의 규정은 공익의 요청에 의한 강행규정이라고 할 것이므로, 법정 대의원수에 미달하는 대의원회에서 이루어진 결의는 중대한 하자가 있어 무효"라고 판시하고 있다[056].

따라서 이러한 경우는 총회에서 대의원을 먼저 보궐 선임하여야 할 것이다. 실무적으로는 법정 숫자에 미달하기 전에 미리 대의원회에서 보궐 선임을 하는 것이 좋다.

다. 정관 변경 총회에서 임원을 선출할 수 있는지

법 제40조 제3항은 "조합이 정관을 변경하려는 경우에는 제35조 제2항부터 제5항까지의 규정에도 불구하고 총회를 개최하여 조합원 과반수의 찬성으로 시장·군수등의 인가를 받아야 한다. 다만, 제1항 제2호·제3호·제4호·제8호·제13호 또는 제16호의 경우에는 조합원 3분의 2 이상의 찬성으로 한다." 동조 제4항은 "제3항에도 불구하고 대통령령으로 정하는 경미한 사항을 변경하려는 때에는 이 법 또는 정관으로 정하는 방법에 따라 변경하고 시장·군수등에게 신고하여야 한다."라고 규정하고, 령 제39조 제3호는 "법 제40조제1항 제6호에 따른 조합 임원의 권리·의무·보수·선임방법·변경 및 해임에 관한 사항"을 경미한 사항으로 열거하고 있다.

이처럼 조합 임원의 선임방법 및 변경에 대한 정관을 변경하면 시장·군수에게 신고하여야 한다.

---

056 대법원 2012. 5. 10. 선고 2012다15824 판결

문제는 아직 '관할 관청에 신고를 하지 않은 정관 변경'의 경우라도, 정관 변경을 결의하는 총회에서 정관 변경을 결의한 후, 신고하지 않은 변경 정관으로 조합 임원을 선출할 수 있는지가 문제된다.

이에 대해 서울고등법원은 다음과 같은 이유로 특별한 사정이 없는 한, 법 및 령, 조합 정관의 규정에 따라 정관변경을 결의할 때 변경된 정관의 효력이 발생한다고 한다(서울고등법원 2011. 11. 10. 선고 2011누23865 판결, 확정).

구법 제20조 제3항 단서 규정은 2009. 2. 6. 법률 제9444호로 개정되기 전에는 "다만, 대통령령이 정하는 경미한 사항을 변경하고자 하는 때에는 조합원의 동의에 갈음하여 총회의 의결을 얻어야 한다."라고 규정하고 있었다가, 2009. 2. 6. 법률 제9444호로 "다만, 대통령령이 정하는 경미한 사항을 변경하는 경우에는 이 법 또는 정관으로 정하는 방법에 따라 변경하고 시장·군수에게 신고하여야 한다."라고 개정되었는바, 위와 같은 법의 개정취지는 조합의 손실을 방지하기 위하여 정관의 경미한 사항의 변경의 경우에는 관할 관청의 인가를 기다리지 않고 곧바로 총회의 결의만으로 정관변경의 효력이 발생하도록 하였다고 볼 여지가 있다[057].

따라서 이렇게 해석한다면, 정관을 변경하는 총회에서 정관 변경을 의결하고, 선포 후에 바로 변경된 정관에 의해 임원을 선출하거나 용역업체를 선정할 수 있다.

---

057 서울고등법원 2011. 11. 10. 선고 2011누23865 판결(확정)

이에 관하여, 대법원은 주택조합을 구성하여 그 구성원의 주택을 건설하고자 할 때 관할 시장 등의 인가를 받아야 하고, 인가받은 내용을 변경하거나 주택조합을 해산하고자 할 때에도 마찬가지로 인가를 받도록 되어 있는바, 여기서 관할 시장 등의 인가행위는 그 대상이 되는 기본행위를 보충하여 법률상 효력을 완성시키는 보충행위로(대법원 1995. 12. 12. 선고 95누7338 판결, 대법원 2000. 9. 5. 선고 99두1854 판결 등 참조), 이러한 인가의 유무에 따라 기본행위의 효력이 문제되는 것은 주택건설촉진법과 관련한 공법상의 관계에서이지 주택조합과 조합원, 또는 조합원들 사이의 내부적인 사법관계에까지 영향을 미치는 것은 아니라고 전제한 후(대법원 2002. 3. 11.자 2002그12 결정 등 참조), 재건축조합의 조합규약 개정에 대한 관할 관청의 인가가 있기 전에, 개정된 조합규약에 따라 이루어진 조합원에 대한 동·호수 배정이 적법하다고 한 사례가 있다[058].

다만 정관 변경 중 신고대상이 아닌 인가대상인 경우에 대해, 대법원은 "구 도시 및 주거환경정비법(2012. 2. 1. 법률 제11293호로 개정되기 전의 것) 제20조 제3항은 조합이 정관을 변경하고자 하는 경우에는 총회를 개최하여 조합원 과반수 또는 3분의 2 이상의 동의를 얻어 시장·군수의 인가를 받도록 규정하고 있다. 여기서 시장 등의 인가는 그 대상이 되는 기본행위를 보충하여 법률상 효력을 완성시키는 행위로서 이러한 인가를 받지 못한 경우 변경된 정관은 효력이 없고, 시장 등이 변경된 정관을 인가하더라도 정관변경의 효력이 총회의 의결이 있었던 때로 소급하여 발생한다고 할 수 없다." 라고 판시하고 있다(2014. 7. 10. 선고 2013도11532 판결).

058　대법원 2010. 1. 28. 선고 2008다90347 판결

라. 임원 선임이 무효 확정된 때 기존 결의사항의 효력 유무

조합의 이사선임결의에 하자가 있어 이사를 선임하는 총회 결의가 취소되거나 혹은 무효인 것으로 확인되는 경우, 그와 같은 총회에서 선임된 이사들에 의한 이사회 결의의 효력이 있는지가 문제된다. 이에 관하여 직접적으로 거론하고 있는 판례는 찾지 못하였다.

다만, 상법상 회사의 경우에 있어 판례는 "이사 선임의 주주총회 결의에 대한 취소판결이 확정된 경우 그 결의에 의하여 이사로 선임된 이사들에 의하여 구성된 이사회에서 선정된 대표이사는 소급하여 그 자격을 상실하고, 그 대표이사가 이사 선임의 주주총회결의에 대한 취소판결이 확정되기 전에 한 행위는 대표권이 없는 자가 한 행위로서 무효가 된다."라고 판시하고 있다(대법원 2004. 2. 27. 선고 2002다19797 판결 참조). 또한 하급심도 이사선임결의가 무효 확정되면 소급하여 이사 자격을 상실한다고 한다(전주지방법원 군산지원 2015. 5. 14. 선고 2015가합10020 판결).

정비사업조합의 경우 이사의 선임결의에 하자가 존재하는 경우에 관한 직접적인 판례가 없어 확언할 수는 없으나, 위 상법상 주식회사에 관한 대법원 판례의 법리가 유추 적용될 수는 있을 것으로 본다. 따라서 이사선임결의에 하자가 존재하고 그와 같은 하자로 인해 위 이사 선임결의가 무효인 것으로 판단되는 경우, 위 이사회 선임결의가 있었던 이후 새롭게 선임된 이사들에 의하여 의결된 이사회 결의는 모두 무효로 보아야 할 것이다[059].

---

059 한편 위와 같은 경우 조합 이사회의 결의가 무효인 것과 이사회의 결의에 기초한 조합의 행위의 효력은 별개로 판단되어야 할 것으로 본다. 조합과 거래한 거래상대방의

마. 조합장 변경에 따른 조합설립변경인가 시 토지등소유자의 동의가 필요한지?

민원인 – 주택재건축사업 조합의 조합장 변경 시 조합설립인가의 변경인가를 받기 위해 토지등소유자의 동의를 받아야 하는지 여부(「도시 및 주거환경정비법」 제16조제1항 등 관련)
[법제처 16-0357, 2016. 10. 13., 민원인]

【질의요지】

「도시 및 주거환경정비법」(이하 "도시정비법"이라 함) 제16조제2항에서는 주택재건축사업의 추진위원회가 조합을 설립하고자 하는 때에는 일정 비율 이상의 토지등소유자의 동의를 얻어 시장·군수의 인가를 받아야 하고, 인가 받은 사항을 변경하고자 하는 때에도 같다고 규정하면서(본문), 다만, 같은 조 제1항 각 호 외의 부분 단서에 따른 경미한 사항을 변경하고자 하는 때에는 조합원의 동의 없이 시장·군수에게 신고하고 변경할 수 있다고 규정하고 있으며(단서), 같은 법 시행령 제27조제2호의2에서는 도시정비법 제16조제1항 각 호 외의 부분 단서에 따른 "경미한 사항"의 하나로 "조합임원 또는 대의원의 변경"을 규정하면서, 괄호로 "조합장은 같은 법 제24조에 따라 총회의 의결을 거쳐 변경인가를 받아야 한다"라고 규정하고 있는바,

주택재건축사업 조합의 조합장 변경 시 조합설립인가의 변경인가를 받기 위하여 도시정비법 제16조제2항 본문에 따른 토지등소유자의 동의를 받아야 하는지?

【회답】

주택재건축사업 조합의 조합장 변경 시 조합설립인가의 변경인가를 받기 위하여 도시정비법 제16조제2항 본문에 따른 토지등소유자의 동의를 받아야 하는 것은 아닙니다.

보호라는 측면에서 무효인 이사회 결의에 기초하여 한 조합의 모든 행위를 무효로 볼 수는 없을 것이기 때문입니다. 이와 관련하여 대법원은 정관 등에 의해 내부적으로 일정한 거래에 대하여 이사회의 결의를 얻도록 한 경우에는 이사회의 결의가 흠결되었다고 하더라도 거래상대방 보호의 면에서 상대방에게 악의 또는 중과실이 없는 한 유효라고 본다는 취지의 판시(대법원 1978. 6. 27. 선고 78다389 판결 참조)를 한 바 있는바, 그렇다면 조합 이사회의 결의가 무효라고 하더라도 이사회 결의를 전제로 조합과 거래한 상대방이 이사회 결의가 무효라는 점에 대하여 알고 있었거나 또는 알지 못한 것에 중대한 과실이 있는 등의 특별한 사정이 없다면 조합과 거래상대방 사이의 거래행위는 유효한 것으로 보아야 할 것이다.

06 총회에서의 재결의(추인) 가능 여부

　당초의 조합 총회에서 임원을 선임한 결의에 대하여 그 후에 다시 개최된 총회에서 위 종전 결의를 그대로 재 인준하는 결의를 한 경우에는 설사 당초의 임원선임결의가 부존재 혹은 무효라고 할지라도 새로운 총회가 당초 임원선임결의에 의하여 선임된 임원에 의하여 소집된 총회이므로 무권리자에 의하여 소집된 총회라는 사유는 독립된 무효사유로 볼 수 없다[060][061][062].

　또한 제1차 해임결의가 무효라고 하더라도 제2차 해임결의가 중대한 하자로 인하여 부존재 또는 무효임이 인정되거나 그 결의가 취소되는 등의 특별한 사정이 없는 한 제1차 해임결의의 무효확인을 구하는

060　대법원 1996. 10. 11. 선고 96다24309 판결
061　서울고등법원 2009. 7. 9. 선고 2008나105739 판결
062　대법원 2003. 9. 26. 선고 2001다64479 판결

것은 과거의 권리·법률관계의 확인을 구하는 것에 불과하여 확인의 이익이 없다[063].

그러나 이는 예외적으로만 인정되어야 할 것이다. 예를 들어 1차 총회에서 입후보자가 여러 명 중 조합장으로 "갑", 이사로 "을"을 선임하였는데 무효사유가 있어 2차 총회를 소집하여 "갑"과 "을"을 재 인준하는 총회를 무조건 인정하면 1차 총회 당시에 입후보한 자의 피선출권을 침해하는 결과가 초래된다.

> **대법원 2003. 9. 26. 선고 2001다64479 판결**
> 피고 조합의 정기총회가 이 사건 2000. 2. 26.자 정기총회결의로써 이 사건 1999. 1. 26.자 임시총회결의를 그대로 재인준 하였음은 원심이 적법하게 (하략)
>
> **대법원 2007. 3. 30. 선고 2005다45698 판결**
> 설사 피고조합의 창립총회에서 소외인을 대표자로 선임한 결의가 무효라고 할지라도 그 후 개최된 피고조합의 정기총회에서 소외인의 대표자 선임을 인준하는 결의가 그 의결정족수를 충족하여 적법하게 이루어진 이상, 창립총회의 대표자선임결의에 대하여 무효확인을 구하는 것은 과거의 법률관계 내지 권리관계의 확인을 구하는 것으로서 권리보호의 요건을 결여하여 부적법하다고 판단한 것은 정당하고, 거기에 상고이유에서 주장하는 바와 같이 채증법칙 위배로 인한 사실오인이나 법리오해 등의 위법이 있다고 할 수 없다.
>
> **대법원 2010. 10. 28. 선고 2009다63694 판결**
> 원고가 피고를 상대로 이 사건 제1차 해임결의 무효확인의 소를 제기하자 직무대행자인 소외 5에 의하여 소집된 피고의 2008.11.28.자 임시총회에서 토지 등 소유자 172명 중 99명이 참석한 가운데 98명의 찬성으로 원고 등을 해임하는 결의(이하 '이 사건 제2차 해임결의'라고 한다)가 재차 이루어진 사실을 인정한 다음 (하략)

---

063 대법원 2003. 9. 26. 선고 2001다64479 판결

07 선임·해임 관련 소송

가. 민사소송

조합이 공법인이라는 사정만으로 재개발조합과 조합장 또는 조합 임원 사이의 선임·해임 등을 둘러싼 법률관계가 공법상의 법률관계에 해당한다거나 그 조합장 또는 조합 임원의 지위를 다투는 소송이 당연히 공법상 당사자소송에 해당한다고 볼 수는 없고, 구 도시 및 주거환경정비법의 규정들이 재개발조합과 조합장 및 조합 임원과의 관계를 특별히 공법상의 근무관계로 설정하고 있다고 볼 수도 없으므로, 재개발조합과 조합장 또는 조합 임원 사이의 선임·해임 등을 둘러싼 법률관계는 사법상의 법률관계로서 그 조합장 또는 조합 임원의 지위를 다투는 소송은 민사소송에 의하여야 할 것이다(대법원 2009. 9. 24.자 2009마168 결정).

통상 총회결의 무효 확인의 소가 본안으로서 제기되고, 가처분으로서 직무집행정지가처분이나 효력정지가처분이 제기된다.

나. 피고적격

총회결의 부존재·무효확인·취소소송 또는 총회해임결의 무효확인의 소의 피고는 조합이다[064]. 이 경우 조합장이 해임되어 조합장이 소송의 당사자이면 조합의 대표자는 감사이다(재건축 표준정관 제16조 제6항).

그런데 직무집행정지가처분에 있어서 피신청인이 될 수 있는 자는 그 성질상 당해 임원이고, 법인에게는 피신청인의 적격이 없다[065]. 판례에 따르면 본안소송에서의 피고와 가처분의 피신청인이 일치하지 않게 된다[066].

참고로 회사의 이사선임 결의가 무효 또는 부존재임을 주장하여 그 결의의 무효 또는 부존재확인을 구하는 소송에서 회사를 대표할 자는 현재 대표이사로 등기되어 그 직무를 행하는 자라고 할 것이고, 그 대표이사가 무효 또는 부존재확인청구의 대상이 된 결의에 의하여 선임된 이사라고 할지라도 그 소송에서 회사를 대표할 수 있는 자임에는 변함이 없다[067].

---

064 대법원 2010. 10. 28. 선고 2010다30676,30683 판결
065 대법원 1982. 2. 9. 선고 80다2424 판결
066 법원행정처, 법원실무제요 민사집행(IV), 333.
067 대법원 1983. 3. 22. 선고 82다카1810 전원합의체 판결, 그 결의에 의하여 선임된 이사는 회사를 대표할 수 없다고 판시한 바 있는 당원 1963. 4. 25. 선고 62다836 판결의 견해는 이를 파기하기로 한다.

다. 직무집행정지가처분
① 해임청구권 보전을 위한 직무집행정지가처분의 허용 여부

직무집행정지가처분을 하려면, 법 제43조 제1항의 결격사유 발생, 해임절차에 의한 해임, 선임절차상 하자, 정관에 의한 자격정지 사유 발생, 조합원 자격상실 사유가 발생하는 등의 사유가 있어야 한다.

단지 무능력과 비위사실 등에 기한 해임청구권을 본안으로 하는 가처분[068]은 허용되지 않는다[069].

대법원은 "기존 법률관계의 변경·형성을 목적으로 하는 형성의 소는 법률에 명문의 규정이 있는 경우에 한하여 제기할 수 있는바, 조합의 이사장 및 이사가 조합업무에 관하여 위법행위 및 정관위배행위 등을 하였다는 이유로 그 해임을 청구하는 소송은 형성의 소에 해당하는데, 이를 제기할 수 있는 법적 근거가 없으므로, 조합의 이사장 및 이사 직무집행정지 가처분은 허용될 수 없다."라고 판시하고 있다[070]. 법원의 실무도 해임청구권 보전을 위한 직무집행정지가처분은 받아들

---

[068] 그러나 예외적으로, 장래의 해임의결권에 기한 조합장 직무집행정지가처분의 경우 조합장이 총회소집요구에 불응한 경우 법원에 총회소집허가신청을 하면 되는데 그 기간이 오래 걸리지 않는 점 등에 비추어 일반적으로는 부정적이나, 예외적으로 조합장이 중대한 법률 또는 정관 위반을 하여 조합장으로 하여금 계속해서 직무를 수행하게 할 경우 조합에 현저한 손해를 끼칠 개연성이 있고, 상당수의 조합원들이 조합장의 해임을 원하고 있어 조합장에 대한 해임의결이 가능한 것으로 보이며, 그럼에도 불구하고 조합장의 해임을 위한 절차의 진행이 원만하게 진행되지 아니하거나 그러할 가능성이 있다면, 조합장에 대한 해임 의결전이라도 위와 같은 급박한 사태를 해결하기 위한 잠정적인 조치로서 조합장에 대한 직무집행의 정지 및 직무대행자 선임이 가능하다고 보아야 한다는 결정이 있다(서울중앙지방법원 2008. 9. 10. 200카합2423 결정).

[069] 서울중앙지방법원 2008. 4. 1.자 2008카합524 결정, 동 법원 2008. 3. 6.자 2008카합21 결정

[070] 대법원 2001. 1. 16. 선고 2000다45020 판결

이지 않고 있다[071].

② 임원의 지위 또는 권한 부존재 확인을 본안으로 하는 직무집행정지가처분 허용 여부

임원이 임기 중에 사임하였거나 임기가 만료된 경우, 정관 소정의 자격을 상실한 경우, 나아가 임원의 지위에서 해임되었음에도 이를 부정하면서 임원의 권한을 행사하고 있는 경우에 새로운 임원이 선임되었다면 그 임원(대표자인 경우에는 단체가 직접)이 직접 종전 임원을 상대로 직무수행방해금지 등의 가처분을 구할 수 있을 것이다.

그러나 새로운 임원이 선임되었더라도 그가 적극적으로 소를 제기하지 않는 경우 단체의 구성원으로서는 종전 임원의 지위나 권한을 배제할 필요가 있고, 이를 위한 임원의 지위 또는 권한부존재 확인 소송이 가능하므로 이를 피보전권리로 한 직무집행정지가처분도 허용된다고 할 것이다. 특히 임기만료나 사임사실에 대해서는 다툼이 없으나 후임 임원의 선임절차를 밟지 않고 퇴임임원으로서의 업무수행권을 내세워 불법적으로 또는 부당하게 업무를 수행하는 경우에는 퇴임 임원으로 하여금 법인 등의 업무를 수행케 함이 부적당하다고 인정할 만한 특별한 사정이 있다고 보아 직무집행정지가처분이 가능할 것이다(대판 1996. 12. 10. 선고 96다37206 판결 등 참조)[072].

다시 말하여 법 제43조 제1항에 해당하거나 기타 정관에서 어느 사유에 해당하면 당연히 임원이 될 수 없거나 당연 퇴임한다고 규정하고

---

071 법원행정처, 법원실무제요 민사집행(IV), 331.
072 법원행정처, 법원실무제요 민사집행(IV), 331-332.

있는 경우에 피보전권리는 해임청구가 아니라 임원지위 상실 확인청구(본안)권이다[073].

③ 피신청인

대법원은 회사 등 단체의 대표자 자격을 부인하기 위한 총회결의의 부존재·무효확인·취소소송이나 당선자 결정무효 확인소송은 대표자 개인을 상대로 할 수 없고, 반드시 회사 등 단체를 피고로 하여야 한다고 한다(대법원 1998. 11. 27. 선고 97다4104 판결, 대법원 1991. 6. 25. 선고 90다14058 판결 등).

반면에 직무집행정지가처분의 피신청인이 되는 것은 ① 법인뿐이라는 설, ② 법인과 이사 등이 모두 피신청인이 되어야 한다는 설, ③ 법인 또는 법인과 이사 등이라는 설, ④ 이사 등 만이라는 설이 있는바, 대법원은 직무집행의 정지를 요구받은 당해 이사 등만이 피신청인이 될 적격이 있다고 한다(대법원 1982. 2. 9. 선고 80다2424 판결, 대법원 1972. 1. 31. 선고 71다2351 판결).

대법원에 따르면 본안소송에서의 피고와 가처분의 피신청인이 일치하지 않게 된다.

민법상 법인의 이사 선임 결의에 하자가 있는 경우에는 당해 이사 개인을 상대로 한 직무집행정지가처분을 통해 권리 구제를 꾀하여야 하고, 만연히 법인을 상대로 한 선임결의의 효력정지가처분을 신청하

---

073 김용대, "주택 재개발·재건축 관련 보전처분소송", 법관연수자료, 51

여서는 아니 된다.

즉, 채권자 갑이 을을 채무자 법인의 대표권 있는 이사로 선임한 총회 결의가 무효임을 주장하며 그 선임결의의 효력정지를 구한 사안에서, 채무자 법인을 상대로 선임결의의 효력정지를 구하는 것보다는 대표권 있는 이사 개인을 상대로 직무집행정지를 구하는 것이 더욱 합리적인 분쟁해결 방법이라 할 것이어서, 가처분을 인용할 만한 피보전권리와 보전의 필요성을 인정하기 어렵다[074].

이사 등의 임기가 이미 만료되었더라도 후임이사가 선임될 때까지는 이사의 권리의무가 있으므로 임기가 만료된 이사 등을 상대로 직무집행정지의 가처분을 할 수 있다.

라. 직무대행자 선임 관련
(1) 서설

직무집행정지를 명하는 가처분과 함께 직무대행자를 선임하는 것이 일반적이다.

그런데 정관에 직무대행에 관한 규정이 있음을 이유로 직무대행자를 선임하지 않는 경우도 있다. 즉, 조합장이 유고되더라도 정관에 의하면 이사 중 연장자가 대행한다고 하므로, 결국 정관에 따라 직무대행자가 정해지므로 직무대행자 선정 신청은 각하하는 것이다(인천지방법원 부천지원 2005. 9. 2. 선고 2005카합113).

---

074 서울고등법원 2010. 6. 21.자 2009라2534 결정

그러나 법원실무제요는 "정관에 직무대행에 관한 규정이 있음을 이유로 직무대행자를 선임하지 않는 실무례도 있으나 잘못된 것이다. 단체의 정관에서 '유고' 시의 직무대행자를 규정하고 있는 경우가 많으나, 법원의 직무집행정지가처분에 의하여 임원 등이 직무를 수행할 수 없는 것이 유고에 해당한다고 보기 어렵고, 직무집행정지 시의 직무대행자는 가처분의 잠정성에 비추어 상무에 속한 행위 밖에 할 수 없음에 반하여 정관에 의한 직무대행자는 해당임원의 모든 권한을 행사할 수 있으므로 정관상의 직무대행자를 인정하는 것은 직무집행정지가처분의 취지에 반하고, 현실적으로도 정관상의 직무대행자는 통상 직무정지되는 임원과 이해관계를 같이 하는 경우가 대부분이어서 분쟁이 악화될 우려가 있을 뿐만 아니라 정관상의 직무대행자가 직무집행정지가처분의 원인이 되는 결의에 의하여 선출되어 동일한 하자를 안고 있는 경우도 있을 수 있기 때문이다." 라고 하여[075], 반대의 견해를 피력하고 있음을 유의하여야 한다.

또한 적절한 직무대행자를 선임하기 위해 일단 직무집행정지가처분을 발령한 다음 별도로 직무대행자를 선임하는 경우도 있다[076]. 실무적으로 통상 신청인이 특정인이나 복수의 자를 직무대행자로 추천하고 법원이 이를 받아들이는 경우가 있는데, 이는 지양하여야 한다고 본다. 생각건대, 법원이 직무대행을 직접 선임을 하여 주는 것이 신청인들로부터 자유롭게 업무처리를 할 수 있을 것이다. 물론 어떤 단체 대표자의 직무집행을 정지하고 그 대행자를 선임하는 가처분을 하는 경우 어느 특정한 사람을 그 직무대행자로 선임할 것인가는 법원의 자유

---

075 법원행정처, 법원실무제요 민사집행(IV), 335.
076 법원행정처, 법원실무제요 민사집행(IV), 336.

재량에 속한다 할 것이니 어떤 특정인을 직무대행자로 선임하여 달라고 요구하는 권리는 누구에게도 인정되지 아니한다[077].

법원에 의하여 직무대행자로 선정된 경우 가장 먼저 하여야 할 일은 조합직인과 통장 및 인감도장 인수이다. 그런데 일부 조합장의 경우 이를 쉽게 내주지 않고 애를 먹이는 경우가 많다. 그러나 이는 가처분 결정에 위배되는 행위이므로 공무상표시무효죄가 성립할 여지가 많고, 또한 해임되었는데도 불구하고 이를 부인하면서 가처분을 하였으나 기각되었는데도 법인인감도장과 신용카드를 반환하지 않자, 법원이 재물은닉죄를 인정한 사례도 있다(수원지방법원 2016. 1. 14. 선고 2014고단2995 판결).

따라서 조합장으로서는 직무대행자의 요청에 응하는 것이 좋다. 직무대행자는 부임하자마자 비품인수인계서를 작성하여 철저히 확인하고 직인과 통장 및 인감도장을 인수받아야 한다.

또한 직무대행자 결정문을 즉시 송달하여 주어야 한다. 또한 나아가 촉탁등기를 조속히 실시하여 직무대행자가 등기[078]가 되도록 하여 주어야 한다. 직무집행정지가처분 및 직무대행자선임 가처분의 집행의 효력 및 제3자에 대한 대항력 발생시점은 채권자와 채무자, 그리고 선임된 직무대행자에게 고지 및 송달 외에 등기가 된 시점이다[079].

---

077 대법원 1979. 7. 19.자 79마198 결정
078 민법 제52조의2 (직무집행정지 등 가처분의 등기) 이사의 직무집행을 정지하거나 직무대행자를 선임하는 가처분을 하거나 그 가처분을 변경·취소하는 경우에는 주사무소와 분사무소가 있는 곳의 등기소에서 이를 등기하여야 한다.
079 권오복, 민법법인과 등기, 육법사, 473. 법원행정처(주 64), 346.

법원은 일단 선임한 직무대행자가 부적당하다고 인정하는 경우에는 직권으로 언제든 이를 개임할 수 있고, 당사자에게는 개임신청권은 없다[080].

(2) 업무범위

직무대행자는 가처분명령에 다른 정함이 있는 경우 외에는 법인의 통상사무에 속하지 아니한 행위를 하지 못한다. 다만, 법원의 허가를 얻은 경우에는 그러하지 아니하다. 직무대행자가 법원의 허가 없이 통상사무외의 행위를 한 경우에도 법인은 선의의 제3자에 대하여 책임을 진다(민법 제60조의2).

업무범위와 관련하여 대법원은 "민사소송법 제714조 제2항의 임시의 지위를 정하는 가처분은 권리관계에 다툼이 있는 경우에 권리자가 당하는 위험을 제거하거나 방지하기 위한 잠정적이고 임시적인 조치로서 그 분쟁의 종국적인 판단을 받을 때까지 잠정적으로 법적 평화를 유지하기 위한 비상수단에 불과한 것으로, 가처분재판에 의하여 재단법인의 이사의 직무를 대행하는 자를 선임한 경우에 그 직무대행자는 단지 피대행자의 직무를 대행할 수 있는 임시의 지위에 놓여 있음에 불과하므로, 재단법인을 종전과 같이 그대로 유지하면서 관리하는 한도 내의 재단법인의 <u>통상업무에 속하는 사무만을 행할 수 있다고 하여야 할 것이고</u>, 그 가처분재판에 다른 정함이 있는 경우 외에는 재단법인의 근간인 이사회의 구성 자체를 변경하는 것과 같은 법인의 통상업무에 속하지 아니한 행위를 하는 것은 이러한 가처분의 본질에 반한

---

080   법원행정처(주 66), 338. 대법원 1979 7. 19.자 79마198 결정

다."고 판시하였고[081], 또한 대법원은 직권으로 가처분신청의 목적을 달성함에 필요한 처분을 할 수 있으므로 가처분법원이 임시의 지위를 정하는 가처분방법으로 종단 종정의 직무집행을 정지함과 동시에 그 직무대행자를 선임하는 경우 직무대행자의 직무권한의 범위에 관하여 가처분의 목적달성에 필요한 제한을 가할 수 있다고 판시하고 있다[082].

따라서 조합장이 유고 등으로 인하여 그 직무수행이 불가하여 직무대행자가 선임된 경우 조합장직무대행자는 조합의 정상화, 즉 새로운 조합장의 선출과 통상비용 지출권한만 있고, 나머지 행위는 법원에 '상무 외 허가신청'을 하여 허가를 받아야 한다.

조합장 선출이 통상행위로서 허가를 요하지 않는다는 것에는 이견을 찾을 수 없었다. 물론 조합장 선출 총회에 문제가 있어 총회결의 무효 확인의 소가 제기되고 이에 따라서 직무대행자 선정 가처분에 의하여 조합장직무대행자로 된 경우는 그 본안판결확정시까지는 당연히 새로운 조합장선출권한은 통상사무가 아니다.

이에 대한 법원의 판례를 좀 더 살펴보면, 조합 임원에 대한 직무집행정지가처분 및 직무대행자 선임 신청이 받아들여진 경우 그 가처분에 대한 본안판결 선고 시 또는 확정시까지 직무집행이 정지된 임원의 직무를 수행할 자는 직무대행자이고, 특히 조합장의 직무집행이 정지되고 직무대행자가 선임된 경우 그 직무집행이 정지된 대표자선출결

---

[081] 대법원 2000. 2. 11. 선고 99두2949 판결, 대법원 2000. 2. 11. 선고 99다30039 판결
[082] 대법원 1982. 12. 14. 선고 81다카1085 판결

의의 무효, 부존재확인의 소송에서 조합을 대표할 자도 역시 직무대행자로 선임된 자로 보며[083],

재건축조합의 조합장에 대하여 직무집행을 정지하고 직무대행자를 선임하는 가처분결정이 있은 후 그 직무대행자에 의하여 소집된 임시총회에서 직무집행이 정지된 종전 조합장이 다시 조합장으로 선임되었다 하더라도 위 가처분결정이 취소되지 아니한 이상 직무대행자만이 적법하게 조합을 대표할 수 있고, 다시 조합장으로 선임된 종전 조합장은 그 선임결의의 적법 여부에 관계없이 대표권을 가지지 못하고, 가처분재판에 의하여 법인 등 대표자의 직무대행자가 선임된 상태에서 피대행자의 후임자가 적법하게 소집된 총회의 결의에 따라 새로 선출되었다 해도 그 직무대행자의 권한은 위 총회의 결의에 의하여 당연히 소멸하는 것은 아니므로 사정변경 등을 이유로 가처분결정이 취소되지 않는 한 직무대행자만이 적법하게 위 법인 등을 대표할 수 있고, 총회에서 선임된 후임자는 그 선임결의의 적법 여부에 관계없이 대표권을 가지지 못한다[084].

나아가 재건축조합이 이주를 거부하는 사업구역 내의 아파트 소유자 등과 사이에 해당 아파트를 감정가에 의하여 매수하기로 한 합의가 조합장 직무대행자가 할 수 있는 조합의 통상업무 범위 내에 속하는 행위라고 본다[085]. 서울서부지방법원은 "직무대행자는 단지 피대행자

---

083 재판실무편람 24, 대법원 1995. 12. 12. 선고 95다31348 판결
084 대법원 2010. 2. 11. 선고 2009다70395 판결, 대법원 2010. 12. 23. 선고 2010도13584 판결
085 대법원 2000. 2. 22. 선고 99다62890 판결

의 직무를 대행할 수 있는 임시의 지위에 놓여 있음이 불과하므로, 그 정비사업조합을 종전과 같이 그대로 유지하면서 관리하는 한도 내의 통상 업무에 속하는 사무(상무)만을 행할 수 있다고 하여야 할 것이고, 그 가처분 결정에 다른 정함이 있는 경우 외에는 정비사업 조합의 통상업무에 속하지 아니한 행위를 하는 것은 이러한 가처분 본질에 반하다"고 판시하고 있고[086], 동 판결에서 인가를 받았던 사업시행계획을 변경하는 것, 임원 선임에 관한 정관 및 선거관리규정을 변경하는 것은 불가하고, 기존 정관 및 선거관리규정에 따라 조합장을 선출하는 것, 총회에 결산을 보고하고 차년도 예산안을 승인받는 것은 통상업무로 보았다.

그리고 가처분에 의하여 대표이사 직무대행자로 선임된 자가 변호사에게 소송대리를 위임하고 그 보수계약을 체결하거나 그와 관련하여 반소제기를 위임하는 행위는 회사의 상무에 속하나, 회사의 상대방 당사자의 변호인의 보수지급에 관한 약정은 회사의 상무에 속한다고 볼 수 없으므로 법원의 허가를 받지 않는 한 효력이 없다[087]. 법원의 직무집행정지 가처분결정에 의해 회사를 대표할 권한이 정지된 대표이사가 그 정지 기간 중에 체결한 계약은 절대적으로 무효이고, 그 후 가처분신청의 취하에 의하여 보전집행이 취소되었다 하더라도 집행의 효력은 장래를 향하여 소멸할 뿐 소급적으로 소멸하는 것은 아니라 할 것이므로, 가처분신청이 취하되었다 하여 무효인 계약이 유효하게 되지는 않는다[088].

---

086 서울서부지방법원 2009. 7. 6.자 2009카합1347 결정
087 대법원 1989. 9. 12. 선고 87다카2691 판결
088 대법원 2008. 5. 29. 선고 2008다4537 판결

조합장의 직무집행이 정지되고 직무대행자가 선임된 경우 직무대행자가 직무집행이 정지된 조합장을 해임하고 그 후임자를 선정하기 위한 총회를 개최할 수 있는가에 관하여 조합원이 민법 제70조나 정관에 의한 요건을 갖추어 총회의 소집을 청구한 때에는 직무대행자는 그 총회를 소집하여야 할 것이나, 이 경우에도 법원으로부터 상무외 행위 허가를 받아야 할 것이다[089].

한편 '상무 외 행위 허가 신청'은 가처분법원에 하고, 가처분이의 소송이 항소심에 계속 중이면 항소심 법원에 하며[090], 별도로 '비합' 이라는 사건번호가 매겨지며 기일이 지정된다. 법원이 '상무 외 행위'를 허가할 것인지 여부는 일반적으로 당해 '상무 외 행위'의 필요성과 회사의 경영과 업무 및 재산에 미치는 영향 등을 종합적으로 고려하여 결정하여야 한다[091].

또한 가급적 신속하게 기일을 지정하여 주어야 하고, 선임결정문에 법원이 구체적으로 업무범위를 그 조합의 상황에 맞게 명기를 하여 주는 방법도 좋다고 본다.

최근에는 임원 선출 총회 개최를 직무대행자의 업무로 명시하여 결정문에 포함시켜 주어 직무대행자가 별도로 허가를 받지 않도록 배려하고 업무추진에 힘이 실리도록 한 사례가 있는바, 매우 타당한 업무처리라고 본다.

---

089 법원행정처(주 66), 347.
090 권오복, 민법법인과 등기, 육법사, 490.
091 대법원 2008. 4. 14.자 2008마277 결정

한편, 법원에 의하여 선임된 직무대행자의 위와 같은 업무범위는 사임이나 해임되어 감사가 지명하거나 이사 중 연장자가 대행하는 조합장직무대행의 업무범위에도 그대로 적용된다고 사료한다. 업무범위를 달리 볼 이유가 없다.

(3) 비용지출 문제

조합의 경우 유급직원들 월급, 사무실 운영경비 정도는 통상비용으로 보아도 무방하다. 이 비용에 대해서도 이사회나 대의원회를 거쳐야 하는지에 대해서 논란이 있으나, 이런 통상비용은 별다른 회의 없이 직무대행이 집행해도 무방하다고 본다.

그 다음 소송비용 등 통상비용을 벗어나는 비용 지출이 문제이다. 이사회나 대의원회가 건재하다면 정관이나 규정에 따르면 그만이지만 이사나 대의원들이 사표를 제출하여 실질적으로 대의기관이 없을 경우가 문제된다. 이 경우는 상무 외 행위 허가 신청을 하여 그 결과에 따를 수밖에 없다고 본다. 달리 대안이 없기 때문이다. 물론 방어적인 소송비용으로서 통상 예상되는 비용 범위 내에서는 직권으로 지급할 수 있다고 본다.

그 다음 직무대행자 선임에 따른 소송비용을 신청인에게 지급할 수 있는가가 문제된다. 현실적으로 이 비용지급을 요구하는 경우가 매우 많다. 그런데 문제는 이 비용이 상당한 거액이다. 이와 관련하여 비용지급을 요구하는 측에서는 조합을 위한 일이고 당연히 승소를 하였으므로 직무대행이 당장 결재를 하여 줄 것을 요구한다. 반대논리로는 가처분은 어디까지나 조합원 개인자격으로 소송을 제기한 것이므로 승소에 따른 소송비용 결정 금액 외에는 지급이 불가하다는 것이다. 이 문제는 판례가 나와야만 해결될 문제지만, 사견으로는 지급할 수 있다고 본다. 개인자격으로 소송을 제기하였지만 승소를 한 이상 조합일이기 때문에 그 비용은 당연히 전체 조합원이 분담하는 것이 타당하다고 생각한다. 다만, 그 금액이 과다할 경우에는 결국 법원의 판결에 따라 지급하는 것이 타당할 것이다.

(4) 직무대행자 권한 소멸

가처분에 의해 직무집행이 정지된 당해이사 등을 선임한 총회 결의의 취소나 그 무효 또는 부존재확인을 구하는 본안소송에서 가처분채권자가 승소하여 그 판결이 확정된 때에는 가처분은 그 직무집행정지 기간의 정함이 없는 경우에도 본안승소판결의 확정과 동시에 그 목적을 달성한 것이 되어 당연히 효력을 상실하게 된다[092].

그러나 재건축조합의 조합장에 대하여 직무집행을 정지하고 직무대행자를 선임하는 가처분결정이 있은 후 그 직무대행자에 의하여 소집된 임시총회에서 직무집행이 정지된 종전 조합장이 다시 조합장으로 선임되었다 하더라도 위 가처분결정이 취소되지 아니한 이상 직무대행자만이 적법하게 조합을 대표할 수 있고, 다시 조합장으로 선임된 종전 조합장은 그 선임결의의 적법 여부에 관계없이 대표권을 가지지 못한다[093]. 대표이사의 직무집행정지 및 직무대행자선임의 가처분이 이루어진 이상, 그 후 대표이사가 해임되고 새로운 대표이사가 선임되었다 하더라도 가처분결정이 취소되지 아니하는 한 직무대행자의 권

---

092   대법원 1989. 9. 12. 선고 87다카2691 판결
093   대법원 2000. 2. 22. 선고 99다62890 판결

한은 유효하게 존속하는 반면 새로이 선임된 대표이사는 그 선임결의의 적법 여부에 관계없이 대표이사로서의 권한을 가지지 못한다[094].

조합장 선출을 하면 임무가 종료되므로 새로운 조합장 선출이 인가되고 이에 따라 채권자 또는 직무대행자가 집행취소신청을 하여 집행이 취소되면 그 권한이 소멸된다. 직무대행자가 사임을 하는 경우는 법원이 새로운 직무대행자를 결정하여 채권자, 채무자, 새로운 직무대행자에게 고지, 송달하고 등기가 된 경우에 그 권한이 소멸할 것이다. 사임을 할 경우 빠르게 후임자를 선정하여 주는 것이 좋다.

조합장 직무집행정지 및 직무대행자 선임의 가처분을 하여 등기가 된 이후에 본안에서 패소한 경우는 본안판결을 근거로 하여 신청법원에 가처분취소결정을 받고, 가처분법원에서 가처분취소촉탁을 하면 등기관은 대행자말소 및 말소에 의한 등기의 회복을 하면 될 것이다[095].

한편 직무집행정지가처분 신청인이 그 신청 자체를 취하 하였을 경우 채무자는 이를 이유로 집행취소 신청을 할 수 있다[096].

---

[094] 대법원 1992. 5. 12. 선고 92다5638 판결
[095] 권오복, 민법법인과 등기, 육법사, 493.
[096] 법원행정처(주 66), 298.

마. 직무집행정지 시 임기문제

 추진위원장이나 조합장이 선출되었는데, 그에 대해서 직무집행정지가 법원에 의하여 받아들여진 경우 직무가 정지된 조합장이나 위원장의 임기가 계속 진행하는지 아니면 진행이 정지되는지가 문제된다.

 사견은 직무집행이 정지되어 임무를 수행할 수 없다면, 그 임기도 진행하지 않는다고 보는 것이 타당하다고 본다. 반대의 견해에 의하면, 예를 들어 임기가 2년인 조합장이 선출되었는데, 직무집행이 정지된 상태로 본안소송이 2년이 지난 경우 자동으로 임기가 만료되어 다시 조합장을 선출하여야 한다는 결론에 이를 수밖에 없는데, 이는 조합원들의 의사에 반하고, 조합도 조합장을 다시 선출하여야 하는 불이익이 있으므로, 불합리하다.

Chapter 3

임원 해임 또는 사임

■ 관련규정

법 제43조(조합 임원의 결격사유 및 해임) ① 다음 각 호의 어느 하나에 해당하는 자는 조합 임원이 될 수 없다.

　1. 미성년자·피성년후견인 또는 피한정후견인

　2. 파산선고를 받고 복권되지 아니한 자

　3. 금고 이상의 실형을 선고받고 그 집행이 종료(종료된 것으로 보는 경우를 포함한다)되거나 집행이 면제된 날부터 2년이 경과되지 아니한 자

　4. 금고 이상의 형의 집행유예를 받고 그 유예기간 중에 있는 자

　5. 이 법을 위반하여 벌금 100만원 이상의 형을 선고받고 5년이 지나지 아니한 자

② 조합 임원이 제1항 각 호의 어느 하나에 해당하게 되거나 선임 당시 그에 해당하는 자이었음이 판명된 때에는 당연 퇴임한다.

③ 제2항에 따라 퇴임된 임원이 퇴임 전에 관여한 행위는 그 효력을 잃지 아니한다.

④ 조합 임원은 제44조제2항에도 불구하고 조합원 10분의 1 이상의 요구로 소집된 총회에서 조합원 과반수의 출석과 출석 조합원 과반수의 동의를 받아 해임할 수 있다. 이 경우 요구자 대표로 선출된 자가 해임 총회의 소집 및 진행을 할 때에는 조합장의 권한을 대행한다.

제44조(총회의 소집) ① 조합에는 조합원으로 구성되는 총회를 둔다.

② 총회는 조합장이 직권으로 소집하거나 조합원 5분의 1 이상 또는 대의원 3분의 2 이상의 요구로 조합장이 소집한다.

③ 제2항에도 불구하고 조합 임원의 사임, 해임 또는 임기만료 후 6개월 이상 조합 임원이 선임되지 아니한 경우에는 시장·군수등이 조합 임원 선출을 위한 총회를 소집할 수 있다.

④ 제2항 및 제3항에 따라 총회를 소집하려는 자는 총회가 개최되기 7일 전까지 회의 목적·안건·일시 및 장소를 정하여 조합원에게 통지하여야 한다.

⑤ 총회의 소집 절차·시기 등에 필요한 사항은 정관으로 정한다.

제45조(총회의 의결) ① 다음 각 호의 사항은 총회의 의결을 거쳐야 한다.
　7. 조합 임원의 선임 및 해임
　13. 그 밖에 조합원에게 경제적 부담을 주는 사항 등 주요한 사항을 결정하기 위하여 대통령령 또는 정관으로 정하는 사항

> **령 제42조(총회의 의결사항)** ① 법 제45조제1항제13호에 따라 총회의 의결을 거쳐야 하는 사항은 다음 각 호와 같다.
> 1. 조합의 합병 또는 해산에 관한 사항
> 2. 대의원의 선임 및 해임에 관한 사항
> 3. 건설되는 건축물의 설계 개요의 변경
> 4. 정비사업비의 변경

② 제1항 각 호의 사항 중 이 법 또는 정관에 따라 조합원의 동의가 필요한 사항은 총회에 상정하여야 한다.
③ 총회의 의결은 이 법 또는 정관에 다른 규정이 없으면 조합원 과반수의 출석과 출석 조합원의 과반수 찬성으로 한다.
④ 제1항제9호 및 제10호의 경우에는 조합원 과반수의 찬성으로 의결한다. 다만, 정비사업비가 100분의 10(생산자물가상승률분, 제73조에 따른 손실보상 금액은 제외한다) 이상 늘어나는 경우에는 조합원 3분의 2 이상의 찬성으로 의결하여야 한다.
⑤ 조합원은 서면으로 의결권을 행사하거나 다음 각 호의 어느 하나에 해당하는 경우에는 대리인을 통하여 의결권을 행사할 수 있다. 서면으로 의결권을 행사하는 경우에는 정족수를 산정할 때에 출석한 것으로 본다.
　1. 조합원이 권한을 행사할 수 없어 배우자, 직계존비속 또는 형제자매 중에서 성년자를 대리인으로 정하여 위임장을 제출하는 경우
　2. 해외에 거주하는 조합원이 대리인을 지정하는 경우
　3. 법인인 토지등소유자가 대리인을 지정하는 경우. 이 경우 법인의 대리인은 조합 임원 또는 대의원으로 선임될 수 있다.
⑥ 총회의 의결은 조합원의 100분의 10 이상이 직접 출석하여야 한다. 다만, 창립총회, 사업시행계획서의 작성 및 변경, 관리처분계획의 수립 및 변경을 의결하는 총회 등 대통령령으로 정하는 총회의 경우에는 조합원의 100분의 20 이상이 직접 출석하여야 한다.
⑦ 총회의 의결방법 등에 필요한 사항은 정관으로 정한다.

▶재건축 표준정관 제18조(임원의 해임 등) ①임원이 직무유기 및 태만 또는 관계법령 및 이 정관에 위반하여 조합에 부당한 손해를 초래한 경우에는 해임할 수 있다. 이 경우 사전에 해당 임원에 대해 청문 등 소명기회를 부여하여야 하며, 청문 등 소명기회를 부여하였음에도 이에 응하지 아니한 경우에는 소명기회를 부여한 것으로 본다. 다만, 제17조제2항의 규정에 의하여 당연 퇴임한 임원에 대해서는 해임절차 없이 그 사유가 발생한 날로부터 그 자격을 상실한다.

②임원이 자의로 사임하거나 제1항의 규정에 의하여 해임되는 경우에는 지체없이 새로운 임원을 선출하여야 한다. 이 경우 새로 선임된 임원의 자격은 시장·군수의 조합설립변경인가 및 법인의 임원변경등기를 하여야 대외적으로 효력이 발생한다.

③임원의 해임은 조합원 10분의 1 이상 또는 대의원 3분의 2 이상의 발의로 조합장(조합장이 해임 대상인 경우는 발의자 공동명의로 한다)이 소집한 총회에서 조합원 과반수의 출석과 출석조합원 과반수의 동의를 얻어 해임할 수 있다. 조합장이 해임 대상인 경우 발의자 대표의 임시사회로 선출된 자가 그 의장이 된다.

④제2항의 규정에 의하여 사임하거나 또는 해임되는 임원의 새로운 임원이 선임, 취임할 때까지 직무를 수행하는 것이 적합하지 아니하다고 인정될 때에는 이사회 또는 대의원회 의결에 따라 그의 직무수행을 정지하고 조합장이 임원의 직무를 수행할 자를 임시로 선임할 수 있다. 다만, 조합장이 사임하거나 퇴임·해임되는 경우에는 제16조제6항을 준용한다.

재개발표준정관 제18조(임원의 해임 등) ④…다만, 조합장이 사임하거나 해임되는 경우에는 감사가 직무를 수행할 자를 임시로 선임할 수 있다.

제24조(대의원회의 설치)
⑧대의원 해임에 관한 사항은 제18조제1항을 준용한다.

01 해임 · 사임의 효력발생

가. 해임

법 제43조 제4항은 "조합 임원은 제44조제2항에도 불구하고 조합원 10분의 1 이상의 요구로 소집된 총회에서 조합원 과반수의 출석과 출석 조합원 과반수의 동의를 받아 해임할 수 있다. 이 경우 요구자 대표로 선출된 자가 해임 총회의 소집 및 진행을 할 때에는 조합장의 권한을 대행한다."라고 규정하고 있다.

이러한 총회에서의 해임 결의는 법인의 내부적 의사표시에 불과하므로 그러한 결의 즉시 효력이 발생하는 것이 아니라 이사에 대한 해임의 의사표시에 의하여 비로소 발생한다는 견해와[097], 해임은 기관의 지위를 박탈하는 것이고, 이에 의하여 기관인 지위가 상실되는 효과로

---

097   편집대표 김용담, 주석민법(총칙1), 한국사법행정학회, 709.

서 그 대표권한도 당연히 소멸되는 것이므로 해임 결의 즉시 그 효력이 발생한다는 견해가 있다[098].

주식회사의 경우 등기실무는 해임으로 인한 변경등기 신청서에 첨부할 그 퇴임을 증명하는 서면으로 주주총회의사록을 첨부하는 외에 회사의 대표자가 해임당한 자에게 해임의 의사를 통지한 사실을 증명하는 서면을 첨부할 것을 요구하고 있지 아니하고 있고, 의사록에 기재된 해임결의일을 해임일(등기원인일)로 등기하고 있다[099]. 이러한 법원등기실무는 조합에도 그대로 적용된다고 본다.

조합장이 해임되고 후임 조합장이 선임되지 않은 때에는 부조합장이 조합장의 직무대행자로서 해임된 조합장에 대한 해임등기를 신청할 수 있다(상업등기선례 제1-368호 참조). 따라서 정관에서 정한 조합장의 정수에 결원이 생겨도 결원의 사유가 해임인 경우에는 조합장의 해임으로 인한 변경등기신청은 후임 조합장의 선임등기신청과 동시에 하여야 하는 것은 아니다(서울남부지방법원 2018. 6. 5.자 2018비단4 결정[100] 등기관의 처분에 대한 이의).

---

098 권오복, 민법법인과 등기, 육법사, 149.
099 법원행정처(주 11), 190.
100 한편 등기관은 등기선례 제200311-12호를 적시하면서 각하결정을 하였으나, 위 등기선례는 임원이 임기만료로 퇴임하여 정관에서 정한 임원의 정수에 결원이 발생한 경우로서 임원의 해임으로 정관에서 정한 임원의 정수에 결원이 발생한 이 사건과는 다르다고 하면서 해임등기를 인용한 사례이다.

나. 사임

법인과 이사의 법률관계는 신뢰를 기초로 한 위임 유사의 관계이므로, 이사는 민법 제689조 제1항이 규정한 바에 따라 언제든지 사임할 수 있고, 법인의 이사를 사임하는 행위는 상대방 있는 단독행위이므로 그 의사표시가 상대방에게 도달함과 동시에 그 효력을 발생하고[101], 그 의사표시가 효력을 발생한 후에는 마음대로 이를 철회할 수 없음이 원칙이다(대법원 2006. 6. 15. 선고 2004다10909 판결, 서울행정법원 2016. 11. 28. 선고 2016구합3284 판결).

사임의 의사표시에 관하여 별도의 규율이 없는 경우 사임의 의사표시는 도달함과 동시에 효력이 발생하고 그 후에 철회할 수 없다(서울행정법원 2016. 11. 28. 선고 2016구합3284 판결)

임기만료 또는 사임의 경우 후임이사의 취임등기를 하기 전에는 퇴임이사의 퇴임등기만을 하지는 못한다[102].

대법원은 "학교법인의 이사는 법인에 대한 일방적인 사임의 의사표시에 의하여 법률관계를 종료시킬 수 있고, 그 의사표시는 수령권한 있는 기관에 도달됨으로써 바로 효력을 발생하는 것이며, 그 효력발생을 위하여 이사회의 결의나 관할관청의 승인이 있어야 하는 것은 아니다." 라고 판시하였다[103]. 주식회사의 이사나 대표이사직의 사임은 단

---

101 대법원 2013. 9. 9.자 2013마1273 결정. 사임은 상대방 있는 단독행위로서 그 의사표시가 상대방에게 도달함과 동시에 효력이 발생하므로 그에 따른 등기가 마쳐지지 아니한 경우에도 이로써 이사의 지위를 상실함이 원칙이다.

102 대법원 2005. 3. 8. 2004마800 전원합의체 결정

103 대법원 2003. 1. 10. 선고 2001다1171 판결

독행위로서 회사에 대한 일방적 의사표시에 의하여 곧바로 그 효력이 발생하고 회사(주주총회나 이사회)의 승낙을 요하지 아니하며 <u>그 사임에 따른 변경등기가 없더라도 즉시 그 자격을 상실한다</u>[104].

그러나 법인이 정관에서 이사의 사임절차나 사임의 의사표시의 효력발생시기 등에 관하여 특별한 규정을 둔 경우에는 그에 따라야 하는 바(대법원 1996. 4. 15.자 95마1504 결정), 위와 같은 경우에는 이사의 사임의 의사표시가 법인의 대표자에게 도달하였다고 하더라도 그와 같은 사정만으로 곧바로 사임의 효력이 발생하는 것은 아니고 정관에서 정한 바에 따라 사임의 효력이 발생하는 것이므로, 이사가 사임의 의사표시를 하였더라도 정관에 따라 사임의 효력이 발생하기 전에는 그 사임의사를 자유롭게 철회할 수 있다[105]. 사임서 제시 당시 즉각적인 철회권유로 사임서 제출을 미루거나, 대표자에게 사표의 처리를 일임하거나, 사임서의 작성일자를 제출일 이후로 기재한 경우 등 사임의사가 즉각적이라고 볼 수 없는 특별한 사정이 있을 경우에는 별도의 사임서 제출이나 대표자의 수리행위 등이 있어야 사임의 효력이 발생하고, 그 이전에 사임의사를 철회할 수 있다[106].

조합장이 사임할 때는 누구에게 사임의 의사표시를 하여야 하는지가 문제된다. 사임의 의사표시를 수령할 대리인을 선임하고 이에 대하여 권한을 부여한 후에 의사표시를 하면 된다는 견해와 이사회에 제출하여야 한다는 견해가 있을 수 있다. 법인의 경우에는 등기신청권이

---

104 서울고등법원 1980. 5. 23. 선고 79나2290 판결 : 확정
105 대법원 2008. 9. 25. 선고 2007다17109 판결
106 대법원 2006. 6. 15. 선고 2004다10909 판결

대표자에게만 있어 대표자가 사임하여도 후임자가 없으면 등기할 수 없으므로 등기를 위해서는 법원에서 선임한 임시대표권 있는 이사에게 사임의 의사표시를 하여야 할 것으로 생각된다는 견해가 있다[107].

대법원은 "종중의 대표자가 사임하는 경우에는 대표자의 사임으로 그 권한을 대행하게 될 자에게 도달한 때에 사임의 효력이 발생하고 이와 같이 사임의 효력이 발생한 뒤에는 이를 철회할 수 없다."고 판시한바 있다[108].

생각건대, 조합의 경우는 대법원 판례와 같이 정관에 그 권한을 대행하게 될 자를 지정하여 두고 있으므로, <u>그 권한을 대행하게 될 자에게 의사표시를 하면 된다고 본다.</u>

한편 이사를 사임하였는데도 불구하고 조합장이 변경등기를 하여 주지 않는 경우에 사임자의 대응방법은 정관규정상 이사가 여유가 있는 경우에는 조합을 상대로 사임을 주장하면서 이사직을 사임한 취지의 변경등기를 구하는 소를 구할 수가 있다고 본다[109].

조합 임원의 변경에 관하여 법 제35조 제7항에 따라 하는 신고는 행정청이 그 실체적 요건에 관한 심사를 한 후 수리하여야 하는 이른바 '수리를 요하는 신고'이다(서울행정법원 2016. 11. 28. 선고 2016구합3284 판결).

---

107 권오복, 민법법인과 등기, 육법사, 147.
108 대법원 2006. 10. 27. 선고 2006다23695 판결, 대법원 1991. 5. 10. 선고 90다10247 판결
109 대법원 2013. 9. 9.자 2013마1273 결정

02 직무정지 및 직무대행자

조합의 경우에는 정관규정에 의하여 이사회 또는 대의원회의 의결에 따라 직무정지를 당하지 않는 한 사임·해임된 이사·감사는 새로운 임원이 선임·취임할 때까지 직무를 수행한다.

문제는 조합장이 해임·사임 되는 경우에도 '이사회 또는 대의원회의 의결에 따라 그의 직무수행을 정지'하여야만 뒤이어 재건축의 경우는 이사 중 연장자가, 재개발의 경우는 감사가 직무대행자를 선임하는 것인지에 있다.

표준정관 제18조 제4항 단서를 "다만, 조합장이 해임되는 경우에는 이사회 또는 대의원회 의결없이 곧바로 그의 직무수행을 정지하고 제16조 제6항을 준용한다."라고 규정하면, 명확히 조합장은 이사회나 대의원회 의결없이 직무대행자를 선임하는 것인데, 단서규정을 모호하게 규정하고 있어 해석상 논란이 생긴 것이다.

첫째, 주류적 견해로서 조합장도 임원이므로 이사회나 대의원회의 의결을 거쳐 직무를 정지하여야만 직무대행자를 선임할 수 있다는 견해가 있다[110].

둘째, 그런 제한 없이 조합장의 경우는 바로 이사 중 연장자가 대행하거나 감사가 선임할 수 있다는 견해가 있다. 서울북부지방법원은 "임원이 해임되는 경우에는 그로써 당연히 임원의 직무집행이 정지된다고 해석하는 것이 합리적이고, 비록 정관에서 해임되는 임원의 직무집행 정지에 관하여 이사회 또는 대의원회에서 결의할 수 있다고 규정하고 있다 하더라도 이 같은 결의는 확인적 의미를 가질 뿐이어서 반드시 이사회 또는 대의원회 결의로만 할 수 있는 것은 아니라고 보는 것이 타당" 하다며, "조합장은 해임과 동시에 조합장으로서의 직무집행이 정지되었다고 보아야 하고, 이사들도 총회에서 해임되어 직무집행이 정지되었다." 라고 판시하였다(서울북부지방법원 2017. 8. 7. 자 2017비합1011 결정). 의정부지방법원은 "정관 제18조 제4항은 본문에서 임원 전체에 대해 규정한 다음, 단서 규정으로 조합장에 대해서만 특별히 규정하고 있는 점, 조합장이 해임되는 경우에도 직무정지결의를 위해 이사회 또는 대의원회의 결의가 필요하다면 해임된 조합장에게 자신의 직무정지를 위한 대의원회나 이사회의 소집을 기대하기 어려운 점에서 조합원총회에서 조합장 해임이 의결되었다면

---

[110] 수원지방법원 2012. 3. 15.자 2012카합81 결정. 서울북부지방법원 2012. 5. 18.자 2012카합359 결정, 춘천지방법원 2007. 4. 30. 자 2007카합105 결정, 서울서부지방법원 2009. 5. 29.자 2009카합1065 결정

이사회나 대의원회의 직무정지 결의없이 바로 정관 제16조 6항에 따라 조합장 직무대행자에게 업무수행권이 있다고 보아야 한다."라고 판시하였다(의정부지방법원 2017. 8. 3.자 2017카합5227 결정).

전자의 견해에 의하면, 해임조합장의 직무정지를 의결하기 위한 이사회나 대의원회의 소집권자가 누구인지가 문제되나, 이 경우도 해임조합장이 당연히 1차적 소집권자이다. 해임조합장이 소집하지 않는 경우가 문제되는데, 대의원회의 경우는 표준정관 제24조 제5항 제6항에 따라 조합장이 14일 내에 소집하지 아니하면 감사가 소집하고, 감사가 소집하지 아니하면 소집을 청구한 자의 공동명의(재개발은 이 경우 시장·군수의 인가를 받아야 한다)로 하여야 한다. 이사회의 경우는 표준정관 제27조 제2항이 조합장만이 소집하도록 규정하고 있으므로, 해임조합장이 이사회를 소집하지 아니하면 이사회를 소집할 길이 없다.

생각건대, 조합장의 경우는 사임과 해임을 구별하여, 해임은 이미 총회가 임무수행이 부적절하다고 인정하여 해임한 것이므로, 이사회나 대의원회의 의결 없이 바로 직무대행자를 선임할 수 있다고 보아야 한다고 본다[111]. 이미 총회에서 해임의결을 받았는데 별도로 다시 그 하위기관인 이사회나 대의원회의 의결을 거쳐야만 해임된 조합장의 직무를 정지한다는 것은 모순이고, 이사회나 대의원회를 소집하기가

---

111 그러나 이는 사견이므로, 앞으로는 혼란을 방지하기 위해서 판례에 따라, 조합장도 임원이므로 이사회나 대의원회의 의결을 거쳐 직무를 정지하여야만 직무대행자를 선임할 수 있다는 견해에 따라 서술하기로 한다. 서울중앙지방법원 2016. 6. 24.자 2016카합80764 결정도 같은 취지이다. 해임된 임원은 곧바로 그 권한을 행사할 수 없어 해임과 동시에 자동적으로 직무가 정지된 것과 마찬가지라고 한다.

어려운 경우 해임된 임원이 계속 업무를 수행하는 것은 논리적으로 모순이라고 사료한다. 이런 취지의 하급심 판결도 있다. 따라서 이런 논란을 방지하기 위해서는 해임총회 시에는 반드시 해당 임원에 대한 직무집행정지도 같이 의결하는 것이 좋다[112].

> **인천지방법원 2012. 2. 3.자 2012카합57 결정 직무집행정지**
> -해임총회 시에 직무집행정지 결의 가능
> -조합장 해임 시에는 직무지속권이 없고 감사에게 직무대행자 임시선임권만 있다.
>
> **서울북부지방법원 2016. 8. 29.자 2016카합20200 결정**
> 정관에서 해임되는 임원의 직무집행 절차에 관하여 이사회 또는 대의원회의에서 결의할 수 있다고 규정하고 있다 하더라도 그와 같은 결의는 확인적 의미를 가질 뿐이어서 반드시 이사회 또는 대의원회의 결의로만 할 수 있는 것은 아니라고 할 것이므로 임원 해임을 위해 조합원 1/10 이상의 발의로 소집된 임시총회에서 임원 해임 안건에 부수하여 해임되는 임원의 직무정지에 관한 내용을 안건으로 삼는 것이 가능하다.

한편 대법원은 사임의 경우에 있어서, "임기만료되거나 사임한 이사라고 할지라도 그 임무를 수행함이 부적당하다고 인정할 만한 특별한 사정이 없는 한 신임 이사가 선임될 때까지 이사의 직무를 계속 수행할 수 있다." 고 판시하여[113], 전자의 견해를 취하고 있는 것처럼 보인다. 하급심 중 전자의 견해를 취한 것이 있다. 즉, '조합장'이 사임 후

---

112 도시정비법 해임조항은 조합원 총회의 소집권한자가 조합장이라는 것에 대한 예외규정으로 엄격히 해석하여야 하므로 임원 해임 외 해임 대상 임원의 직무정지에 관한 안건을 다룰 조합원 총회의 소집권한도 조합장에게 있다는 이유에서 부정적으로 보는 견해도 있다.
113 대법원 1996. 1. 26. 선고 95다40915 판결. 그러나 이 판결은 일단 사임의 경우에 한정된다.

에도 여전히 '갑' 조합의 대표로서 총회 소집 공고를 하였고, 이에 대해 일부 조합원이 총회개최금지가처분을 제기한 사안에서 '이와 같은 채무자 조합 정관의 규정 형식 및 체계에 비추어 보면, 조합장을 포함한 채무자 조합의 임원이 사임하거나 해임되는 경우 지체 없이 새로운 임원을 선출하되, 새로운 임원이 선출될 때까지는 임원으로서의 직무를 수행할 수 있고, 다만 이사회 또는 대의원회 의결에 따라 직무수행이 정지되는 경우에는 더 이상 직무를 수행할 수 없으며, 조합장의 직무수행이 정지되는 경우 조합장으로 하여금 자신의 직무를 수행할 자를 임시로 선임하게 하는 것이 부적당하기 때문에 정관 제16조 제6항에서 정하고 있는 순서에 따라 이사 중 연장자가 조합장의 직무를 임시로 수행하도록 정하였다고 해석함이 상당'하다고 하면서, '조합장'의 경우 이사회 또는 대의원회에서 직무정지 의결이 없었으므로 그 전 까지는 여전히 '조합장'이 '갑' 조합을 대표할 수 있다고 보아 신청을 기각하였다(서울북부지방법원 2012. 5. 18.자 2012카합359 결정).

반면, 후자의 견해를 취한 것도 있다. "더욱이 임기만료가 아닌 '직무유기 및 태만, 법령위반, 피신청인 조합에 부당한 손실 초래 등'의 이유로 피신청인 조합의 조합장 및 임원이던 피신청인들을 조합 총회의 결의로 해임한 이 사건에서, 만약 그 해임결의가 이루어진 이후에도 조합장을 비롯한 집행부에 우호적인 이사회 및 대의원회가 그 직무집행을 정지하기로 결의하지 않는다는 이유로 피신청인들이 계속하여 직무집행권한을 가지는 것으로 본다면, 피신청인들이 직무를 수행하는 것이 적합하지 않다고 판단한 이 사건 임시총회의 결의를 무력화시키는 것이 되는 점, ③ 기록에 의하면, 실제로 이 사건 조합은 이 사건 임시총회 이후인 2013. 5. 31. 피신청인 권○○이 여전히 조합장의 지위에 있음을 전제로 직접 소집하여 개최한 대의원회에서 피신청인들이 계속하여 업무를 수행하도록 결의하고, 그 이후 2013. 6. 14. 개최된 대의원회에서는 피신청인들을 다시 피신청인 조합의 새로운 조합장 및 이사 후보자로 정하는 결의를 한 사실이 소명되는 점 등을 종합하면, 이 사건 조합 정관 제18조 제4항은 조합장 및 임원의 해임 이후 그 직무집행을 정지하고 직무대행자를 선임하는 절차를 정한 규정으로 보일 뿐, 이를 근거로 이사회 또는 대의원회의 결의에 의하여 그 직무집행을 정지하기 전까지는 총회에서 해임된 조합장 및 임원이라도 여전히 포괄적인 직무집행권을 가진다고 해석할 수는 없다." 라고 판시하였다(대전지방법원 2013. 8. 26.자 2013카합614 결정).

생각건대, 향후에는 표준정관을 명확히 하여 논란을 없애야 할 것이다. 즉, 제18조 제4항 단서를 "다만, 조합장이 사임하거나 퇴임되는 경우에는 제16조 제6항을 준용하고, 조합장이 해임되는 경우에는 이사회 또는 대의원회 의결 없이 곧바로 그의 직무수행을 정지하고 제16조 제6항을 준용한다." 라고 명확히 규정하는 것이 타당하다고 본다.

한편, 해임총회 시 총회에서 해임과 그 직무정지를 같이 의결한 경우는 비록 정관이 이사회나 대의원회에서 의결을 받아야 한다고 하더라도 총회의 의결이 있으므로 별도의 이사회나 대의원회 의결을 받지 않아도 직무대행자 체제로 갈수 있다고 본다.

직무대행자가 보수를 청구할 수 있는지 문제된다. 생각건대, 보수를 받고 있는 조합장이나 상근이사 등의 직무대행자는 업무개시일부터 보수를 청구할 수 있다고 본다. 재건축표준정관 제16조 제6항에 "기존에 보수를 받고 있던 자의 직무대행자는 업무개시일부터 보수를 청구할 수 있다."고 명확히 규정하는 것이 타당하다고 본다.

직무대행자(법원에 의하여 선임된 직무대행자 제외)는 사실상 그 법인의 업무를 수행할 수 있는 것이지, 등기사항은 아니다[114].

---

114 권오복, 민법법인과 등기, 육법사, 448.

03 해임에 대한 인가 여부

　해임에 대해서 시장·군수의 인가가 있어야 하는지가 문제된다. 실무적으로 행정청은 해임에 대해 별도로 인가를 하지는 않고 있다.

　령 제31조 제4호는 "조합 임원 또는 대의원의 변경(법 제45조에 따른 총회의 의결 또는 법 제46조에 따른 대의원회의 의결을 거친 경우로 한정한다)"을 경미한 사항으로 열거하여, 인가대상이 아닌 신고대상으로 하고 있다.

04 해임총회 쟁점

해임총회 책자는 통상 다음과 같이 만들고, 해임총회 진행순서는 "회순"에서 정한 바와 같이 진행한다.

통상 업무정지는 정관에 정한 바대로 해임총회 후에 이사회나 대의원회의 의결로 업무정지를 결의하는 경우가 많으나, 해임총회 후 업무정지 분쟁을 예방하기 위해서 아예 업무정지도 해임과 같이 발의하여 총회에서 의결하는 경우도 있다.

Ⅰ. 임시총회 소집공고문
　　-발의정족수 10분의 1 충족 후
　　-회의개최 14일전부터 회의목적·안건·일시 및 장소 등을 게시판에 게시하여야 하며 조합원 전원에게는 회의개최 7일전까지 등기우편으로 이를 발송·통지
　　-서면결의서 제출요령 안내
　　-법원 소집허가 불필요
　　-소명요구
Ⅱ. 임원 해임 및 업무정지 발의문
　　-해임사유 기재
Ⅲ. 회순
　　1. 성원보고
　　2. 개회선언
　　3. 개회사
　　4. 안건상정 및 토론, 표결
　　5. 의결 선포
　　6. 폐회선언
Ⅳ. 성원보고, 개회선언, 개회사
　　-조합원 과반수 출석
　　-10% 직접 참석 불필요
　　-공증인 반드시 참석
Ⅴ. 안건상정 및 토론, 표결
제1호 안건 : 조합장 OOO 해임 결의 건
제2호 안건 : 이사 OOO 해임 결의 건
제3호 안건 : 해임된 조합장 업무정지 결의 건
제4호 안건 : 해임된 이사 업무정지 결의 건
　　-소명기회 부여
　　-일괄해임불가
Ⅵ. 의결 선포
　　-조합원 과반수의 출석과 출석 조합원의 과반수 찬성
Ⅶ. 폐회 선언
Ⅷ. 관련 서식 모음

이러한 해임총회 진행과 관련하여 많은 분쟁이 발생하고 있는바, 이를 쟁점별로 살펴보면 다음과 같다.

가. 발의정족수

법상으로 조합원 10분의 1 이상 발의가 있어야 소집이 가능하다. 문제는 10분의 1 이상이 발의를 하였는데, 총회개최 전까지 발의 철회자가 나와 그 요건을 갖추지 못한 경우에는 그 총회는 무효이다. 발의 철회는 당연히 가능하다고 본다.

실무적으로 해임총회 발의에 동의한 자를 상대로 해임대상자가 설득을 하여 다시 그 발의를 철회하려고 하는 경우 그 방법이 문제된다. 발의자 대표가 철회서를 받아주지 않는 경우도 있다. 이 경우는 발의자 대표에게 우편이나 기타 방법으로 철회를 하고, 그 사실을 증명할 수 있으면 무방하다고 본다.

발의 시에 토지등소유자가 성명을 적고 지장(指章)을 날인하고, 주민등록증, 여권 등 신원을 확인할 수 있는 신분증명서의 사본을 첨부하여야 하는지가 문제된다.

법 제36조에 해임발의서가 포함되어 있지 않기 때문에 단지 그 의사를 증명할 수 있으면 무방하다고 본다.

나. 소집통지 문제

법 제43조 제4항에 의한 해임총회 소집권자는 요구자 대표이다. 법 제44조 제4항은 "총회를 소집하려는 자는 총회가 개최되기 7일 전까지 회의 목적·안건·일시 및 장소를 정하여 조합원에게 통지하여야 한다.", 동조 제5항은 "총회의 소집 절차·시기 등에 필요한 사항은 정관으로 정한다."라고 규정한다.

따라서 7일전까지 소집통지를 하여야 한다는 점 말고는 정관규정에 따라야 할 것이다. 표준정관에 의하면 회의개최 14일전부터 회의목적·안건·일시 및 장소 등을 게시판에 게시하여야 하며 각 조합원에게는 회의개최 7일전까지 등기우편으로 이를 발송·통지하여야 한다. 따라서 소집통지는 등기우편으로 하여야 한다[115].

통지를 조합원 전원에게 하였는지에 관해 하급심 판결은 조합에서 명단 제공을 거부하였다면 최선을 다하면 된다는 취지의 판결도 있다[116].

또한 "회의 개최 7일전까지 이를 발송"하여야 한다는 뜻은 그 문리해석상 개최일을 포함한 날로부터 역산하여 7일전이 되어야 하고, 또 전(前)이라고 하고 있으므로, 역산한 그 다음날(즉, 그 전날)이 발송일이 되어야 한다[117][118].

---

115 수원지방법원 2010. 10. 1. 선고 2009가합24647 판결
116 수원지방법원 2011. 5. 3. 선고 2010가합6362 판결
117 이우재, 조해 도시 및 주거환경정비법, 진원사, 782.
118 대법원 1995. 11. 7. 선고 94다24794호 판결에 의하면, 2. 28일이 개최일이면 2. 21. 이전에 발송하여야 한다. 결국 2. 20일 자정까지는 발송하여야 할 것이다.

다. 의사 및 의결정족수 문제

법 제45조 제3항은 "총회의 의결은 이 법 또는 정관에 다른 규정이 없으면 조합원 과반수의 출석과 출석 조합원의 과반수 찬성으로 한다."라고 한다.

서면결의서 제출도 가능하다. 다만, 재건축 표준정관 제22조 제4항은 지켜야 하므로, 출석을 서면으로 하는 때에는 안건내용에 대한 의사를 표시하여 총회 전일까지 소집권자에게 도착되도록 하여야 한다. 여기서 총회 전일이 몇 시까지 인지가 명확하지 않으나, 사견으로는 별도의 규정이 없는 한 24:00시로 생각한다.

다만, 우편물을 24:00시까지 수령하기가 곤란하므로 재건축표준정관 제24조 제4항의 "총회 전일까지"는 "총회 전일 18:00시까지"로 개정되는 것이 타당하다. 서면결의서에 날인된 인영이 인감증명서와 일치하지 않아도 무방하다고 본다.

정비사업 조합 임원 해임총회 시 의사정족수 문제
2016-12-28

1. 질의요지

가. 국·공유지의 소유자가 조합의 임원해임총회 개최 시에 조합원수에 포함되는지

나. 「도시 및 주거환경정비법 시행령」 제28조제1항제4호에 해당되어 주민등록번호의 기재가 없고 기재된 주소가 현재 주소와 상이한 경우로서 소재가 확인되지 아니한 자를 임원 해임 총회 개최 시에 조합원수에 포함해도 되는지

2. 회신내용

가. 「도시 및 주거환경정비법 시행령」 제28조제1항제5호에 따르면 국유지·공유지에 대해서는 그 재산관리청을 토지등소유자로 산정하도록 하고 있으므로, 귀 질의하신 재산관리청인 토지등소유자도 조합원으로 보아야 할 것으로 판단됨을 알려드립니다.

나. 「도시 및 주거환경정비법 시행령」 제28조제1항제4호에 따르면 토지등기부등본·건물등기부등본·토지대장 및 건축물관리대장에 소유자로 등재될 당시 주민등록번호의 기재가 없고 기재된 주소가 현재 주소와 상이한 경우로서 소재가 확인되지 아니한 자는 토지등소유자의 수에서 제외하도록 하고 있으므로, 귀 질의하신 토지등소유자가 동 규정에 해당되는 경우 조합원 수에서 제외할 수 있을 것으로 판단되나, 동 규정에 따른 토지등소유자 제외여부는 해당 조합설립인가 자료 및 소유권 관련 자료를 종합적으로 검토하여 결정하여야 할 것으로 판단됨을 알려드리니, 이에 대한 보다 구체적인 사항은 해당 조합설립인가권자인 관할 시장·군수·구청장에게 문의하여 주시기 바랍니다.

라. 해임사유 유무

정비사업을 진행함에 있어서 임원을 해임하여야 한다고 주장하는 경우나 해임을 당하는 것이 억울하다고 주장하는 경우가 많이 벌어진다.

이렇게 재개발 재건축 조합 임원을 해임함에 있어서 해임사유가 있어야만 가능한 것인지, 그렇다면 해임사유에 대한 제한은 가능한 것인지 많은 논란이 있어 왔다. 즉, 조합과 이사의 법률관계는 신뢰를 기초로 한 위임 유사의 관계로 볼 수 있는데, 민법 제689조 제1항에서는 위임계약은 각 당사자가 언제든지 해지할 수 있다고 규정하고 있으므로, 조합은 원칙적으로 이사의 임기만료 전에도 이사를 해임할 수 있지만(대법원 2008. 9. 25. 선고 2007다17109 판결 참조), 이러한 민법의 규정은 임의규정에 불과하므로 조합이 자치법규인 정관으로 이사의 해임사유 및 절차 등에 관하여 별도의 규정을 두는 것도 가능한지가 우선 문제되고, 만일 별도의 규정을 둔 경우 그 규정에 정한 사유가 있을 경우만 해임할 수 있는지가 문제된다.

이에 대해서 정관이나 규약에서 해임사유의 제한이 가능하다는 취지의 하급심 판결[119]과 정관에서 별도로 해임사유를 규정하고 있다고 하더라도 조합원들의 자치적인 판단으로 해임여부를 결정하는 것이 유효하다는 판결이 대립되고 있었다.

---

119 수원지방법원 2010. 10. 1. 선고 2009가합24647, 서울서부지방법원 2009카합1020 결정, 인천지방법원 2009. 5. 27. 선고 2009카합464 결정.

서울고등법원은 단체와 그 임원 사이의 관계는 위임관계로서 서로 간의 신뢰가 무엇보다도 중시되는 관계이므로 단체와 임원 사이에 신뢰관계가 파탄된 경우에는 그 구체적인 해임사유의 존부를 떠나 위임관계를 해지할 필요가 있다고 한다(서울고등법원 2014. 6. 20. 선고 2013나79797 판결)[120].

최근 대법원 판결은 "민법의 규정은 임의규정에 불과하므로 법인이 자치법규인 정관으로 이사의 해임사유 및 절차 등에 관하여 별도의 규정을 두는 것도 가능하다. 그리고 이와 같이 법인이 정관에 이사의 해임사유 및 절차 등을 따로 정한 경우 그 규정은 법인과 이사와의 관계를 명확히 함은 물론 이사의 신분을 보장하는 의미도 아울러 가지고 있어 이를 단순히 주의적 규정으로 볼 수는 없다. 따라서 법인의 정관에 이사의 해임사유에 관한 규정이 있는 경우 법인으로서는 이사의 중대한 의무위반 또는 정상적인 사무집행 불능 등의 특별한 사정이 없는 이상, 정관에서 정하지 아니한 사유로 이사를 해임할 수 없다고 봄이 상당하다." 라고 판시하여(대법원 2013. 11. 28. 선고 2011다41741 판결), 대법원은 해임사유에 대한 제한이 가능하고, 그 제한은 지켜져야 한다는 입장이다.

그런데 도시정비법 제43조 제4항은 "조합 임원은 제44조제2항에도 불구하고 조합원 10분의 1 이상의 요구로 소집된 총회에서 조합원 과반수의 출석과 출석 조합원 과반수의 동의를 받아 해임할 수 있다. 이 경우 요구자 대표로 선출된 자가 해임 총회의 소집 및 진행을 할 때

---

[120] 동지, 의정부지방법원 2016. 4. 29.자 2016카합5107 결정, 대구지방법원 2014. 6. 19. 선고 2013가합7107 판결, 서울북부지방법원 2016. 8. 29.자 2016카합20220 결정

에는 조합장의 권한을 대행한다." 라고만 규정하고, 해임사유를 제한하고 있지 않다.

이에 대해서 도시정비법이 해임발의를 할 수 있는 사유에 관하여 아무런 제한을 두지 않았기 때문에 일부 소수 조합원에 의한 잦은 해임발의가 있을 경우 조합업무의 영속성과 조합 집행부의 안전성을 해칠 우려가 있을 수 있으므로, 조합으로서는 조합정관에 이에 관한 일정한 사유를 열거하는 등의 방법으로 이를 규율할 필요가 있을 것이라는 견해가 있다[121]. 따라서 표준정관 제18조 제1항은 "임원이 직무유기 및 태만 또는 관계법령 및 이 정관에 위반하여 조합에 부당한 손실을 초래한 경우에는 해임할 수 있다"는 제한을 가하고 있는바, 이러한 정관 규정이 도시정비법을 위반하였는지가 문제될 수 있다.

생각건대, 도시정비법은 해임절차에 대해서만 규정하고 있으므로, 해임사유는 민법과 마찬가지로 정관에서 제한할 수 있다고 생각한다.

마. 법원 소집허가 여부

법 제43조 제4항의 규정에 의한 해임총회 소집절차에 대해, 법이 2009. 2. 6.자 개정 전에는 법원의 소집허가를 얻어야 한다는 판결[122]과 소집허가 자체가 필요 없다는 판결[123]로 엇갈렸다. 2009. 2. 6.자

---

121 이우재, 조해 도시 및 주거환경정비법, 진원사, 740.
122 주류적 판결 : 서울남부지방법원 2007. 5. 9.자 2007비합40호 결정, 서울서부지방법원 2007. 12. 27.자 2007비합41 결정, 서울중앙지방법원 2007. 12. 7.자 2007비합308 결정
123 인천지방법원 2004. 12. 17. 선고 2004가합3150 판결, 서울동부지방법원 2011. 1. 28. 선고 2010가합11017 판결

개정 후에도 발의자 대표가 법원의 허가를 얻어 소집을 하여야 한다는 판결과 그렇지 않다는 판결[124]이 나뉘어 졌으나, 최근 서울고등법원 판결은 소집허가가 필요 없다고 판시하였고, 대법원은 2012. 4. 10. 심리불속행기각 판결을 선고한바 있다[125].

'대행' 할 수 있다는 표현자체로부터 법원의 소집허가가 필요 없다고 해석할 것은 아니라는 견해가 있는바[126], 생각건대, 이 논란은 위 대법원 판결의 선고로 법원허가를 요하지 않는 것으로 정리되었다고 본다.

바. 10% 직접 참석 여부 : 소극

10분의 1 이상이 발의한 임원해임총회의 경우 이미 총회소집 단계에서 그 요건을 충족하였기 때문에 굳이 법 제45조 제6항에 따라 조합원 10% 이상이 직접 참석하지 않아도 된다고 본다.

대법원은 "구 도시정비법 제23조 제4항은 조합원 10분의 1 이상의 발의로 조합 임원을 해임하는 경우에 관한 특별 규정으로서 위 규정에 따라 조합 임원의 해임을 위하여 소집된 <u>조합 총회의 경우에는 해임 결의를 위하여 조합원 과반수의 출석과 출석 조합원 과반수의 동의만 있으면 되는 것이지 여기에 구 도시정비법 제24조 제5항 단서에 따라 조합원의 100분의 10 이상이 직접 출석하는 것까지 요구되는 것은</u>

---

124 인천지방법원 부천지원 2011. 12. 16.자 2011카합1056 결정, 서울지방법원 2011카합2688
125 서울고등법원 2011. 12. 14.자 2011라856 결정, 대법원 2012. 4. 10. 선고 2012마16
126 이우재, 조해 도시 및 주거환경정비법, 진원사, 742-744.

아니다." 라고 판시하고 있다(2014. 9. 4. 선고 2012다4145 판결).

사. 소명기회 부여 여부

재건축표준정관 제18조 제1항은 "이 경우 사전에 해당 임원에 대해 청문 등 소명기회를 부여하여야 하며, 청문 등 소명기회를 부여하였음에도 이에 응하지 아니한 경우에는 소명기회를 부여한 것으로 본다." 라고 규정[127]하고 있는바, 이러한 소명기회 부여에 대해서 소집통지서를 통지한 이상 소명기회를 부여하지 않아도 된다는 하급심 판결이 있다[128].

상당수의 판례들은 임원 해임 총회 시에 청문이나 소명기회를 부여하지 않았다고 하더라도 총회에서의 임원해임 의결이 무효로 되지는 않는다는 입장이다. 다만, 그 근거에 대하여는 ① 도시정비법 해임 규정은 위임의 법리에 따라 조합원들의 의사에 따른 조합임원의 해임을 원활하게 하기 위하여 둔 규정이므로, 특별히 다른 법 규정이 없는 한, 징계절차와 같이 해임 조합임원들에게 소명의 기회를 부여할 필요가 없고(서울고등법원 2012. 2. 23. 선고 2011나38952 판결, 대구지방법원 2014. 6. 19. 선고 2013가합7107 판결, 의정부지방법원 2016. 4. 29.자 2016카합5107 결정), ② 해임대상 임원들이 해임총회 이전부터 총회개최금지가처분을 신청하고 해임사유가 없음을 다투었고, 총회 이전에 조합원들에게 서면으로 해임사유의 부당성에 대해 알리기도 한 사실에 비추어 소명기회를 주지 않았다고 하더라도 해임결의가 무효가 되는 것은 아니고(서울서부지방법원 2010. 10. 28. 선

---

127 재개발표준정관은 이러한 규정이 없다.
128 수원지방법원 2011. 5. 3. 선고 2010가합6362 판결

고 2009가합13545 판결), ③ 조합원들에게 해임 대상 임원의 성명과 그 해임 사유 등이 기재된 공고문과 해임자료를 보낸 사실에 비추어 해임 대상 임원들은 해임총회 개최 전에 또는 해임총회에 출석하여 스스로 해임에 관하여 소명할 수 있었다 할 것이므로 소명기회를 부여하지 않았다고 하여 해임총회 결의가 무효라고 볼 수 없다고 한다(서울북부지방법원 2016. 8. 29.자 2016카합20200 결정).

아. 공증인 출석 문제

공증인법 제66조의2는 법인 등기를 할 때 그 신청서류에 첨부되는 법인 총회 등의 의사록은 공증인의 인증을 받아야 하고, 인증을 하는 공증인은 그 총회 등의 결의의 절차 및 내용이 진실에 부합하는지를 확인하여야 한다고 규정하고 있다.

즉, 임원의 선임·해임등기를 하려면 총회 의사록에 대한 공증인의 인증을 받아야 한다는 것이다. <u>실무적으로 선임총회 시나 해임총회 시는 반드시 공증인을 출석시켜야 할 것이다</u>[129]. 그렇지 않을 경우 등기가 불가한 경우가 발생한다. 조합장 A를 해임하면 즉시 해임등기가 되지 않고, 다시 조합장으로 B를 선출한 경우에, 동시에 해임등기와 선임등기가 이루어지는데, 이때 해임총회에 공증인을 출석시키지 않으면 해임등기를 하지 못하고 결과적으로 B에 대한 선임등기도 하지 못

---

129 공증인법 제66조의2 제3항은 "제2항에 따른 확인은 공증인이 해당 법인의 의결장소에 참석하여 결의의 절차 및 내용을 검사하거나 해당 의결을 한 자 중 그 의결에 필요한 정족수 이상의 자 또는 그 대리인의 촉탁을 받아 의사록의 내용이 진실에 부합하는지에 관하여 진술을 듣고, 촉탁인 또는 그 대리인으로 하여금 공증인 앞에서 의사록의 서명 또는 기명날인을 확인하게 한 후 그 사실을 적는 방법으로 한다."고 규정하고 있으므로, 만일 공증인이 총회 장소에 직접 참석하지 않았다면, 해당 의결을 한 자 중 그 의결에 필요한 정족수 이상의 자 또는 그 대리인으로부터 진술을 들어야 할 것이다.

하는 경우가 발생하기도 한다.

자. 일괄해임 가능여부

임원 또는 대의원을 일괄하여 선출하는 것이 위법한 것과 마찬가지 이유로, 전부 해임 시에도 해임되는 임원 별로 각 해임의사를 물어야 한다[130].

차. 해임총회와 선임총회 동시개최 가능여부

조합원 10분의 1의 발의에 의해 소집된 임시총회에서 조합 임원의 해임과 동시에 새로운 임원의 선출이 결의된 경우, 조합 임원의 해임에 관한 사항은 법적인 절차에서 하자가 없어 위 해임결의는 유효하다.

그러나 새로운 임원의 선임결의는 다르다. 임원의 선임결의를 위한 임시총회의 소집에는 법 제44조 제2항 및 표준정관 제20조 제4항, 제5항의 규정에 의하여, 조합장에 대한 1/5 이상의 조합원의 소집요구 및 그 거부시의 시장·군수의 승인 또는 법원의 허가를 요건으로 할 것이다. 따라서 새로운 임원의 선출은 무 권한 자에 의해 소집된 임시총회에서 결의된 것이므로 위 선임결의는 무효라 할 것이다.

결국 요구자 대표가 직접 소집한 임원해임을 위한 임시총회에서는 곧바로 새로운 임원을 선임할 수 없고, 재개발의 경우 임시총회에서 조합장·감사가 모두 해임된 경우에는 법원에 직무대행자 선임청구

---

130 서울서부지방법원 2009카합1020 결정

후, 직무대행자가 총회를 개최해 새로운 집행부를 구성해야 한다는 것이다.

 조합원 1/5 이상이 조합장에게 임원의 해임 및 선임을 위한 총회소집을 요구하였으나, 조합장이 2월내 총회를 개최하지 않을 경우 감사가 소집한 총회 또는 시장·군수의 승인을 얻어 조합원 1/5의 대표자가 소집한 총회에서 임원의 해임 및 새로운 임원의 선출이 결의되었다면 위 총회의 결의는 모두 유효하다고 본다[131].

카. 조합장이 직권으로 다른 임원 및 대의원 해임총회를 소집할 수 있는지 여부

 조합장이 조합원들에 의하여 해임총회를 당하는 경우도 있지만, 조합장이 스스로 임원 및 대의원에 대해 해임총회를 소집하는 것이 가능한지가 문제된다.

 령 제43조 제6호는 대의원의 선임 및 해임은 총회의 의결사항으로 정하고 있고, 령 제44조 제2항은 대의원의 선임 및 해임에 관하여는 정관이 정하는 바에 의한다고 규정하고 있고, 재건축 표준정관 제24조 제8항은 "대의원의 해임에 관한 사항은 제18조 제1항을 준용한다."고 규정하고 있고, 재개발 표준정관은 대의원 해임 규정이 없다. 그러나 정관에 규정이 없더라도 법에 의하여 총회에서 대의원의 해임은 가능하다고 본다. 다만, 재개발표준정관도 재건축표준정관 제24조

---

131 그러나 실무적으로 임원을 선임하기 위해서는 선거관리위원회를 구성하여야 하는바, 해임되기도 전에 정관 규정에 부합하는 선거관리위원회를 구성하여 입후보자 등록을 한다는 것은 어려우므로, 사실상은 불가할 것이다.

제8항과 같은 규정을 두는 것이 타당하다고 본다. 또한 재개발 표준정관 제18조 제3항은 "임원의 해임은 조합원 10분의 1 이상 또는 대의원 3분의 2 이상의 발의로 소집된 총회에서"라고 규정하고 있고, 재건축 표준정관 제18조 제3항은 "임원의 해임은 조합원 10분의 1 이상 또는 대의원 3분의 2 이상의 발의로 조합장(조합장이 해임 대상인 경우는 발의자 공동명의로 한다)이 소집한 총회에서"라고 규정하여, 조합장의 직권에 의한 임원 해임총회소집권을 규정하지 않고 있다. <u>다만, 법 제44조 제2항에 의하면 조합장은 직권으로 임시총회를 개최할 수 있는바, 과연 이 규정에 의한 임시총회로 임원 해임총회가 가능한지가 문제된다.</u>

생각건대, 2009. 2. 6.자 개정 전의 법 제23조 제4항은 "조합 임원의 해임은 조합원 10분의 1이상의 발의로 소집된 총회에서 조합원 과반수의 출석과 출석 조합원의 과반수의 동의를 얻어 할 수 있다. 다만, 정관에서 해임에 관하여 별도로 정한 경우에는 정관이 정하는 바에 의한다."고 규정하고 있어서 정관에 법과는 다른 해임규정을 두는 것이 가능하였으나, 2009. 2. 6.자 법 개정으로 단서조항이 삭제되었고, 또한 "조합 임원의 해임은 제24조에도 불구하고"(현행 전면개정법 제44조 제2항)라는 표현이 추가되었다.

<u>따라서 법 개정으로 해임총회에 대해서는 법 제44조 제2항이 배제된 이상 법 제44조 제2항에 의한 조합장 직권에 의한 해임총회 소집은 불가능 한 것이다.</u>

그러나 정관규정 중 법 제44조 제2항과 다른 별도의 해임요건이나 절차를 규정하고 있는 것은 무효라고 볼 이유가 없으므로, 정관에 조합장이 직권으로 조합 임원 및 대의원 해임총회를 소집할 수 있도록 규정하여 놓은 경우, 이는 유효하다고 생각한다[132)133].

타. 조합장 해임총회 후 소송 절차에서 조합의 대표권자

법 제43조 제4항에서는 조합원 10분의 1 발의만 있으면 조합 임원에 대하여 총회를 개최하여 해임결의를 할 수 있도록 정하고 있다. 일반적으로 해임총회가 가결되는 경우, 조합장은 총회결의무효확인소송 및 총회결의 효력정지가처분신청을 하게 되고, 요구자 대표는 조합장에 대한 직무집행정지 및 직무대행자 선임가처분 신청을 하게 된다.

이때 조합장이 해임대상이었다고 한다면 조합장이 조합에 대하여 소송을 진행하게 되는데, 이때 위 소송의 피고로서 조합의 대표자를 누구로 해야 하는지가 문제된다.

① 감사가 대표하여야 한다는 의견

조합에 대하여 조합장이 자신을 해임한 총회의 결의가 무효임을 구하는 소송은 조합과 조합장의 이해관계가 상반된 경우로서, 법 제42조 제3항에 따라 '감사'가 조합을 대표한다는 의견이 있다.

---

132 이우재, 조해 도시 및 주거환경정비법, 진원사, 740-741. 정관에 법과는 다른 규정을 두는 것이 가능한지에 대해서 해임요건을 강화하는 것은 불가하지만 완화하는 것은 사적자치의 원칙상 유효하다고 한다.
133 이우재, 조해 도시 및 주거환경정비법, 진원사, 746.

② 조합 정관상의 직무대행자가 대표하여야 한다는 의견

이는 조합장에 대한 해임총회가 결의되면 당연히 조합장의 직무는 정지된다고 보는 견해를 근거로 한다.

③ 특별대리인을 선임하여야 한다는 의견

법 제43조 제4항 후문은 "이 경우 요구자 대표로 선출된 자가 해임총회의 소집 및 진행을 할 때에는 조합장의 권한을 대행한다."라고 규정하고 있어 이는 조합장이 가지는 총회개최권에 관한 특별규정이라는 이유로 특별대리인을 선임하여야 한다는 의견이 있다. 이와 같은 의견에 따라 수원지방법원안양지원은 2016카합10073 사건에서 특별대리인 선임신청을 받아들인 바 있다.

생각건대, 조합장이 조합에 대하여 해임총회결의무효를 주장하는 소송을 하는 경우, 그 대표자를 정하는 절차적인 요건에 해당하는지 살피기에 앞서 해임총회를 개최했던 요구자가 조합을 대표하지 않는다면 실질적인 소송절차가 이루어지지 않는 점을 고려하여, <u>요구자를 특별대리인으로 선임하여 실질적인 소송절차로 나아가게 해야 할 것이다.</u>

파. 발의 동의서 재사용 여부

사건은 해임총회 부결 시는 이미 사용한 발의 동의서를 재사용 할 수 없다고 본다.

Chapter 4

임기만료 · 사임 · 해임 임원의 업무수행범위

■ **표준정관 제15조(임원)**
⑤임기가 만료된 임원은 그 후임자가 선임될 때까지 그 직무를 수행한다.
재건축표준정관 제18조④제2항의 규정에 의하여 사임하거나 또는 해임되는 임원의 새로운 임원이 선임, 취임할 때까지 직무를 수행하는 것이 적합하지 아니하다고 인정될 때에는 이사회 또는 대의원회 의결에 따라 그의 직무수행을 정지하고 조합장이 임원의 직무를 수행할 자를 임시로 선임할 수 있다. 다만, 조합장이 사임하거나 퇴임·해임되는 경우에는 제16조제6항을 준용한다.
민법 제52조의2 (직무집행정지 등 가처분의 등기) 이사의 직무집행을 정지하거나 직무대행자를 선임하는 가처분을 하거나 그 가처분을 변경·취소하는 경우에는 주사무소와 분사무소가 있는 곳의 등기소에서 이를 등기하여야 한다.[본조신설 2001.12.29]
민법 제60조의2 (직무대행자의 권한) ① 제52조의2의 직무대행자는 가처분명령에 다른 정함이 있는 경우 외에는 법인의 통상사무에 속하지 아니한 행위를 하지 못한다. 다만, 법원의 허가를 얻은 경우에는 그러하지 아니하다.
②직무대행자가 제1항의 규정에 위반한 행위를 한 경우에도 법인은 선의의 제3자에 대하여 책임을 진다.[본조신설 2001.12.29]

01 업무수행권 존재 여부

조합의 경우 임원이 임기만료·사임·해임되었을 경우 업무수행권이 있는지 여부와 있다면, 그 범위는 어디까지인지가 문제된다.

이에 대해 임기만료의 경우는 재개발·재건축 표준정관 제15조 제5항은 "임기가 만료된 임원은 그 후임자가 선임될 때까지 그 직무를 수행한다."라고 명확히 규정하고 있다.

사임·해임의 경우에는 재건축표준정관 제18조 제4항은 "제2항의 규정에 의하여 사임하거나 또는 해임되는 임원의 새로운 임원이 선임, 취임할 때까지 직무를 수행하는 것이 적합하지 아니하다고 인정될 때에는 이사회 또는 대의원회 의결에 따라 그의 직무수행을 정지하고 조합장이 임원의 직무를 수행할 자를 임시로 선임할 수 있다. 다만, 조합장이 사임하거나 퇴임·해임되는 경우에는 제16조 제6항을 준용한다.[134]" 라고 규정하여, 결국 사임이나 해임 시는 조합장은 이사회 또는 대의원회에서 직무정지를 의결할 때까지는 업무를 수행하고 직무정지가 의결되면[135], 재건축의 경우는 이사 중 연장자 순으로 업무를 대행하고, 재개발의 경우는 감사가 직무대행자를 선임하며, 조합장을 제외한 나머지 임원은 이사회 또는 대의원회에서 직무정지를 의결할 때까지는 업무를 수행하고, 직무정지가 의결되면 조합장이 임시로 선임한다.

대법원은 "민법상 법인과 그 기관인 이사와의 관계는 위임자와 수임자의 법률관계와 같은 것으로서 이사의 임기가 만료되면 일단 그 위임관계는 종료되는 것이 원칙이나, 그 후임 이사 선임시까지 이사가 존재하지 않는다면 기관에 의하여 행위를 할 수밖에 없는 법인으로서는 당장 정상적인 활동을 중단하지 않을 수 없는 상태에 처하게 되고, 이는 민법 제691조에 규정된 급박한 사정이 있는 때와 같이 볼 수 있으므로, <u>임기만료되거나 사임한 이사라고 할지라도 그 임무를 수행함이 부적당하다고 인정할 만한 특별한 사정이 없는 한 신임 이사가 선임될 때까지 이사의 직무를 계속 수행할 수 있다.</u>" 라고 판시하여[136], 임기만료나 사임한 임원의 경우에는 정관에 정한 임원의 원수에 미달하게 되는 경우 일부 예외적인 경우를 제외하고는 원칙적으로 새로운 임원 선임시까지는 임원으로서의 권리 · 의무를 가진다[137].

---

134 재개발표준정관 제18조 제4항은 "…다만, 조합장이 사임하거나 해임되는 경우에는 감사가 직무를 수행할 자를 임시로 선임할 수 있다."고 규정하고 있다.
135 판례에 따를 경우 그렇다는 것임. 필자의 견해는 조합장의 경우 해임시는 이사회나 대의원회의 직무정지 의결이 없어도 바로 직무대행체제로 간다는 것이다. 주) 82 참조
136 대법원 1996. 1. 26. 선고 95다40915 판결
137 권오복, 민법법인과 등기, 육법사, 140. 대법원 1996. 1. 26. 선고 95다40915 판결

따라서 대법원 판례에 의하면, 사임의 경우에는 임기만료와 같이 대법원 판례에 따라 '원칙적으로 새로운 임원 선임 시까지는 임원으로서의 권리·의무를 가지는 것이나', 임기만료와 다른 점은 정관에 따라 직무가 정지되거나 직무대행자가 선임되면 그 업무수행권이 상실되는 것이다.

한편, 임원이 직무위배 형사사건으로 기소된 경우에는 표준정관 제17조 제4항에 의하면, 이사회 또는 대의원회 의결에 따라 그 직무를 정지할 수 있고, 이 경우에는 직무대행자를 선정할 것이 아니라 확정판결 시까지 기다리는 것이 타당하다고 생각한다.

여기서 직무위배사건이어야 하므로, 조합과 관련하여 배임·횡령·뇌물수수 등 조합의 이익을 해하는 형사사건을 말하고, 단순 폭행사건 등은 해당이 없다.

02 업무수행범위

가. 임기만료

임기만료된 임원의 업무범위에 대한 대법원 판례를 살펴보면 다음과 같다.

대법원은 "민법상 법인과 그 기관인 이사와의 관계는 위임자와 수임자의 법률관계와 같은 것으로서 이사의 임기가 만료되면 일단 그 위임관계는 종료되는 것이 원칙이나, 그 후임이사 선임시까지 이사가 존재하지 않는다면 기관에 의하여 행위를 할 수밖에 없는 법인으로서는 당장 정상적인 활동을 중단하지 않을 수 없는 상태에 처하게 되고, 이는 민법 제691조에 규정된 급박한 사정이 있는 때와 같이 볼 수 있으므로 임기만료된 이사라고 할지라도 그 임무를 수행함이 부적당하다고 인정할 만한 특별한 사정이 없는 한 이사의 직무를 계속 수행할 수 있다고 보는 것이다. 그러나 위에서 본 바와 같이, 임기만료된 이사의 업무수행권은 법인이 정상적인 활동을 중단하게 되는 처지를 피하기 위하여 인정되는 것임에 비추어 본다면, 별다른 급박한 사정도 없이 임기만료 전의 현임이사를 해임하고 그 후임자를 선임하기 위한 이사 및 평의원 연석회의를 스스로 소집하여 이를 제안하는 것과 같은 일은 임기만료된 이사장에게 수행케 함이 부적당한 임무에 해당한다고 할 것"이라고 판시한바 있다[138].

또한 대법원은 "권리능력 없는 사단인 재건축주택조합과 그 대표기관과의 관계는 위임인과 수임인의 법률관계와 같은 것으로서 임기가 만료되면 일단 그 위임관계는 종료되는 것이 원칙이고, 다만 그 후임자가 선임될 때까지 대표자가 존재하지 않는다면 대표기관에 의하여 행위를 할 수밖에 없는 재건축주택조합은 당장 정상적인 활동을 중단하지 않을 수 없는 상태에 처하게 되므로, 민법 제691조의 규정을 유추하여 구 대표자로 하여금 조합의 업무를 수행케 함이 부적당하다고 인정할 만한 특별한 사정이 없고 종전의 직무를 구 대표자로 하여금 처리하게 할 필요가 있는 경우에 한하여 후임 대표자가 선임될 때까지 임기만료된 구 대표자에게 대표자의 직무를 수행할 수 있는 업무수행권이 인정된다. 권리능력 없는 사단의 임기만료된 종전 대표자에게 후임자 선임 시까지 업무수행권을 인정할 필요가 있는 경우에 해당한다 하더라도, 임기만료된 대표자의 업무수행권은 급박한 사정을 해소하기 위하여 그로 하여금 업무를 수행하게 할 필요가 있는지를 개별적·구체적으로 가려 인정할 수 있는 것이지 임기만료 후 후임자가 아직 선출되지 않았다는 사정만으로 당연히 포괄적으로 부여되는 것이

---

138 대법원 1982. 3. 9. 선고 81다614 판결

아니다. 권리능력 없는 사단의 임기만료된 대표자의 사무처리에 대하여 유추 적용되는 민법 제691조는 종전 대표자가 임기만료 후에 수행한 업무를 사후에 개별적·구체적으로 가려 예외적으로 그 효력을 인정케 하는 근거가 될 수 있을 뿐, 그로 하여금 장래를 향하여 대표자로서의 업무수행권을 포괄적으로 행사하게 하는 근거가 될 수는 없으므로, 법인 아닌 사단의 사원 기타 이해관계인이 임기가 만료된 대표자의 직무수행금지를 소구하여 올 경우 민법 제691조만을 근거로 이를 배척할 수는 없다."라고 판시하고 있다[139].

나. 사임

사임한 임원의 경우에는, 대법원은 "사임한 이사에게 직무수행권을 인정하는 것은 그 사임한 이사가 아니고서는 법인이 정상적인 활동을 중단할 수밖에 없는 급박한 사정이 있는 경우에 한정되는 것이고, 아직 임기가 만료되지 않거나 사임하지 아니한 다른 이사들로써 정상적인 법인의 활동을 할 수 있는 경우에는 사임한 이사에게 직무를 계속 행사하게 할 필요는 없다."라고 판시한 것이 있고[140], "임기만료되거나 사임한 이사라고 할지라도 그 임무를 수행함이 부적당하다고 인정할 만한 특별한 사정이 없는 한 신임 이사가 선임될 때까지 이사의 직무를 계속 수행할 수 있다. 사임한 재건축조합장이 조합장 변경 인가나 직무대행자 선임이 되지 않은 상태에서 정관상 규정에 따라 행한 총회소집이 적법하다고 한 원심판결을 수긍한 사례"가 있다[141].

---

139 대법원 2003. 7. 8. 선고 2002다74817 판결
140 대법원 2003. 1. 10. 선고 2001다1171 판결
141 대법원 1996. 1. 26. 선고 95다40915 판결, 대법원 1996. 10. 25. 선고 95다56866 판결

상법 제386조 제1항은 아예 명문으로 규정하고 있다. 상법 제386조 제1항은 '법률 또는 정관에 정한 이사의 원수를 결한 경우에는 임기의 만료 또는 사임으로 인하여 퇴임한 이사는 새로 선임된 이사가 취임할 때까지 이사의 권리의무가 있다.'고 규정하고 있는바, 수인의 이사가 동시에 임기의 만료나 사임에 의하여 퇴임함으로 말미암아 법률 또는 정관에 정한 이사의 원수(최저인원수 또는 특정한 인원수)를 채우지 못하게 되는 결과가 일어나는 경우, 특별한 사정이 없는 한 그 퇴임한 이사 전원은 새로 선임된 이사가 취임할 때까지 이사로서의 권리의무가 있다고 봄이 상당하다[142]. 퇴임 당시에 당해 이사의 퇴임결과 잔존 이사의 수가 정원에 부족하다면 그 퇴임한 이사는 이사로서의 권리의무가 인정되므로 후임이사의 취임등기를 하기 전에는 퇴임이사의 퇴임등기만을 하지는 못한다[143]. 그러나 부족하지 않다면 그 퇴임한 이사는 이사로서의 권리의무가 인정되지 않는다[144].

다. 해임

해임된 경우에는, 정비사업 조합의 경우 재개발표준정관 제18조 제4항에 의하면 "사임하거나 또는 해임되는 임원이 새로운 임원이 선임, 취임할 때까지 직무를 수행하는 것이 적합하지 아니하다고 인정될 때에는 이사회 또는 대의원회의 의결에 따라 그의 직무수행을 정지하고 조합장이 임원의 직무를 수행할 자를 임시로 선임할 수 있다."고 규정하여 해임의 경우도 일단은 직무정지가 되지 않는 한 업무수행권이 있다.

---

[142] 대법원 2007. 3. 29. 선고 2006다83697 판결
[143] 대법원 2005. 3. 8.자 2004마800 전원합의체 결정.
[144] 대법원 2009. 10. 29.자 2009마1311 결정

상법상은 임기만료 또는 사임이 아니고 해임, 사망 등으로 퇴임한 경우는 그로 인하여 정관에 정한 원수를 결하더라도 후임이사가 선임될 때까지 이사의 권리의무를 행사하는 것은 아니다. 즉, 법원행정처는 "해임, 자격상실, 사망, 파산, 금치산선고 등으로 퇴임한 경우에는 그로 인하여 법률 또는 정관에 정한 이사의 원수를 결하는 결과가 발생하더라도 해임등에 의하여 퇴임한 이사가 후임 이사가 취임할 때까지 이사의 권리의무를 행사하는 것은 아니다"라고 하고 있다[145]. 그러나 정비사업조합 정관은 명백히 해임의 경우에도 정지되지 않는 한 업무수행권을 인정하고 있다.

라. 결론

결국 대법원 판례를 종합하면, 임기만료된 대표자의 업무수행권은 급박한 사정을 해소하기 위하여 그로 하여금 업무를 수행하게 할 필요가 있는지를 개별적·구체적으로 가려 인정할 수 있는 것이지 임기만료 후 후임자가 아직 선출되지 않았다는 사정만으로 당연히 포괄적으로 부여되는 것이 아니고, 사임이나 해임된 임원, 법원에 의하여 선임된 직무대행자는 통상사무에 한하여 그 직무수행권이 있다고 본다[146].

한편 임기가 만료된 이사에게 업무수행권이 인정된다고 하여 여전히 이사로서의 지위가 인정되는 것은 아니다[147]. 사임·해임된 경우에도 마찬가지라고 본다. 한편 이사 지위는 인정되지 않는다고 하더라도 업무를 수행하는데 따른 보수를 받을 수 있는지가 문제된다. 업무를

---

145 법원행정처, 상업등기실무[Ⅱ], 2011년, 194
146 대법원 2003. 7. 8. 선고 2002다74817 판결
147 대법원 1996. 12. 10. 선고 96다37206 판결

계속 수행하므로 사무관리에 따른 비용으로 보수를 계속 받을 수 있다는 견해와 이사 지위가 인정되지 않는 한 불가하다는 견해가 있을 수 있다. 사견은 전자가 타당하다고 본다[148].

---

148 이 부분은 저자의 견해를 바꾸는 것이다. 개정 전에는 월급을 받을 수 없다는 견해를 피력하였으나, 업무수행을 하는 점에 있어서는 사무관리 이론으로라도 보수를 받는 것이 타당하다고 생각하여 견해를 바꾼 것이다.

03 조합장의 사임에 따른 조합 정관에 의한 직무대행자의 권한 범위

 조합장이 사임함으로써 조합장 직이 공석인 경우에 있어서 조합장 직무대행자의 권한 범위와 관련해서는 조합장직무대행자는 현상 유지적인 직무만을 수행할 수 있다는 입장과, 본래의 조합장과 같은 직무를 전반적으로 수행할 수 있다는 입장이 있는 것으로 보인다.

 전자는 조합을 대표하고 조합의 사무를 총괄하는 등의 조합장의 직무의 중요성을, 후자는 직무 대행자의 권한 범위를 제한하고 있지 않은 점과 조합장 직이 공석에 따른 사업 수행의 차질 방지의 필요성을 그 근거를 드는 것으로 보인다.

 일부 하급심 판결은 "피고의 규약에서는 직무 대행자의 권한에 관해 제한하는 등 따로 정하고 있지 않은 바, (중략) 단지 직무 대행자는 위 관리처분 총회를 소집할 뿐인데 총회 소집 권한은 직무 대행자의 권한에 속한다고 할 뿐"이라거나(서울행정법원 2008. 8. 21. 선고 2007구합6830 판결), "직무 집행 정지 시의 조합장 직무 대행자는 가처분의 잠정성에 비춰 상무에 속한 행위밖에 할 수 없음에 반해 정관에 의한 직무 대행자는 조합장의 모든 권한을 행사할 수 있다."라고 하여(서울고등법원 2006. 6. 30.자 2006라222 결정), 조합장 직무 대행자의 권한에 제한이 없다는 입장을 보이고 있다.

생각건대, 다음과 같은 점에서 조합장의 사임에 따라 조합 정관에 기초해 이사회 또는 대의원회의 의결로써 직무 대행자로 선임된 자는 조합장과 같은 권한을 갖는다고 보는 것이 타당하다고 본다.

첫째, 정관에 의한 직무대행자의 권한을 제한하는 명문의 규정이 없는 점, 둘째, 직무대행자에게 현상 유지적인 직무만을 수행하게 이유나 필요는 없다고 보이는 점, 셋째, 만일 조합장 직무 대행자의 권한 범위가 현상 유지적인 것에 국한된다면 정비사업의 시행에 상당한 차질이 빚어질 수 있는 점을 종합하면, <u>사임한 조합장의 직무대행자의 권한 범위는 조합장과 그것과 같다고 보는 것이 타당해 보인다.</u>

Chapter 5

결론

이상 주장한 바를 정리하면, 최초 선임의 경우 준거규정은 정관에 대해 법정 동의요건에 도달하는 조합설립동의를 받은 것이며, 선임의 효력발생시기는 등기까지 되어야 하고, 임기만료는 임기만료일, 사임은 사임의사표시가 수령권자에게 도달일, 해임은 해임 의결 시(고지까지 하여야 한다는 이견이 있다), 당연퇴임은 해당사유 발생일, 최초 임원 외에 변경임원은 인가일(등기까지 되어야 한다는 이견이 있다)에 그 효력이 발생한다.

　임원이 사임 또는 해임된 경우에는 이사회 또는 대의원회에서 직무정지를 의결하기 전에는 직무수행권이 있고, 직무정지를 의결하면, 조합장의 경우는 재건축은 이사 중 연장자가 즉시 업무를 대행하고, 재개발은 감사가 그 직무대행자를 선임하며, 이사·감사의 경우는 조합장이 임시로 선임한다. 물론 법원에 직무대행자 선임가처분을 신청할 수도 있다. 이 때 사임·해임된 임원이나 그 직무대행자의 업무수행범위는 통상사무에 한한다.

법이 정한 결격사유가 발생한 경우, 매매 등으로 교체된 경우, 분양미신청자의 경우는 당연퇴임하고, 이 경우에는 업무수행권이 없으며, 즉시 보궐선임을 하여야 할 것이다.

임기만료된 임원의 업무수행권을 살펴보면, 법정정원에 여유가 있으면 업무수행권이 없고, 법정정원에 여유가 없으면 후임자 선출시까지 업무수행권이 있다. 다만 업무수행범위는 대법원 판례에 따라 개별적·구체적으로 가려 인정된다. 이는 통상사무 보다는 넓은 개념이다.

이상 주장한 내용을 표로 정리하면 다음과 같다.

<표> 조합 임원 선임·해임 시 쟁점

구분	효력발생 시기	업무수행권	직무대행자	
			선임권자	업무범위
최초 선임	의결+승낙+ 인가+등기	○	해당없음	해당없음
임기 만료	임기만료일 (후임이사 있어야 퇴임등기가능)	▶정원여유 있으면 × (사건). ▶후임자 선출시까지 있음(단, 개별적·구체적으로 가려 인정)[149]	해당없음	해당없음
사임	수령권자[150]에게 도달(후임이사 있어야 등기가능)	▶정원여유 있으면 × ▶정원 여유 없으며, 새 임원 취임시까지 직무수행 부적합하다고 이사회 또는 대의원회 의결시까지 업무수행[151]	▶지체없이 새임원 선출[152], ▶조합장이 사임·해임되고 이사회 또는 대의원회에서 직무정지가 의결되면, 그 직무대행자는 재건축은 이사 중 연장자, 재개발은 감사가 지명. 최후로는 법원[153]. 이사·감사 경우는 조합장이 선임	통상업무에 한함(사건)
해임	적법한 해임의결 즉시[154] (정수 부족해도 해임등기 가능)			
당연 퇴임	해당사유[155] 발생일[156]	×	보궐선임[157]	해당없음

비리직무정지	기소+이사회, 대의원회 의결[158]	×	확정판결 시까지 기다리는 것이 타당(무죄판결이 선고될 수도 있으므로)	해당없음
변경선임	의결+승낙+인가[159]	선임효력발생하면 ○ (분쟁예방위해 등기 후 업무수행을 권고함)	해당없음	해당없음

---

149 정관 제15조 제5항, 대법원 2003. 7. 8. 선고 2002다74817 판결

150 조합장은 그 직무대행을 할 자, 나머지는 조합장

151 정관 제18조 제4항

152 정관 제18조 제2항

153 정관 제18조 제4항

154 해임사실이 고지까지 되어야 한다는 이견 있음

155 정관 제17조 제2항. 해당사유에 차이가 있음.
재건축은 제17조 제1항(미성년자 등)과 제15조 제2항(조합 임원자격, 3년 거주 또는 5년 소유) 모두 규정, 재개발은 제17조 제1항만 규정, 임원자격도 3년 거주 또는 5년 소유 제한 없음
당연퇴임사유 : 3년 거주 또는 5년 소유 요건 흠결, 법상 결격사유 발생, 매매 등으로 교체, 분양미신청

156 정관 제17조 제2항.

157 정관 제15조 제2항

158 정관 제17조 제4항

159 등기까지 되어야 한다는 이견 있음. 즉, "법인의 임원변경등기를 하여야 대외적으로 효력이 발생한다."는 정관 제18조 제2항을 두고, 효력규정이라는 설(등기하여야 함), 대항규정이라는 설이 대립함(등기 없어도 효력발생).

PART 2
추진위원회 · 주민총회

Chapter 1 기본 법률관계
Chapter 2 추진위원회 회의
Chapter 3 주민총회

Chapter 1

기본 법률관계

01 추진위원 피선임자격

> 운영규정 제15조(위원의 선임 및 변경)
> ② 위원은 추진위원회 설립에 동의한 자 중에서 선출하되, 위원장·부위원장 및 감사는 다음 각 호의 어느 하나에 해당하는 자이어야 한다.
>   1. 피선출일 현재 사업시행구역 안에서 3년 이내에 1년 이상 거주하고 있는 자(다만, 거주의 목적이 아닌 상가 등의 건축물에서 영업 등을 하고 있는 경우 영업 등은 거주로 본다)
>   2. 피선출일 현재 사업시행구역 안에서 5년 이상 토지 또는 건축물(재건축사업의 경우 토지 및 건축물을 말한다)을 소유한 자

추진위원회는 추진위원회를 대표하는 추진위원장 1명과 감사를 두어야 한다(법 제33조 제1항).

다음 각 호의 어느 하나에 해당하는 자는 추진위원회 위원이 될 수 없다(운영규정 제2조 제3항).
  1. 미성년자·피성년후견인 또는 피한정후견인

2. 파산선고를 받고 복권되지 아니한 자

3. 금고 이상의 실형을 선고받고 그 집행이 종료(종료된 것으로 보는 경우를 포함한다)되거나 집행이 면제된 날부터 2년이 경과되지 아니한 자

4. 금고 이상의 형의 집행유예를 받고 그 유예기간 중에 있는 자

5. 법을 위반하여 벌금 100만원 이상의 형을 선고받고 5년이 지나지 아니한 자

추진위원은 추진위원회 설립에 동의한 자 중에서 선출하되, 위원장·부위원장 및 감사는 ① 피선출일 현재 사업시행구역 안에서 3년 이내 1년 이상 거주하고 있는 자(다만, 거주의 목적이 아닌 상가 등의 건축물에서 영업 등을 하고 있는 경우 영업 등은 거주로 본다), ② 피선출일 현재 사업시행구역 안에서 5년 이상 토지 및 건축물(재건축사업의 경우 토지 및 건축물을 말한다)을 소유한 자이어야 한다(별표 운영규정 제15조 제2항).

추진위원의 자격조건은 추진위원회 승인처분 당시로 따져야 한다. 대법원은 토지등소유자의 일부가 추진위원장의 집행유예기간 중 그 설립에 동의하였다고 하더라도 설립승인 처분 당시에 이미 그 집행유예 기간이 도과되어 있었던 이상 그러한 사정만으로 토지등소유자의 동의가 효력을 잃는다고 단정할 수 없고, 추진위원장의 자격을 잃는다고도 할 수 없다고 판시하고 있다(2009. 6. 25. 선고 20008두13132 판결).

위 자격조건은 임의로 완화하거나 강화할 수 없다고 본다.

02 추진위원 선출

제15조(위원의 선임 및 변경) ① 추진위원회의 위원은 다음 각 호의 범위 이내로 둘 수 있으며, 상근하는 위원을 두는 경우 추진위원회의 의결을 거쳐야 한다.
  1. 위원장
  2. 부위원장
  3. 감사 _인
  4. 추진위원 _인
② 위원은 추진위원회 설립에 동의한 자 중에서 선출하되, 위원장·부위원장 및 감사는 다음 각 호의 어느 하나에 해당하는 자이어야 한다.
  1. 피선출일 현재 사업시행구역 안에서 3년 이내에 1년 이상 거주하고 있는 자(다만, 거주의 목적이 아닌 상가 등의 건축물에서 영업 등을 하고 있는 경우 영업 등은 거주로 본다)
  2. 피선출일 현재 사업시행구역 안에서 5년 이상 토지 또는 건축물(재건축사업의 경우 토지 및 건축물을 말한다)을 소유한 자

③ 위원의 임기는 선임된 날부터 2년까지로 하되, 추진위원회에서 재적위원 (추진위원회의 위원이 임기 중 궐위되어 위원 수가 이 운영규정 본문 제2조 제2항에서 정한 최소 위원의 수에 미달되게 된 경우 재적위원의 수는 이 운영규정 본문 제2조제2항에서 정한 최소 위원의 수로 본다. 이하 같다[160]) 과반수의 출석과 출석위원 3분의 2 이상의 찬성으로 연임할 수 있으나, 위원장·감사의 연임은 주민총회의 의결에 의한다.
④ 임기가 만료된 위원은 그 후임자가 선임될 때까지 그 직무를 수행하고, 추진위원회에서는 임기가 만료된 위원의 후임자를 임기만료 전 2개월 이내에 선임하여야 하며 위 기한 내 추진위원회에서 후임자를 선임하지 않을 경우 토지등소유자 5분의 1이상이 시장·군수등의 승인을 얻어 주민총회를 소집하여 위원을 선임할 수 있으며, 이 경우 제20조제5항 및 제6항, 제24조제2항을 준용한다.
⑤ 위원이 임기 중 궐위된 경우에는 추진위원회에서 재적위원 과반수 출석과 출석위원 3분의 2이상의 찬성으로 이를 보궐선임할 수 있으나, 위원장·감사의 보궐선임은 주민총회의 의결에 의한다. 이 경우 보궐선임된 위원의 임기는 전임자의 잔임기간으로 한다.
⑥ 추진위원의 선임방법은 추진위원회에서 정하되, 동별·가구별 세대수 및 시설의 종류를 고려하여야 한다.
운영규정 제21조(주민총회의 의결사항) 다음 각 호의 사항은 주민총회의 의결을 거쳐 결정한다.
　1. 추진위원회 승인 이후 위원장·감사의 선임·변경·보궐선임·연임

추진위원회 구성은 다음 각 호의 기준에 따른다(운영규정 제2조 제2항).

1. 위원장 1인과 감사를 둘 것
2. 부위원장을 둘 수 있다.

---

[160] '이하 같다'라고 하므로, 뒤에서 재적위원이라 함은 추진위원회의 위원이 임기 중 궐위되어 위원 수가 이 운영규정 본문 제2조제2항에서 정한 최소 위원의 수에 미달되게 된 경우 재적위원의 수는 이 운영규정 본문 제2조제2항에서 정한 최소 위원의 수로 본다.

3. 추진위원의 수는 토지등소유자의 10분의 1 이상으로 하되, 토지등소유자가 50인 이하인 경우에는 추진위원을 5인으로 하며 추진위원이 100인을 초과하는 경우에는 토지등소유자의 10분의 1 범위 안에서 100인 이상으로 할 수 있다.

추진위원의 선임에 관하여는 추진위원회에서 정하되, 위원장·감사의 선임, 변경, 보궐선임, 연임은 주민총회의 의결을 거쳐 결정하여야 한다.

추진위원회는 총회 의결을 거쳐 추진위원의 선출에 관한 선거관리를 「선거관리위원회법」 제3조에 따라 선거관리위원회에 위탁할 수 있다(법 제33조 제2항).

03 추진위원 해임

제18조(위원의 해임 등) ① 위원이 직무유기 및 태만 또는 관계법령 및 이 운영규정에 위반하여 토지등소유자에게 부당한 손실을 초래한 경우에는 해임할 수 있다.
② 제16조제2항에 따라 당연 퇴임한 위원은 해임 절차 없이 선고받은 날부터 그 자격을 상실한다.
③ 위원이 자의로 사임하거나 제1항에 따라 해임되는 경우에는 지체없이 새로운 위원을 선출하여야 한다. 이 경우 새로 선임된 위원의 자격은 위원장 및 감사의 경우 시장·군수등의 승인이 있은 후에, 그 밖의 위원의 경우 시장·군수등에게 변경신고를 한 후에 대외적으로 효력이 발생한다.
④ 위원의 해임·교체는 토지등소유자의 해임요구가 있는 경우에 재적위원 3분의 1 이상의 동의로 소집된 추진위원회에서 위원정수(운영규정 제15조에 따라 확정된 위원의 수를 말한다. 이하 같다)의 과반수 출석과 출석위원 3분의 2 이상의 찬성으로 해임하거나, 토지등소유자 10분의 1 이상의 발의로 소집된 주민총회에서 토지등소유자의 과반수 출석과 출석 토지등소유자의 과반수 찬성으로 해임할 수 있다. 다만, 위원 전원을 해임할 경우 토지등소유자의 과반수의 찬성으로 해임할 수 있다.

> ⑤ 제4항에 따라 해임대상이 된 위원은 해당 추진위원회 또는 주민총회에 참석하여 소명할 수 있으나 위원정수에서 제외하며, 발의자 대표의 임시사회로 선출된 자는 해임총회의 소집 및 진행에 있어 추진위원장의 권한을 대행한다.
> ⑥ 사임 또는 해임절차가 진행 중인 위원이 새로운 위원이 선출되어 취임할 때까지 직무를 수행하는 것이 적합하지 아니하다고 인정될 때에는 추진위원회 의결에 따라 그의 직무수행을 정지하고 위원장이 위원의 직무를 수행할 자를 임시로 선임할 수 있다. 다만, 위원장이 사임하거나 해임되는 경우에는 제17조제6항에 따른다.

토지등소유자는 법 제34조에 따른 추진위원회의 운영규정에 따라 추진위원회에 추진위원의 교체 및 해임을 요구할 수 있으며, 추진위원장이 사임, 해임, 임기만료, 그 밖에 불가피한 사유 등으로 직무를 수행할 수 없는 때부터 6개월 이상 선임되지 아니한 경우 시·도조례로 정하는 바에 따라 변호사·회계사·기술사 등으로서 대통령령으로 정하는 요건을 갖춘 자를 전문조합관리인으로 선정하여 추진위원장의 업무를 대행하게 할 수 있다(법 제33조 제3항).

추진위원이 직무유기 및 태만 또는 관계법령 및 운영규정에 위반하여 토지등소유자에게 부당한 손실을 초래한 경우에는 해임할 수 있다(별표 운영규정 제18조 제1항). 이 경우 해당 추진위원에 대해 청문 등 소명기회를 부여하여야 한다.

위원의 해임·교체는 토지등소유자의 해임요구가 있는 경우에 재적위원 3분의 1 이상의 동의로 소집된 추진위원회에서 위원정수(운영규정 제15조에 따라 확정된 위원의 수를 말한다. 이하 같다)의 과반수 출석과 출석위원 3분의 2 이상의 찬성으로 해임하거나, 토지등소유자

10분의 1 이상의 발의로 소집된 주민총회에서 토지등소유자의 과반수 출석과 출석 토지등소유자의 과반수 찬성으로 해임할 수 있다. 다만, 위원 전원을 해임할 경우 토지등소유자의 과반수의 찬성으로 해임할 수 있다.

해임대상이 된 위원은 해당 추진위원회 또는 주민총회에 참석하여 소명할 수 있으나 위원정수에서 제외하며, 발의자 대표의 임시사회로 선출된 자는 해임총회의 소집 및 진행에 있어 추진위원장의 권한을 대행한다.

추진위원회와 주민총회의 결론이 다른 경우는 어떤가? 어느 한쪽에서만 가결되면 해임된 것으로 보아야 한다고 본다.

한편 추진위원이 이 법을 위반하여 벌금 100만원 이상의 형이 확정되면 당연퇴임하는데, 1개의 법 위반죄로는 100만원 미만이나, 또 다른 법 위반죄를 범하여 이를 합산하면 100만원이 넘는 경우는 어떨까? 이에 대해서는 아직 판례는 보이지 않으나, 사견으로는 합산하여서가 아니라 1개 죄로 100만원을 넘어야 할 것으로 사료한다.

Chapter 2

추진위원회 회의

01 추진위원회 소집권자 및 의장

운영규정 제17조(위원의 직무 등) ①위원장은 추진위원회를 대표하고 추진위원회의 사무를 총괄하며 주민총회 및 추진위원회의 의장이 된다.
⑥다음 각호의 경우 당해 안건에 관하여는 부위원장, 추진위원 중 연장자 순으로 추진위원회를 대표한다.
 1. 위원장이 자기를 위한 추진위원회와의 계약이나 소송에 관련되었을 경우
 2. 위원장의 유고로 인하여 그 직무를 수행할 수 없을 경우
 3. 위원장의 해임에 관한 사항
제24조(추진위원회의 개최) ①추진위원회는 위원장이 필요하다고 인정하는 때에 소집한다. 다만, 다음 각호의 1에 해당하는 때에는 위원장은 해당일부터 14일 이내에 추진위원회를 소집하여야 한다.
 1. 토지등소유자의 10분의 1 이상이 추진위원회의 목적사항을 제시하여 소집을 청구하는 때
 2. 재적 추진위원 3분의 1 이상이 회의의 목적사항을 제시하여 청구하는 때
②제1항 각호의 1에 의한 소집청구가 있는 경우로서 위원장이 14일 이내에 정당한 이유 없이 추진위원회를 소집하지 아니한 때에는 감사가 지체 없이 이를 소집하여야 하며 이 경우 의장은 제17조제6항의 규정에 따른다. 감사가 소집하지 아니하는 때에는 소집을 청구한 자의 공동명의로 소집하며 이 경우 의장은 발의자 대표의 임시사회로 선출된 자가 그 의장이 된다.

가. 원칙적으로 위원장

 추진위원회의 소집권자는 원칙적으로 위원장이다. 이 경우 의장은 당연히 위원장이다.

 추진위원회의 소집은 위원장이 필요한 때 하게 되나, 토지등소유자 10분의 1 이상 또는 재적 추진위원 3분의 1 이상의 요구가 있을 경우에는 위원장은 14일 내에 소집하여야 한다. 다만, 이 경우 토지등소유자 또는 재적 추진위원은 추진위원회의 목적사항을 제시하여야 한다. 추진위원회의 소집청구권을 토지등소유자 각자에게 인정하게 되면 소집청구권의 남용으로 인하여 오히려 다른 토지등소유자의 이익도 해하는 결과가 되기 때문이다.

나. 예외적으로 감사 또는 소집을 청구한 자 공동명의

 소수 토지등소유자 또는 추진위원의 추진위원회 소집요구가 있는 경우로서 위원장이 14일 이내에 정당한 이유 없이 추진위원회를 소집하지 아니한 때에는 감사가(이 경우 의장은 운영규정 제17조 제6항에 따라 부위원장, 추진위원 중 연장자 순이고), 감사가 소집하지 아니하는 때에는 소집을 청구한 자의 공동명의로 총회를 소집할 수 있다(이 경우 의장은 발의자 대표의 임시사회로 선출된 자이다).

 한편 감사가 소집하는 경우 의장은 부위원장, 추진위원 중 연장자 순인데, 부위원장이 다수인 경우 누가 소집권자인지가 문제된다. 법에서는 부위원장에 대하여는 별도로 정하고 있지 아니하고 있고(법 제33조 제1항), 운영규정에서도 추진위원회에 부위원장을 둘 수 있도록 규정하고 있을 뿐(운영규정 제2조 제2항 제2호) 그 수를 제한하고 있지 아니하므로, 각 추진위원회에서는 운영규정을 작성함에 있어 부위원장을 2명 또는 3명으로 정할 수도 있다. 이러한 경우 각 추진위원회에서 운영규정을 작성함에 있어서 이에 대한 별도의 규정을 둔 경우는 별 문제가 되지 아니한다 할 것이나, 그러한 별도의 규정이 없는 경우 그 중 누가 의장이 되는 자가 될 것인지 문제가 된다.

이에 대하여, ① 최연장자가 단독으로 추진위원회를 대표한다는 견해(유추적용설), ② 다수의 부위원장이 공동으로 추진위원회를 대표한다고 보는 견해(공동대표설), ③ 각자 추진위원회를 대표한다고 보는 견해(각자 대표설)가 있다. 조합설립추진위원회는 비법인사단이고, 비법인사단에 대하여는 사단법인에 관한 민법의 규정 중 법인격을 전제로 하는 것을 제외하고는 유추적용 되고(대법원 2006. 7. 13. 선고 2004다7408판결), 이사는 법인의 사무에 관하여 각자 법인을 대표하고, 대표자가 수인인 때에는 각자 대표하는 것이므로(민법 제119조, 제59조 제2항), 다수의 부위원장이 있는 경우에는 각자 추진위원회를 대표한다고 보는 것이 타당하다 할 것이다. 수원지방법원 성남지원 판결도 같은 취지이다.

따라서 다수의 부위원장을 두는 경우에는 혼란을 방지하기 위해 그 대표권에 관하여 별도의 규정을 두는 것이 바람직하다.

<표> 추진위원회 소집권자 및 의장

원칙적소집권자 1	예외소집권자 2	예외소집권자 3	근거
1.위원장 (의장)	-2. 감사(토지등소유자의 10분의 1 이상, 재적 추진위원 3분의 1 이상이 목적사항제시 요구시, 14일내에 위원장이 불소집시)	-3. 소집을 청구한 자 공동명의(감사가 불소집시)	운영규정 24조1항, 2항
	-의장: 부위원장, 추진위원 중 연장자 순	-의장: 발의자 대표의 임시사회로 선출된 자	

다. 위원의 해임 추진위원회

제18조(위원의 해임 등)
④ 위원의 해임·교체는 토지등소유자의 해임요구가 있는 경우에 재적위원 3분의 1 이상의 동의로 소집된 추진위원회에서 위원정수(운영규정 제15조에 따라 확정된 위원의 수를 말한다. 이하 같다)의 과반수 출석과 출석위원 3분의 2 이상의 찬성으로 해임하거나, 토지등소유자 10분의 1 이상의 발의로 소집된 주민총회에서 토지등소유자의 과반수 출석과 출석 토지등소유자의 과반수 찬성으로 해임할 수 있다. 다만, 위원 전원을 해임할 경우 토지등소유자의 과반수의 찬성으로 해임할 수 있다.
⑤ 제4항에 따라 해임대상이 된 위원은 해당 추진위원회 또는 주민총회에 참석하여 소명할 수 있으나 위원정수에서 제외하며, 발의자 대표의 임시사회로 선출된 자는 해임총회의 소집 및 진행에 있어 추진위원장의 권한을 대행한다.

(1) 재적위원 1/3 이상 동의, 의장은 발의자 대표의 임시사회로 선출된 자

위원의 해임·교체는 <u>토지등소유자의 해임요구가 있는 경우에</u> 재적위원 3분의 1 이상의 <u>동의로</u> 소집된 추진위원회에서 위원정수(운영규정 제15조에 따라 확정된 위원의 수를 말한다. 이하 같다)의 과반수 출석과 출석위원 3분의 2 이상의 찬성으로 해임한다. 다만, <u>위원</u> 전원을 해임할 경우 토지등소유자의 과반수의 찬성으로 해임할 수 있다.

해임대상이 된 위원은 해당 추진위원회 또는 주민총회에 참석하여 소명할 수 있으나 위원정수에서 제외하며, 발의자 대표의 임시사회로 선출된 자는 해임총회의 소집 및 진행에 있어 추진위원장의 권한을 대행한다.

(2) 토지등소유자 10분의 1 이상의 발의

토지등소유자 10분의 1 이상의 발의로 소집된 주민총회에서 토지등소유자의 과반수 출석과 출석 토지등소유자의 과반수 찬성으로 해임할 수 있다. 다만, 위원 전원을 해임할 경우 토지등소유자의 과반수의 찬성으로 해임할 수 있다.

(3) 추진위원장의 해임을 주민총회가 아닌 추진위원회에서 가능한가?

하급심 판결은 엇갈리고 있다. ① 운영규정 제15조 제1항이 추진위원회 '위원'에 해당하는 직책으로 위원장도 거론하고 있지만 운영규정 제21조 제1호는 일반 위원과 달리 추진위원회 승인 이후 위원장·감사의 선임·변경·보궐선임·연임에 대해서는 주민총회를 거치도록 규정하고 있으므로, 그 문구 및 전후 문맥, 주민총회와 추진위원회의 역학관계에 비추어 보면 '변경'에는 위원장 감사의 '해임'이 포함되었다고 할 것이므로 결국 위원장 해임은 일반규정인 제18조 제4항이 아니라 특별규정인 제21조 제1호가 적용되어야 하므로, 반드시 주민총회를 거쳐야 한다고 하였고(서울중앙지방법원 2010. 7. 21.자 2010카합2200 결정, 주민총회개최금지가처분), ② 반면에 "운영규정 제15조에 따라 위원장도 위원에 포함된다."라며 "운영규정 제18조는 위원의 해임을 추진위원회의 권한으로 규정하고 있으므로 추진위원회에서 위원장을 해임한 것은 적법하다."라고 판시한 것도 있었다(울산지방법원 2014. 3. 17.자 2014카합97 결정).

대법원은 "운영규정 제21조 제1호에서 주민총회의 의결사항으로 규정한 '위원장 및 감사의 변경'은 그 문언상 위원장 및 감사의 해임과 선임을 함께 하는 경우를 지칭하는 것으로 해석함이 타당하고 관련 운영규정의 문언 범위를 벗어나 위원장 및 감사의 해임을 추진위원회의 의결사항에서 제외되는 주민총회 의결사항이라고 보기는 어렵다는 이유로 위원에 포함되는 위원장 및 감사의 해임이 추진위원회의 의결사항에 해당한다."라고(대법원 2016. 8. 29. 선고 2016다221030 판결)하여 논란을 종결하였다.

02 소집 시기 및 장소

추진위원회는 필요에 따라 소집되므로 그 소집 시기 및 소집장소에 대하여는 특별한 규정이 없고 운영규정으로 이를 정할 수 있다.

03 추진위원회 소집 게시 및 통지

가. 소집 게시 및 통지

> **운영규정안 제24조(추진위원회의 개최)**
> ③추진위원회의 소집은 회의개최 7일 전까지 회의목적·안건·일시 및 장소를 기재한 통지서를 추진위원에게 송부하고, 게시판에 게시하여야 한다. 다만, 사업추진상 시급히 추진위원회의 의결을 요하는 사안이 발생하는 경우에는 회의 개최 3일 전에 이를 통지하고 추진위원회 회의에서 안건상정여부를 묻고 의결할 수 있다. 이 경우 출석위원 3분의 2이상의 찬성으로 의결할 수 있다.

추진위원회를 소집하는 경우에는 <u>회의개최 7일 전까지</u> 회의목적, 안건, 일시 및 장소 등을 기재한 통지서를 추진위원에게 송부하고, 게시판에 게시하여야 한다. 다만, 사업추진상 시급히 추진위원회의 의결을 요하는 사안이 발생하는 경우에는 <u>회의 개최 3일 전</u>에 이를 통지하고 추진위원회 회의에서 안건상정여부를 묻고 의결할 수 있다. 이 경우 출석위원 3분의 2 이상의 찬성으로 의결할 수 있다.

한편, 운영규정안에서는 소집 통지에 대해 발신주의를 취하고 있으므로 특별한 규정이 없는 한 반드시 도달하여야 하는 것은 아니라고 할 것이다. 또한 운영규정은 7일전에 통지서를 '송부' 하도록 되어 있기 때문에 발송만 하면 되고, 도달까지 되어야 하는 것은 아니라고 본다.

회의개최 7일 전의 계산을 함에 있어 기간의 초일은 산입하지 아니하므로, 8월 20일에 추진위원회를 개최하려고 하는 경우, 8월 19일부터 기산하여 7일이 되는 8월 13일 오전 0시(8월 12일 24시)에 기간이 만료하는 것이다. 따라서 8월 12일까지는 소집통지를 발송하여야 한다.

사견은 이 소집통지기간을 지키지 못할 경우 그 회의의 효력은 무효라고 사료한다. 운영규정이 명백히 규정하고 있고, 절차 규정은 반드시 지켜져야 하기 때문이다.

일부 추진위원에 대한 소집통지 자체를 흠결한 추진위원회 결의는 원칙적으로 무효이나, 소집통지를 받지 아니한 추진위원이 추진위원회 개최 사실을 알게 된 경우에는 구체적 사정을 고려하여 결의의 효력을 판단하여야 할 것이다. 또한, 일부 추진위원들이 이사, 주소불명 등의 사유로 추진위원회 개최통지를 받지 못하였다고 하더라도 추진위원회 소집권자가 우편으로 발송하였다면 소집통지를 다한 것으로 보아야 할 것이다.

나. 통지의 내용

회의목적이란 의안 또는 의사일정을 뜻하며, 결의사항이 무엇인가를 토지등소유자가 알 수 있을 정도로 기재하여야 한다.

소집통지를 함에 있어서 회의의 목적사항을 열거한 다음 '기타 사항'이라고 기재한 경우, '기타 사항'이란 회의의 기본적인 목적사항과 관계가 되는 사항과 일상적인 운영을 위하여 필요한 사항에 국한된다고 보아야 한다. 대법원은 "비법인사단인 재건축조합이 총회소집통지를 함에 있어서 회의의 목적사항을 열거한 다음 '기타 사항'이라고 기재한 경우, 총회소집통지에는 회의의 목적사항을 기재토록 한 민법 제71조 등 법규정의 입법취지에 비추어 볼 때, '기타 사항'이란 회의의 기본적인 목적사항과 관계가 되는 사항과 일상적인 운영을 위하여 필요한 사항에 국한된다고 보아야 한다." 고 판시하였다(1996. 10. 25. 선고 95다56866 판결).

다. 위원장 직권 소집 시 의장이 안건을 자유롭게 정할 수 있는가?

주민총회와는 달리 가능하다고 사료한다. 단 의결이 가능한 것만 정할 수 있다.

라. 소집의 철회 · 변경

소집의 통지가 행하여진 후라도 소집을 철회할 수 있고, 늦추거나(소집의 연기) 기간을 변경할 수 있다. 다만 소집의 철회 등의 통지는 전에 통지된 회일보다 전에 도달되어야 한다.

의안의 철회 시한은 그 의안에 대한 최종 표결 전까지로 보아야 할 것이다.

04 추진위원회의 의결사항

> **운영규정 제25조(추진위원회의 의결사항)** ①추진위원회는 이 운영규정에서 따로 정하는 사항과 다음 각 호의 사항을 의결한다.
>   1. 위원(위원장·감사를 제외한다)의 보궐선임
>   2. 예산 및 결산의 승인에 관한 방법
>   3. 주민총회 부의안건의 사전심의 및 주민총회로부터 위임받은 사항
>   4. 주민총회 의결로 정한 예산의 범위 내에서의 용역계약 등
>   5. 그 밖에 추진위원회 운영을 위하여 필요한 사항
>
> ②추진위원회는 제24조제3항의 규정에 의하여 통지한 사항에 관하여만 의결할 수 있다.
>
> ③위원은 자신과 관련된 해임·계약 및 소송 등에 대하여 의결권을 행사할 수 없다.

추진위원회의 예산은 최종 어디서 승인하여야 하는지가 문제된다. 운영규정 제25조는 '예산 및 결산의 승인에 관한 방법'이라고만 규정하고 있고, 동 규정 제21조 주민총회의 의결사항에는 예산부분이 빠져 있기 때문에 어디서 예산을 승인할 지가 문제된다.

별표운영규정 제25조 제1항 제4호는 "주민총회 의결로 정한 예산의 범위 내에서의 용역계약 등"이라고 표현하여, 예산은 주민총회 의결로 정하도록 하고 있다.

05 추진위원회의 의결방법

> **운영규정 제23조(주민총회운영 등)** ①주민총회의 운영은 이 운영규정 및 의사진행의 일반적인 규칙에 따른다.
> ②의장은 주민총회의 안건내용 등을 고려하여 다음 각 호에 해당하는 자 중 토지등소유자가 아닌 자를 주민총회에 참석하여 발언하도록 할 수 있다.
>   1. 추진위원회 사무국 직원
>   2. 정비사업전문관리업자, 건축사 사무소 등 용역업체 관계자
>   3. 그 밖에 위원장이 주민총회운영을 위하여 필요하다고 인정하는 자
> ③의장은 주민총회의 질서를 유지하고 의사를 정리하며, 고의로 의사진행을 방해하는 발언·행동 등으로 주민총회질서를 문란하게 하는 자에 대하여 그 발언의 정지·제한 또는 퇴장을 명할 수 있다.
> ④추진위원회는 주민총회의 의사규칙을 정하여 운영할 수 있다

가. 추진위원회 운영 등

주민총회 운영에 관한 규정은 추진위원회 회의에 준용할 수 있다.

여기서 주의하여야 할 점은 회의는 의사진행의 일반적인 규칙에 따르는 바(운영규정 제23조 제1항), 의사진행의 일반적인 규칙이 무엇인지가 문제된다. 따라서 미리 의사규칙을 정하면 분쟁을 줄일 수 있다.

토지등소유자는 추진위원회의 구성원이 아니다(대법원 2009. 1. 30. 선고 2008두14869).

나. 의사정족수 및 의결정족수

> 운영규정 제26조(추진위원회의 의결방법) ①추진위원회는 이 운영규정에서 특별히 정한 경우를 제외하고는 재적위원 과반수 출석으로 개의하고 출석위원 과반수의 찬성으로 의결한다. 다만, 제22조제5항의 규정에 의하여 주민총회의 의결을 대신하는 의결사항은 재적위원 3분의 2 이상의 출석과 출석위원 3분의 2 이상의 찬성으로 의결한다.
> ②위원은 대리인을 통한 출석을 할 수 없다. 다만, 위원은 서면으로 추진위원회 회의에 출석하거나 의결권을 행사할 수 있으며, 이 경우 제1항의 규정에 의한 출석으로 본다.
> ③감사는 재적위원에는 포함하되 의결권을 행사할 수 없다.
> ④제23조의 규정은 추진위원회 회의에 준용할 수 있다.

추진위원회는 이 운영규정에서 특별히 정한 경우를 제외하고는 재적위원 과반수 출석으로 개의하고 출석위원 과반수의 찬성으로 의결한다. 다만, 제22조 제5항의 규정에 의하여 주민총회의 의결을 대신하는 의결사항은 재적위원 3분의 2 이상의 출석과 출석위원 3분의 2 이상의 찬성으로 의결한다.

추진위원 자신과 관련된 사항에 대하여는 그 추진위원은 의결권을 행사할 수 없으므로(운영규정 제25조 제3항), 의사정족수 및 의결정족수에서 제외된다.

추진위원회의에서 회의에 일단 참석했다가 성원보고 후 의결 시에는 불참한 추진위원을 출석위원으로 볼 것인지가 문제된다. 이 문제는 대법원 판결로 정리되었다.

대법원은 "도시 및 주거환경정비법 제24조에 따라 조합원 총회에서 관리처분계획의 수립을 의결하는 경우의 의결정족수를 정하는 기준이 되는 출석조합원은 당초 총회에 참석한 모든 조합원을 의미하는 것이 아니라 문제가 된 결의 당시 회의장에 남아 있던 조합원만을 의미하고, 회의 도중 스스로 회의장에서 퇴장한 조합원은 이에 포함되지 않는다(2010. 4. 29. 선고 2008두5568판결, 대법원 2001. 7. 27. 선고 2000다56037 판결 참조). 그리고 법인의 총회 또는 이사회 등의 의사에는 의사록을 작성하여야 하고 의사록에는 의사의 경과, 요령 및 결과 등을 기재하고 이와 같은 의사의 경과요령 및 결과 등은 의사록을 작성하지 못하였다든가 또는 이를 분실하였다는 등의 특단의 사정이 없는 한 이 의사록에 의하여서만 증명된다(대법원 1984. 5. 15.

선고 83다카1565 판결 참조)."라고 판시하였다.

별표 운영규정 제26조 제3항에 의하면 감사는 의결권을 행사할 수 없다. 다만 의사정족수에는 포함된다.

다. 의결권의 행사방법

추진위원은 대리인을 통한 출석을 할 수 없다. 다만, 위원은 서면으로 추진위원회 회의에 출석하거나 의결권을 행사할 수 있으며, 이 경우 출석으로 본다.

서면제출시 인감증명서를 첨부하여야 하는지, 인감도장으로 하여야 하는지에 대해서는 규정이 없다. 따라서 의사규칙으로 제정하여 두면 분쟁을 예방할 수 있을 것이다.

서면출석과 관련하여 추진위원회에서 해당 안건에 대해 자세히 명시를 하지 않은 서면결의서를 나눠준 뒤, 그 안건에 의사표시를 한 서면출석자를 안건 표결 시 출석위원에 포함시킬지 문제된다. 생각건대, 서면결의자가 서면결의 내용을 명확히 인지하고 서면결의서를 제출하였고 또한 제출자의 의사가 무엇인지 명확히 알 수 있는 경우를 제외하고는 출석위원으로 보아서는 안된다고 본다.

> 서울동부지방법원 2015. 1. 21.자 2014카합10149 결정.
> 나아가 위 결정에는 정관에 조합원 발의에 따른 총회소집의 경우에는 인감증명서를 요구하는 것은 총회의 개최를 요구하는 의사의 진실성을 담보하기 위한 것인데, 비록 인감증명서가 첨부되어 있지는 않지만 조합원들 의사의 진실성이 확인되면 그만이고(하략)

06 의사록의 작성

> 운영규정 제27조(의사록의 작성 및 관리) ①주민총회 및 추진위원회의 의사록에는 위원장·부위원장 및 감사가 기명날인하여야 한다.
> ②위원의 선임과 관련된 의사록을 관할 시장·군수에게 송부하고자 할 때에는 위원의 명부와 그 피선자격을 증명하는 서류를 첨부하여야 한다.

위원장·부위원장 및 감사가 기명날인하여야 하는데, 예를 들어 부위원장이 참석을 하지 않거나 참석을 하였어도 기명날인을 거부한 경우 회의의 효력이 문제된다. 속기록 등 다른 방법으로 적법하게 회의가 열린 사실이 증명된다면 단지 기명날인을 거부한다는 이유만으로 회의가 무효라고 볼 수는 없다고 본다.

피선자격을 증명하는 서류라 함은 위원장 감사의 경우 운영규정 제15조 제2항의 자격을 갖추었다는 서류(등기부등본이나 주민등록등본 등), 기타 위원의 경우 당해 추진위원회 토지등소유자라는 사실 및 추진위원회 설립에 동의하였다는 서류이다.

07 주민총회의 무산과 추진위원회의 결의 갈음

　주민총회 소집결과 정족수에 미달되는 때에는 재소집하여야 하며, 재소집의 경우에도 정족수에 미달되는 때에는 추진위원회 회의로 주민총회를 갈음할 수 있다(운영규정 제22조 제5항). 이 경우는 재적위원 3분의 2 이상의 출석과 출석위원 3분의 2 이상의 찬성으로 의결한다(운영규정 제26조 제1항 후단).

Chapter 3

주민총회

01 주민총회 소집권자 및 의장

<표> 주민총회 소집권자 및 의장

원칙적소집권자 1	예외소집권자 2	예외소집권자 3	근거
1.위원장 (의장)	-2. 감사(토지등소유자의 5분의 1이상 목적사항제시 또는 재적 추진위원 3분의 2 이상 요구시 2월 이내에 위원장이 불소집시)	-3. 소집을 청구한 자의 대표+시장·군수의 승인(감사가 불소집시)	운영규정 제20조 제2항, 제3항
	-의장 : 규정 없음, 사견은 위원장 출석 시는 위원장, 불출석 시는 발의자 대표의 임시사회로 선출된 자	-의장 : 규정 없음, 사견은 위원장 출석 시는 위원장, 불출석 시는 발의자 대표의 임시사회로 선출된 자	

> 제20조(주민총회) ① 토지등소유자 전원으로 주민총회를 구성한다.
> ② 주민총회는 위원장이 필요하다고 인정하는 경우에 개최한다. 다만, 다음 각 호의 어느 하나에 해당하는 때에는 위원장은 해당 일부터 2월 이내에 주민총회를 개최하여야 한다.
>   1. 토지등소유자 5분의 1 이상이 주민총회의 목적사항을 제시하여 청구하는 때
>   2. 추진위원 3분의 2 이상으로부터 개최요구가 있는 때
> ③ 제2항 각 호에 따른 청구 또는 요구가 있는 경우로서 위원장이 2개월 이내에 정당한 이유 없이 주민총회를 소집하지 아니하는 때에는 감사가 지체 없이 주민총회를 소집하여야 하며, 감사가 소집하지 아니하는 때에는 제2항 각 호에 따라 소집을 청구한 자의 대표가 시장·군수등의 승인을 얻어 이를 소집한다.
> ④ 주민총회를 개최하거나 일시를 변경하는 경우에는 주민총회의 목적·안건·일시·장소·변경사유 등에 관하여 미리 추진위원회의 의결을 거쳐야 한다. 다만, 제2항 각 호에 따라 주민총회를 소집하는 경우에는 그러하지 아니하다.
> ⑤ 제2항 및 제3항의 규정에 의하여 주민총회를 소집하는 경우에는 회의개최 14일 전부터 회의목적·안건·일시 및 장소 등을 게시판에 게시하여야 하며, 토지등소유자에게는 회의개최 10일 전까지 등기우편으로 이를 발송·통지하여야 한다. 이 경우 등기우편이 반송된 경우에는 지체없이 1회에 한하여 추가 발송한다.
> ⑥ 주민총회는 제5항에 따라 통지한 안건에 대하여만 의결할 수 있다.

가. 소집권자

(1) 위원장이 원칙

주민총회의 소집권자는 원칙적으로 위원장이며, 예외적으로 감사, 소집을 청구한 자의 대표자가 소집권자가 된다. 발의자 대표의 임시사회로 선출된 자는 해임총회의 소집 및 진행에 있어 추진위원장의 권한을 대행한다.

주민총회는 위원장이 필요시 개최하나, 토지등소유자 5분의 1 이상이 총회의 목적사항을 제시하여 주민총회의 소집을 청구하는 때, 추진위원 3분의 2 이상이 개최요구를 하는 경우(목적사항을 별도로 제시할 필요가 없다)에는 2월 이내에 총회를 개최하여야 한다.

(2) 예외 : 감사 또는 소집을 청구한 자 대표가 시장·군수 승인을 얻어

위원장이 2개월 이내에 정당한 이유 없이 주민총회를 소집하지 아니하는 때에는 <u>감사</u>가 지체 없이 주민총회를 소집하여야 하며, 감사가 소집하지 아니하는 때에는 제2항 각호의 규정에 의하여 <u>소집을 청구한 자의 대표</u>가 시장·군수의 승인을 얻어 이를 소집한다.

추진위원회와 다른 점은 추진위원회는 소집을 청구한 자의 공동명의나 주민총회는 소집을 청구한 자의 대표이다.

(3) 추진위원회에서 주민총회에 상정하기로 한 안건에 대하여 위원장이 주민총회를 소집하지 아니할 경우의 소집권자

추진위원회의를 통하여 주민총회 안건 및 일정이 정하여졌음에도 추진위원장이 주민총회를 소집하지 아니할 경우 그 후속절차를 어떻게 진행할 것인지에 대하여는 명확하게 규정하고 있지 아니하다. 이러한 사태는 주로 임기가 만료된 추진위원장의 선임의 건이 주민총회 안건으로 결정된 경우에 있어서 주로 발생한다.

① 추진위원장만이 주민총회를 소집할 수 있다는 견해

추진위원회의를 통하여 주민총회 안건 및 일정이 정하여졌음에도 추진위원장이 주민총회를 소집하지 아니할 경우에도 소집권자는 여전히 추진위원장이라는 견해이다.

서울중앙지방법원은 주민총회는 원칙적으로 위원장이 소집권자이고, 다만, 운영규정 제20조 제2항 각호에 해당하는 사유가 있을 경우에만 예외적으로 감사 등이 소집권자이므로, 추진위원회의 의결만으로는 주민총회를 소집할 수 없다고 판시한바 있다(2010. 7. 21.자 2010카합2204 결정).

② 감사가 소집할 수 있다는 견해

이 견해는 ① 추진위원장이 주민총회를 소집하지 아니할 경우에는 달리 대처할 방안이 없어 정비사업의 진행이 정체된 채 장시간이 흐르게 되어 토지등소유자에게 막대한 피해가 발생하게 되고, ② 임기가 만료된 추진위원장의 경우 재선에 대한 기대가 없을 경우에는 그 지위의 유지를 위하여 주민총회의 개최를 의도적으로 회피할 우려가 있고, ③ 운영규정 제20조 제2항에 따른 토지등소유자 또는 추진위원들이 주민총회의 개최를 요구하는 절차를 거치게 하는 것은 불필요한 절차만을 강요하게 되는 문제점이 있다는 점을 근거로 한다.

생각건대, 운영규정에 근거가 없는 한 추진위원장만이 소집할 수 있다고 사료한다. 즉, 추진위원장이 장기간 방치하는 경우에는 별표운영규정 제20조 제2항 또는 해임으로 대처하여야 할 것이다.

나. 총회 의장

> 운영규정안 제17조(위원의 직무 등) ①<u>위원장</u>은 추진위원회를 대표하고 추진위원회의 사무를 총괄하며 <u>주민총회 및 추진위원회의 의장이 된다.</u>

일반총회는 원칙적으로 <u>추진위원장</u>이 의장이 된다.

그러나 추진위원의 해임을 위하여 토지등소유자 10분의 1 이상의 발의로 소집된 주민총회의 경우, <u>발의자 대표의 임시사회로 선출된 자</u>는 해임총회의 소집 및 진행에 있어 추진위원장의 권한을 대행한다.

그런데, 추진위원 해임을 위한 총회를 제외한 소수 토지등소유자 또는 추진위원, 감사가 소집한 주민총회의 경우, 총회의 진행을 누가 할 수 있는지에 관해서는 <u>명확한 규정이 없다.</u> 일단 위원장이 소집을 하여 주고 출석을 한다면 당연히 위원장이 의장이 되어야 할 것이라고 사료한다. 이에 대해서는 소집을 요구한 자의 의사를 존중하기 위해서는 소수 토지등소유자 또는 추진위원이 소집한 총회의 경우 총회의 소집을 요구한 소수 토지등소유자 또는 추진위원의 대표자가 임시의장으로서 먼저 임시사회를 맡아 먼저 의장을 선출하여야 한다는 견해도 있다. 생각건대, 다수에 의하여 선출된 위원장이 출석하여 총회를 진행하고자 하는 경우는 운영규정 제17조 제1항을 배제할 합리적인 이유가 없으므로 위원장이 의장이 되어야 한다고 본다.

다만, 위원장이 소집을 하여주고서도 출석을 하지 않은 경우, <u>위원장이 소집을 하여 주지 않아 감사가 소집하거나 소집을 청구한 자의</u>

대표가 시장·군수의 승인을 얻어 소집한 경우에는 운영규정 제18조 제5항을 유추적용하여 발의자 대표의 임시사회로 선출된 자가 의장이 된다고 사료한다.

이 경우 누가 의장이 되는지에 관해 의사규칙으로 명확히 하여 놓는 것이 타당하다.

다. 의장의 권한

의장은 의사진행의 일반원칙에 따라 의사를 진행하고 회의장의 질서를 유지하여야 한다고 규정되어 있다.

의장은 개회선언, 총회의 목적사항의 상정 및 심의를 구하고, 원활한 의사진행 도모를 하여야 한다. 또한, 회의장의 질서를 유지하기 위하여 적절한 조치를 취할 수 있으며, 이를 위해 토지등소유자의 퇴장을 명할 수 있다.

발언의 정지·제한 또는 퇴장을 명할 수 있는 경우를 의사규칙으로 정하는 것도 분쟁을 줄이는 길이라고 사료한다.

운영규정안 제23조(주민총회운영 등) ①주민총회의 운영은 이 운영규정 및 의사진행의 일반적인 규칙에 따른다.
②의장은 주민총회의 안건내용 등을 고려하여 다음 각호에 해당하는 자 중 토지등소유자가 아닌 자를 주민총회에 참석하여 발언하도록 할 수 있다.
  1. 추진위원회 사무국 직원
  2. 정비사업전문관리업자, 건축사 사무소 등 용역업체 관계자
  3. 그 밖에 위원장이 주민총회운영을 위하여 필요하다고 인정하는 자
③의장은 주민총회의 질서를 유지하고 의사를 정리하며, 고의로 의사진행을 방해하는 발언·행동 등으로 주민총회질서를 문란하게 하는 자에 대하여 그 발언의 정지·제한 또는 퇴장을 명할 수 있다.
④추진위원회는 주민총회의 의사규칙을 정하여 운영할 수 있다

02 추진위원회의 사전의결 여부

총회를 개최하거나 일시를 변경하는 경우 총회의 목적, 안건, 일시, 장소, 변경사유 등에 관하여 미리 추진위원회의 의결을 거쳐야 한다.

추진위원회의 결의 없이 위원장이 독단적으로 총회를 소집하는 경우에는 총회결의 무효의 원인이 될 수 있다.

다만, 위원장이 아닌 토지등소유자, 추진위원의 개최요구에 따른 총회소집의 경우에는 추진위원회의 의결을 거치지 않아도 된다.

> **운영규정안 제20조(주민총회)**
> ④주민총회를 개최하거나 일시를 변경하는 경우에는 주민총회의 목적·안건·일시·장소 변경사유 등에 관하여 미리 추진위원회의 의결을 거쳐야 한다. 다만, 제2항 각호의 규정에 의하여 주민총회를 소집하는 경우에는 그러하지 아니하다.

03 소집의 시기 및 장소

　주민총회는 필요에 따라 소집되므로 그 소집 시기가 별도로 정하여져 있지는 않다.

　소집장소에 대하여는 특별한 규정이 없고 운영규정으로 이를 정할 수 있다.

04 주민총회 소집 게시 및 통지

가. 소집 게시 및 통지

> **운영규정안 제20조(주민총회)**
> ⑤제2항 및 제3항의 규정에 의하여 주민총회를 소집하는 경우에는 회의개최 14일전부터 회의목적·안건·일시 및 장소 등을 게시판에 게시하여야 하며, 토지등소유자에게는 회의개최 10일전까지 등기우편으로 이를 발송·통지하여야 한다. 이 경우 등기우편이 반송된 경우에는 지체없이 1회에 한하여 추가 발송한다.

주민총회를 소집하는 경우에는 회의개최 14일 전부터 회의목적, 안건, 일시 및 장소 등을 게시판에 게시하여야 하고, 토지등소유자에게는 회의개최 10일 전까지 등기우편으로 발송, 통지하여야 한다. 이 경우 등기우편이 반송된 경우에는 지체없이 1회에 한하여 추가 발송한다. 추가 발송 시에도 등기로 하여야 할 것이다.

회의개최 10일 전의 계산을 함에 있어 기간의 초일은 산입하지 아니하므로, 8월 20일에 총회를 개최하려고 하는 경우, 8월 19일부터 기산하여 10일이 되는 8월 10일 오전 0시(8월 9일 24시)에 기간이 만료하는 것이다. 따라서 8월 9일까지는 총회 소집통지를 발송하여야 한다.

이 소집공고 및 통지기간을 지키지 못할 경우 그 총회의 효력은 무효라고 본다. 운영규정이 명백히 규정하고 있고, 절차 규정은 반드시 지켜져야 하기 때문이다.

한편, 운영규정안에서는 총회소집 통지에 대해 발신주의를 취하고 있으므로 특별한 규정이 없는 한 토지등소유자에게 반드시 도달하여야 하는 것은 아니라고 할 것이다.

일부 토지등소유자에 대한 소집통지 자체를 흠결한 주민총회 결의는 원칙적으로 무효이나, 소집통지를 받지 아니한 토지등소유자가 총회개최 사실을 알게 된 경우에는 구체적 사정을 고려하여 결의의 효력을 판단하여야 할 것이다. 또한, 일부 토지등소유자들이 이사, 주소불명 등의 사유로 총회개최통지를 받지 못하였다고 하더라도 총회 소집권자가 우편으로 발송하였다면 소집통지를 다한 것으로 보아야 할 것이다.

나. 통지의 내용

회의목적이란 의안 또는 의사일정을 뜻하며, 결의사항이 무엇인가를 토지등소유자가 알 수 있을 정도로 기재하여야 한다.

총회소집통지를 함에 있어서 회의의 목적사항을 열거한 다음 '기타 사항'이라고 기재한 경우, '기타 사항'이란 회의의 기본적인 목적사항과 관계가 되는 사항과 일상적인 운영을 위하여 필요한 사항에 국한된다고 보아야 한다. 대법원은 "비법인사단인 재건축조합이 총회소집통지를 함에 있어서 회의의 목적사항을 열거한 다음 '기타 사항'이라고 기재한 경우, 총회소집통지에는 회의의 목적사항을 기재토록 한 민법 제71조 등 법규정의 입법취지에 비추어 볼 때, '기타 사항'이란 회의의 기본적인 목적사항과 관계가 되는 사항과 일상적인 운영을 위하여 필요한 사항에 국한된다고 보아야 한다."라고 판시하였다(1996. 10. 25. 선고 95다56866 판결).

다. 소집의 철회·변경

총회소집의 통지가 행하여진 후라도 소집을 철회할 수 있고, 또 총회의 회일을 늦추거나(소집의 연기) 기간을 변경할 수 있다. 다만 소집의 철회 등의 통지는 전에 통지된 회일보다 전에 도달되어야 한다.

의안의 철회 시한은 그 의안에 대한 최종 표결 전까지로 보아야 할 것이다.

05 주민총회 의결사항

> 운영규정 제21조(주민총회의 의결사항) 다음 각 호의 사항은 주민총회의 의결을 거쳐 결정한다.
>   1. <u>추진위원회 승인 이후</u> 위원장·감사의 선임·변경·보궐선임·연임
>   2. 운영규정의 변경
>   3. 정비사업전문관리업자 및 설계자의 선정 및 변경
>   4. 삭제<2010.9.16>
>   5. 제30조의 규정에 의한 개략적인 사업시행계획서의 변경
>   6. <u>제31조5항의 규정에 의한 감사인의 선정</u>
>   7. 조합설립추진과 관련하여 추진위원회에서 주민총회의 의결이 필요하다고 결정하는 사항

2010. 9. 16. 삭제된 별표운영규정 제21조 제4호는 "제28조제2항의 규정에 의한 정비사업전문관리업자와의 계약체결(변경체결을 포함하되, 금전적인 부담이 수반되지 아니하는 변경체결을 제외한다.)"이다.

따라서 이후부터는 정비사업전문관리업자와의 계약은 추진위원회 결의로도 가능하게 되었다.

그리고 별표 운영규정 제21조에는 명시되어 있지 않지만 예산은 당연히 주민총회 의결사항이라고 본다. 동 운영규정 제25조 제1항 제4호에는 "주민총회 의결로 정한 예산의 범위 내에서의 용역계약 등"이라고 규정하고 있다.

06 주민총회 의결방법

가. 의사진행 등

> 운영규정 제23조(주민총회운영 등) ①주민총회의 운영은 이 운영규정 및 의사진행의 일반적인 규칙에 따른다.
> ②의장은 주민총회의 안건내용 등을 고려하여 다음 각호에 해당하는 자 중 토지등소유자가 아닌 자를 주민총회에 참석하여 발언하도록 할 수 있다.
>   1. 추진위원회 사무국 직원
>   2. 정비사업전문관리업자, 건축사 사무소 등 용역업체 관계자
>   3. 그 밖에 위원장이 주민총회운영을 위하여 필요하다고 인정하는 자
> ③의장은 주민총회의 질서를 유지하고 의사를 정리하며, 고의로 의사진행을 방해하는 발언·행동 등으로 주민총회질서를 문란하게 하는 자에 대하여 그 발언의 정지·제한 또는 퇴장을 명할 수 있다.
> ④추진위원회는 주민총회의 의사규칙을 정하여 운영할 수 있다

(1) 주민총회 운영은 이 운영규정 및 의사진행의 일반적인 규칙에 따른다.

여기서 주의하여야 할 점은 회의는 의사진행의 일반적인 규칙에 따르는 바(운영규정 제23조 제1항), 의사진행의 일반적인 규칙이 무엇인지가 문제된다. 따라서 미리 의사규칙을 정하면 분쟁을 줄일 수 있다.

(2) 운영규정 제정 통과 시 요령

운영규정은 법이므로 임의로 주민들이 바꾸지 못하므로 제시안대로 동의하여 달라고 요청하는 것이 좋다.

단지, 면적이 일부 오류일 경우 즉시 수정 가능한가가 문제이나, 동일성이 침해되지 않는다면 수정 가능하다고 본다.

(3) 추진위원 선임

인원이 많아 실무적으로는 출마자 모두에 대해 일괄 찬반 투표를 실시하는 경우가 있으나, 이는 개인의 선택권을 침해하여 무효로 될 소지가 있다.

(4) 여러 가지 사안을 투표할 경우 찬·반 표시를 각 사안 위에도 표시하여야 한다.

(5) 안건 상정 시 의장이 다를 경우 당해 의장이 상정해야 한다.

(6) 미동의자

출석권, 발언권 및 의결권이 있다(운영규정 제13조 제1항 제1호). 추진위원회 위원 선임 선출권도 있다. 그러나 추진위원 피선출권은 없다.

(7) 위원장 직권 소집 시 안건을 자유롭게 정할 수 있는가?

불가하다. 미리 목적, 안건, 일시, 장소, 변경사유에 대해 추진위원회의 의결을 거쳐야 한다(운영규정 제20조 제4항). 단, 토지등소유자와 추진위원의 개최요구 시는 그러하지 아니하다. 10일 전까지 안건등을 통지하고, 통지한 안건만 심의 가능하다.

(8) 대리인 증명서

회의 시마다 제출하여야 한다고 본다.

나. 의사정족수 및 의결정족수

> 운영규정안 제22조(주민총회의 의결방법) ①주민총회는 법 및 이 운영규정이 특별히 정한 경우를 제외하고 추진위원회 구성에 동의한 토지등소유자 과반수 출석으로 개의하고 출석한 토지등소유자(동의하지 않은 토지등소유자를 포함한다)의 과반수 찬성으로 의결한다.

추진위원회 구성에 동의한 토지등소유자 과반수 출석으로 개의하고 출석한 토지등소유자(동의하지 않은 토지등소유자를 포함한다)의 과반수 찬성으로 의결한다.

다. 의결권의 행사방법

> 운영규정안 제22조(주민총회의 의결방법)
> ②토지등소유자는 서면 또는 제13조제2항 각호에 해당하는 대리인을 통하여 의결권을 행사할 수 있다. 이 경우 서면에 의한 의결권 행사는 제1항의 규정에 의한 출석으로 본다.
> ③토지등소유자는 규정에 의하여 출석을 서면으로 하는 때에는 안건내용에 대한 의사를 표시하여 주민총회 전일까지 추진위원회에 도착되도록 하여야 한다.
> ④토지등소유자는 제2항의 규정에 의하여 출석을 대리인으로 하고자 하는 경우에는 위임장 및 대리인 관계를 증명하는 서류를 추진위원회에 제출하여야 한다.
>
> 제13조(토지등소유자의 권리 · 의무)
> ②토지등소유자의 권한은 평등하며, 권한의 대리행사는 원칙적으로 인정하지 아니하되, 다음 각 호에 해당하는 경우에는 권한을 대리할 수 있다. 이 경우 토지등소유자의 자격은 변동되지 아니한다.
>   1. 토지등소유자가 권한을 행사할 수 없어 배우자 · 직계존비속 · 형제자매 중에서 성년자를 대리인으로 정하여 위임장을 제출하는 경우
>   2. 해외거주자가 대리인을 지정한 경우
>   3. 법인인 토지등소유자가 대리인을 지정한 경우(이 경우 법인의 대리인은 추진위원으로 선임될 수 있다.)

서면으로도 가능하고(총회 전일까지 도착되어야 한다), 대리인 출석도 무방하다. 단, 대리인 자격은 배우자 · 직계존비속 · 형제자매 중에서 성년자로 한정된다.

서면제출 시 인감증명서를 첨부하여야 하는지, 인감도장으로 하여야 하는지에 대해서는 규정이 없다. 따라서 의사규칙으로 제정하여 두면 분쟁을 예방할 수 있을 것이다.

> **서울동부지방법원 2015. 1. 21.자 2014카합10149 결정**
> 나아가 위 결정에는 정관에 조합원 발의에 따른 총회소집의 경우에는 인감증명서를 요구하는 것은 총회의 개최를 요구하는 의사의 진실성을 담보하기 위한 것인데, 비록 인감증명서가 첨부되어 있지는 않지만 조합원들 의사의 진실성이 확인되면 그만이고(하략)

<u>한편 서면결의서가 주민총회 전일까지 제출되지 않고 총회 당일에 제출된 경우 그 효력을 인정할 수 있는지가 문제된다.</u> 생각건대, 운영규정 문언상 명백히 총회전일까지 도착되어야 한다고 규정하고 있으므로 무효라고 사료한다.

경우에 따라서 추진위원회에서 서면결의서를 받지 않는 경우(해임총회의 경우 등)가 있으나, 이는 명백히 잘못이다. 이런 경우를 대비하여 내용증명 우편으로 발송하거나 직접 제출하고 그 제출내용을 입증하는 방법을 강구할 필요가 있다. 이렇게 서면결의사실과 그 내용을 입증할 수 있다면 이를 고의로 받지 않았다고 하더라도 이는 의사정족수 및 의결정족수에 넣어 계산하여야 할 것이다.

서면결의서 작성 시 2차 투표까지 갈 경우를 대비하여 두는 것이 좋다. 즉, 추진위원장이 3명이 출마한 경우 과반수를 1차에서 얻기가 어려운 경우가 있으므로 미리 경우의 수를 가정하여 2차 투표를 하도록 서면결의서를 작성하여 두면 좋을 것이다.

  서면결의서를 제출하고 회의장에 온 사람은 그 사람의 의사에 따라 서면결의서를 무효처리하고 현장 표결권을 부여하거나 아니면 그대로 서면결의를 인정하고 현장표결을 시키지 아니할 경우 따로 자리를 배치하여 숫자 카운트에 조심하여야 할 것이다.

07 의사록의 작성

> 운영규정 제27조(의사록의 작성 및 관리) ①주민총회 및 추진위원회의 의사록에는 위원장·부위원장 및 감사가 기명날인하여야 한다.
> ②위원의 선임과 관련된 의사록을 관할 시장·군수에게 송부하고자 할 때에는 위원의 명부와 그 피선자격을 증명하는 서류를 첨부하여야 한다.

　피선자격을 증명하는 서류라 함은 위원장, 감사의 경우 운영규정 제15조제2항의 자격을 갖추었다는 서류(등기부등본이나 주민등록등본 등), 기타 위원의 경우 당해 추진위원회 토지등소유자라는 사실 및 추진위원회 설립에 동의하였다는 서류이다.

　위원장·부위원장 및 감사가 기명날인하여야 하는데, 예를 들어 부위원장이 참석을 하지 않거나 참석을 하였어도 기명날인을 거부한 경우 회의의 효력이 문제된다. 속기록 등 다른 방법으로 적법하게 회의가 열린 사실이 증명된다면 단지 기명날인을 거부한다는 이유만으로 회의가 무효라고 볼 수는 없다고 본다.

08 정족수 미달로 인한 재소집

> **운영규정안 제22조(주민총회의 의결방법)**
> ⑤주민총회 소집결과 정족수에 미달되는 때에는 재소집하여야 하며, 재소집의 경우에도 정족수에 미달되는 때에는 추진위원회 회의로 주민총회를 갈음할 수 있다.

주민총회 소집결과 정족수에 미달되는 때에는 재소집을 하여야 하며, 재소집의 경우에도 정족수에 미달되는 때에는 추진위원회 회의로 주민총회를 갈음할 수 있다. 다만, 제22조제5항에 따라 주민총회의 의결을 대신하는 의결사항은 재적위원 3분의 2 이상의 출석과 출석위원 3분의 2 이상의 찬성으로 의결한다(별표운영규정 제26조 제1항 후단).

PART 3
조합 총회 · 대의원회 · 이사회

Chapter 1 총회 일반론
Chapter 2 총회 소집 및 개최방법
Chapter 3 창립총회
Chapter 4 대의원회
Chapter 5 이사회

Chapter 1

총회 일반론

<표> 회의 개최방법 개관

	추진위원회	주민총회	조합 총회
소집 시기	규정 없음	규정 없음	정기총회는 매년 1회, 회계연도 종료일로부터 2월 이내
소집 통지	7일 전 게시+송부 (긴급 시 3일 전 통지+추진위 의결)	14일 전 게시, 10일 전 등기우편 통지	−14일 전 공고, 7일 전 등기우편통지(단, 각자 정관에 의해 연장 또는 단축 가능) −단, 창립총회는 14일 전 공고 및 통지 −단, 관리처분총회는 1개월 전에 3호부터 6호 사항 문서로 통지(법 제74조제3항)
소집 절차	규정 없음	추진위원회 사전의결(단, 토지등소유자, 추진위원 소집요청 시는 예외)	이사회 사전 의결(단, 토지등소유자 등 소집 요청 시는 예외)
일반 정족수	과반수 출석/출석 과반수 찬성	과반수 출석/출석 과반수 찬성	과반수 출석/출석 과반수 찬성(법 제45조제3항) 단, 창립총회 임원 및 대의원 선임은 정관에 따름
특별 정족수	−주민총회의 의결을 대신하는 의결사항 : 3분의 2 이상 출석/ 출석 3분의 2 이상 찬성	규정 없음	법에 특별결의 요건 있음 ※ 표3−2 참조
의결권 행사 방법	−대리출석 불가 −서면 가능	−대리 출석 가능(단, 형제자매 등으로 한정) −서면 가능	−대리 출석 가능(단, 형제자매 등으로 한정) −서면 가능
	▶서면 시 인감도장 날인 및 인감증명 첨부 여부는 규정 없음, 단 동의를 겸할 때는 인감증명 있어야 함		

<표> 조합 특별결의 요건

	안건	정족수
1	−LH 주거환경개선사업 사업시행자 지정(제24조 제1항) −재개발재건축 공동사업시행자 지정(제25조) −사업대행 요청 시(제28조) −추진위원회 구성 승인(제31조) −재건축조합 인가(제35조) −주민대표회의 구성(제47조)	조합원 과반수 동의
2	−사업시행계획서의 작성 및 변경(제45조제4항) −관리처분계획의 수립 및 변경(상동)	−조합원 과반수 찬성 −단, 정비사업비가 100분의 10(생산자물가상승률분, 제73조에 따른 손실보상 금액은 제외한다) 이상 늘어나는 경우에는 조합원 3분의 2 이상의 찬성으로 의결
3	−토지등소유자 시행 재개발 사업 시행계획인가(제50조제4항)	사업시행계획서에 대하여 토지등소유자의 4분의 3 이상 및 토지면적의 2분의 1 이상의 토지소유자의 동의를
4	정관변경(제40조제3항)	−조합원 과반수 찬성 −단, 아래 사항은 조합원 3분의 2 이상의 찬성 2. 조합원의 자격 3. 조합원의 제명·탈퇴 및 교체 4. 정비구역의 위치 및 면적 8. 조합의 비용부담 및 조합의 회계 13. 정비사업비의 부담 시기 및 절차 16. 시공자·설계자의 선정 및 계약서에 포함될 내용

5	-정비계획 변경 요청(제14조제1항제6호) -주거환경개선사업 해제 동의(제21조제1항제4호) -조합설립 인가 받은 사항의 변경(제35조제5항) -집합건물 존치 또는 리모델링 동의 사업시행계획서 작성(제58조제3항) -재개발사업시행방식 전환(제123조)	3분의 2

01 총회 종류

총회는 정기총회와 임시총회로 구분되며(표준정관 제20조 제2항), 추진위원회가 개최하는 조합설립을 위한 창립총회가 있다.

정기총회는 매년 1회, 회계연도 종료일부터 2월 이내에 개최하며, 다만 부득이한 사정이 있는 경우에는 3월 범위 내에서 사유와 기간을 명시하여 일시를 변경할 수 있다.

임시총회는 조합장의 직권 또는 조합원 1/5 이상의 요구(목적사항 제시 필요), 대의원 3분의 2 이상의 요구(목적사항 제시 불필요)로 소집한다.

표준정관 제20조(총회의 설치) ①조합에는 조합원 전원으로 구성하는 총회를 둔다.
②총회는 정기총회·임시총회로 구분하며 조합장이 소집한다.
③정기총회는 매년 1회, 회계연도 종료일부터 2월 이내에 개최한다. 다만, 부득이한 사정이 있는 경우에는 3월 범위내에서 사유와 기간을 명시하여 일시를 변경할 수 있다.
④임시총회는 조합장이 필요하다고 인정하는 경우에 개최한다. 다만, 다음 각호의 1에 해당하는 때에는 조합장은 해당일로부터 2월 이내에 총회를 개최하여야 한다.
  1. 조합원 5분의 1 이상이 총회의 목적사항을 제시하여 청구하는 때
  2. 대의원 3분의 2 이상으로부터 개최요구가 있는 때
⑤제4항의 각호의 규정에 의한 청구 또는 요구가 있는 경우로서 조합장이 2월 이내에 정당한 이유없이 총회를 소집하지 아니하는 때에는 감사가 지체없이 총회를 소집하여야 하며, 감사가 소집하지 아니하는 때에는 제4항 각호의 규정에 의하여 소집을 청구한 자의 공동명의로 이를 소집한다.
⑥<u>제2항 내지 제5항의 규정에 의하여 총회를 개최하거나 일시를 변경하는 경우에는 총회의 목적·안건·일시·장소·변경사유 등에 관하여 미리 이사회의 의결을 거쳐야 한다.</u> 다만, 제5항의 규정에 의한 조합장이 아닌 공동명의로 총회를 소집하는 경우에는 그러하지 아니하다.
⑦제2항 내지 제5항의 규정에 의하여 총회를 소집하는 경우에는 회의개최 14일전부터 회의목적·안건·일시 및 장소 등을 게시판에 게시하여야 하며 각 조합원에게는 회의개최 7일전까지 등기우편으로 이를 발송, 통지하여야 한다.
⑧총회는 제7항에 의하여 통지한 안건에 대해서만 의결할 수 있다.

법 제32조 (추진위원회의 기능)
③추진위원회는 제35조제2항, 제3항 및 제5항에 따른 조합설립인가를 신청하기 전에 대통령령으로 정하는 방법 및 절차에 따라 조합설립을 위한 창립총회를 개최하여야 한다.

창립총회에 대해서는 Chapter 3에서 별도로 다루기로 하고, Chapter 1에서는 조합의 정기총회와 임시총회를 중심으로 논하되, 창립총회에 특별히 규정된 것을 제외하고는 본절에서 다루는 내용은 창립총회에도 적용됨을 숙지하기 바란다.

한편, 시공자 선정 총회와 관련된 법적 쟁점 등에 대하여는 Part 4에서 별도로 다루기로 한다.

02 총회 권한

　총회는 조합의 최고 의사결정기관이다. 대의원회는 법 제46조 제4항에 따라 대의원회가 총회의 권한을 대행할 수 없도록 한 사항을 제외하고는 총회의 직무에 속하는 사항에 관하여 총회의 권한을 대행할 수 있다.

　총회는 법의 일반원칙에 따라 강행규정에 위반하는 사항, 사회질서에 반하는 사항, 조합의 본질에 반하는 사항을 결의할 수는 없다.

　총회는 조합의 의사결정을 위하여 결의를 할 수 있을 뿐이고 집행기관은 아니므로, 총회 의결의 집행은 대표기관인 조합장 또는 집행기관인 이사 등이 하여야 한다. 즉, 총회는 최고의사결정기관이기는 하나 대외적인 대표권 또는 내부적 업무집행권을 갖지는 않는다.

법률 또는 정관에 의해 총회의 권한으로 되어 있는 것은 반드시 총회에서 결의하여야 하며, 다른 기관이나 개인에게 위임할 수 없다. 예컨대, 정관의 변경은 총회의 전속의결사항이므로, 정관에 의하여서도 다른 기관(대의원회 등)의 권한으로 하지 못한다.

또한, 총회는 조합원의 고유권을 박탈하는 결의를 할 수 없으며, 재건축조합의 정기총회에서 재건축사업에 반대하는 조합원에게 신축아파트 추첨권을 주지 않기로 한 결의는 무효이다(대법원 1999. 3. 9. 선고 98다60118 판결).

03 총회 의결사항

가. 법상 총회 결의사항

총회의 의결을 거쳐야 하는 사항으로서, 대의원회가 총회의 권한을 대행할 수 없는 사항은 다음과 같다(법 제45조 제1항).

1. 정관의 변경(제40조제4항에 따른 경미한 사항의 변경은 이 법 또는 정관에서 총회의결사항으로 정한 경우로 한정한다)
2. 자금의 차입과 그 방법·이자율 및 상환방법
3. 정비사업비의 사용
4. 예산으로 정한 사항 외에 조합원에게 부담이 되는 계약
5. 시공자·설계자 또는 감정평가업자(제74조제2항에 따라 시장·군수등이 선정·계약하는 감정평가업자는 제외한다)의 선정 및 변경. 다만, 감정평가업자 선정 및 변경은 총회의 의결을 거쳐 시장·군수등에게 위탁할 수 있다.
6. 정비사업전문관리업자의 선정 및 변경
7. 조합 임원의 선임 및 해임
8. 정비사업비의 조합원별 분담내역
9. 제52조에 따른 사업시행계획서의 작성 및 변경(제50조제1항 본문에 따른 정비사업의 중지 또는 폐지에 관한 사항을 포함하며, 같은 항 단서에 따른 경미한 변경은 제외한다)
10. 제74조에 따른 관리처분계획의 수립 및 변경(제74조제1항 각 호 외의 부분 단서에 따른 경미한 변경은 제외한다)
11. 제89조에 따른 청산금의 징수·지급(분할징수·분할지급을 포함한다)과 조합 해산 시의 회계보고
12. 제93조에 따른 비용의 금액 및 징수방법
13. 그 밖에 조합원에게 경제적 부담을 주는 사항 등 주요한 사항을 결정하기 위하여 대통령령 또는 정관으로 정하는 사항

> **령 제42조(총회의 의결사항)** ① 법 제45조제1항제13호에 따라 총회의 의결을 거쳐야 하는 사항은 다음 각 호와 같다.
> 1. 조합의 합병 또는 해산에 관한 사항
> 2. 대의원의 선임 및 해임에 관한 사항
> 3. 건설되는 건축물의 설계 개요의 변경
> 4. 정비사업비의 변경

법령에 의해 대의원회에 대행할 수 없는 총회의 전속으로 되어 있는 사항은 반드시 총회에서 결의하여야 하며, 이에 위반한 대의원회의 결의는 아무런 효력이 없다.

나. 표준정관상 총회 결의사항
(1) 재건축 조합원의 제명 및 탈퇴

재건축 조합원이 고의 또는 중대한 과실 및 의무불이행 등으로 조합에 손해를 입힌 경우에는 총회의 의결에 따라 조합원을 제명할 수 있다.

조합원은 임의로 조합을 탈퇴할 수 없고, 부득이한 사유 발생 시 총회 또는 대의원회의 의결에 따라 탈퇴할 수 있다(조합원에게 부득이한 사유가 생겼을 경우 탈퇴를 인정하되 개인사정에 따라 빈번하게 탈퇴가 이루어진다면 사업추진에 지장이 많으므로 총회 또는 대의원회의 의결에 따르도록 한 것이며, 총회에서 의결한 것인지 대의원회에서 의결할 것인지는 당해 조합의 조합원수, 단지 규모, 탈퇴가 조합에 미치는 영향 등을 감안하여 결정하여야 할 것이다).

> **표준정관 제11조(조합원 자격의 상실)**
> ③조합원으로서 고의 또는 중대한 과실 및 의무불이행 등으로 조합에 대하여 막대한 손해를 입힌 경우에는 총회의 의결에 따라 조합원을 제명할 수 있다. 이 경우 제명전에 해당 조합원에 대해 청문등 소명기회를 부여하여야 하며, 청문등 소명기회를 부여하였음에도 이에 응하지 아니한 경우에는 소명기회를 부여한 것으로 본다.
> ④조합원은 임의로 조합을 탈퇴할 수 없다. 다만, 부득이한 사유가 발생한 경우 총회 또는 대의원회의 의결에 따라 탈퇴할 수 있다.

(2) 인사규정의 인준

> **표준정관 제16조(임원의 직무 등)**
> ⑦조합은 그 사무를 집행하기 위하여 필요하다고 인정하는 때에는 조합의 인사규정이 정하는 바에 따라 상근하는 임원 또는 유급직원을 둘 수 있다. <u>이 경우 조합의 인사규정은 미리 총회의 의결을 받아야 한다.</u>

(3) 보수규정의 인준

조합은 상근하는 임원 및 유급직원에 대하여 조합이 정하는 별도의 보수규정에 따라 보수를 지급하여야 하고, 보수규정은 미리 총회의 의결을 거쳐야 한다.

상근하는 임원 및 유급직원에 대한 보수는 사업비에 영향을 미치므로 별도의 보수규정을 마련하여 운영토록 하고 총회의결을 거치도록 한 것이다. 다만, 조합의 규모에 따라 정관에 보수에 관한 사항 등을 직접 규정할 수도 있다.

> **표준정관 제19조(임직원의 보수 등)** ①조합은 상근임원 외의 임원에 대하여는 보수를 지급하지 아니한다. 다만, 임원의 직무수행으로 발생되는 경비는 지급할 수 있다.
> ②조합은 상근하는 임원 및 유급직원에 대하여 조합이 정하는 별도의 보수규정에 따라 보수를 지급하여야 한다. <u>이 경우 보수규정은 미리 총회의 의결을 거쳐야 한다.</u>

(4) 회계규정의 인준

> **표준정관 제32조(조합의 회계)**
> ②조합의 예산·회계는 기업회계의 원칙에 따르되 조합은 필요하다고 인정하는 때에는 다음 사항에 관하여 별도의 회계규정을 정하여 운영할 수 있다. 이 경우 회계규정을 정할 때는 미리 총회의 인준을 받아야 한다.
> 1. ~ 6. (생 략)

(5) 재건축 미이주자의 손해금액과 징수방법

> **재건축표준정관 제37조(이주대책)**
> ⑤조합원은 본인 또는 세입자 등이 당해 건축물에서 퇴거하지 아니하여 기존 주택 등의 철거 등 사업시행에 지장을 초래하는 때에는 그에 따라 발생되는 모든 손해에 대하여 변상할 책임을 진다.
> ⑥제5항의 규정에 의하여 조합원이 변상할 손해금액과 징수방법 등은 대의원회에서 정하여 총회의 승인을 얻어 당해 조합원에게 부과하며, 이를 기한 내에 납부하지 아니한 때에는 당해 조합원의 권리물건을 환가처분하여 그 금액으로 충당할 수 있다.

조합설립인가처분, 사업시행계획 및 관리처분계획의 효력을 다투면서 인도의무를 이행하지 않은 것은 잘못된 법률적 판단으로 부동산 인도의무가 없다고 믿고 인도의무의 이행을 거부한 것이라고 볼 수 있고, 이러한 경우 인도 의무 불이행에 관하여 고의나 과실이 있어 인도의무를 지체할 만한 정당한 사유라고 볼 수 없으므로 손해배상 책임이 있다고 판시한 사례가 있다(대법원 2018. 7. 12. 선고 2014다88093 판결, 대법원 2013. 12. 26. 선고 2011다85352 판결).

04 총회 결의 없는 계약

가. 사전의결을 받아야 함

조합장은 조합을 대표하고, 조합의 사무를 총괄하여 총회와 대의원회 및 이사회의 의장이 된다. 따라서 조합장은 정비사업의 시행에 필요한 각종의 계약을 체결할 권한을 부여받고 있는 것으로 보아야 할 것이고, 이에 근거하여 각종 계약에 관해 교섭하거나 체결할 수 있으며, 이러한 계약은 당사자 사이에 합의를 통해 일단 유동적으로 효력은 발생한 것으로 보아야 하나, 계약이 확정적으로 효력이 발생하는 시기는 적법한 조합 총회의 의결이 있을 때라고 해석해야 할 것이다.

법 제45조 제1항은 총회 의결사항으로 모두 13가지를 규정하고 있다. 만일 조합 임원이 이 규정에 위배해 총회 의결을 거치지 않고 사업을 추진하는 경우 2년 이하의 징역 또는 2,000만원 이하의 벌금에 처해진다(법 제137조 제6호).

처벌대상은 조합장, 이사 및 감사(전문조합관리인을 포함한다)이며 대의원은 제외된다. 또 처벌하는 행위는 총회 의결을 거치지 않고 사업을 추진하는 것이기 때문에 사업추진 대가로 금품 등을 수수했는지는 범죄성립에 영향을 미치지 않는다. 이 조항을 보다 정확히 이해하기 위해서는 총회 의결사항과 대의원회 의결사항을 구별해야 한다.

법에서 총회 의결사항으로 정한 것들은 조합원의 권리·의무와 직결되는 중요한 사항들인데, 이 중에서도 대의원회가 의결할 수 있는 사항들이 몇몇 있다. 대의원회는 총회 의결사항 중 령 제43조가 정하는 사항 외에는 총회의 권한을 대행할 수 있기 때문이다(법 제46조 제4항).

령 제43조(대의원회가 총회의 권한을 대행할 수 없는 사항) 법 제46조제4항에서 "대통령령으로 정하는 사항"이란 다음 각 호의 사항을 말한다.
1. 법 제45조제1항제1호에 따른 정관의 변경에 관한 사항(법 제40조제4항에 따른 경미한 사항의 변경은 법 또는 정관에서 총회의결사항으로 정한 경우로 한정한다)
2. 법 제45조제1항제2호에 따른 자금의 차입과 그 방법·이자율 및 상환방법에 관한 사항
3. 법 제45조제1항제4호에 따른 예산으로 정한 사항 외에 조합원에게 부담이 되는 계약에 관한 사항
4. 법 제45조제1항제5호에 따른 시공자·설계자 또는 감정평가업자(법 제74조제2항에 따라 시장·군수등이 선정·계약하는 감정평가업자는 제외한다)의 선정 및 변경에 관한 사항
5. 법 제45조제1항제6호에 따른 정비사업전문관리업자의 선정 및 변경에 관한 사항
6. 법 제45조제1항제7호에 따른 조합 임원의 선임 및 해임과 제42조제1항제2호에 따른 대의원의 선임 및 해임에 관한 사항. <u>다만, 정관으로 정하는 바에 따라 임기중 궐위된 자(조합장은 제외한다)를 보궐선임하는 경우를 제외한다.</u>
7. 법 제45조제1항제9호에 따른 사업시행계획서의 작성 및 변경에 관한 사항(법 제50조제1항 본문에 따른 정비사업의 중지 또는 폐지에 관한 사항을 포함하며, 같은 항 단서에 따른 경미한 변경은 제외한다)
8. 법 제45조제1항제10호에 따른 관리처분계획의 수립 및 변경에 관한 사항(법 제74조제1항 각 호 외의 부분 단서에 따른 경미한 변경은 제외한다)
9. 법 제45조제2항에 따라 총회에 상정하여야 하는 사항
10. 제42조제1항제1호에 따른 조합의 합병 또는 해산에 관한 사항. 다만, 사업완료로 인한 해산의 경우는 제외한다.
11. 제42조제1항제3호에 따른 건설되는 건축물의 설계 개요의 변경에 관한 사항
12. 제42조제1항제4호에 따른 정비사업비의 변경에 관한 사항

결국 대의원회에서 의결할 수 있는 사항은 ① 정비사업비의 징수방법과 사용(3호), ② 정비사업비의 조합원별 분담내역(8호), ③ 경미한 사업시행계획서·관리처분계획의 수립 및 변경(9호, 10호 각 단서), ④ 청산금의 징수·지급과 조합 해산 시 회계보고(11호), ⑤ 법 제93조에 따른 비용의 금액 및 징수방법(12호), ⑥ 임원·대의원의 보궐선임(조합장 제외), ⑦ 사업완료로 인한 해산이다.

대법원은 "구 도시정비법 제85조 제5호의 '총회의 의결'은 <u>원칙적으로 사전 의결을 의미</u>한다고 보아야 한다. 따라서 조합의 임원이 총회의 사전 의결을 거치지 아니하고 예산으로 정한 사항 외에 조합원의 부담이 될 계약을 체결하였다면 그로써 구 도시정비법 제85조 제5호에 위반한 범행이 성립된다고 할 것이고, 이와 달리 그 범행 성립시기가 추후에 이루어지는 총회에서 추인 의결이 부결된 때라거나 추후 총회에서 추인 의결이 이루어진다고 해서 그 범행이 소급적으로 불성립하게 된다고 볼 수도 없다"고 판시하고 있다(대법원 2010. 6. 24. 판결 2009도14296 판결).

총회 의결이 사후 의결을 포함한다는 하급심 판결도 있었으나, 대법원이 이를 사전총회로 정리한 것이다(서울동부지방법원 2004가합8973호 판결, 항소기각으로 고등법원에서 확정).

<u>그런데 사전의결을 거쳐야 한다는 점에 대해서는 대법원이 명확히 판시했으나, 미리 총회에서 계약의 건을 대의원회에 위임한다는 결의를 하고 나서 대의원회의 결의를 통하여 계약을 체결한 경우에 적법한지가 문제된다.</u>

위 대법원 판결은 <u>사전에 총회에서 추진하려는 계약의 목적과 내용,
그로 인해 조합원들이 부담하게 될 부담의 정도를 개략적으로 밝히고,
그 범위안에서 총회의 의결로서 구체적인 계약체결을 대의원회로 위
임하는 것은 타당하다고 한다.</u>

나. 예산으로 정한 사항 외에 조합원에게 부담이 될 계약

위 판결에 의한다 하더라도 조합에서 정비사업의 시행을 위하여 체
결한 용역계약이 대의원회에서 대행할 수 있는 "정비사업비의 사용"
에 해당하는지, 아니면 "예산으로 정한 사항 외에 조합원의 부담이 될
계약"으로 총회 전권 의결사항인지 여부에 대하여는 여전히 명확하
지 않다.

<u>따라서 조합은 예산을 정하는 일을 매우 신중히 하여야 한다.</u>

이 벌칙조항과 관련한 실제 사례는 다음과 같다. 지난 2007년 서울
동부지방법원은 서울 A조합의 조합장이 <u>'임기가 만료된 조합 임원에
대한 연임여부를 조합장에게 위임한다.'</u> 라는 내용의 안건을 총회에
상정해 의결을 얻은 후, 임의로 새로운 임원을 선출하자 총회의결을
거치지 않고 조합 임원을 선출했다는 이유로 이 조합장에게 벌금형을
선고했다[161].

한편, 대법원은 도시정비법이 시행되기 전에 창립총회를 열고 대의
원회 의결을 거쳐 조합원에게 부담이 될 매매계약을 체결토록 한 사안

---

161   서울동부지방법원 2007고정1613 도시정비법 위반

에서 "도시정비법 시행 이전에 개최된 창립총회에서 이에 관한 사항을 대의원회에 위임해 시행하기로 적법하게 의결했고, 이어 대의원회의 의결을 거쳐 도시정비법 시행 이후에 매매계약을 체결했다면 적법한 총회 의결을 거친 것으로 봐야 한다."라고 판시한 사례도 있다[162].

조합총회 결의 없이[163][164] 자금을 차입한 경우(부산지방법원 2008. 9. 24. 선고 2008고정3077 판결)

주 문

피고인을 벌금 3,000,000원에 처한다.

범죄사실

피고인은 부산 사하구 00동 000 소재 000아파트 주택재건축정비조합의 조합장으로 2006. 8. 29.부터 현재까지 재임하고 있는 자로서, 조합 자금의 차입과 그 방법·이율 및 상환방법에 관하여는 <u>조합총회의 의결을 거쳐야 함에도 불구</u>하고,

2007. 7.경 위 000아파트 주택재건축 조합사무실에서 조합 총회의 의결 없이 조합운영비 명목으로 시공사인 주식회사 *** 건설회사로부터 65,000,000원을 차입하였다.

법령의 적용

1. 범죄사실에 대한 해당법조

   도시 및 주거환경정비법 제85조 제5호, 제24조 제3항 제2호

1. 양형이유

   피고인이 여타 재건축조합의 업무례에 따라 추후 총회 인준을 거치기로 하고 이사회결의를 거쳐 자금을 선차입한 점, 위 차입한 금원을 불법 전용한 사정은 보이지 아니한 점 등은 인정되나, 도시 및 주거환경정비법이 조합자금 차입을 총회 의결 사항으로 정한 입법 취지(재건축 추진에 있어서 절차적 투명성의 중요성), 위 자금 차입 이후 임시총회가 열렸음에도 이에 대해 사후 추인을 받은 바 없고 심지어 안건으로도 다루지 않은 점, 피고인의 정

---

162 대법원 2008. 1. 10. 선고 2005도8426 도시정비법 위반, 도시정비법 시행 이전임에 유의

식재판청구에 따른 이 법원 재판 진행 중에서도 정기 총회가 연기된 점, 이 처럼 아무런 추인절차 없이 위 자금 차입일로부터 1년이 넘는 시일이 경과된 점 등 제반 사정을 종합하여 보면, 약식명령에 정한 벌금형이 과다하다고 할 수 없으므로 이를 그대로 유지하기로 한다.

조합총회 결의 없이 자금차입에 연대보증한 경우(서울남부지방법원 2009. 1. 9. 선고 2008고정3085 판결)

주 문

피고인들에 대한 형의 선고를 유예한다.

범 죄 사 실

피고인 1은 서울 양천구 00동 00번지에 있는 **재건축조합의 조합장, 피고인 2는 위 조합의 총무인바,

피고인들은 공모하여 2006. 6. 2.경 위 조합 사무실에서, 위 조합 재건축 공사의 시공사인 00건설 주식회사가 하도급 업체인 00목재산업 주식회사로부터 1억원을 차용하는데 조합 총회의 의결을 거치지 아니하고 조합 명의로 연대보증 계약을 체결함으로써 조합의 예산으로 정한 사항 외에 조합원의 부담이 될 계약을 임의로 추진하였다.

법령의 적용

1. 범죄사실에 대한 해당법조

   각 도시및주거환경정비법 제85조 제5호, 제24조 제3항 제5호, 형법 제30조 (벌금형 선택)

1. 선고유예할 형

   각 벌금 2,000,000원

1. 선고유예

   각 형법 제59조 제1항(처벌받은 전력이 없는 점, 반성하고 있는 점, 조합총회에서 이 사건 연대보증에 대한 추인을 받은 것으로 보이는 점 등 참작)

---

163 형식적으로 총회의 의결을 거쳤다 하더라도 그 총회의 결의에 부존재 또는 무효의 하자가 있는 경우에는 특별한 사정이 없는 한 총회의 의결을 거치지 아니한 경우에 해당한다(대법원 2009. 3. 12. 선고 2008도10826 판결).

164 조합의 창립총회에서도 도시정비법 제24조 제3항의 각 사항을 의결할 수 있다(대법원 2008. 12. 24. 선고 2008도8278 판결).

> 대법원 2007.2.8. 선고 2006도4784 판결 【업무상횡령·배임수재·도시
> 및주거환경정비법위반】 총회의 결의 없이 감정평가용역계약을 체결한 경
> 우
>
> 도시 및 주거환경 정비법 위반의 점에 대하여
> 원심은, 이 사건 조합의 창립총회에서 감정평가수수료를 대여하는 것을 조
> 건으로 사업계획서를 제출한 (명칭 생략) 사업단을 시공사로 선정하고, 위
> 조건을 포함한 가계약서가 작성되었다는 사정만으로 재산감정평가에 따른
> 비용이 조합예산으로 정하여졌다고 볼 수 없고, 도시 및 주거환경 정비법
> (이하 '법'이라고만 한다) 제48조 제6항이 주택재건축사업에 있어서 사
> 업시행자가 종전의 토지 또는 건축물의 가격 등에 관하여 감정평가업자의
> 평가를 받고자 하는 경우의 평가방법에 관하여 규정하고 있고, 이 사건 조합
> 의 재건축사업시행에 있어서 종전의 토지 또는 건축물의 가격 등에 관하여
> 감정평가업자의 감정 등이 예정되어 있다고 하더라도, <u>감정평가용역계약의
> 체결로 인하여 조합원에게 경제적 부담이 발생하는 이상 이 사건 감정평가
> 용역계약은 법 제24조 제3항 제5호에서 총회의 의결을 거치도록 정하고 있
> 는 '예산으로 정한 사항 외에 조합원의 부담이 될 계약'에 해당한다고 판
> 단하였는바</u>, 관계 법령과 기록에 의하여 살펴보면, 이러한 원심의 판단은 옳
> 은 것으로 수긍이 가고, 거기에 법 제24조 제3항 제5호의 '예산으로 정한
> 사항 외에 조합원의 부담이 될 계약'의 해석에 관한 법리오해 등의 위법이
> 있다고 할 수 없다.

"예산으로 정한 사항 외에 조합원의 부담이 될 계약"이라면 그 계약에 따른 채무의 효력이 1 회계연도에 한정되고 그 회계연도 내에 채무의 변제가 완료되는 것이라도 총회의 의결사항에 해당한다.

> **대법원 2001. 3. 23. 선고 2000다61008 판결**
> [1] 재개발조합이 특정 조합원과 사이에, 청산금 지급에 따라 그 조합원에게 부과될 양도소득세와 주민세를 조합에서 부담하기로 하는 약정을 체결하는 경우에는, 결국 다른 조합원이 그 비용을 부담하게 되므로, 이는 구 도시재개발법 제23조 제3항 제5호에서 말하는 '예산으로 정한 사항 이외에 조합원의 부담이 될 계약'에 해당한다.
> [2] 구 도시재개발법(1995. 12. 29. 법률 제5116호로 개정되기 전의 것) 제23조 제3항 제5호에 의하면, "예산으로 정한 사항 이외에 조합원의 부담이 될 계약은 총회의 결의를 거쳐야 한다."고 규정하고 있으므로 위 규정의 취지에 비추어 보면 재개발조합이 조합원총회의 결의를 거치지 아니하고 조합원의 부담이 될 계약을 체결한 경우에는 그 효력이 없다.

한편, 집회와 시위에 참가하지 않았다는 사유만으로 그에 대한 제재적 성격이 있는 금원인 시위불참비를 부과할 수는 없다(서울서부지방법원 2006. 8. 24. 선고 2006나894).

다. 총회결의사항 위반행위의 효력 일반

민법상 사단법인의 경우, 총회의 결의사항을 위반하여 대표자가 계약을 체결하였을 때에 그 계약은 그러한 사실을 알았거나 알 수 있었을 경우가 아니라면 유효하다.

반면, 재개발·재건축 조합의 경우 대법원은 상대방이 알았거나 알 수 있었는지 여부를 따지지 않고, 총회의 결의를 받아야 하는 사항인 보류시설의 처분, 조합에 부담이 되는 계약 등이 총회결의 없이 이루어진 경우 그 행위는 원칙적으로 무효라고 판시하고 있다. 즉, 법 제45조, 령 제43조의 규정에 의하여 반드시 총회의 의결을 거쳐야 하는 사항과 관련된 조합의 행위에 있어서는 총회의 의결이 있었는지 여부가 그 행위의 무효여부를 결정한다고 할 것이다.

> **대법원 2002. 3. 26. 선고 2001다83197 판결**
> 구 토지구획정리사업법(2001. 1. 28. 법률 제6252호로 폐지) 제26조 제3호 및 제9호에 의하면, 차입금의 차입방법·이율 및 상환방법 등과 기타 대통령령 또는 정관으로 정하는 사항에 관하여는 조합원총회의 의결을 거쳐야 한다고 규정하고 있으므로, 위 규정의 취지에 비추어 보면 토지구획정리조합이 자금차입의 방법으로서 타인의 채무에 관하여 연대보증을 하기 위하여도 조합원총회의 의결을 거쳐야 하고, 이와 같이 법률에 의하여 조합원총회의 의결을 거쳐야 할 사항에 관하여 그 의결을 거치지 아니한 채 한 대표자의 행위는 그 효력이 없다.

05 총회 대행은 정비회사만 가능

법제처 유권해석에 의하면, 주민총회 및 조합총회운영과 관련하여 추진위원회 또는 조합으로부터 위탁을 받아 총회에 참석하지 않은 토지등소유자 또는 조합원으로부터 총회 의결을 위한 서면을 받는 업무나 투·개표관리 업무를 하는 자의 경우 해당 업무는 「도시 및 주거환경정비법」 제102조 제1항 제1호의 "조합 설립의 동의 및 정비사업의 동의에 관한 업무의 대행"에 해당하므로 정비사업전문관리업의 등록을 하여야 한다고 한다. 국토교통부 유권해석, 하급심 판결(서울남부지방법원 2017. 6. 16. 선고 2016가합110117 판결)도 같은 취지이다.

따라서 정비회사 외의 자들에게 총회 업무를 위탁하면 위법하다. 물론 아웃소싱 업체(소위 OS업체)가 정비회사이면 아무 문제없다. 그렇다면 정비회사 등록을 하지 않은 아웃소싱 업체를 이용하는 것은 위법이지만, 계약직으로 조합에서 사람을 고용하는 것은 위법은 아니다.

 결국 조합으로서는 업무규정에 계약직 직원 채용에 관한 근거를 두어야 하고, 비용에 대해서도 예산을 수립하여 놓아야 할 것이다. 예산안의 항목은 '계약직 직원 채용비'라고 하면 될 것이다.

 조합이 정비사업전문관리업자로 등록한 아웃소싱 업체를 사용하기 위해서는 ① 총회에서 선정하고 계약하는 방법과 ② 대의원회에서 선정하고 계약하는 방법(무료는 언제나 대의원회에서 가능)이 있다.

 총회에서 선정하는 방법에 대해서는 굳이 설명이 필요가 없다고 본다. 대의원회에서 선정하는 방법도 2가지가 있다. ① 예산안에 아웃소싱 업체비용을 편성하여 그 비용범위 내에서 대의원회에서 선정 계약(예비비도 가능)하는 방법, ② 총회에서 계약의 목적 및 내용, 부담의 한도(년간 00원 이내에서)를 정하여 대의원회로 위임하여, 대의원회에서 선정하고 계약하는 방법이 있다.

국토부 - 추진위원회 또는 조합으로부터 위탁을 받아 토지등소유자 등으로부터 총회 의결을 위한 서면을 받는 업무나 투·개표관리 업무를 하는 자의 경우「도시 및 주거환경정비법」제69조에 따른 정비사업전문관리업의 등록을 하여야 하는지 여부(「도시 및 주거환경정비법」제69조제1항 등 관련) [법제처 11-0126, 2011.5.12, 국토부]

【질의요지】
「도시 및 주거환경정비법」제13조제2항에 따른 추진위원회가 개최하는 「정비사업 조합설립추진위원회 운영규정」별표 제20조제1항에 따른 주민총회 및 「도시 및 주거환경정비법」제24조제1항에 따른 총회의 운영과 관련하여 추진위원회 또는 조합으로부터 위탁을 받아 총회에 참석하지 않은 토지등소유자 또는 조합원으로부터 총회 의결을 위한 서면을 받는 업무나 투·개표관리 업무를 하는 자의 경우 해당 업무가「도시 및 주거환경정비법」제69조제1항제1호의 "조합 설립의 동의 및 정비사업의 동의에 관한 업무의 대행"에 해당하여 정비사업전문관리업의 등록을 하여야 하는지?

【회답】
주민총회 및 조합총회운영과 관련하여 추진위원회 또는 조합으로부터 위탁을 받아 총회에 참석하지 않은 토지등소유자 또는 조합원으로부터 총회 의결을 위한 서면을 받는 업무나 투·개표관리 업무를 하는 자의 경우 해당 업무는「도시 및 주거환경정비법」제69조제1항제1호의 "조합 설립의 동의 및 정비사업의 동의에 관한 업무의 대행"에 해당하므로 정비사업전문관리업의 등록을 하여야 합니다.

06 긴급안건으로 처리 가능여부

　대의원회는 사전에 통지한 안건만 의결할 수 있다. 다만, 사전에 통지하지 아니한 안건으로서 대의원회의 회의에서 정관으로 정하는 바에 따라 채택된 안건의 경우에는 그러하지 아니하다(령 제44조 제9항).

　총회는 긴급안건 처리는 불가능하고, 이사회는 제한 규정 없으므로, 사견은 가능하다고 사료한다.

제44조(총회의 소집)
⑤ 총회의 소집 절차·시기 등에 필요한 사항은 정관으로 정한다.
제46조(대의원회)
⑤ 대의원의 수, 선임방법, 선임절차 및 대의원회의 의결방법 등은 대통령령으로 정하는 범위에서 정관으로 정한다.

> 령 제44조(대의원회) ① 대의원은 조합원 중에서 선출한다.
> ⑨ 대의원회는 제7항 전단에 따라 사전에 통지한 안건만 의결할 수 있다. 다만, 사전에 통지하지 아니한 안건으로서 대의원회의 회의에서 <u>정관으로 정하는 바에 따라 채택된 안건의 경우에는 그러하지 아니하다.</u>

재건축표준정관 제20조(총회의 설치)
⑦ 제2항 내지 제5항의 규정에 의하여 총회를 소집하는 경우에는 회의개최 14일전부터 회의목적·안건·일시 및 장소 등을 게시판에 게시하여야 하며 각 조합원에게는 회의개최 7일전까지 등기우편으로 이를 발송, 통지하여야 한다.
⑧ <u>총회는 제7항에 의하여 통지한 안건에 대해서만 의결할 수 있다.</u>
제24조(대의원회의 설치)
⑦대의원회 소집은 회의개최 7일전에 회의목적·안건·일시 및 장소를 기재한 통지서를 대의원에게 송부하고, 게시판에 게시하여야 한다. 다만, 사업추진상 시급히 대의원회 의결을 요하는 사안이 발생하는 경우에는 회의 개최 3일 전에 통지하고 대의원회에서 안건상정여부를 묻고 의결할 수 있다.
제25조(대의원회 의결사항)
② 대의원회는 제24조제7항의 규정에 의하여 통지한 사항에 관하여만 의결할 수 있다. <u>다만, 통지후 시급히 의결할 사항이 발생한 경우, 의장의 발의와 출석대의원 과반수 이상 동의를 얻어 안건으로 채택한 경우에는 그 사항을 의결할 수 있다.</u>
★이사회에 대해서는 제한 규정 없음

Chapter 2

총회 소집 및 개최방법

01 소집권자

비법인 사단의 총회에 절차상의 하자가 있으면 원칙적으로 총회결의 무효사유가 된다(대법원 1993. 10. 12. 선고 92다50799 판결).

따라서 조합에서는 총회 소집절차를 준수하여야 한다.

<표> 총회 소집권자 및 의장

	원칙	예외소집권자2	예외소집권자3	근거
추진위원회	위원장1	-2. 감사(토지등소유자의 10분의 1 이상, 재적추진위원 3분의 1 이상 요구시 14일내에 위원장이 불소집시)	-3. 소집을 청구한 자 공동명의(감사가 불소집시)	운영규정 24조 1항 2항
		-의장 : 부위원장, 추진위원 중 연장자 순	-의장 : 발의자 대표의 임시사회로 선출된 자	
주민총회	위원장1	-2. 감사(토지등소유자의 5분의 1이상, 재적추진위원 3분의 2 이상 요구시 2월내에 위원장이 불소집시)	-3. 소집을 청구한 자의 대표+시장·군수의 승인(감사가 불소집시)	운영규정 20조 2항, 3항
		-의장 : 규정 없음, 사견은 위원장 출석시는 위원장, 불출석시는 발의자 대표의 임시사회로 선출된 자	-의장 : 규정 없음, 사견은 위원장 출석시는 위원장, 불출석시는 발의자 대표의 임시사회로 선출된 자	
조합창립총회	위원장1	-감사가 소집권한 없다.	2. 소집을 요구한 자의 대표(토지등소유자 5분의 1 이상의 소집요구에도 불구하고 추진위원회 위원장이 2주 이상 소집요구에 응하지 아니하는 경우)	령22조의2제3항

조합 총회	조합장1	-2. 감사(①조합원 1/5이상, 대의원 2/3 이상 발의요청시 2개월내에 조합장이 불소집시, ②재산상황, 업무집행에 관하여 총회에 보고하기 위한 때, 민법 제67조)[165]	-3. 소집을 청구한 자의 공동명의 -4. 6개월 이상 조합임원 미선임 시는 시장·군수(*정관에 규정을 두어야 한다)	-표준정관제20조 4항, 5항 -법 제44조3항
		-의장 : 규정 없음, 사견은 위원장 출석시는 위원장, 불출석시는 발의자 대표의 임시사회로 선출된 자	-3. 의장 : 규정 없음, 사견은 위원장 출석시는 위원장, 불출석시는 발의자 대표의 임시사회로 선출된 자 -4. 의장 : 규정 없음, 사견은 시장군수	
해임 총회	추진 위원회	발의자 대표의 임시사회로 선출된 자가 소집권자 및 의장(운영규정 18조5항)		
	주민총회	발의자 대표의 임시사회로 선출된 자가 소집권자 및 의장(운영규정 18조5항)		
	조합총회	발의자 대표로 선출된 자가 소집권자 겸 의장(법 43조4항)		

---

165 도정법 제27조는 조합의 운영에 관하여 이 법에 규정된 것을 제외하고는 민법 중 사단법인에 관한 규정을 준용한다고 규정.

가. 조합장
(1) 직권소집

총회의 소집권자는 원칙적으로 조합장이며, 조합장의 직권 또는 조합원 5분의 1 이상 또는 대의원 3분의 2 이상의 요구로 조합장이 소집한다(법 제44조 제2항).

> **표준정관 제20조(총회의 설치)**
> ②총회는 정기총회·임시총회로 구분하며 조합장이 소집한다.
> ⑤제4항의 각호의 규정에 의한 청구 또는 요구가 있는 경우로서 조합장이 2월 이내에 정당한 이유없이 총회를 소집하지 아니하는 때에는 감사가 지체없이 총회를 소집하여야 하며, 감사가 소집하지 아니하는 때에는 제4항 각호의 규정에 의하여 소집을 청구한 자의 공동명의로 이를 소집한다.
> **표준정관 제16조(임원의 직무 등)**
> ④감사는 조합의 재산관리 또는 조합의 업무집행이 공정하지 못하거나 부정이 있음을 발견하였을 때에는 대의원회 또는 총회에 보고하여야 하며, 조합장은 보고를 위한 대의원회 또는 총회를 소집하여야 한다. 이 경우 감사의 요구에도 조합장이 소집하지 아니하는 경우에는 감사가 직접 대의원회를 소집할 수 있으며 대의원회 의결에 의하여 총회를 소집할 수 있다. 회의소집 절차와 의결방법 등은 제22조, 제24조제7항 및 제26조의 규정을 준용한다.

(2) 소수 조합원 및 대의원의 총회소집청구에 의한 소집

① 소집요건

총회는 조합장이 직권으로 소집하거나 조합원 5분의 1 이상 또는 대의원 3분의 2 이상의 요구로 조합장이 소집한다(법 제44조 제2항).

임시총회의 소집청구권을 모든 조합원 각자에게 인정하게 되면 소집청구권의 남용으로 인하여 오히려 조합의 이익과 다른 조합원의 이익도 해하는 결과가 되기 때문이다. 다만, 조합원 10분의 1 이상의 발의로 조합 임원의 해임을 위한 총회를 소집할 수 있다.

총회소집요구 정족수와 관련한 법상의 정족수는 강행규정이므로 정관에 의해 변경할 수 없다는 견해와 조합원수, 조합의 규모 등에 따라 정관에 의해 위 정족수를 변경할 수 있다는 견해가 있으나, 법의 취지를 고려할 때 이는 강행규정으로 보아야 할 것이다.

한편, 조합원 5분의 1 이상만 요구하면 임시총회를 소집할 수 있기 때문에 임시총회를 좀 더 수월하게 소집할 수 있을 것이라고 생각하기 쉬우나, 조합원수가 1,000세대 이상인 경우에는 최소한 200명 이상의 사람들이 임시총회소집을 요구하여야 하는 바, 현실적으로 이를 충족시키는 것은 매우 어렵다. 특히, 재건축의 경우에는 조합원 중 상당수가 거주하지 않은 채 투자 목적으로 매수한 외부인인 경우가 많고, 사업추진 중 이주를 하게 되면 일반 조합원이 그 주소지를 파악하는 것도 매우 난감한 일이다. 이와 같은 이유로 대의원 3분의 2 이상이 요구한 경우에도 총회소집이 가능하도록 한 것으로 보인다.

② 소집청구의 방식

표준정관에 의하면 조합원 5분의 1 이상은 총회의 목적사항을 제시하여 임시총회의 소집을 청구하여야 한다. 한편, 대의원 3분의 2 이상이 개최요구를 하는 경우에는 목적사항을 별도로 제시할 필요가 없다고 할 것이다.

그런데 조합원 5분의 1 이상은 총회의 목적사항을 제시하여 임시총회의 소집을 청구하여야 한다는 표준정관은 법 제44조 제2항의 요건보다 강화시킨 것이다.

즉, 법에는 이런 제한요건이 없다. 그러나 정관으로 목적사항을 제시하여 청구하도록 하는 것은 근본적인 소집권을 제한한 것은 아니고, 총회 개최 필요성 판단을 위해서는 당연히 필요한 것이므로, 법위반은 아니라고 본다.

> 표준정관 제20조(총회의 설치)
> ④임시총회는 조합장이 필요하다고 인정하는 경우에 개최한다. 다만, 다음 각호의 1에 해당하는 때에는 조합장은 해당일로부터 2월 이내에 총회를 개최하여야 한다.
>   1. 조합원 5분의 1 이상이 총회의 목적사항을 제시하여 청구하는 때
>   2. 대의원 3분의 2 이상으로부터 개최요구가 있는 때

(3) 조합장 궐위와 유고

① 궐위 : 임원이 사망하거나 임기만료로 사임함으로써 공석이 된 경우이다.

② 유고 : 공석이 된 것은 아니고, 신병이나 기타 사정으로 일시 직무집행을 담당하지 않고 있는 상태, 불출석도 마찬가지이다. 출석하였어도 회의를 주재하지 않고 의장석을 떠난 경우도 해당한다.

> 대법원 1984. 2. 28. 선고 83다651 판결
> 회장이 적법한 소집통지를 받고도 이사회에 출석하지 아니한 이상 회장이 의장으로서 이사회를 진행할 수 없으므로 이는 정관 소정의 회장 유고시에 해당한다고 해석할 것이고, 대법원 1970. 3. 10. 선고 69다1812 판결은 회사의 대표이사가 정당한 사유없이 주권발행사무를 수행하지 아니하는 경우에 이를 대표이사 유고시로 보고 전무이사가 주권발행사무를 대리할 수 없다는 취지에 불과하고 위와 같은 회장의 불출석의 경우까지도 회장유고시로 보지 말라는 취지가 아니므로 위의 해석이 위 판례와 상반된다고 볼 수 없다.

나. 감사에 의한 소집 및 소집을 청구한 자 공동명의에 의한 소집

> **재건축표준정관 제20조**
> ⑤제4항의 각호의 규정에 의한 청구 또는 요구가 있는 경우로서 조합장이 2월 이내에 정당한 이유 없이 총회를 소집하지 아니하는 때에는 감사가 지체없이 총회를 소집하여야 하며, 감사가 소집하지 아니하는 때에는 제4항 각호의 규정에 의하여 <u>소집을 청구한 자의 공동명의</u>로 이를 소집한다.
> 【주】일정 비율 이상의 조합원, 대의원 또는 감사에게 총회소집요구권을 부여함으로써 조합원의 권익을 보호하도록 함. 이때, 총회소집요구 정족수는 조합원수, 조합의 규모 등에 따라 적절히 정할 수 있을 것임
> **재개발표준정관 제20조**
> ⑤제4항의 각호의 규정에 의한 청구 또는 요구가 있는 경우로서 조합장이 2월 이내에 정당한 이유없이 총회를 소집하지 아니하는 때에는 감사가 지체없이 총회를 소집하여야 하며, 감사가 소집하지 아니하는 때에는 제4항 각호의 규정에 의하여 소집을 청구한 자의 대표가 <u>시장·군수의 승인을 얻어</u> 이를 소집한다.

소수조합원 또는 대의원의 총회소집요구가 있는 경우로서 조합장이 2월 이내에 정당한 이유 없이 총회를 소집하지 아니한 때에는 감사가, 감사가 소집하지 아니하는 때에는 재건축은 소집을 청구한 자의 공동명의로, 재개발은 소집을 청구한 자의 대표가 시장·군수의 승인을 얻어 이를 소집한다.

이 경우에도 법원의 총회소집허가절차를 거쳐야 하는 것으로 보는 견해가 있다[166]. 그러나 사단법인 스스로 내부적인 규범인 정관을 통하여 총회 소집권자를 단체대표자 이외의 자에게 인정하는 것을 금지할 필요는 없다. 따라서 표준정관의 규정을 법원의 총회소집허가 없이도 소수조합원에 의한 총회소집이 가능하게 하려는 취지라고 해석하는 것이 타당할 것이다[167].

문제는 조합장이 궐위 또는 유고된 경우에도 이 정관 규정을 적용할 수가 있는 것인가이다. 사견은 가능하다고 본다. 정관 제20조 제5항의 취지는 일정 비율 이상의 조합원, 대의원 또는 감사에게 총회소집요구권을 부여함으로써 조합원의 권익을 보호하도록 한다는 것이다. 그렇다면 조합장이 유고된 경우에는 더 더욱 일정 비율 이상의 조합원, 대의원 또는 감사에게 총회소집요구권을 부여할 필요가 있는 것이다. 따라서 만일 조합장이 유고된 경우에는 조합장직무대행자나 법원이 선임한 임시조합장에게 총회소집을 요구하고, 이를 거부하면 감사가 소집하고, 감사도 거부하면 재건축은 소집을 청구한 자의 공동명의로, 재개발은 소집을 청구한 자의 대표가 시장·군수의 승인을 얻

---

166 이우재, 축조 도시및주거환경정비법(상), 진원사, 778
167 장찬익, 송현진, 재개발·재건축 이론과 실무, 명문사, 2007년, 440

어 이를 소집한다. 조합장 직무대행자나 법원이 선임한 임시조합장 등을 두는 절차를 거치지 않고 곧바로 감사에게 임시총회의 소집을 청구(조합정관 제20조제5항을 근거로 제시하고 있음)할 수 없다.

> **서울고등법원 2018. 2. 21.자 2017라21265 결정**
> 임시총회의 개최는 민법 규정에 근거를 두고 있는 것으로서, 조합장이 현재 존재하지 아니한 경우 조합장 직무대행자나 법원이 선임한 임시조합장에게 임시총회 소집을 청구하였음이 인정되어야 할 것으로 보고 있으며, 조합 정관 제20조 제5항 규정만으로 감사가 조합장의 직무대행자로 볼 수 없다(감사가 정관 제20조 제5항에 따라 임시총회를 소집할 수 있는 경우가 있더라도 마찬가지다).

물론 법원이 선임한 임시조합장의 경우 상무외의 행위는 법원의 허가를 받아야 하므로, 법원의 허가는 받아야 할 것이다.

다. 해임총회의 소집 및 운영

조합 임원의 해임을 위하여 조합원 10분의 1 이상의 발의로 소집된 총회의 경우, 그 요구자 대표로 선출된 자가 해임 총회의 소집 및 진행에 있어 조합장의 권한을 대행한다(법 제43조 제4항, 의정부지방법원 고양지원 2009. 10. 1.자 2009카합648 임시총회개최 금지 가처분 결정, 서울서부지방법원 2010. 1. 13.자 2010카합1664 총회결의효력 정지가처분 결정).

조합원 발의 임원해임총회에 법원의 허가가 필요한지 여부가 문제된다. 다만, 이 경우에도 발의자가 조합장에게 소집요구를 할 필요는 없으나, 법원의 소집허가를 얻어 발의자 대표가 직접 소집하고 총회를 진행하여야 한다는 견해가 있다[168](수원지방법원안양지원 2011카합 29, 서울동부지방법원 2011카합216).

생각건대, 입법자의 의도는 발의자 대표가 직접 소집할 수 있다는데 있고, 법원의 소집허가를 얻어 발의자 대표가 소집하여야 한다는 취지는 아니라고 본다.

실무상 법원의 허가를 얻지 않고 해임총회를 소집한다.

> **서울중앙지방법원 2011카합2688**
> 도시정비법 제23조 제4항이 '발의자 대표로 선출된 자가 해임총회의 소집 및 진행에 있어 조합장의 권한을 대행한다'고 명시적으로 규정하고 있는 점은 위에서 본 바와 같다. 총회소집에 있어 조합장의 권한이란 결국 법원의 허가 없이 총회를 소집할 수 있는 권한을 의미하는 것이고, 도시정비법 제23조 제4항은 그러한 소집권한을 대행할 수 있는 지위를 발의자 대표에게 법률로써 부여한 것으로 해석할 수 있으며, 여기에 도시정비법 시행령 제36조에서 조합장이 아닌 대의원회 소집청구자가 대의원회를 소집하는 경우를 규정하면서 미리 시장·군수의 승인을 얻도록 정하고 있는 점을 더하여 보면, 도시정비법 제23조 제4항이 발의자 대표에게 임원 해임을 위한 임시총회소집권한을 부여하면서 별도로 법원의 허가를 받도록 명시하지 않은 것은 <u>법원의 허가가 없더라도 발의자 대표가 위 임시총회를 소집할 수 있도록 허용한다는 취지</u>로 해석함이 상당하고, 이를 도시정비법 제27조에 따라 민법 제70조가 준용되기 위한 요건인 '도시정비법의 규정이 없는 경우'라고 할 수 없다.

168　이우재, 축조 도시및주거환경정비법(상), 진원사, 778

라. 시장·군수 소집

조합 임원의 사임, 해임 또는 임기만료 후 6개월 이상 조합 임원이 선임되지 아니한 경우에는 시장·군수등이 조합 임원 선출을 위한 총회를 소집할 수 있다(법 제44조 제3항).

마. 민법의 규정에 의한 임시총회 소집허가

소수 조합원이 총회소집을 요청하였으나 조합장이 총회소집 절차를 이행하지 않는 경우의 총회소집 절차에 관하여 정관에 특별한 규정이 없는 때에는 민법규정에 따른다.

민법 제70조 제2항은 "총사원의 5분의 1 이상으로부터 회의의 목적사항을 제시하여 청구한 때에는 이사는 임시총회를 소집하여야 한다. 이 정수는 정관으로 증감할 수 있다.", 동조제3항은 "전항의 청구 있는 후 2주간 내에 이사가 총회소집의 절차를 밟지 아니한 때에는 청구한 사원은 법원의 허가를 얻어 이를 소집할 수 있다."라고 규정하고 있다.

이때 이사의 유고가 있는 경우에는 사원들이 이사 직무대행자에 대해서 임시총회 소집청구를 하고, 만약 그 직무대행자마저 유고여서 이사의 직무를 행할 자가 없으면 법원으로부터 임시이사 선임결정을 받은 후 그 임시이사에 대하여 임시총회 소집청구를 하여야 하며, 이러한 소집청구에도 불구하고 이사 직무대행자 또는 임시이사가 총회소집을 게을리 한 사실이 인정되어야만 사원들은 위 민법 규정에 의하여 법원에 임시총회 소집을 구할 수 있다. 정비사업조합의 경우에는 조합장이 민법 제70조 제2항, 제3항에 정한 이사에 준하는 지위에 있는 것으로 보아야 한다.

따라서 조합장이 유고인 경우에는 우선 조합장 직무대행자나 법원이 선임한 임시조합장에게 임시총회 소집을 청구하였음이 인정되어야 할 것이다(서울고등법원 2018. 2. 21.자 2017라21265 결정).

즉, 서울고등법원은 "이 사건 임시총회의 개최는 민법 규정에 근거를 두고 있는 것으로서, 조합장이 현재 존재하지 아니한 경우 조합장 직무대행자나 법원이 선임한 임시조합장에게 임시총회 소집을 청구하였음이 인정되어야 할 것이다. 신청인들은 감사에게 임시총회 소집을 청구하였을 뿐인데, 조합장의 직무대행자에 대한 규정은 정관 제16조 제6항이나 제18조 제4항으로서 신청인들이 제시하는 정관 제20조 제5항의 규정만으로 감사가 조합장의 직무대행자에 해당한다고 볼 수 없고(감사가 정관 제20조제5항에 따라 임시총회를 소집할 수 있는 경우가 있더라도 마찬가지다), 달리 신청인들이 조합장직무대행자나 임시조합장에게 임시총회 소집을 청구하였다고 볼 자료가 없다. 따라서 신청인들의 이 사건 신청은 이유 없다"라고 한다(서울고등법원 2018. 2. 21.자 2017라21265 결정).

이 판례에 의하면 조합장이 유고인 조합에서 조합장 직무대행자나 법원이 선임한 임시조합장 등을 두는 절차를 거치지 않고 곧바로 감사에게 임시총회의 소집을 청구하고, 감사가 이를 거부한다고 하여 법원에 민법 제70조를 근거로 한 임시총회 소집을 청구할 수 없다.

총회소집 허가신청에 대하여 법원은 비송사건절차법에 따라 재판하고, 총회소집 허가신청은 조합의 주소지 관할 지방법원에 신청하여야 하며, 법원은 이유를 붙인 결정으로서 재판하여야 한다.

총회의 소집을 허가한 결정에 대하여는 불복의 신청을 할 수 없다(비송사건 절차법 제34조 제2항, 제81조 제2항). 결정은 신청인에게 고지함으로써 효력이 생긴다. <u>허가 결정에서 소집기간을 정하지 않은 때에는 상당한 기간 내에 소집하여야 한다.</u>

법원의 소집허가를 받은 때에는 동일한 의제에 관하여 조합장은 소집권한을 상실한다. 그러므로 조합장이 동일한 의제를 위하여 총회를 소집한 때에는 무권한 자에 의한 소집으로서 그 결의는 부존재한 것으로 보아야 할 것이다.

소수 조합원이 총회를 소집하는 경우에 총회의 의장은 위원장 출석 시는 위원장이, 위원장이 불출석 시는 발의자 대표의 임시사회로 선출된 자가 의장이 된다고 본다.
다만 법원의 허가를 미리 얻은 경우에는 허가를 얻은 자가 의장이 될 것이다.

이 총회에서는 법원의 허가를 얻은 의안에 한하여 결의할 수 있다.

> 서울고등법원 2018. 2. 21.자 2017라21265 결정
> **신청취지**
> 1. 신청인들에게 별지2목록 기재 안건을 목적사항으로 하는 사건본인의 임시총회를 소집할 것을 허가한다.
> 2. 위 임시총회의 의장을 신청인 OOO로 한다.
> 3. 위 임시총회에 소요되는 비용은 사건본인이 부담한다.

바. 권한 없는 자에 의해 소집된 총회의 효력

무 권한 자가 임의로 총회를 소집하였다면 무효인 총회가 된다.

다만, 종전 결의를 그대로 재인준 하는 결의를 한 경우에는 설사 당초의 임원선임결의가 부존재 혹은 무효라고 할지라도 새로운 총회가 당초 임원선임결의에 의하여 선임된 임원에 의하여 소집된 총회이므로 무권리자에 의하여 소집된 총회라는 사유는 이를 독립된 무효사유로 볼 수 없다.

대법원 2010. 10. 28. 선고 2009다63694 판결
【판시사항】
당초 주택재개발 정비사업조합 설립추진위원회의 주민총회에서 추진위원장 및 추진위원의 해임결의가 있은 후 다시 개최된 주민총회에서 위 종전 결의를 그대로 인준하거나 재차 해임결의를 한 경우, 종전 해임결의의 무효확인을 구할 이익이 있는지 여부(소극) 및 이때 새로운 주민총회가 무효인 당초의 해임결의 후 새로 소집권한을 부여받은 자에 의하여 소집된 것이어서 무권리자에 의하여 소집된 총회라는 사유를 독립된 무효사유로 볼 것인지 여부(소극)

대법원 2003. 9. 26. 선고 2001다64479 판결
당초 재개발조합 총회에서 임원을 선임한 결의에 대하여 그 후에 다시 개최된 총회에서 위 종전 결의를 그대로 재인준하는 결의를 한 경우에는 설사 당초의 임원선임결의가 부존재 혹은 무효라고 할지라도 새로운 총회가 당초 임원선임결의에 의하여 선임된 임원에 의하여 소집된 총회이므로 무권리자에 의하여 소집된 총회라는 사유는 이를 독립된 무효사유로 볼 수 없다 할 것인바, 만약 이를 무효사유로 본다면 최초의 임원선임결의의 무효로 인하여 연쇄적으로 그 후의 결의가 모두 무효로 되는 결과가 되어 법률관계의 혼란을 초래하고 법적 안정성을 현저히 해하게 되기 때문이다.

대법원 1995. 7. 28. 선고 93다61338 판결
【판시사항】
가. 무효확인을 구하는 주주총회결의에 의하여 선임된 이사가 후에 개최된 주주총회에서 재선임된 경우, 당초 선임결의의 무효확인을 구할 법률상 이익이 있는지 여부<소극>

02 의장

가. 조합장이 원칙적으로 의장임

총회의 의장은 조합장이 된다. 조합장은 조합을 대표하고, 그 사무를 총괄하며, 총회 또는 제46조에 따른 대의원회의 의장이 된다(법 제42조 제1항).

나. 임시의장

(1) 해임총회 : 요구자 대표

조합 임원은 제44조 제2항에도 불구하고 조합원 10분의 1 이상의 요구로 소집된 총회에서 조합원 과반수의 출석과 출석 조합원 과반수의 동의를 받아 해임할 수 있다. 이 경우 요구자 대표로 선출된 자가 해임 총회의 소집 및 진행을 할 때에는 조합장의 권한을 대행한다(법 제43조 제4항).

(2) 기타 조합장이 소집하지 않거나 불참석한 총회

그런데, 조합 임원 해임을 위한 총회를 제외한 통상의 임시총회의 경우, 총회의 진행을 누가 할 수 있는지에 관해서는 명확한 규정이 없다.

조합원 또는 대의원이 소집을 요구한 총회의 경우, 총회의 진행을 누가 할 수 있는지에 관해서는 명확한 규정이 없다. 일단 조합장이 소집을 하여 주고 출석을 한다면 당연히 조합장이 의장이 되어야 할 것이라고 본다. 이에 대해서는 소집을 요구한 자의 의사를 존중하기 위해서는 조합원 또는 대의원이 소집을 요구한 총회의 경우 총회의 소집을 요구한 소수 토지등소유자 또는 추진위원의 대표자가 임시의장으로서 먼저 임시사회를 맡아 먼저 의장을 선출하여야 한다는 견해도 있다. 생각건대, 다수에 의하여 선출된 조합장이 출석하여 총회를 진행하고자 하는 경우는 조합장이 의장이 되어야 한다고 본다.

다만, 조합장이 소집을 하여주고서도 출석을 하지 않은 경우, <u>조합장이 소집을 하여주지 않아 감사가 소집하거나 소집을 청구한 자의 공동명의로 소집한 경우에는 발의자 대표의 임시사회로 선출된 자가 의장이 된다고 사료한다.</u>

소수조합원에 의해 소집된 총회에서 발의자 대표의 임시사회로 선출된 자가 의장이 되지 않고, 조합장이 지정한 자의 사회로 임시의장이 선출되어 그 임시의장에 의해 <u>조합장 해임 및 조합장 선출' 안건</u>을 총회에서 심의한 사안에 대해 서울북부지방법원은 "<u>조합장이 지정한 자의 사회로 임시의장을 선출한 것은 조합원 총회의 진행에 잘못이 있</u>

다"고 판단하면서 다시 '조합장 해임 및 조합장 선출'을 위한 임시총회 소집을 허가하였다(2006비합2 결정).

따라서 분쟁방지를 위해 의사규칙을 제정하거나 정관에 규정하는 것이 좋다.

서울시 정비사업 의사진행표준규정을 참고하면 된다.

재건축표준정관 제20조(총회의 설치) ①조합에는 조합원 전원으로 구성하는 총회를 둔다.
②총회는 정기총회 · 임시총회로 구분하며 조합장이 소집한다.
③정기총회는 매년 1회, 회계연도 종료일부터 2월 이내에 개최한다. 다만, 부득이한 사정이 있는 경우에는 3월 범위내에서 사유와 기간을 명시하여 일시를 변경할 수 있다.
④임시총회는 조합장이 필요하다고 인정하는 경우에 개최한다. 다만, 다음 각호의 1에 해당하는 때에는 조합장은 해당일로부터 2월 이내에 총회를 개최하여야 한다.
 1. 조합원 5분의 1 이상이 총회의 목적사항을 제시하여 청구하는 때
 2. 대의원 3분의 2 이상으로부터 개최요구가 있는 때
⑤제4항의 각호의 규정에 의한 청구 또는 요구가 있는 경우로서 조합장이 2월 이내에 정당한 이유없이 총회를 소집하지 아니하는 때에는 감사가 지체없이 총회를 소집하여야 하며, 감사가 소집하지 아니하는 때에는 제4항 각호의 규정에 의하여 소집을 청구한 자의 공동명의로 이를 소집한다.
⑥제2항 내지 제5항의 규정에 의하여 총회를 개최하거나 일시를 변경하는 경우에는 총회의 목적 · 안건 · 일시 · 장소 · 변경사유 등에 관하여 미리 이사회의 의결을 거쳐야 한다. 다만, 제5항의 규정에 의한 조합장이 아닌 공동명의로 총회를 소집하는 경우에는 그러하지 아니하다.
⑦제2항 내지 제5항의 규정에 의하여 총회를 소집하는 경우에는 회의개최 14일전부터 회의목적 · 안건 · 일시 및 장소 등을 게시판에 게시하여야 하며 각 조합원에게는 회의개최 7일전까지 등기우편으로 이를 발송, 통지하여야 한다.
⑧총회는 제7항에 의하여 통지한 안건에 대해서만 의결할 수 있다.

다. 의장의 권한

표준정관상 의장은 의사진행의 일반원칙에 따라 의사를 진행하고 회의장의 질서를 유지하여야 한다고 규정되어 있다.

의장은 개회선언, 총회의 목적사항의 상정 및 심의를 구하고, 원활한 의사진행 도모를 하여야 한다. 또한, 회의장의 질서를 유지하기 위하여 적절한 조치를 취할 수 있으며, 이를 위해 조합원의 퇴장을 명할 수 있다.

발언의 정지·제한 또는 퇴장을 명할 수 있는 경우를 의사규칙으로 제정하는 것이 좋다.

> **표준정관 제23조(총회운영 등)** ①총회는 이 정관 및 의사진행의 일반적인 규칙에 따라 운영한다.
> ②의장은 총회의 안건의 내용 등을 고려하여 다음 각호에 해당하는 자등 조합원이 아닌 자를 총회에 참석하여 발언하도록 할 수 있다.
>   1. 조합직원
>   2. 정비사업전문관리업자·시공자 또는 설계자
>   3. 그 밖에 의장이 총회운영을 위하여 필요하다고 인정하는 자
> ③의장은 총회의 질서를 유지하고 의사를 정리하며, 고의로 의사진행을 방해하는 발언·행동 등으로 총회질서를 문란하게 하는 자에 대하여 그 발언의 정지·제한 또는 퇴장을 명할 수 있다.
> ④제1항과 제3항의 의사규칙은 대의원회에서 정하여 운영할 수 있다.

03 소집절차

가. 미리 이사회의 의결을 거치는 경우

> **재건축표준정관 제20조(총회의 설치)**
> ⑤제4항의 각호의 규정에 의한 청구 또는 요구가 있는 경우로서 조합장이 2월 이내에 정당한 이유없이 총회를 소집하지 아니하는 때에는 감사가 지체없이 총회를 소집하여야 하며, 감사가 소집하지 아니하는 때에는 제4항 각호의 규정에 의하여 <u>소집을 청구한 자의 공동명의</u>로 이를 소집한다.
> ⑥제2항 내지 제5항의 규정에 의하여 총회를 개최하거나 일시를 변경하는 경우에는 총회의 목적·안건·일시·장소·변경사유 등에 관하여 미리 이사회의 의결을 거쳐야 한다. 다만, 제5항의 규정에 의한 조합장이 아닌 공동명의로 총회를 소집하는 경우에는 그러하지 아니하다.

> **재개발표준정관 제20조**
> ⑤제4항의 각호의 규정에 의한 청구 또는 요구가 있는 경우로서 조합장이 2월 이내에 정당한 이유없이 총회를 소집하지 아니하는 때에는 감사가 지체 없이 총회를 소집하여야 하며, 감사가 소집하지 아니하는 때에는 제4항 각 호의 규정에 의하여 소집을 청구한 자의 대표가 <u>시장·군수의 승인을 얻어</u> 이를 소집한다.
> ⑥제2항 내지 제5항의 규정에 의하여 총회를 개최하거나 일시를 변경하는 경우에는 총회의 목적·안건·일시·장소·변경사유 등에 관하여 <u>미리 이사회의 의결을 거쳐야 한다.</u> 다만, 제5항의 규정에 의한 <u>조합장이 아닌 공동명의로 총회를 소집하는 경우</u>에는 그러하지 아니하다.

표준정관에는 총회를 개최하거나 일시를 변경하는 경우 총회의 목적, 안건, 일시, 장소, 변경사유 등에 관하여 <u>미리 이사회의 의결을 거쳐야 하므로, 이사회의 결의없이 조합장이 독단적으로 총회를 소집하는 경우에는 총회결의 무효 또는 취소의 원인이 될 수 있다.</u>

서울북부지방법원은 "총회를 소집함에 있어서 이사회 결의를 거치지 않거나 그 이사회의 결의에 중대한 하자가 있어 총회개최에 관한 이사회 결의가 무효인 경우에는 총회 역시 소집절차에 중대한 하자가 있어 무효라고 할 것이다."라고 판시하고 있다(2011. 3. 8.자 2010 카합1201 결정).

다만, 표준정관은 재개발, 재건축 모두 "조합장이 아닌 공동명의로 총회를 소집하는 경우에는 그러하지 아니하다."라고 규정하여 이사회 의결없이 총회를 소집할 수 있는 길을 열어놓고 있으나, 재개발의 경우는 "조합장이 아닌 공동명의로 총회를 소집하는 경우"가 없고, "소집을 청구한 자의 대표가 시장·군수의 승인을 얻어 이를 소집한다."라고 규정하고 있으므로, 정비가 필요하다.

사건으로는 조합장이 총회를 개최하는 안건으로 이사회를 소집하였는데도 이사들이 고의로 계속 회의에 불참하는 경우, 법상 이사의 수에 결원이 생긴 경우 등 불가피한 사유가 있다면 미리 이사회의 의결이 없다고 하더라도 조합장이 직권으로 소집할 수 있다고 보아야 한다고 본다.

조합장이 이사회의 심의를 건너뛰고 대의원회에서의 총회 안건 사전심의를 거쳐 조합원 정기총회의 소집을 공고한 사안에서, 서울서부지방법원은 "정비사업조합에서 총회는 최고의사결정기관으로 총회의 의결은 모든 조합원을 구속하는 반면 이사회의 의결은 단체 내부의 의사결정에 불과하고, 이사 6인은 조합 업무에 일체 협력하지 아니하고 있어 사실상 정상적인 이사회가 개최되기 어려우며, 이 사건 총회의 개최 및 안건과 관련하여 대의원회에서 심의, 의결을 거쳤고, 조합장이 필요하다고 인정하여 소집하는 임시총회와 달리 이 사건 총회는 원칙적으로 회계연도 종료일로부터 3월 이내에 개최하도록 예정되어 있는 정기총회라는 점 등 기타 제반사정을 종합해보면 미리 이사회의 의결을 거치지 않았다는 사정만으로 총회의 개최를 금지할 정도의 중대한 하자가 있다고 보기 어렵다."라고 판시한바 있다(서울서부지방법원 2017. 3. 10.자 2017카합50100 결정).

반면에 수원지방법원은 일부 이사가 고의적인 불출석의 방법으로 이사회를 무산시킨 경우라도 조합장이 직권으로 임시총회를 소집하려면 반드시 이사회 결의를 거쳐야 한다고 판시하고 있다(수원지방법원

2012. 2. 8.자 2012카합31 결정).

한편, 정관은 "조합장이 아닌 공동명의로 총회를 소집하는 경우"에 이사회 의결없이 총회를 개최할 수 있도록 하고 있으나, 사견으로는 정관에 규정한 "공동명의"만이 아니라 "조합원 5분의 1 이상이 총회의 목적사항을 제시하여 청구하는 때, 대의원 3분의 2 이상으로부터 개최요구가 있는 때"에는 굳이 이사회 의결 없이도 가능하다고 본다. 소수조합원은 이미 목적사항을 제시하고 있고, 대의원회가 상위 기관이므로 이 경우에도 이사회의 의결 없이는 총회를 소집할 수 없다고 한다면, 이는 모순이기 때문이다.

서울북부지방법원 2011. 3. 8.자 2010카합1201 결정
보조참가인 조합의 정관 제20조 제6항에 따르면 조합장이 조합원 총회를 소집할 때에는 이사회에서 총회의 목적, 안건, 일시, 장소, 변경사유 등에 관한 의결을 거치도록 되어 있는데, 위 정관이 이사회를 조합의 사무를 집행하기 위한 필수적 회의기관으로 규정하고 있는 점 및 위와 같이 이사회의 의결을 거치도록 한 것이 소집권자인 조합자의 권한을 견제하고 총회의 안건 등을 미리 검토함으로써 효율적·합리적인 재개발을 추진하려는 데 그 목적이 있는 것이라는 점 등에 비추어 보면, 총회를 소집함에 있어서 이사회 결의를 거치지 않거나 그 이사회의 결의에 중대한 하자가 있어 총회개최에 관한 이사회 결의가 무효인 경우에는 총회 역시 소집절차에 중대한 하자가 있어 무효라고 할 것이다.

표준정관 개정안 제20조
⑥제2항 내지 제5항의 규정에 의하여 총회를 개최하거나 일시를 변경하는 경우에는 총회의 목적·안건·일시·장소·변경사유 등에 관하여 미리 이사회의 의결을 거쳐야 한다. 다만, 정원미달로 이사회를 개최할 수 없거나 2회 이상 이사들이 이사회에 불참하여 이사회를 개최할 수 없는 등 부득이한 경우, 제5항의 규정에 의한 조합장이 아닌 자가 총회를 소집하는 경우에는 그러하지 아니하다.

나. 대의원회의 의결을 거쳐야 하는지

대의원회는 총회 부의 안건을 사전에 심의할 권한을 가지고 있으나, 대의원회의 사전심의를 받지 않고 조합장이 총회를 소집한 경우 총회 결의 무효의 원인이라고 보기는 어려울 것으로 판단된다. 왜냐하면 표준정관 제20조 제6항은 미리 이사회의 의결을 거치도록 하고 있지 대의원회는 언급이 없기 때문이다. 특히 실무적으로 관리처분 총회의 경우 미리 모든 자료를 대의원들에게 배포하고 사전심의를 받아야 하는지에 대해서 쟁점이 되나, 대의원회의 사전심의는 어느 안건을 부의할 것인지에 대해 심사를 하는 것이지 그 내용까지 모두 사전에 심사를 하여 실질적인 의결을 하여야 하는 것은 아닌 것으로 사료한다.

이에 대해 서울북부지방법원은 "채무자 조합의 정관 제25조 제1항 제3호에서 대의원회의 의결 사항으로 총회 부의 안건의 사전 심의를 규정하고 있다고 하여 총회 부의 안건에 대하여 <u>대의원회의 사전 심의를 의무적으로 받아야 한다고 해석하기는 어렵고</u>, 오히려 위 규정은 총회에서의 결의가 원활하게 이루어질 수 있도록 대의원회에 총회 부의 안건의 적정성 등을 사전에 심의할 수 있게 하는 대의원회의 권한 규정이라고 해석함이 상당하다. 또한 이 사건 임시총회에 상정되는 각 안건은 결국 채무자 조합의 최고의결기관인 총회에서 조합원들의 의사에 따라 가부가 결정될 것이므로 <u>각 안건에 관하여 대의원회 사전 심의를 거치지 않은 사유가 이 사건 임시총회 개최 자체를 금지할 중대한 절차 위반에 해당한다고 보기 어렵다</u>"라고 판시한바 있다 (2012. 5. 18.자 2012카합359 결정, 확정).

수원지방법원안양지원 2013. 5. 23.자 2013카합55 결정 목련0단지리모델링조합
총회 부의 안건에 대해 대의원회 사전 심의를 거치지 않았어도 총회 개최가 가능하다. 총회에서 의결하면 그만인 것이다

서울동부지방법원 2015. 1. 21.자 2014카합10149 결정
정관에 대의원회에서 사전심의 하지 않고 총회에 부의된 안건에 대한 효과 등에 대해서 아무런 규정이 없고, 관계법령이나 정관에서 조합원 총회의결 사항을 대의원회에서 사전 심의한 안건만으로 제한하고 있는 다른 규정도 없고, 총회는 조합원 전원으로 구성된 최고 의사결정기관으로서 대의원회가 사전심의한 안건에 대해서만 의결할 수 있다고 보기도 어려운 점에 비추어 보면 대의원회의 사전심의가 없었다는 점만으로는 총회의결이 무효는 아니라고 판시하고 있다.

표준정관 제25조(대의원회 의결사항) ①대의원회는 다음 각호의 사항을 의결한다.
 1. 궐위된 임원 및 대의원의 보궐선임
 2. 예산 및 결산의 승인에 관한 방법
 3. <u>총회 부의안건의 사전심의 및 총회로부터 위임받은 사항</u>
 4. 총회의결로 정한 예산의 범위내에서의 용역계약 등

04 소집 시기 및 장소

총회의 소집 절차·시기 등에 필요한 사항은 정관으로 정한다(법 제44조 제5항).

총회는 정기총회, 임시총회에 따라 그 소집의 시기가 다르다. 정기총회는 일정한 시기에 소집되지만, 임시총회는 필요에 따라 소집되므로 그 시기가 일정하지 않다.

정기총회를 반드시 개최하여야 하는지가 문제되나, 총회는 상당한 비용이 소요되므로 특별한 사안이 없다면 반드시 정기총회를 개최하지 않아도 무방하다고 본다.

소집장소에 대하여는 특별한 규정이 없고 정관으로 이를 정할 수 있다. 정관에 소집장소에 관한 정함이 없는 경우에는 소집권한이 있는 자가 선량한 관리자의 주의로써 정하면 될 것이다. 이 경우 소집장소는 모든 조합원을 수용할 수 있고 의안에 관하여 토의와 표결이 가능한 장소이어야 한다.

소집의 통지 또는 공고에 기재한 소집장소에서 총회를 개최하는 것이 불가능 또는 부적당하여 총회의 장소를 변경하여야 할 필요가 생긴 때에는 새로이 소집절차를 밟지 않고 총회의 장소를 변경할 수 있다. 다만 이 경우에 변경 후의 장소를 총회에 출석하려고 하는 조합원에게 알리고 또 변경된 장소까지 조합원을 유도하기 위하여 적절한 조치를 취하여야 한다.

> 대법원 2003. 7. 11. 선고 2001다45584 판결
> 주주총회의 개회시각이 부득이한 사정으로 당초 소집통지된 시각보다 지연되는 경우에도 사회통념에 비추어 볼 때 정각에 출석한 주주들의 입장에서 변경된 개회시각까지 기다려 참석하는 것이 곤란하지 않을 정도라면 절차상의 하자가 되지 아니할 것이나, 그 정도를 넘어 개회시각을 사실상 부정확하게 만들고 소집통지된 시각에 출석한 주주들의 참석을 기대하기 어려워 그들의 참석권을 침해하기에 이르렀다면 주주총회의 소집절차가 현저히 불공정하다고 하지 않을 수 없고, 또한 소집통지 및 공고가 적법하게 이루어진 이후에 당초의 소집장소에서 개회를 하여 소집장소를 변경하기로 하는 결의조차 할 수 없는 부득이한 사정이 발생한 경우, 소집권자가 대체 장소를 정한 다음 당초의 소집장소에 출석한 주주들로 하여금 변경된 장소에 모일 수 있도록 상당한 방법으로 알리고 이동에 필요한 조치를 다한 때에 한하여 적법하게 소집장소가 변경되었다고 볼 수 있다.

05 소집 게시 및 통지

가. 총회소집의 게시 및 통지

총회를 소집하는 경우에는 회의개최 14일 전부터 회의목적, 안건, 일시 및 장소 등을 게시판에 게시하여야 한다.

각 조합원에게는 회의개최 7일 전까지 회의목적, 안건, 일시 및 장소를 기재한 통지를 등기우편으로 발송, 통지하여야 한다.

다만, 조합은 관리처분계획을 의결하기 위한 총회의 개최일부터 1개월 전에 종후가격, 종전가격, 보류지 명세, 정비사업비 추산액을 각 조합원에게 문서로 통지하여야 한다(법 제74조 제3항).

회의개최 7일 전의 계산을 함에 있어 기간의 초일은 산입하지 아니하므로, 8월 10일에 총회를 개최하려고 하는 경우, 8월 9일부터 기산하여 7일이 되는 8월 3일 오전 0시(8월 2일 24시)에 기간이 만료하는 것이다. 따라서 8월 2일까지는 총회 소집통지를 발송하여야 한다.

정관이 규정한 소집공고 및 통지기간을 지키지 못할 경우 그 총회의 효력은 무효이다. 정관이 명백히 규정하고 있고, 절차 규정은 반드시 지켜져야 하기 때문이다.

"용산참사 지역 개발 계획 무효" 서울고법, 원고승소 판결
한국일보 2010.11.4.
재판부는 "조합이 관리처분 계획 변경은 총회 7일 전에 통지해야 하는 규정을 어기고, 3일 전에 알린 것은 소집절차 위반"이라며 "규모별 건설 가구 수도 주택공급 기준에 맞지 않는 등 절차와 내용 모두에 흠이 있다"고 설명했다.

한편 총회의 통지기간은 각자 정관에 의하여 표준정관보다도 연장 또는 단축할 수 있으나(1주간은 단축이 불가하다는 견해도 있다[169].), 회의목적 사항을 검토할 수 있는 시간이 절대적으로 부족하게 하거나 조합원의 총회 참가를 불가능 또는 곤란하게 하는 단축은 인정되지 않는다고 할 것이다.

한편, 표준정관에서는 총회소집 통지에 대해 발신주의를 취하고 있으므로 특별한 규정이 없는 한 조합원에게 반드시 도달하여야 하는 것은 아니라고 할 것이다.

---

169 곽윤직, 민법총칙, 제7판, 박영사 간, 151

일부 조합원들에 대한 소집통지 자체를 흠결한 총회결의는 원칙적으로 무효이나, 소집통지를 받지 아니한 조합원이 총회개최 사실을 알게 된 경우에는 구체적 사정을 고려하여 결의의 효력을 판단하여야 할 것이다. 또한, 일부조합원들이 이사, 주소불명 등의 사유로 총회개최 통지를 받지 못하였다고 하더라도 총회 소집권자가 우편으로 발송하였다면 소집통지를 다한 것으로 보아야 할 것이다.

> **표준정관 제20조(총회의 설치)**
> ⑦제2항 내지 제5항의 규정에 의하여 총회를 소집하는 경우에는 회의개최 14일전부터 회의목적·안건·일시 및 장소 등을 게시판에 게시하여야 하며 각 조합원에게는 회의개최 7일전까지 등기우편으로 이를 발송, 통지하여야 한다.

나. 통지의 내용

(1) 총회 안건 순서

총회를 준비하면서 유의하여야 할 사항 중 안건 진행 순서를 잘 정하여야 한다. 예를 들어 정관개정안건이 있고, 이 개정 정관으로 임원을 선출하려는 먼저 정관개정안 건을 통과시키고 후속 회의를 하여야 한다. 따라서 조합장은 안건진행 순서를 잘 정하고 투표요령도 고민을 하여 결정하여야 할 것이다.

(2) 회의목적

의안 또는 의사일정을 뜻하며, 결의사항이 무엇인가를 조합원이 알 수 있을 정도로 기재하여야 한다. 결의사항이 정관의 변경 기타 중요한 사항일 때에는 의안의 요령도 이를 기재하여야 할 것이다. 예를 들어, 정관의 일부변경의 건은 의안이고, 정관 제00조를 어떻게 개정한다는 것은 의안의 요령이 되는 것이다.

 조합이 총회소집통지를 함에 있어서 회의의 목적사항을 열거한 다음 '기타 사항'이라고 기재한 경우, '기타 사항'이란 회의의 기본적인 목적사항과 관계가 되는 사항과 일상적인 운영을 위하여 필요한 사항에 국한된다고 보아야 한다.

> 대법원 1996. 10. 25. 선고 95다56866 판결
> 비법인사단인 재건축조합이 총회소집통지를 함에 있어서 회의의 목적사항을 열거한 다음 '기타 사항'이라고 기재한 경우, 총회소집통지에는 회의의 목적사항을 기재토록 한 민법 제71조 등 법규정의 입법취지에 비추어 볼 때, '기타 사항'이란 회의의 기본적인 목적사항과 관계가 되는 사항과 일상적인 운영을 위하여 필요한 사항에 국한된다고 보아야 한다.

다. 소집의 철회 · 변경

 총회소집의 통지가 행하여진 후라도 소집을 철회할 수 있고, 또 총회의 회일을 늦추거나(소집의 연기) 기간을 변경할 수 있다. 다만 소집의 철회 등의 통지는 전에 통지된 회일보다 전에 도달되어야 한다.

 의안의 철회 시한은 그 의안에 대한 최종 표결 전까지로 보아야 할 것이다.

06 의사진행요령

가. 의사진행의 일반원칙

> **표준정관 제23조(총회운영 등)** ①총회는 이 정관 및 의사진행의 일반적인 규칙에 따라 운영한다.
> ④제1항과 제3항의 의사규칙은 대의원회에서 정하여 운영할 수 있다.
>
> **서울특별시 정비사업 의사진행 표준운영규정** 2017. 2. 16. 서울특별시고시 제2017-45호

(1) 비공개 원칙

총회를 일반에게 공개하여야 할 이유가 없고, 비조합원은 회의진행상의 필요로 의장으로부터 허가를 받은 경우에 한하여 입장할 수 있다.

(2) 회기불계속의 원칙

한 회기에서 상정되었던 의제는 그 회기가 폐기될 때까지 처리되지 않았을 경우 자동폐기 된다.

1일을 회의기간으로 정해 회의를 연 경우라면 그 하루가 회기이므로 그 하루의 회기에서 처리되지 못한 사항은 자동폐기 된다.

따라서 24:00시를 넘는 경우를 삼가는 것이 좋다. 24:00시를 넘긴 회의의 효력과 관련하여 회의일정을 1일로 공고하였으므로 불가하다는 견해와 충분한 심의의결을 위해 시간이 소요된 것이고, 즉시 의사진행동의로서 먼저 계속회의를 진행하는 것에 대해서 동의를 구하고 나서 진행하였다면 단지 날자가 변경되었다고 하여 문제가 없다는 견해가 대립한다. 생각건대 의사진행의 일반 원칙상 정관이나 의사규칙에 따로 정함이 없는 한 무효라고 사료한다.

위와 같은 문제점을 해결하기 위해 회의일정 공고 시 다음과 같이 할 수도 있을 것이다.

> - 회의일시 : 2010. 5. 9. 19:00부터 2010. 5. 10. 19:00까지
> - 회의일시 : 2010. 5. 9. 19:00(다만, 충분한 심의를 위해서 날자가 변경되어 다음날까지 회의가 계속될 수도 있다).

(3) 신(新)회기 자유의 원칙

하나의 회기는 다음 회기에서 회원들이 어떤 의사결정을 하는데 제약을 가할 수 없다. 구 회기에서 가결된 의안을 신회기에서 폐기하거나 수정할 수 있다.

(4) 일사부재리, 일사부재의의 원칙

'일사부재리(一事不再理)'는 어떤 사건에 대하여 일단 판결이 내리고 확정되면 그 사건을 다시 소송하여 심리하지 않는다는 원칙으로 각종 회의에서도 한번 표결이 내린 것을 다시 표결하지 않는다. 필요하다면 약간의 수정안을 만들어 다음에 표결을 하는 방식으로 진행한다.

'일사부재의(一事不再議)'는 끝 글자가 '리'에서 '의'로 바뀌었지만 많은 차이가 있다. 의회가 회의를 진행하면서 한 번 부결된 안건은 같은 회기 중에서는 다시 제출할 수 없다는 원칙이다.

일단 이루어진 결의를 존중하고, 소수의 회의진행 방해를 억제하기 위한 원칙이다.

(5) 평등의 원칙

모든 조합원은 회의에서 동등한 권리를 가지고 의무를 부담한다.

그런데 조합 총회에서 상정된 안건에 대해 모든 심의와 투표를 마쳤음에도 불구하고, 조합집행부에서 의결정족수가 부족할 것을 예상하여, 투표 종료를 선언하지 않은 채로 새로운 참석자가 나타날 때까지 (심지어 찬성조합원들에게 연락하여 참석할 것을 종용하기도 한다)

기다리는 경우가 있는바, 이 경우 적법한지가 문제된다.

사견은 대기시간이 어느 정도가 적정한지는 사안에 따라 달라진다고 보아야 하나, 심의 및 투표 종료 후 최소한 한 시간 이상을 기다리는 것은 평등의 원칙에 반하여 무효라고 본다. 즉, 조합원에게는 회의 시작 일시가 고지되므로 그 시간에 오지 않았다면 이는 불참한 것으로 처리하여야 하는 점, 마냥 기다린다면 투표결과가 왜곡될 수도 있는 점, 특히 찬성조합원들에게 전화를 하라고 독려를 한 점은 공정성을 상실하여 효력이 없는 점(서울남부지방법원 2010카합445 직무집행정지가처분) 등을 고려하면 무효라고 본다.

(6) 다수결의 원칙

총회의 의결은 이 법 또는 정관에 다른 규정이 없으면 조합원 과반수의 출석과 출석 조합원의 과반수 찬성으로 한다(법 제45조 제3항). 전에는 정관으로 위임하였으나, 법에 규정한 것이다. 과반수란 출석한 조합원이 100명인 경우 51명 이상을 의미한다.

다수결의 원칙은 소수의 존재를 필연으로 예상하므로, 소수에게 의견 발표의 기회를 주어야 한다.

나. 총회의 준비
(1) 총회장 입구에서 준비

총회장 입구에 접수대를 설치하고, 출석할 수 있는 조합원인지 확인함과 아울러 출석조합원의 수를 집계한다. 출석하는 조합원으로부터 참석증을 받아두고, 대리인이 출석하는 경우에는 위임장까지 받아두고 출석명부에 서명 또는 날인을 받아 둔다.

 참석증을 지참하지 않았다 하여 입장을 거부하여서는 아니 되고, 재교부를 하여 주어야 한다. 또한 위임장이 조합 소정의 양식이 아니라 하여 입장을 거부하여서는 아니 되고 위임장의 요건을 갖추었는지를 판단하여, 그 요건을 갖춘 경우에는 인정해 주어야 한다. 다만, 위임장은 위조나 변조여부를 쉽게 식별할 수 있는 원본이어야 함으로 사본을 지참하는 경우에는 입장시킬 수 없다.

(2) 총회장 내에서 준비
 의장(조합장 또는 소집권자)과 이사, 감사는 직무상 출석의무가 있다. 일반적으로 초청인사와 속기사, 촬영자가 출석하고 있다.

 또한, 총회 의사록에 대한 인증절차를 간편하게 하기 위해 공증인을 출석하도록 하는 것이 필요하다. 이 경우 출석하는 공증인은 공증번호를 미리 받아놓아야 한다. 임원 선임·해임 총회의 경우는 반드시 참석시켜야 한다.

 장내의 혼란이 일 경우는 속기사와 촬영자를 우선 보호하여야 할 것이다. 증거 확보를 위해서는 당연한 일이다. 그리고 촬영자는 베테랑일수록 좋다. 나아가 출입구에 CCTV가 설치되어 있다면 퇴장자를 가려내기가 수월할 수도 있다.

다. 구체적인 의사진행 요령

조합 총회의 의사진행에 대하여 정하고 있는 일반법 또는 일반규정은 없다.

다만, 민법의 사단법인에 관한 규정, 상법상 영리법인의 총회(주주총회)에 관한 규정, 조합정관, 일반회의 규칙 등이 총회 의사진행에 기본 원칙으로 적용될 수 있을 것이다. 위 원칙들에 기반하여 표준정관 제23조 제4항에 따라 의사규칙을 정하는 것이 총회의 원활한 진행과 분쟁방지를 위해 바람직할 것이다.

▶총회 순서
접수(접수증 및 비표 발급) → 투표용지 교환 → 입장(퇴실하지 않도록 홍보) → 성원보고 및 개회선언→ 인사말, 경과보고 등→ 안건상정 → 심의 → 투표개시선언/표결 → 개표선언/서면결의서 개봉 → 발표/ 폐회선언

(1) 성원보고 및 개회선언

① 성원보고

의사정족수(성원요건)가 갖추어지면 성원보고를 받은 후에 의장은 개회를 선언한다. 그 다음 국민의례, 내빈소개, 경과보고 등 의안상정 이전의 일반적인 절차를 취하게 된다.

② 사회자와 의장의 권한에 유의

사회자는 말 그대로 사회자일 뿐이지 그 이상도 그 이하도 아니다. 현실은 사회자가 의장 권한을 행사는 경우, 또는 모든 답변을 하는 경우가 많다. 그러나 사회자는 의장이 아니고 사회를 보는 것이며, 예외적으로 의장이 요청할 경우 외에는 답변권한도 없다. 원칙적으로 질

의에 대한 답변은 제안자가 하여야 하는 것이다. 다만 추진위원회 운영규정 제23조 제2항 제3호, 표준정관 제23조 제2항 제3호에 의하면 "그 밖에 위원장이 주민총회운영을 위하여 필요하다고 인정하는 자" 또는 "그 밖에 의장이 총회운영을 위하여 필요하다고 인정하는 자"는 주민총회 또는 총회에 참석하여 발언할 수 있다고 규정하고 있다.

사회자는 의장의 보조자이며 의장을 대신해서 회의를 진행하거나 질서유지권 등을 행사할 수 없다. 사회자가 의장의 결단을 유도하면 결정은 의장이 직접 하여야 한다.

③ 강제퇴정 : 강요죄 주의

재건축조합의 조합장이 조합의 임시총회에서 회의 시작 초기에 발언권을 요청한 조합원을 강제로 총회장 밖으로 끌어내고, 나아가 총회장으로 다시 들어오려는 조합원을 막게 한 행위가 강요죄에 해당한다고 한 사례

> **광주지방법원 2004. 3. 25. 선고 2003고합380 판결**
> 피고인은 광주 북구에 있는 제 1 재건축조합(이하 '재건축조합'이라 한다)의 조합장인바, 2003. 2. 8. 14:30경 광주 북구 에 있는 초등학교 강당에서 위 재건축조합 임시총회를 개최하여 벽산건설을 재건축사업 시공사로 선정함에 대하여 조합원들의 의결을 받고자 하던 중 이에 대하여 조합원 공소외 1이 이의를 제기하며 의사진행발언을 요청하자 회의 진행에 방해된다며 임시총회 경호를 담당하고 있던 경호업체 소속 직원인 공소외 2, 3 외 2명으로 하여금 공소외 1을 강제로 위 임시총회장에서 끌어내게 하여 공소외 1의 조합원으로서의 시공사 선정에 관한 발언권과 의결권 행사를 방해하였다.
> 1심 : 징역4월 선고

(2) 의안의 상정

소집통지서에 기재된 순서에 따라 의안을 상정한다.

의안상정순서를 매우 심사숙고 하여야 한다. 특히 정관이나 각종 업무규정을 개정하고 이에 따라서 어떠한 행위가 이루어지는 것이라면 반드시 정관이나 그 규정을 먼저 상정하여 의결까지 마쳐 통과시키고 나서 후속 의안을 상정하고 의결하여야 한다. 또한 안건 상정시 의장이 다를 경우 당해 의장이 상정하고 심의 표결 후 발표해야 한다.

예를 들어 1호 안건은 운영규정 개정이고, 2호 안건은 추진위원장 또는 조합장 선출이라면, 반드시 먼저 1호 안건은 추진위원장 또는 조합장이 상정하여 심의한 후 의결 후 가결선포까지 마친 후에 통과된 규정에 의해, 2호 안건에 대해서는 선관위장이 상정한다.

한편 회의진행상 상당한 이유가 있는 때에는 이유를 고지하고 순서를 바꾸어 상정할 수도 있다.

의안의 제출기관이 법령에 정하여져 있는 경우에는 의안채택의 절차가 필요 없다. 조합은 이사회에서 총회상정안건을 심의 결정하고, 정관에 "당일 채택된 의안도 결의할 수 있다"라는 단서조항이 없는 한 동의를 의안으로 성립시킬 이유가 없기 때문에 의안에 대해 재청을 받을 이유는 없다. 소집권자가 소집 시에 보고사항과 의안을 기재하여 놓으면 그것이 의안이 된다. 이 사항들은 이미 의안이 성립되어 있고, 의장은 당연히 상정하여야 한다. 의사진행은 의장의 직무권한에 속하는 것으로서 의안의 상정여부를 조합원에게 물어서 상정해야 하는 것은 아니다. 의안심의에 있어서 의안 자체를 철회할 수는 없기 때문이다.

정관에 특별한 규정이 없는 한 총회의 목적사항으로 미리 정하여 소집통지서에 기재하여 놓은 의안에 한하여 심의 결의할 수 있으므로, 회의 당일에 '긴급안건'이란 명목으로 새로운 의안을 발의하여 재청받아 처리할 수 없다. 만약 긴급안건으로 처리하였다면 하자있는 결의로 무효의 대상이 되는 것으로 보인다.

의장이 직무수행을 하지 않으면 다음 순위자 또는 임시의장의 주재 아래 의사활동이 가능하다(위 견해에 대해서는 반론이 있을 수 있다. 그러나 경우에 따라 참고할 만하다).

> **대법원 1983. 8. 23. 선고 83도748 판결**
> 개회선언된 임시주주총회에서 의안에 대한 심사도 아니한 채 법률상으로나 사실상으로 의사를 진행할 수 있는 상태에서 주주들의 의사에 반하여 대표이사나 이사가 자진하여 퇴장한 경우 임시 주주총회가 개회되었다거나 종결되었다고 할 수는 없으며, 설령 당시 대표이사가 독단으로 개회선언을 하고 퇴장하였더라도 의장으로서 적절한 의사운영을 하여 의사일정의 전부를 종료케 하는 등의 직책을 포기하고 그의 권한 및 권리행사를 하지 아니하였다고 볼 것이니 그 당시 회의장에 남아있던 총 주식수의 과반수 이상의 주주들이 전 주주의 동의로서 임시의장을 선출하여 진행한 임시주주총회의 결의는 적법하다.

(3) 제안 설명 및 질의응답

의안의 제출자에게 먼저 의안내용에 대한 설명의 기회를 준다. 이사회가 제안한 의안에 대한 제안설명은 의장이나 담당이사가 직접 할 수도 있고, 담당 직원 또는 정비회사로 하여금 대신할 수도 있다.

의장은 의안에 대하여 질의할 조합원이 있는지 여부를 물어 질의할 조합원이 있으면 그 기회를 주어야 한다. 질의응답의 방법으로는 일문일답식에 의하거나 질의를 전부 듣고 한데 묶어 답변하는 방법에 의하거나 상관없다.

<u>또한 답변은 의안의 제안자가 하는 것이 타당하다.</u>

(4) 찬·반토론

찬·반토론은 의안 심의에 있어서 핵심적 요소이며, 회의체의 모든 구성원은 회의의 진행 중에 자유롭게 토론할 수 있다.

제출된 의안은 질의, 찬성, 반대의견 등이 이루어진다.

찬반토론 중에 부동의, 의사진행발언이 있으면 의장은 이를 적절히 처리하여야 한다. 이러한 과정을 생략한 채 결의하게 되면 법령 또는 정관에 위반되거나 현저하게 불공정한 점이 있다는 이유로 그 효력을 부정당할 가능성이 높다.

<u>찬반토론을 어디까지 인정하고 제한할 것인가가 가장 어렵다. 안건과 무관한 발언 또는 장시간 발언 등으로 인해 회의 진행이 어려운 경</u>

우가 많다. 정답은 없다. 의사규칙을 정하지 않았다면 그때그때 임기응변으로 해결책을 찾아야 한다.

그런데 실무적으로 의안에 앞서 의사규칙을 먼저 의결하는 경우도 있을 것이다(예를 들어 찬성의견 3명, 반대의견 3명 이내로 제한함. 또는 1인당 3분 이내로 제한함). 그러나 이러한 당일 의사규칙에 대한 의결은 불가하다고 사료한다. 미리 그 의안에 대해 통지하지 않았기 때문이다. 따라서 반드시 미리 의사규칙을 제정하는 것이 타당하다고 본다.

(5) 동의(의결), 수정동의와 대안

동의의 종류에는 관련 조합이 의결을 구할 내용을 제시하고 이에 대하여 그대로 조합원의 동의를 구하는 원안동의가 있고, 원안에 원칙적으로 찬성하면서 그 내용의 일부를 수정하자는 수정동의가 있다.

수정동의는 원안과 관련성이 있어야 한다(관련성의 원칙). 수정할 수 있는 범위도 성질상 일반적으로 예견할 수 있는 범위에서만 가능하다. 수정의 방법으로는 내용에 어떤 문구를 삽입 또는 첨가, 삭제, 삭제와 삽입 등으로 이루어진다.

수정동의와 유사한 대안(代案)이란 것이 있다. 대안이란 원안의 내용을 전반적으로 수정하는 것이다. 수정동의는 원안의 일부분을 변경하는 것이고, 대안은 원안의 전반에 대하여 변경을 가하는 것이다. 총회의 결의로 의제를 삭제하거나 동일성을 해하지 않는 범위 내에서 수정할 수는 있으나, 새로운 의안을 추가할 수는 없다(대법원 1969. 2.

4. 선고 68다2284 판결).

① 서면결의와 수정동의

총회는 서면결의에 의한 의사표시를 하는 경우가 많다. 총회에서 원안은 많은 토론을 거치면서 수정되는 경우가 많고, 일반인이라면 누구나 예견하고 있는 일이다. 서면결의자도 원안이 수정될 것임을 예견할 수 있으므로, 서면결의서의 찬성에는 동일성이 유지되는 수정안에 대한 찬성이 포함된 것으로 해석할 수 있다. 다만 동일성 범위를 벗어난 대안은 인정하기 어렵다.

② 투표용지를 다른 것으로 투표하는 것을 주의하여야 한다.

정상적인 투표용지를 없애버리고 다른 것으로 투표한 후에 나중에 부정투표를 문제 삼는 경우도 있다.

③ 여러 가지 사안을 1투표용지로 투표할 경우 찬·반 표시를 각 사안별로 할 수 있도록 하여야 한다.

(6) 조건부 또는 기한부 결의

사정에 따라 어떤 결의를 하면서 그 결의의 효력 발생에 법령이나 규약에 저촉되지 않는 어떤 한 일정한 조건이나 기한을 붙일 수도 있다. 이러한 조건부 또는 기한부 결의가 이루어지면 그 결의는 조건이 성취될 때 또는 그 기한이 도래한 때에 현실적으로 효력이 발생하게 된다.

다만, 주무관청이 아닌 제3자의 동의 또는 승낙을 필요로 하는 경우와 같이 법령이나 정관에 근거가 없고, 조합의 본질에 반하는 조건은 그 조건의 내용에 따라 조건이 없는 경우로 취급되거나 결의자체가 무효로 된다.

(7) 표결결과의 선포 및 폐회 선언

출석한 조합원들의 표결이 모두 끝나면 계표원으로부터 집계표를 넘겨받아 표결결과를 선포한다. 의안이 결의요건에 해당하는 득표를 하였으면 가결되고, 그렇지 아니하면 부결된다.

그 의안에 대한 의장이 표결결과를 발표하여야 한다. 예를 들어 선거는 선거관리위원장이 다른 의안은 의장이 발표를 하여야 한다.

1개의 의안에 관하여 가부동수인 경우는 부결이라고 보아야 한다(의장이 결정하는 것은 주식회사의 경우는 무효이다).

표결에 있어 단순히 반대자만 묻고 원안대로 통과시킬 수 없다. 나머지가 모두 찬성하였다고 단정할 수 없기 때문이다. 반드시 나머지는 모두 찬성하는지 까지도 물어 보아야 하고 그 찬반숫자가 의사록에 명확히 기재되도록 하여야 한다.

<u>임원 선출 총회 시 선출된 임원의 이름이 회의록에 있어야 등기가 가능하다. 반드시 성명을 호명하여 회의록에 기재되도록 한다.</u>

결의 성립의 선언을 보류한 채 폐회선언을 한 경우에는 결의가 없는 것이다.

> **대법원 2008. 2. 14. 선고 2007다62437 판결**
> 재건축조합의 조합해산안에 대한 임시총회 결의절차에서 의장이 일부 서면결의서의 하자 유무의 확인을 이유로 결의 성립의 선언을 보류한 채 폐회선언을 한 경우, 결의의 존재를 인정할 외관적 징표가 없으므로 그 결의가 존재함을 전제로 한 임시총회의 해산결의 존재확인의 소는 확인의 이익이 없어 부적법하다고 한 사례.
> 재건축조합의 총회의 결의는 의사결정기관인 총회의 의사를 결정하는 법률행위로서, 소정의 절차에 따라 결의의 성립이 선언됨으로써 관계자에 대하여 구속력을 가지는 결의가 외형적으로 존재하게 되고, 그와 같이 결의의 존재를 인정할 수 있는 어떤 외관적인 징표가 있어야만 그 결의의 효력 유무의 확인을 구할 수 있다 할 것이다.

상정 의안의 심의가 모두 끝나고 나면 폐회를 선언한다. 심의가 계속되고 있는 동안 의장이 일방적으로 폐회선언을 할 수는 없다. 다만, 조합원들이 총회장을 다 빠져나가 정족수에 미달하고 있거나 회의장 질서를 회복할 수 없는 상태라면 폐회선언은 가능하다.

만약, 정상적인 상태에서 심의가 계속되고 있는 동안 의장이 일방적으로 폐회선언을 하였어도 그 효력은 없고, 이 경우 임시의장을 선출하여 회의를 계속할 수 있고 의결된 결의는 유효하다.

총회에 상정되었던 의안으로 심의되지 아니한 의안은 자동 폐기되는 것이지, 다음 총회로 자동 이월되어 심의하는 것은 아니다.

07 총회 결의

가. 의결권

의결권이란 조합의 조합원이 총회에 출석하여 조합의 의사형성에 참석할 수 있는 권리를 말한다. 즉, 조합원은 의결권에 의하여 총회의 의사를 결정하는 결의에서 찬부의 의사를 표시하여 조합의 의사결정에 참여함으로써, 조합의 운영에 대한 참가권을 갖는다고 할 수 있다.

조합원은 평등한 의결권을 갖는다. 즉, <u>조합원은 조합원 평등의 원칙에 의하여 1개의 의결권을 갖는 것이 원칙이다.</u>

> 서울중앙지방법원 2014. 8. 14. 선고 2014가합21835 판결
> -피고 강남구청
> -법 제19조 제1항 제2호, 정관 제9조 제2항에 의하면 의결권은 여러 채를 보유하더라도 1개이다.

나. 정족수

(1) 일반론

총회의 결의가 성립하려면 우선 일정한 수의 조합원이 출석하여 회의가 성립되어야 하고, 그 출석한 조합원의 의결권 가운데 일정 수 이상의 찬성을 얻어야 한다. 전자를 의사정족수, 후자를 의결정족수라고 한다.

의사정족수는 총회의 성립요건이며, 조합원은 총회 개회 시부터 종료 시까지 계속하여 자리에 있어야 하므로, 의사정족수는 계속요건이라고 한다.

총회 도중에 의사정족수를 결하면 의장은 잠시 회의를 정회하고 다시 성원이 될 때를 기다려 속회하여야 할 수 있다. 실무상 총회 진행 중에 일시 그 요건을 결하더라도 이를 문제 삼는 사람이 없으면 그대로 회의를 계속하다가 결의를 할 때에 성원이 되도록 조합원을 모으는 예도 많다. 총회 진행 중에 의사정족수를 결하고 상당한 시간을 기다려도 성원이 될 가망성이 없으면 그날의 회의를 부득이 폐회할 수밖에 없다.

(2) 직접 출석

① 10% 이상

총회는 조합원 10% 이상이 직접 출석하여야 한다.[170] 즉, 총회의 의결은 조합원의 100분의 10 이상이 직접 출석하여야 한다.

---

170 2009. 11. 28.부터 시행

② 20% 이상

창립총회, 사업시행계획서의 작성 및 변경, 관리처분계획의 수립 및 변경을 의결하는 총회, 정비사업비의 사용 및 변경을 위하여 개최하는 총회의 경우에는 조합원의 100분의 20 이상이 직접 출석하여야 한다(법 제45조 제6항, 령 제42조 제2항 제4호).

'정비사업비의 사용 및 변경을 위하여 개최하는 총회'는 2018. 2. 9. 시행령이 전부개정되면서 신설된 조항이다. 이 조항은 같은 날부터 시행된다. 법제처 사이트를 보아도 개정이유는 없다.

시행령이 말하는 "정비사업비의 사용 및 변경을 위하여 개최하는 총회"가 세부적으로 무엇을 말하는지가 문제된다. 실무적으로 정비사업비는 조합설립동의서 및 설립인가로 최초 결정되고, 그 이후에는 사업시행계획 또는 관리처분계획에서 변경된다. 그 외에 정비사업비 총액만을 변경하는 총회는 개최하지 않는 경향이다.

법 제26조 제4항 제2호는 '건축물의 철거 및 새 건축물의 건설에 드는 공사비 등 정비사업에 드는 비용'을 "정비사업비"라 규정하고, 법 제35조 제2항 제2호는 '정비사업비와 관련된 자료 등 국토교통부령으로 정하는 서류'를 조합설립인가신청서류로 규정하여 최초 정비사업비가 결정되도록 하고 있다.

그 이후에는, 법 제45조 제1항 제3호는 총회의 의결사항으로 '정비사업비의 사용'을 규정하고, 동조 제4항은 사업시행계획의 작성 및 변경, 관리처분계획의 작성 및 변경의 경우에는 조합원 과반수의 찬성으로 의결한다. 다만 정비사업비가 100분의 10(생산자물가상승률분, 제73조에 따른 손실보상 금액은 제외한다) 이상 늘어나는 경우에는 조합원 3분의 2 이상의 찬성으로 의결하여야 한다고 하고, 법 제52조는 사업시행계획서에는 '정비사업비'를 포함하여 작성하여야 하고, 법 제74조 제1항 제6호는 '정비사업비의 추산액'을 관리처분계획에 포함하도록 하고 있어, <u>결국 사업시행계획과 관리처분계획에서 정비사업비의 변경</u>이 이루어지도록 하고 있고, 이 경우에는 조합원 20% 이상이 직접 참석하여야 한다고 하는 것이다.

령 제30조 제2항 제2호는 '정비사업비'는 '공사비 등 정비사업 비용에 드는 비용'을 말한다고 하고, <u>령 제31조 제6호는 조합설립인가의 경미한 변경사항으로 '정비사업비의 변경'을 규정하고</u>, 령 제42조 제1항 제4호는 총회의결사항으로 '정비사업비의 변경'을 규정하고, 령 제43조 제12호는 '정비사업비의 변경'은 대의원회가 대행할 수 없고, 령 제46조 제1호는 사업시행계획의 경미한 변경사항으로 '정비사업비를 10퍼센트의 범위에서 변경하거나 관리처분계획의 인가에 따라 변경하는 때'를, 령 제61조 제2호는 관리처분계획의 경미한 변경사항으로 '법 제50조에 따른 사업시행계획인가의 변경에 따라 관리처분계획을 변경하는 경우'를 규정하고 있다.

이상의 규정을 정리하면 먼저 '정비사업비'는 '건축물의 철거 및 새 건축물의 건설에 드는 공사비 등 정비사업에 드는 비용'이고, 정비사업비는 최초 조합설립동의서에 기재하여 동의를 받은 후에 인가를 받음으로써 결정되고, 그 이후의 변경은 사업시행계획이나 관리처분계획에서 변경되는 것이고, 그 경우에는 20%가 직접 참석하여야 한다.

그럼에도 불구하고 시행령 제42조 제2항 제4호가 신설된 것은 제1호 내지 제3호의 경우 '外'에 정비사업비의 사용 및 변경(사용 또는 변경이 아님을 유의하여야 한다)이 있을 경우에는 20% 이상이 직접 참석하여야 한다는 것으로 보아야 한다는 것이다.

시행령 제38조 제14호는 정관에 총회의 의결을 거쳐야 할 사항의 범위를 정하도록 하고 있고, 재건축·재개발 표준정관 제21조 제4호는 "정비사업비의 사용계획 등 예산안"을 총회 의결사항으로 규정하고 있다. 따라서 조합의 예산안은 총회의 의결을 거치면 되고, 이 경우에는 조합원의 100분의 10 이상이 직접 출석하여야 한다(법 제45조 제6항).

령 제42조 제2항 제4호에서 말하는 '정비사업비의 사용 및 변경을 위하여 개최하는 총회'는 조합의 예산총회를 말하는 것은 아니라고 보아야 한다.

법 제45조 제1항 제3호는 총회의 의결사항으로 '정비사업비의 사용'을 규정하므로, 이후 정비사업비를 사용하려면 총회의 의결을 거쳐야 하나. 다만, 령 제43조에 의하면 대의원회가 총회의 권한을 대행할 수 없는 사항에 '법 제45조 제1항 제3호에 따른 정비사업비의 사용'은 빠져 있다. 즉 정비사업비의 사용을 대의원회가 대행할 수 있도록 한 것은 예산에 대해서 총회 의결을 거쳐야 하므로, 굳이 총회를 거친 예산안 사용을 다시 반드시 총회에서 하도록 하는 것은 앞뒤가

맞지 않기 때문이다.

반면 령 제42조 제1항 제4호는 총회의결사항으로 '정비사업비의 변경'을 규정하고, 령 제43조 제12호는 '정비사업비의 변경'은 대의원회가 대행할 수 없고, 령 제46조 제1호는 사업시행계획의 경미한 변경사항으로 '정비사업비를 10퍼센트의 범위에서 변경하거나 관리처분계획의 인가에 따라 변경하는 때'를, 령 제61조 제2호는 관리처분계획의 경미한 변경사항으로 '법 제50조에 따른 사업시행계획인가의 변경에 따라 관리처분계획을 변경하는 경우'를 규정하고 있다.

다만 이러한 정비사업비의 변경은 조합설립변경인가를 받아야 하지만 경미한 변경이다(아마도 변경에서 총회 의결을 받았기 때문에 굳이 조합설립변경인가시에 또 다시 총회 의결을 받을 필요는 없기 때문인 것이다).

결론적으로 령 제42조제2항 제1호 내지 제3호, 즉 창립총회, 사업시행계획서의 작성 및 변경을 위하여 개최하는 총회, 관리처분계획의 수립 및 변경을 위하여 개최하는 총회와 다르게 '정비사업비의 사용 및 변경을 위하여 개최하는 총회'라고 보아야 한다.

다만 국토교통부의 유권해석은 사견과는 다르다. 조합의 예산을 정하는 총회에 대하여는 조합원 100분의 20 이상의 직접출석이 필요할 것으로 판단된다고 한다(2018. 6. 27.).

> | 답변일 | 2018-06-27 17:58:24 |
> |---|---|
> | 처리결과(답변내용) | 안녕하십니까? 평소 국토교통행정에 관심과 애정을 가져 주신 점 깊이 감사드리며, 귀하께서 우리 부에 질의하신 사항에 대하여 아래와 같이 답변 드립니다.

1. 민원요지

조합의 예산총회를 정비사업비의 사용 및 변경을 위하여 개최하는 총회에조합원의 20% 이상이 직접 출석해야하는지

2. 답변내용

「도시 및 주거환경정비법」제45조제6항 단서에 따르면 창립총회, 사업시행계획서의 작성 및 변경, 관리처분계획의 수립 및 변경을 의결하는 총회 등 대통령령으로 정하는 총회의 경우에는 조합원의 100분의 20 이상이 직접 출석하도록 하고 있고, 같은 법 시행령 제42조제2항제4호에 따르면 정비사업비의 사용 및 변경을 위하여 개최하는 총회는 조합원의 100분의 20 이상이 직접 출석하도록 하고 있으므로, 질의하신 조합의 예산을 정하는 총회에 대하여는 동 규정에 따라 조합원 100분의 20이상의 직접출석이 필요할 것으로 판단됨을 알려드립니다. |

따라서 조합입장에서는 판례가 나오기 까지는 보수적으로 해석하여 예산총회를 운영하여야 할 것이다.

③ 과반수 이상

<u>시공자 선정을 위한 총회는 조합원 과반수가 직접 출석한 경우(대리인이 참석한 때에는 직접 참석한 것으로 본다)에 한하여 의사를 진행할 수 있다.</u>

총회의 의결은 이 법 또는 정관에 다른 규정이 없으면 조합원 과반수의 출석과 출석 조합원의 과반수 찬성으로 한다(법 제45조 제3항).

(3) 일반 의결정족수에 의한 의결이 어려운 경우

3명 이상의 위원장 또는 조합장 후보 출마 시 또는 3곳 이상 중 협력업체 선정 시에는 조합원 과반수 출석 및 출석 과반수 찬성에 의한 의결이 어려울 수도 있다.

이러한 경우에 대비하여 조합 정관 작성 시 또는 운영규정 작성 시 "… 다수 득표에 의해 결정한다." 라는 내용을 추가하도록 권고한다.

> 표준정관 제22조(총회의 의결방법) ①총회는 법, 이 정관에서 특별히 정한 경우를 제외하고는 조합원 과반수 출석으로 개의하고 출석조합원의 과반수 찬성으로 의결한다.

(4) 총회장 퇴장 조합원

통상 총회 회의는 시간이 상당이 걸린다. 그런데 의결정족수 충족여부의 판단기초가 되는 출석구성원의 수는 투표를 위하여 이루어진 성원보고를 기준으로 파악하여야 한다는 서울행정법원의 판례가 있다. 동 판시 사례를 살펴보면, 2차성원보고시 642명 출석, 그런데 6명은 서면동의자가 출석, 결국 성원은 636명, 그런데 19명이 투표장에서 퇴장하여 617명, 그런데 퇴장자는 기권으로 처리하여야 한다. 결국 찬성 의결정족수는 출석조합원의 636명을 기준으로 2/3인 424명, 그런데 찬성 수는 412명이므로 부결된 것이라고 판결하였다. 여기서 쟁점은 19명에 대한 처리이다. 만일 투표직전 다시 성원보고를 하여 19명을 성원에서 제외하였다면 결론이 달라진다. 617명을 기준으로 하면 찬성 의결정족수는 411명(또는 411.3333이므로 412명으로 보아도 무방)이므로 의결되는 것이다. 여기서 성원보고를 투표직전 바로 하거나 투표가 실시될 당시 투표장에 현실적으로 남아 있었던 조합원

수를 확인하거나 하지 않는 한 기권처리가 되어 의결정족수에서 손해를 보는 것이다. 결국 성원보고로 무조건 결정하는 것이 아니라 입증을 하면 그에 의한다는 판결이다.

그러나 위 판결은 대법원에서 아래와 같이 파기환송되었다. 따라서 의결정족수를 정하는 기준이 되는 출석조합원은 당초 총회에 참석한 모든 조합원을 의미하는 것이 아니라 문제가 된 결의 당시 회의장에 남아 있던 조합원만을 의미하고, 회의 도중 스스로 회의장에서 퇴장한 조합원은 이에 포함되지 않는다(대법원 2001. 7. 27. 선고 2000다56037 판결 참조).

대법원 2010. 4. 29. 선고 2008두5568 판결

도시 및 주거환경정비법 제24조에 따라 조합원 총회에서 관리처분계획의 수립을 의결하는 경우의 의결정족수를 정하는 기준이 되는 출석조합원은 당초 총회에 참석한 모든 조합원을 의미하는 것이 아니라 문제가 된 결의 당시 회의장에 남아 있던 조합원만을 의미하고, 회의 도중 스스로 회의장에서 퇴장한 조합원은 이에 포함되지 않는다(대법원 2001. 7. 27. 선고 2000다56037 판결 참조). 그리고 법인의 총회 또는 이사회 등의 의사에는 의사록을 작성하여야 하고 의사록에는 의사의 경과, 요령 및 결과 등을 기재하고 이와 같은 의사의 경과요령 및 결과 등은 의사록을 작성하지 못하였다든가 또는 이를 분실하였다는 등의 특단의 사정이 없는 한 이 의사록에 의하여서만 증명된다(대법원 1984. 5. 15. 선고 83다카1565 판결 참조).

(5) 총회에 참석하였으나 의결에 미 참석한 자

총회에 참가하였으나 의결에 참가하지 아니한 조합원은 의결정족수를 계산하는데 제외하여야 한다는 견해가 있으나, 법 제43조 3항은 '출석조합원의 과반수'라고 규정하고 있으므로 의결정족수에는 참여시켜야 한다. 즉, 의결정족수에는 참여시키되 부동의한 것으로 보아야 한다는 뜻이다[171].

다만, 퇴장한 조합원은 의결정족수에서 제외되나, 기권자는 의결정족수에 포함된다.

(6) 법상 당연 탈퇴 조합원인데 단지 이사회를 거치지 않은 경우

조합원이 당연 탈퇴의 사유에 해당하면 그 자체로 조합원의 자격을 당연히 상실하고, 이사회의 확인은 사무처리의 편의와 일관성을 위한 것일 뿐 그 확인이 없다고 하여 조합원의 자격이 그대로 유지되는 것으로 볼 것은 아니다(대법원 2010. 9. 30. 선고 2009다91880 판결).

(7) 서면결의서와 임원선거의 부재자투표용지를 분리한 경우, 서면결의서는 제출 하였으나 투표용지를 제출하지 않은 조합원은 출석한 것으로 볼 수 있는지 여부

조합 임원 선출결의와 나머지 안건에 관한 결의는 그 결의방식을 달리하는 별개의 결의이어서 의결정족수는 문제가 된 조합 임원 결의를 기준으로 산정하여야 하므로, 조합원들이 다른 안건에 관한 서면결의

---

[171] 권오복, 법인 사단과 재단의 성립과 해산, 육법사 간, 211

서를 제출하였다고 하더라도 조합 임원 선출투표에는 참여한 것이라고 볼 수 없다(대법원 2011. 4. 28. 선고 2010다106269 판결).

(8) 조합규약의 규정에 위반하여 재건축조합원의 대리인이 위임장에 본인의 인감증명서를 첨부하지 않고 조합 총회에 출석한 경우, 그 출석의 효력 유무(유효)

본인의 인감증명서를 첨부하지 않고 위임장만을 가지고 재건축주택조합 총회에 대리인으로 참석하여 결의를 하고 총회가 끝난 후 본인의 인감증명서를 제출해도 참석은 유효하다(대법원 2007. 7. 26. 선고 2007도3453 판결).

다. 의결권의 행사방법
(1) 직접참석자

총회의 각 의안에 대한 설명과 토의가 종료하면 표결을 하여야 한다. 표결은 의장의 표결개시 선포로 시작되고, 표결방법은 회의진행의 일반원칙에 따라서 할 수 있다.

정관에 특별한 제약이 있는 경우를 제외하고는 구두, 거수, 기립, 호명, 투표지에 의한 표결, 전자투표 등 의장의 재량으로 어느 하나에 의하여 표결할 수 있다.

박수로 가결하는 예도 종종 있으나, 이는 지양하여야 할 것이다. 총회에서 조합원의 절대다수가 찬성의사로 박수를 친 것은 사실이나 의사록으로만 판단하면 몇 명의 조합원이 찬성하였다는 근거가 없으므로 그 효력을 부인당할 수도 있다. <u>찬성과 반대 수를 명확히 하여 의사록에 나타나게 하여야 할 것이다.</u>

다만, 다음과 같이 찬성 조합원 수를 구체적으로 집계하지 아니하였다는 것만으로 그 결의가 무효라고 볼 수는 없다는 판례는 있다.

> **대법원 2006. 2. 23. 선고 2005다19552,19569 판결**
> 원심판결 이유에 의하면 원심은, 원고 조합의 창립총회에서 규약안을 의결함에 있어서 의장이 설명을 마친 후 거수의 결의방법을 채택하여 찬반을 물었고, 절대다수의 조합원들이 찬성에 거수하고 반대는 극소수임을 확인하고는 규약안이 의결되었음을 선포한 사실을 인정한 다음, <u>찬성 조합원 수를 구체적으로 집계하지 아니하였다는 것만으로 그 결의가 무효라고 볼 수는 없다고 판단하였다.</u>
> <u>조합원 총회의 결의는 조합원들이 결의사항에 대하여 찬부를 표명함으로써 행하여지는 것으로 규약 등에 별다른 규정이 없는 한 거수, 기립, 투표 등 어느 방법을 택하여도 무방하다 할 것인바,</u> 원심이 들고 있는 사정과 여기에 위와 같이 규약안의 의결을 선포하였을 때 참석한 조합원들이 박수로써 호응하였고 그에 대하여 반대하는 의사표명이 없었던 점을 더하여 보면, 위와 같은 원심의 조치는 정당한 것으로 수긍할 수 있고, 거기에 총회의 결의정족수에 관한 법리를 오해한 위법이 있다고 보이지 아니한다.
>
> **서울지방법원 2001. 11. 7. 선고 2001가합3955 판결**
> 투표방법이나 집계에 관하여 아무런 규정이 없는 경우 총회장에서 붓대롱으로 기표란에 찍는 방식으로 투표하도록 하였음에도 펜, 무인 등의 방법으로 기표한 투표용지에 대하여도 어느 기표란에 기표하였는지 의사가 분명하게 나타나 있는 이상 투표자의 의사를 존중하여 유효한 것으로 보아야 한다.

일반적으로 총회 진행시에는 반대자와 기권자를 먼저 거수하게 하는 것이 회의의 원활한 진행을 위해 바람직하다. 통상 우리나라 사람들은 손을 잘 들지 않는 경향이 있다. 그리고 현실적으로도 찬성자의 숫자가 많을 것이므로 이를 카운트하기도 어렵다. 물론 반대자와 기권자를 제외하면 나머지는 모두 찬성하는 것인지를 물어보아야 한다.

물론 모든 의안을 상정한 다음 미리 투표용지를 배포하고 수시 투표하는 경우도 있다. 미리 확실히 자기 의사를 정하고 있는데 토의가 마칠 때까지 기다리기 어려운 사정이 있는 사람들에게 매우 유용한 방법이다. 그러나 이 방법이 불리한 경우도 있다.

정관의 위임을 받은 선거관리규정에서 따로 정하는 것이 좋다.

조합 임원선출의 경우, 단일후보에 대한 가·부 표결에 있어서는 거수 또는 기립의 표결방법, 복수후보 택일표결에 있어서는 투표지에 의한 표결방법이 적합할 것이다.

(2) 정원이 여러 명일 경우 그 여러 명을 일시에 선출하는 방법

① 정수의 후보만이 등록한 경우

의장이 만장일치로 전원을 선출하자고 제안하는 것도 가능하다. 단 1인이라도 이의제기 시에는 한명씩(후보등록순, 연령순, 가나다 순 등으로 미리 정한 방법에 따라) 가부 표결에 부친다[172].

---

172 동지, 맹신균, 주택정비사업해설, 법률엔출판 간, 504.

결의서에는 반대자를 기재하는 란을 따로 두는 것이 좋다.

② 정수 이상의 후보가 등록한 경우

일괄기입투표제 : 5명의 임원을 선출하고자 하는 경우 조합원들에게 5명의 후보자를 투표지에 기입하도록 하고, 득표순으로 상위의 5명을 당선자로 결정하는 방법

순차표결 : 의장이 제출순, 연령순, 입회순, 가나다순 등으로 한명씩 표결에 부쳐 정수에 달하는 사람이 선출되면 그들을 당선자로 결정하는 방법

조합원은 일정한 표결방법으로 할 것을 청구할 권한은 없다고 보나, 다수가 요구하는 경우에는 그에 의하여야 할 것이다.

<u>임원 해임결의는 반드시 해임대상자 개인별로 하여야 한다. 일괄표결은 무효이다.</u>

③ 대의원 명단에 의한 일괄 선출방법이 적정한지 여부

> **서부지방법원 2008. 7. 18. 선고 2008가합283 판결**
> 조합원들로 하여금 대의원후보에 대한 개별적 찬성, 반대의사를 표시할 수 있는 기회를 박탈하지 않는 선에서 운영의 편의를 위하여 일괄적으로 대의원후보를 호명하고, 찬반의 의사를 표시하는 형식을 취했다는 점만으로 위 대의원 선임결의가 위법하다고 보기는 어렵다
>
> **구리인창C구역 판결례**
> 총회에서 조합원들이 대의원을 선출하기 이전에 선거관리위원회에서 입후보자들에 대한 투표를 미리 해 그 중 일부만을 대의원예비후보로 선정한 것과 이들을 포함한 대의원 후보 50명 각자에 대한 찬반을 묻는 방식에 의하지 아니하고 50명 전체에 대한 찬반을 묻는 방식으로 전원을 대의원으로 선출한 것은 위법하다.
>
> **수원지방법원안양지원 2011. 5. 11.자 2011카합61 결정**
> 대의원 개별후보자에 대한 찬반투표방식으로 이루어져야 함에도 대의원 후보자 74명 전원에 대하여 찬성, 반대의 의사를 묻는 방식으로 결의가 진행된 것은 업무규정 제92조 단서에 위배된다고 할 것이므로, 이 사건 선출결의는 위와 같은 하자가 있어 무효.

(3) 서면에 의한 의결권 행사

서면에 의한 의결권 행사라 함은 본인이 직접 조합원 총회에 출석하지 아니하고 당해 회의의 안건에 대해 자신의 의사표시를 서면으로 하는 것을 말하며, 실무상 조합이 배포한 서면결의서에 의해 의사표시를 행사하고 있다. 민법 제73조 제2항은 서면에 의한 의결권 행사를 허용하고 있고, 표준정관에서도 이와 같다.

의사표시방법에 있어서 조합규약이나 정관에 다른 정함이 없는 이상 반드시 일정한 절차와 방식에 따라서만 하여야 하는 것은 아니며, <u>그 동의나 철회의 의사를 분명히 추단할 수 있는 행위나 외관이 있</u>

는 것으로 충분하다(대법원 2002. 3. 11.자 2002그 12 결정, 대법원 2008. 8. 21. 선고 2007다83533,83540 판결).

다만, 서면결의나 대리인에 의한 결의권의 행사는 정관으로 제한하거나 금지할 수 있다(민법 제73조 제3항).

의결권은 서면이나 대리인을 통해 행사할 수 있고, 서면이나 대리인으로 하여금 의결권을 행사한 조합원은 출석한 것으로 본다.

구체적인 서면결의서 행사방법 등은 정관이나 선거관리규정, 의사규칙에 정한 바에 의하므로, 아래는 표준정관에 의한 경우로 가정하고 설명한다. 즉, 서울시는 선거관리규정이나 의사규칙에 따로 정하고 있으므로, 그 내용에 따라야 한다.

> **표준정관 제22조(총회의 의결방법)**
> ③조합원은 서면 또는 제10조제2항 각호에 해당하는 대리인을 통하여 의결권을 행사할 수 있다. 서면행사하는 경우에는 제1항 및 제2항의 규정에 의한 출석으로 본다.

서울특별시 정비사업 의사진행 표준운영규정 서울특별시고시 제2017-45호, 2017. 2. 16.

제21조(서면결의서에 의한 투표)

①조합등은 정관등에서 정하는 바에 따라 회의등에 직접참석 할 수 없는 조합원등의 의결권 보장을 위해 서면에 의한 방식으로 투표하게 할 수 있으며, 회의소집 공고 및 통지시 서면결의서 제출 및 철회 등의 방법을 고지하여야 한다.

②조합원등이 제1항에 따라 서면에 의한 방식으로 투표하고자 할 경우 조합등에서 송부 받은 서면결의서(별지 제5호 서식)를 작성한 후 밀봉하여 제출하여야 하며, 이 경우 회의개최 전일 18시까지 조합등에 도착하도록 하여야 한다.

③서면결의서를 제출한 조합원등은 참석자명부에 서면결의 투표자로 표시한다.

④조합등은 제2항에 의하여 제출된 서면결의서를 훼손하지 아니하고 즉시 투표함에 넣어 보관하여야 한다.

제22조(서면결의서 투표함의 봉인)

①서면결의서 투표함은 조합등이 제작한 투표함으로 하되, 투·개표 감독관(이하 "감독관" 이라 한다.)이 확인한 후 시건·봉인한다. 감독관 선임방법은 대의원회등에서 따로 정할 수 있다.

②서면결의서 투표함의 보관장소는 조합등 사무실로 한다.

③서면결의서 투표함을 보관장소에 보관, 반출 또는 투표소에 설치할 경우에는 제1항에 따른 감독관이 입회하여야 한다.

④ 서면결의서 투표함은 투표개시 전 투·개표 장소로 감독관이 이송한다.

제23조(서면결의서 철회 등)

①서면결의서를 제출한 조합원등이 총회 당일 참석이 가능하여 의결권을 투표로서 행하고자 할 경우 서면결의서 철회 확인증(별지 제10호 서식)을 작성하고 서면결의서를 철회하여야 한다. 단, 철회는 총회 당일 안건상정 전까지 가능하다.

②서면결의서를 제출한 조합원등이 의사표시 재작성 또는 오기 등으로 서면결의서를 재작성하고자 할 경우 기존에 제출한 서면결의서를 철회하고 서면결의서 철회확인증(별지 제10호 서식)을 작성하여야 한다. 이 경우 제출방법 및 시기는 제21조제2항을 준용한다.

③제2항의 규정에 의해 서면결의서를 철회 또는 재작성하는 경우 조합등은 이를 확인하여 서면결의서 철회대장(별지 제11호 서식) 및 서면결의서 교체대장(별지 제12호 서식)을 작성하고 즉시 참석자명부를 정정하여야 한다.
④서면결의서 제출 후 철회를 하지 않고 회의당일 참석하는 조합원등은 직접참석자 수에 포함하되, 의결권은 서면결의서로 갈음한다.
제24조(서면결의서 개봉시기) 서면결의서 투표함은 회의당일 투표가 종료되고 개표가 개시된 이후 개봉하는 것을 원칙으로 한다. 다만, 회의당일 출석한 조합원등의 과반수 동의를 얻은 경우에는 제18조제1항에 따라 개봉시기를 조정할 수 있다.

서울특별시 정비사업 표준선거관리규정 서울특별시 고시 제2017-243호 (개정 2017. 7. 6.)
제45조(우편에 의한 투표) ①조합 선관위는 조합 정관에서 정하는 바에 따라 총회 등에 직접참석 할 수 없는 선거인의 선거권 보장을 위해 우편(서면)에 의한 방식으로 투표하게 할 수 있다.
②선거인이 제1항에 따라 우편에 의한 방식으로 투표하고자 할 경우 조합 선관위에서 송부 받은 우편 투표용지에 기표한 후 선거인이 직접 우편발송하여야 하며, 이 경우 선거일 총회 개최 전까지 조합 선관위에 도착되도록 하여야 한다.
【주】 우편 투표용지가 포함된 선거공보의 발송기한은 선거인이 회송용 봉투를 발송하여 선거일 전에 조합 선관위에 도착되어야할 기한을 고려하여 결정하여야 함.
③제2항에 의한 우편 투표용지 송부·기표·회송 방법에 대하여는 조합 선관위가 따로 정한다.
④우편으로 투표한 선거인은 선거인명부에 우편 투표자로 표시한다. 이 경우 표시는 조합 선관위가 따로 정한다.
⑤조합 선관위는 제2항에 의하여 제출된 우편 투표용지를 훼손하지 아니하고 즉시 봉인된 투표함에 보관하여야 한다. 이 경우 투표함의 봉인·보관·입회·이송에 대하여는 제44조 규정을 준용한다.

① 결의사항 찬부의 기재

서면결의서에는 총회의 의안별 결의사항에 대하여 찬·반 표시를 분명히 기재하여야 한다. 찬·반의 기재가 없는 경우 기권으로 보며, 모두를 기재한 경우 무효로 되어 찬성 표수에 산입되지 않는다.

가끔 '총회 결의에 따른다.'라고 하는 서면결의서가 있는데, 이는 무효라고 사료한다[173].

② 서면결의서에 2차 투표까지 실시

2차 투표방법 중 3후보를 대상으로 하면 경우의 수를 나열하여 2차 투표실시
  - 1차 투표에서 다득표한 자 1, 2위를 상대로 2차 투표
  - (1,2) (2,3) (1,3)

2차 투표방법 중 4이상의 후보를 대상으로 할 경우는 신중히 처리
  - 1차 투표에서 다득표한 자 1, 2위를 상대로 2차 투표
  - 1차 투표당시 지지 후보가 1, 2위이면 계속지지
  - 1차 투표당시 지지 후보가 1, 2위가 아니면 직접 참석한 조합원 다득표자를 지지[174]

---

173 인천지방법원 2009. 5. 27.자 2009카합464 결정
174 맹신균, 전게서, 505.

> "우리는 OO지구 선발주자, 더 이상의 부정출발 NO"
> 코리아리포스트 2011-05-31
> **총회 D+1 : 새 집행부에 남겨진 숙제들**
> 하지만 선관위의 어이없는 실수로 몇 가지 문제들이 제기되고 있어 새 집행부의 숙제로 남겨졌다. 우선 서면투표자들을 2차 투표에서 제외한 것이 문제가 되고 있다. 정관 제15조 2항에는 '1차 투표에 출석한 조합원은 2차 투표에도 출석한 것으로 본다'고 규정하고 있는데 현장 참석자만으로 결선을 치른 것이다.
> 또 선관위가 이날 공식적으로 보고한 현장참석자는 746명으로 이후 성원에 대한 추가보고가 없는 상태에서 진행된 투표에서 1차 883명, 2차 1116명으로 현장참석자가 급격히 늘어난 것도 논란이 되고 있다. 현장참석자를 노란색 띠와 빨강색 띠로만 나눴지 몇 명씩인지 분류도 되지 않은 상태에서 최초 성원 보고부터 2차 투표까지 너무 많은 표차가 난다는 것이다. 일각에서는 이러한 문제들에 대해 선관위에 정보공개를 요구하며 "최초 성원보고 후에 입장한 사람들이 370명이라는 주장은 받아들이기 어렵다"고 비난하고 나섰다. 또 "1차 투표에서 조합장과 감사의 총투표수가 각각 3332표, 2975표로 차이가 너무 많다"며 "의혹이 풀리지 않는다면 법적인 대응도 생각하고 있다"고 소송에 대한 의지도 내비쳐 새 집행부의 편치 않은 출발이 예견된다.

③ 서면결의서 재사용

총회를 개최하기 위해 서면결의서를 징구하였는데, 정족수 미달로 인해 무산되었다. 그래서 같은 안건으로 재소집을 하려고 하는데, 기존에 징구한 서면결의서를 그대로 사용해도 되는지가 문제된다.

사견은 재소집을 할 당시에 기존 서면결의서는 개봉도 하지 않고 그대로 보관하고 있으니 이를 다시 사용하겠다는 사실, 만일 반대한다면 철회서를 내 달라거나 철회의사표시를 하여 달라고 명백히 기재한 사실이 있다면 재사용이 가능하다고 본다. 물론 최초 서면결의서를 징구할 때 정족수 미달로 인하여 재소집을 하는 경우에는 그대로 사용하는 것에 동의한다는 표시를 하면 더 확실할 것이다.

> **해임결의 시 비대위가 사용하는 문구 예시**
> 본 서면결의서를 부득이한 사정(개최금지가처분, 일시 및 장소 변경, 정족수 미달로 인한 재소집, 기타)으로 개최일자에 사용하지 못하는 경우, 재사용하는 것에 동의합니다. 해당 서면결의서에 대한 철회는 총회개최 전까지 가능합니다.

④ 서면결의서의 진정성

서면에 의한 의사표시의 경우에는 본인확인절차를 소홀히 하여서는 안 된다. 다만, 하급심 판례 추세는 인감도장이 아니어도 무방하고, 나아가 공란도 가능하다고 한다.

인감도장이 아닌 점은 어느 정도 수긍이 가나, 공란의 경우까지 효력을 인정하기는 어렵다고 본다. 물론 다른 수단으로 제출자의 의사가 추단되면 그 의사에 따르면 될 것이다.

> **서울서부지방법원 2015. 9. 17.자 2015카합50446 결정**
> 채무자 추진위원회의 선거관리규정 제4조 제7항은 "투표용지는 선거관리위원장 직인이 날인된 원본만 인정한다"고 규정하고 있고, 같은 규정 제16조는 선거관리위원장의 날인이 없거나 소정의 투표용지가 아닌 경우에는 투표를 무효로 하도록 규정하고 있음에도 채무자 추진위원회가 배포한 서면결의서에는 선거관리위원장의 직인이 날인되어 있지 않은 점이 인정된다.

그러나 ①채무자 추진위원회의 선거관리규정이 선거관리위원장의 직인이 날인된 투표용지만을 유효한 것으로 규정한 취지는, 투표용지가 선거관리위원회에서 적법하게 교부한 것임을 확인함과 동시에 그 위·변조를 방지하기 위함인데, 이 사건 투표용지에는 위·변조 방지를 막기 위한 기술적 조치가 구현되어 있는 점, ②투표용지기 접수된 이후 개표 진행 과정에서 선거관리위원회가 배포한 서면결의서인지 여부를 확인한 후 선거관리위원장의 직인을 날인하는 하는 것이 이 사건 선거관리규정 자체로부터 금지되지 않는 점, ③투표용지에는 투표자의 성명, 생년월일, 소유 물건의 소재지가 기재되고 투표자의 자필서명 또는 지장 날인이 이루어지므로, 중복 투표나 위조 투표가 이루어질 개연성이 극히 낮은 점, ④현장에서 직접 투표에 참여할 때 교부되는 무기명 비밀 투표용지와 달리 사전에 배포되는 서면결의서의 경우에는 사후에 그 진정성을 확인할 수 있는 방법이 있는 점, ⑤선거관리위원회가 서면결의서를 접수한 경우에는 각 서면결의서가 일단 밀봉된 후 창립총회 당일에 조합원들이 참관한 상태에서 개봉되어 각 안건별로 분리·집계되게 되는 바, 부정투표행위가 개입될 기회자체가 봉쇄되는 점 등을 종합해보면, 선거관리위원장의 직인이 누락되었다는 사정만으로 서면결의서가 무효라거나 그 서면결의서에 따른 선거 자체가 무효라고 보기는 어렵다.

서울서부지방법원 2017. 10. 11.자 2017카합50396 결정
사망자·총회 전 소유권상실자·해외거주자 명의 서면결의서, 조합원 아닌 자가 대필해 준 경우, 무인이 다른 경우의 서면결의서는 무효이다. 조합원으로서의 상속이나 매매사실을 고지하지 않음으로서 불이익을 받는 것은 별론으로 치고 무효이다.
 '권리소재지'란의 부동산 지번이 잘못 기재되었거나 존재하지 않거나, 사업구역 외로 기재되었다고 하여도 위조 증거가 명확하지 않은 이상 이는 유효이다.
채권자들이 서면결의서를 작성한 사실이 없다는 취지의 작성명의인의 확인서를 제출하였다고 하여도 위조되었다고 단정하기가 어려워 유효이다.
서면결의서 말미에 '서명 및 지장날인'이라고 되어 있어도 지장이나 서명 중 하나만 없다고 해도 유효이다.
소유권 표시부분에 조합원 이름만이 기재되었다고 해도 작성명의인을 특정할 수 있다면 이는 유효이다.

⑤ 찬성표기는 수정안도 포함되는 것으로 해석

하나의 의결을 구함에 있어 원안동의, 수정동의 등의 과정이 존재할 수 있다.

수정안은 원안 관련성 원칙에 따라 동일성이 유지되는 것이고, 누구나 수정동의를 예견할 수 있는 것이므로 서면결의서의 찬성에 수정안은 포함되는 것으로 해석하여야 한다. 만약, 이와 같이 해석하지 않는다면 총회에서는 필수적으로 원안동의로만 처리하여야 하고, 참석한 조합원들의 수정안을 채택할 수 없게 되어 결과적으로 수정동의나 발언권 등이 제한되는 결과가 초래되기 때문이다.

⑥ 동의철회의 방법

서면결의의 방법에 의한 재건축결의에 있어서 재건축결의가 유효하게 성립하기 전까지는 재건축결의에 대한 동의를 철회할 수 있고, 그 철회의 의사표시는 재건축결의에 대한 동의의 의사표시와 마찬가지로 조합규약이나 정관에 다른 정함이 없는 이상 반드시 일정한 절차와 방식에 따라서만 하여야 하는 것은 아니며, <u>그 철회의 의사를 분명히 추단할 수 있는 행위나 외관이 있는 것으로 충분하다</u>(대법원 2008. 8. 21. 선고 2007다83533,83540 판결).

실무적으로 해임총회 개최에 찬성하였다가 반대를 하고자 철회서를 내려고 하였으나, 철회서를 받아주지 않아 이를 제출하지 못하여 총회 당일 날 제출하는 경우 그 효력여부가 문제된다. 표준정관에는 서면결의서의 경우 총회 전일까지 도착되도록 하여야 한다고 규정하고 있는 바(제22조 제5항), 정관이나 의사규칙에 규정이 있다면 그에 따라야 할 것이다. 표준정관대로라면 이 철회서는 무효라고 하여야 할 것이나, 만일 정관규정이 없다면 총회 결의 시까지 제출된 철회서는 유효하다고 보아야 한다.

이처럼 철회서를 받아주지 않는 경우에는 아래 판례와 같은 방법으로 대응을 하면 될 것이다.

상대방 있는 의사표시는 그 통지가 상대방에게 도달한 때 효력이 생기는 것이고, 여기서 도달이라 함은 사회통념상 상대방이 통지의 내용을 알 수 있는 객관적 상태에 놓여 있는 경우를 가리키는 것으로서, 상대방이 통지를 현실적으로 수령하거나 통지의 내용을 알 것까지는 필요로 하지 않는 것이므로 상대방이 정당한 사유 없이 통지의 수령을 거절한 경우에는 상대방이 그 통지의 내용을 알 수 있는 객관적 상태에 놓여 있는 때에 의사표시의 효력이 생기는 것이다(대법원 2008. 6. 12. 선고 2008다19973 판결).

광주지방법원은 해임총회 서면결의서 철회와 관련하여 "서면철회서를 가지고 발의자대표의 사무실을 방문한 때에 발의자대표가 그 통지의 내용을 알 수 있는 객관적 상태에 있었을 뿐 아니라 발의자대표가 정당한 사유없이 그 수령을 의도적으로 거절한 사정까지 있으므로 서면결의서는 유효하게 철회되었다고 봄이 상당하고, 임시총회 공고와 서면결의서에서 정한 철회의사표시의 시기 및 방법의 제한은 그 효력이 없다."라고 판시하였다(광주지방법원 2017. 9. 14.자 2017카합50281, 50283 결정).

⑦ 서면결의서가 무효일 경우 의사정족수에서 제외하여야 하는지

정비회사 선정을 하는데 중복하여 서면결의서를 제출하였는바, 이의 효력이 문제된다. 생각건대, 서면결의서가 무효이면 아예 의사정족수에서 제외된다고 본다.

⑧ 서면결의서 제출방법

서면결의서를 직접제출하거나, 우편으로 제출하거나, 아니면 선거관리위원회에서 선정한 선거관리보조요원에게만 제출하도록 선거관리규정을 정한 경우(특히 서울시의 경우), 제3자 또는 대리인를 통하여 제출하는 것은 허용되지 아니한다(서울남부지방법원 2010. 7. 7.자 2010카합445 결정).

대리인을 통한 제출을 불가능하도록 정한 이유는 단순히 서면결의서가 위·변조될 것을 방지하는 것에서 나아가 서면결의서의 징구를 빙자하여 선거결과에 대하여 이해관계 있는 제3자가 당해 조합원의 투표에 영향을 미치는 것을 방지하여 선거의 공정성을 담보하기 위한 것이기 때문이라고 인정될 수 있다. 따라서 조합원의 가족, 친지 등 투표에 부당한 영향을 미치지 아니할 것이 명백한 자가 아닌 제3자가 조합원으로부터 서면결의서를 전달받아 이를 우편으로 제출하는 것은 특별한 사정이 없는 한 위와 같은 선거관리규정의 취지에 반하여 허용되지 않는다할 것이다(서울남부지방법원 2010. 7. 7.자 2010카합445 결정).

반면에 "사건본인 규약 제19조 제4항은 '조합원은 제3항에 따라 총회출석을 서면으로 하는 때에는 안건내용에 대한 의사를 표시하여

총회일까지 도착되도록 제출하여야 한다.'라고 규정되어 있어 서면결의서의 형식이나 제출방식에 대해서 특별히 규정한 바가 없고, 오히려 신청인들이 제출한 서면결의서는 사건본인의 조합장이나 대의원으로부터 수령한 것으로 보여 사건본인의 조합장 직인이 날인되지 않았거나 서면결의서를 작성한 본인이 직접 제출하지 않았다는 것만으로 서면결의서가 효력이 없다고 볼 수 없다."라고 판시한 사례도 있다(대전지방법원 천안지원 2006. 4. 6.자 2006비합3 결정).

서울시 표준선거관리규정 제2조 제1호는 "선거라 함은 조합 총회에서 조합임원 및 대의원의 선거를 말한다."라고 규정하여, 해임총회를 제외하고 있다. 따라서 해임총회에서 서면결의서를 팩스로 제출하는 것이 타당한 것인지가 문제된다.

이에 대해서 발의자 대표가 이 사건 해임총회의 소집을 통지하면서 조합원들에게 발송한 서면결의서의 양식에는 "서면결의서는 직접 제출하거나 지정된 팩스로 제출 가능하며, 아래 주소로 우편 또는 메일로 제출하여도 됩니다."라고 기재되어 있고, 또한 이 사건 조합의 정관에서 반드시 서면결의서 원본만을 제출하도록 정하고 있지 아니한 것을 전제로 효력유무를 검토하면, 이처럼 정관이나 소집통지에서 서면결의서 원본만을 제출하도록 정하고 있지 않고 소집통지서를 보내면서 조합원들에게 서면결의서를 팩스로 제출할 수도 있다고 고지하였다면, 조합원의 의결권 행사를 충분히 보장할 필요가 있다는 점에서 사본이거나 팩시밀리를 통해 전송받은 서면결의서의 경우에도 그 효력을 부인할 수 없다는 하급심 판결도 있다.

그러나 서울시 표준선거관리규정이나 의사진행 표준운영규정에는 우편제출과 밀봉하여 직접 제출만을 규정하고 있음을 유의하여야 한다. 따라서 서면결의서 제출방법에 대해서는 정관이나 선거관리규정 등을 면밀히 살펴보아야 할 것이고, <u>아예 정관에 원본을 제출할 것을 규정해 두는 것이 분쟁을 줄이는 길이다.</u>

서울특별시 정비사업 의사진행 표준운영규정
제21조(서면결의서에 의한 투표)
①조합등은 정관등에서 정하는 바에 따라 회의등에 직접참석 할 수 없는 조합원등의 의결권 보장을 위해 서면에 의한 방식으로 투표하게 할 수 있으며, <u>회의소집 공고 및 통지시 서면결의서 제출 및 철회 등의 방법을 고지하여야 한다.</u>
②조합원등이 제1항에 따라 서면에 의한 방식으로 투표하고자 할 경우 <u>조합 등에서 송부 받은 서면결의서(별지 제5호 서식)를 작성한 후 밀봉하여 제출 하여야 하며</u>, 이 경우 회의개최 전일 18시까지 조합등에 도착하도록 하여야 한다.
③서면결의서를 제출한 조합원등은 참석자명부에 서면결의 투표자로 표시 한다.
④조합등은 제2항에 의하여 제출된 서면결의서를 훼손하지 아니하고 즉시 투표함에 넣어 보관하여야 한다.

별지 제3호 회의소집통지문
7. 서면결의서 제출방법등
  가. 서면결의서 제출방법
    1) 우편에 의한 제출   2) 조합등 사무실로 밀봉하여 제출
    3) 회의개최 전일 18시까지 조합등 사무실에 도착하여야 함
  나. 서면결의서 철회 : 서면결의서를 제출한 조합원등이 총회 당일 참석이 가능하여 서면결의서를 철회하고자 할 경우에는 총회당일 안건상정 전까지 가능하며, 서면결의서 철회확인증을 작성하고 철회하셔야 합니다.
  다. 서면결의서 재작성 : 서면결의서를 제출한 조합원등이 의사표시 재작성 또는 오기 등으로 서면결의서를 재작성 하고자 할 경우에는 회의개최 전일 18시까지 기존에 제출한 서면결의서를 철회하고 서면결의서 철회확인증을 작성한 후 서면결의서를 재작성 하셔야 합니다.

> **의결권 제한은 법령, 정관 근거에 의해서만**
> **서면결의서 우편 제출 제한은 의결권 침해**
> 도시재생신문 2011. 07. 25
> 법원은 이번 결정에서 조합의 의결권 제한 범위에 대해 해석을 내놓아 눈길을 끌었다. 법원은 "조합원이 갖는 의결권은 조합원 본질적인 권리 중 하나"라며 "이에 대한 제한은 법령이나 정관에 근거가 있는 경우를 제외하고 허용되지 않는다"고 설명했다.
> 이어 "조합의 임원이나 대의원이 결의서 내용처럼 조합원의 서면결의 방식을 제한할 수 있는 권한이 없고 오히려 정관에서는 서면결의서의 우편 제출을 당연한 것으로 규정하고 있다"며 "서면결의서 제출 방식을 제한할 경우 조합원의 의결권을 심각하게 침해하게 될 뿐 아니라 투표 과정에서 의결을 주도하는 세력에 의해 홍보 등 영향력 행사가 발생할 소지가 크다"고 덧붙였다.

⑨ 공정성 상실로 무효인 경우

서면결의서를 징구한 용역업체 직원들이 구체적으로 누구에게 투표하라고 하고 이에 따른 경우 그 선거는 공정성을 상실하여 효력이 없다(서울남부지방법원 2010. 7. 7.자 2010카합445 결정 직무집행정지가처분).

제3자에 의한 인편투표를 인정하고 있지 아니한 상태에서 총회대행업체 직원들에 의해 서면결의서가 제출된 것은 토지등소유자들을 직접 대면함으로써 토지등소유자들의 의사결정에 영향을 미쳤을 개연성이 상당하므로, 그 절차에 있어서 중대한 하자가 있어 무효이다(서울동부지방법원 2017. 11. 16. 선고 2017가합101568 판결).

서면결의서를 미리 개표한 것은 결의방법상의 하자에 해당한다. 즉 선거인들의 자유로운 판단을 방해할 우려가 있으므로 선거절차의 기본 이념인 중립성 및 공정성을 현저히 침해하는 행위에 해당한다(수원지방법원 성남지원 2017. 11. 14. 선고 2017가합402290[175] 판결, 관리인선임결의무효확인).

⑩ 서면결의서 제출 후 직접 참석한 경우

서면결의서를 제출하고 회의장에 온 사람은 그 사람의 의사에 따라 서면결의서를 무효처리하고 현장 표결권을 부여하거나 아니면 그대로 서면결의를 인정하고 현장표결을 시키지 아니할 경우 따로 자리를 배치하여 숫자 카운트에 조심하여야 할 것이다.

특히 조합 총회는 10%가 직접 참석하여야 하는바, 서면결의자가 총회장에 참석하였을 경우 그대로 서면투표를 하였을 경우 직접참석에 포함되는가가 문제된다. 생각건대 비록 서면결의를 하였다고 하더라도 현장에 직접 참석한 이상 직접참석자에 해당한다고 사료한다. 이 점에 대해서는 필자의 견해를 변경하기로 한다. 필자는 초판에서는 '현장 투표 자체를 포기한 것이므로 서면결의자체는 직접참석자에 해당하지 않는다고 보아야 한다고 사료한다.' 는 견해를 피력하였었으나, 이번에 변경하기로 한다. 하급심 판례는 서면결의서를 제출하고 총회장에 출석한 조합원은 직접출석자로 본다(서울행정법원 2010. 12. 16. 선고 2010구합35050 판결).

---

175 피고 : OO아크로텔 관리단 대표자 관리인 김OO의 직무대행자 김도O

> **서면결의서 제출 후 현장참석 시 직접 인정**
> 서울행정법원 2013. 10. 22. 선고 2013구합6961 판결
> 도시정비법 제24조 제5항 단서 및 제6항은 관리처분계획의 수립을 의결하는 경우에는 조합원의 100분의 20 이상이 직접 출석하여야 하고, 조합원 과반수의 동의를 얻어야 한다고 규정하고 있는바, 도시정비법 제24조 제5항 단서가 총회에서 의결을 하는 경우 조합원의 100분의 20 이상이 직접 출석하여야 한다고 규정하고 있을 뿐, 직접 참석하여 의결권을 행사하는 자가 100분의 20 이상이 될 것을 요구하고 있지 않으므로 서면결의서를 제출하였다고 하더라도, 직접 참석한 이상 위 규정에서 정한 '직접 출석한 조합원'에 해당하는 것으로 보아야 한다.
> 서울행정법원 2014. 8. 14. 선고 2013가합30353 판결
> -피고 서대문구청장
> 서울행정법원 2012. 11. 16. 선고 2011구합37909 판결

한편 시공자선정을 위한 총회에 대해서는 특별규정이 있다. 즉, 서면으로 의결권을 행사할 수 있으나, 서면결의서를 철회하고 시공자선정 총회에 직접 출석하여 의결하지 않는 한 직접 참석자에는 포함되지 않는다.

정비사업 계약업무 처리기준
[시행 2018.2.9.] [국토교통부고시 제2018-101호, 2018.2.9., 제정]
제35조(건설업자등의 선정을 위한 총회의 의결 등) ①총회는 토지등소유자 과반수가 직접 출석하여 의결하여야 한다. 이 경우 법 제45조제5항에 따른 대리인이 참석한 때에는 직접 출석한 것으로 본다.
②조합원은 제1항에 따른 총회 직접 참석이 어려운 경우 서면으로 의결권을 행사할 수 있으나, 서면결의서를 철회하고 시공자선정 총회에 직접 출석하여 의결하지 않는 한 제1항의 직접 참석자에는 포함되지 않는다.
③제2항에 따른 서면의결권 행사는 조합에서 지정한 기간·시간 및 장소에서 서면결의서를 배부받아 제출하여야 한다.
④조합은 제3항에 따른 조합원의 서면의결권 행사를 위해 조합원 수 등을 고려하여 서면결의서 제출기간·시간 및 장소를 정하여 운영하여야 하고, 시공자 선정을 위한 총회 개최 안내시 서면결의서 제출요령을 충분히 고지하여야 한다.
⑤조합은 총회에서 시공자 선정을 위한 투표 전에 각 건설업자등별로 조합원들에게 설명할 수 있는 기회를 부여하여야 한다.

⑪ 서면결의서 공개여부

대법원 2012. 2. 23 선고 2010도8981 판결
[2] 구 도시 및 주거환경정비법 제81조 제1항 제3호에서 정한 '의사록 관련 자료'에 참석자명부와 서면결의서가 포함되는지 여부(적극)
참석자명부와 서면결의서는 도시정비법 제81조 제1항 제3호 의사록의 관련 자료에 포함된다고 보는 것이 체계적이고 논리적인 해석이라 할 것이고, 그와 같은 해석이 죄형법정주의에 위배된다고 볼 수는 없다.

⑫ 서면결의서의 효력을 부인한 판결

서울중앙지방법원 2011. 8. 25. 선고 2010가합132690 판결
1) 일반적으로 서면에 의한 의결권 행사는, 조합원이 총회에 직접 참석하여 의결권을 행사하지 않고서도 서면에 의하여 그 조합원의 출석과 의결이 있는 것으로 보는 의사 결정방법으로, 서면에 의하여 의결권을 행사한 조합원은 총회에서의 조합원간 또는 조합집행부와 조합원간의 토론 과정에 참여하지 않은 채 사전에 자신의 출석권과 의결권을 행사하게 된다. 서면에 의한 의결권 행사를 통하여 총회에 직접 참석할 수 없는 조합원으로서는 총회에 참석하지 않고서도 자신의 권리를 행사할 수 있고, 조합집행부로서는 적지 않은 비용과 노력을 들여 개최한 총회가 조합원들의 참여 부족 등으로 의사정족수조차 충족되지 못하고 무산되는 상황을 사전에 방지할 수 있다.

그럼에도 불구하고 서면에 의한 의결권 행사는 조합원들이 조합의 사업에 참여하는 기회를 박탈하는 방법으로 변칙적으로 이용되기도 하는바, 이는 총회에서의 다양한 의견 제시와 토론을 통해서는 쉽게 의사결정이 이루어지기 힘든 반면, 사전에 결의 내용에 찬성하는 내용으로 다수의 서면결의서를 제출받으면 총회 개최 이전에 이미 그 결의가 이루어진 것이나 다름없는 결과를 얻을 수 있다는 점 때문에, 자신의 의사대로 사업이 진행되기를 원하는 조합집행부 또는 시공사가 결의 내용을 충분히 이해하지 못하고 있는 조합원들을 상대로 총회 개최 이전에 서면결의서의 작성·제출을 유도하거나 강요함으로써 총회를 통하여 조합원들의 다양한 의견을 수렴하는 과정을 결과적으로 생략하는 방법으로 이용되기도 하고, 그리하여 이에 대한 개선이나 나아가 폐지를 주장하는 입법론도 있다.

서면결의제도 자체가 나름이 효용이 있고 또한 현대 사회에 있어서 그 존재 가치가 있어 제도의 존속 자체는 불가피한 면이 있으나, 적어도 이러한 <u>서면결의에 의한 결의의 효력을 판단함에 있어서는 그러한 서면결의제도가 가지고 있는 폐해와 문제점을 충분히 고려하여야 할 것이다.</u>

그리하여 서면에 의한 의결권 행사는 총회에 직접 참석하여 의결권을 행사하는 것과 동일한 법적 효력을 가지게 된다는 점을 감안하면, 서면에 의한 의결권 행사가 부당하게 이용되어 설령 그 서면결의서 작성이 조합원 자신이 직접 서명·날인한 경우일지라도 조합원의 의사가 왜곡되어 반영되었다고 인정되는 경우에는 그 서면결의서의 효력을 인정하지 않는 것이 타당하다. 결국, 서면결의서를 제출받는 과정에서도 총회에 직접 참석하여 의결한 것과 동일시할 수 있을 정도의 절차적 적법성이 보장되어야 하고, 만일 서면결의서의 작성·제출이 부당한 방법으로 유도되거나 강요되는 등 서면에 의하여 의결권을 행사한 조합원들의 의결권이 박탈되었다고 볼 수 있을 정도의 사정이 인정된다면, 조합원들의 총회 결의에 관한 공정하고 자유로운 의결권 행사가 침해된 것으로 보아 서면결의서의 효력을 부인함이 상당하며, 또한 결의자가 토론 전에 미리 자신의 의사를 정하였더라도 토론을 통하여 자신의 결의내용을 변경하는 것은 토론이나 회의체결정의 핵심적인 존재가치인바, 서면결의는 토론 없이 결의자의 의사를 미리 표시하는 것으로서, 비록 서면결의서를 제출하였더라도 그 제출자가 스스로 서면결의를 철회하고 총회에 참석하여 토론을 거쳐 직접 의결권을 행사하고자 하는 경우에는 그것이 오로지 총회의 진행을 방해하려는 목적에 의한 것이라는 등의 특별한 경우가 아니면 이를 제한해서도 안 될 것이니, 이를 위반한 경우에는 총회 결의 자체를 무효로 보아야 할 것이다.

3) 이와 더불어 앞에서 든 증거들과 변론 전체의 취지를 종합하여 인정할 수 있는 다음과 같은 사정 즉, ① 피고의 조합원들 중 상당수가 노인 인구 내지는 저소득·저학력 소지자에 해당하는 점, ② 사전에 이 사건 총회의 안건에 관한 책자가 조합원들에게 배포되었다고 하더라도, 전문적인 지식이 없는 조합원들로서는 그 내용을 이해하기 어려웠을 것으로 보일 뿐만 아니라 그 책자를 보지 못하거나 이해하지도 못한 상태에서 다른 조합원이 대부분 찬성하였다거나 또는 나중에 철회할 수 있다는 홍보요원들의 말과 일단 눈 앞에 현물로 제시된 밥솥을 받지 못하면 손해라는 생각으로 인하여, 서면결의서를 작성·제출한 조합원들도 상당수 있었던 것으로 인정되고, 실제로 서면결의서를 제출한 조합원 중 51명이 총회에 직접 참석하였고, 그 중 일부는 서면결의를 철회하고 의결권을 다시 행사하려고 하였으나 거부당한 점

③ 게다가 이 사건 밥솥은 서면결의서를 작성·제출한 조합원들에게만 제공되었을 뿐, 총회에 직접 참석한 조합원들에게는 제공되지 않았는데, 뒤에서 보는 바와 같이 서면결의서를 제출한 후에 이 사건 총회에 직접 참석하여 의결권을 행사하려고 했던 일부 조합원들에게 서면결의서를 철회하고 직접 의결권을 행사할 수 있는 기회를 제한하였으므로, 피고나 ★★건설에게는 서면결의서의 제출을 받음으로써 사실상 이 사건 총회 안건의 통과 여부를 사전에 결정지으려는 의사를 가지고 있었던 것으로 보이는 점, ④ 앞에서 인정한 사실에 의하더라도 홍보요원들은 서면결의서를 작성·제출하고서도 총회에 참석하여 번복할 수 있다거나 서면결의서를 작성·제출하지 않으면 사업추진이 불가능하여 재산상 손실을 입게 된다거나 다른 조합원들도 대부분 서면결의서를 작성·제출하고 이 사건 밥솥을 받아갔다고 말하였다는 것으로, 홍보요원들이 명시적으로 찬성란에 기표할 것을 강요하지 않았다고 하더라도 조합원들에게 불안감을 유발하고 이 사건 밥솥을 제공함으로써 사실상 서면결의서의 찬성란에 기표할 것을 강요한 것이거나 서면결의서의 작성·제출을 부당한 방법으로 요구한 것으로 볼 수 있는 점, ⑤ 피고는 비록 서면결의서 제출자들에게 밥솥을 제공한 것이 조합집행부로서 적지 않은 비용과 노력을 들여 개최한 총회가 조합원들의 참여부족 등으로 의사정족수가 충족되지 못하고 무산되는 상황을 사전에 방지하기 위한 것이라고 하나, 만일 그와 같은 목적이라면 서면결의서를 제출한 조합원에게만 지급할 것이 아니라 총회 당일 참석한 조합원에게도 밥솥을 지급하여 직접 참가할 것도 독려하여야 할 것인데도, 서면결의서를 제출하는 조합원에게만 밥솥을 준 것은 결국 총회에 직접 참석하지는 말 것을 유도하는 것으로서, 조합이 일방적으로 작성한 안내책자 외에 그에 반대하거나 의문점을 제시하는 다른 사람들의 토론을 통하여 결의내용을 변경할 기회를 박탈하는 것과 다름 아닌 점, ⑥ 특히 이 사건 총회에서 결의된 안건 중 사업비와 조합원의 분담금에 관한 안건들은 조합원들이 부담하여야 할 분담금이나 분양대금을 기존의 내용보다 상당히 증액하는 내용으로 구성되어 있는 바, 추가분담금 없이 새로운 주택을 공급받기로 했던 대부분의 단독주합원이나 연립조합원들은 이미 2009. 6. 18. 임시총회에서 각 5,500만 원씩 추가분담금을 부담하기로 하는 내용의 결의를 하고, 이에 따라 2010. 3. 11.

경까지 위 각 조합원당 추가분담금 5,500만원의 조합원가입계약서를 새로 작성한 터에, 다시 7개월 만에 이 사건 총회에서 위 2009. 6. 18.자 총회에서 부담하기로 한 분담금에 더하여 단독 조합원은 2억 3,195만 원, 연립 조합원과 1차 조합원은 각 2,600만 원의 추가분담금을 부담하고, 일반 조합원은 분담금을 면제하기로 하는 안건으로 총회가 개최되므로, 추가분담금이 늘어나는 조합원들이 쉽게 찬성할 것을 기대하기는 어려운 것들이고, 적어도 그렇게 비용이 늘어난 이유가 무엇인지 해명을 요구하는 등 총회과정에서 상당한 격론이 예상되어 그 통과도 쉽게 예측하기 어려울 뿐 아니라 조합집행부에 대한 성토나 불신임 행위가 있을 수 있는 내용들이어서 조합집행부로서는 서면결의의 방법을 택할 것이고 직접 총회에 참석할 것을 원하지는 않았을 것임을 능히 짐작할 수 있는 점 등을 종합하여 보면, 피고와 ★★건설은 조합원들에게 서면결의서의 작성·제출의 대가로 이 사건 밥솥을 제공하는 등 서면결의서의 작성·제출을 강요 또는 부당한 방법으로 요구함으로써 이 사건 총회가 개최되기 전 이 사건 총회의 안건에 관한 서면결의서를 매수하였고, 이로 인하여 조합원들의 이 사건 총회 결의에 관한 공정하고 자유로운 의결권 행사를 침해한 것으로 봄이 상당하다. 비록 서면결의서의 여러 안건 중 극히 일부의 안건에 대하여 반대란에 기표한 일부 조합원들에게도 밥솥이 제공된 사실이 인정된다고 하더라도, 서면결의서의 작성·제출의 부당한 대가로 이 사건 밥솥이 제공된 것인 이상 이로 인하여 조합원들의 의사가 왜곡되어 이 사건 총회 결의에 반영되었다고 볼 수밖에 없다. 따라서 피고가 2010. 10. 16. 개최한 이 사건 총회 결의는 모두 효력이 없다.

(4) 대리인에 의한 의결권 행사

대리인에 의하여 의결권을 행사하는 경우에 대리인은 대리권을 증명하는 서면(위임장)을 총회에 제출하여야 한다. 위임장은 원본을 제출하여야 하는 것이 원칙이며, 의결권 행사 이전에 제출하여야 한다.

대리인의 자격은 정관에 의하여 그 제한이 가능하므로 정관으로 조합원의 직계가족에 한하여 대리인 자격을 부여할 수도 있고, 기타의 방법을 정할 수도 있다. 표준정관에서는 조합원의 권한의 대리행사는 원칙적으로 인정하지 아니하되, 조합원이 권한을 행사할 수 없어 배우자, 직계존비속, 형제자매 중에서 성년자를 대리인으로 정하여 위임장을 제출하는 경우, 해외거주자가 대리인을 지정한 경우 등에 한해서 권한을 대리할 수 있다.

대리인이 조합원의 명시된 의사에 반하여 의결권을 행사한 경우에 조합원은 대리인에게 손해배상을 청구할 수 있을 뿐 결의의 효력에는 영향이 없다.

> **서울특별시 정비사업 의사진행 표준운영규정** 서울특별시고시 제2017-45호, 2017. 2. 16.
> **제11조(조합원등 본인 출석)** 총회에 출석하려는 조합원등은 접수처에서 본인을 증명하는 신분증명서를 제시하여 참석자명부와 대조·확인을 받아야 한다.
> **제12조(대리인 출석)**
> ① 조합원등이 총회에 대리인을 통하여 의결권을 행사하려는 경우에는 위임장·대리인 지정서(별지 제6호 서식)를 작성하여 총회당일 투표종료 전까지 조합등에 제출하여야 한다.
> ② 대리인의 본인확인방법은 제11조를 준용한다.

① 대리인이 인감증명서 없이 위임장만 가지고 참석한 경우

재건축주택조합규약에서 조합 총회의 결의에 대리인이 참석할 경우 본인의 위임장에 인감증명서를 첨부하여 제출하도록 하는 것은 조합원 본인에 의한 진정한 위임이 있었는지를 확인하기 위한 것이므로, 조합원 본인이 사전에 대리인에게 총회참석을 위임하여 그 자격을 소명할 수 있는 위임장을 작성해 주고 대리인이 총회에 출석하여 그 위임장을 제출한 이상 본인의 인감증명서가 뒤늦게 제출되었다는 사정만으로 대리인의 참석을 무효라고 할 수 없다(대법원 2007. 7. 26. 선고 2007도3453 판결[176]).

② 백지위임장

백지위임장을 제출한 경우에 언제까지 수임자 부분을 보충하여야 하는지가 문제된다. 이에 대해 대법원은 "새마을금고법과 정관에 따라 새마을금고의 회원이 다른 회원을 대리인으로 하여 의결권 등을 행사함에 있어 미리 대리인을 지정하지 아니하고 위임장 소지인으로 하여금 대리권을 행사하게 할 의도로 위임장에 대리인의 성명을 기재하지 아니한 경우, 총회 개최 시까지 위임장에 대리인의 성명이 보충되지 아니하였다고 하더라도 그 위임장을 소지한 자를 대리인으로 지정한 것으로 보아야 할 것이므로 그 위임장을 소지한 자가 총회에 출석한 이상 그 회원 역시 총회에 출석한 것으로 보아야 한다."라고 판시하고 있다(대법원 1998. 10. 13. 선고 97다44102 판결).

---

[176] 원심이 본인의 인감증명서를 첨부하지 않고 위임장만을 가지고 재건축주택조합 총회에 대리인으로 참석하여 이 사건 결의를 하고 총회가 끝난 후 본인의 인감증명서를 제출한 12명의 참석은 유효하므로 이 사건 결의는 의결정족수를 갖추어 유효하게 성립하였다고 판단하고, 의결정족수 부족을 전제로 한 이 사건 도시및주거환경정비법 위반, 공정증서원본불실기재 및 불실기재공정증서원본행사죄에 대하여 무죄를 선고한 제1심판결을 유지한 것은 위 법리와 기록에 비추어 정당함.

③ 원본이어야 함

대리권을 증명하는 서면은 위조나 변조 여부를 쉽게 식별할 수 있는 원본이어야 하고, 특별한 사정이 없는 한 사본은 그 서면에 해당하지 아니하고, 팩스를 통하여 출력된 팩스본 위임장 역시 성질상 원본으로 볼 수 없다(대법원 2004. 4. 27. 선고 2003다29616 판결).

> **표준정관 제10조(조합원의 권리·의무)**
> ②조합원의 권한은 평등하며 권한의 대리행사는 원칙적으로 인정하지 아니하되, 다음 각호에 해당하는 경우에는 권한을 대리할 수 있다. 이 경우 조합원의 자격은 변동되지 아니한다.
>   1. 조합원이 권한을 행사할 수 없어 배우자·직계존비속·형제자매 중에서 성년자를 대리인으로 정하여 위임장을 제출하는 경우
>   2. 해외거주자가 대리인을 지정한 경우
>   3. 법인인 토지등소유자가 대리인을 지정한 경우(이 경우 법인의 대리인은 조합의 임원 또는 대의원으로 선임될 수 있다.

> **대법원 2010. 1. 28. 선고 2009도9997 판결**
> 투표지대장은 투표자격이 있는 사람을 확인하여 그에게 투표지를 교부하는 업무를 담당하는 사람이 위와 같은 확인업무를 기록에 남기기 위한 용도로 작성된 것으로서(즉 투표자들이 공동의 의사로 어떤 법률관계를 형성한다는 의사표시가 표시된 것이 아니다), 이 사건에서 공소외 1, 2가 그와 같은 업무를 담당하면서 최종적으로 총 16명이 투표지를 받아 투표를 하였다는 사실을 확인한 후 이에 서명한 것이므로, 위와 같이 공소외 1, 2가 서명을 마친 투표지대장은 개별투표자 및 그 총인원수를 증명하는 기능을 가진 공소외 1, 2 명의의 독립적인 문서로도 완성되었다고 할 것이고, 그 후에 피고인이 임의로 17번란에 기명하고 서명한 것은 위와 같이 완성된 문서의 동일성을 해한 것이어서 사문서변조죄가 성립한다고 할 것이다.

08 의사록 작성 및 비치

가. 의사록의 작성

조합은 총회를 개최한 경우 총회 의사록을 작성하여야 한다. 정관에 특별한 규정이 없으면 의장이 작성의무자가 된다. 통상의 경우 조합장이 의장이 되므로 조합장이 회의록 작성의무를 지나, 조합장이 아닌 다른 사람이 의장직을 수행하였다면 그 의장이 작성의무를 지게 된다.

한편, 의사록이란 총회가 어떠한 과정을 거쳐 어떠한 의사결정을 하였는지를 기록한 문서로서, 의사록이 작성되어야 총회 결의의 효력이 발생하는 것은 아니고, 총회 결의는 그 의결만으로 효력이 발생한다.

즉, 의사록은 의사에 관한 사실을 기록하는 문서로 증거방법일 뿐이다.

> 표준정관 제31조(의사록의 작성 및 관리) 조합은 총회·대의원회 및 이사회의 의사록을 작성하여 청산시까지 보관하여야 하며, 그 작성기준 및 관리 등은 다음 각호와 같다. 다만, 속기사의 속기록일 경우에는 제1호의 규정을 적용하지 아니한다.
>   1. <u>의사록에는 의사의 경과, 요령 및 결과를 기재하고 의장 및 출석한 이사가 기명날인하여야 한다.</u>
>   2. 의사록은 조합사무소에 비치하여 조합원이 항시 열람할 수 있도록 하여야 한다.
>   3. 임원의 선임 또는 대의원의 선출과 관련된 총회의 의사록을 관할 시장·군수에게 송부하고자 할 때에는 임원 또는 대의원 명부와 그 피선자격을 증명하는 서류를 첨부하여야 한다.

나. 의사록에 기재할 사항

법은 의사록을 어떤 방법으로 작성해야 하는지에 대해서는 명확한 규정을 두고 있지 않다. 그러나 법 제49조는 조합에 관하여는 이 법에 규정된 것을 제외하고는 민법 중 사단법인 관한 규정을 준용하도록 하고 있는바, 위 의사록의 작성요령 등에 대해서는 민법의 규정이 적용되어야 한다.

이와 관련된 민법 규정은 다음과 같다.

> **민법 제76조 (총회의 의사록)**
> ①총회의 의사에 관하여는 의사록을 작성하여야 한다.
> ②의사록에는 의사의 경과, 요령 및 결과를 기재하고 의장 및 출석한 이사가 기명날인하여야 한다.
> ③이사는 의사록을 주된 사무소에 비치하여야 한다.

즉, 의사록에 대해서는 따로 정해진 양식은 없는바, 작성자가 <u>의사의 경과, 요령 및 결과를 기재</u>하고 그에 대해 의장 및 출석한 이사가 기명날인을 하면 의사록으로서 민법 및 도정법이 정한 양식은 충족하였다고 할 것이다.

① 발언 내용을 기재하지 않은 속기록이 적법한지 여부

의사록은 조합이 언제, 어디서, 어떤 내용의 결의를, 어떻게 결의를 하였다는 공식적인 자료를 남겨두어 혹시나 있을지 모르는 조합관련 비리를 방지함에 그 목적이 있다고 할 것인바, 따라서 의사록에 있어서는 어떤 안건에 대해 어떤 내용의 결의가 있었다는 내용의 기재가 중요할 뿐, 반드시 위 안건과 관련된 이사들의 발언내용까지 모두 기록되어야 하는 것은 아니다. 당시 회의의 자세한 발언내용에 대해서는 한편으로 속기록으로 보존되는 만큼, 의사록을 작성하면서 그 발언내용을 중복해서 기재할 특별한 이유가 있는 것도 아니다.

법에 따라 준용되는 민법 제76조 역시 참여자의 발언내용은 의사록 기재대상으로 명시하고 있지 않다. 참고로 개정된 상법 제391조의 3(이사회의 의사록)에서는 반대하는 자와 그 반대이유까지 기재하도록 되어 있다. 위 규정은 상법이 주식회사 이사회 의사록의 경우에 이사들에게 일반적인 의사록 작성과 달리 특별한 의무를 부과한 것이다. 법에 상법 제391조의 3과 같은 특별한 규정이 없고, 또 위 상법규정을 준용하는 규정도 없는 이상, 의사록에 상법 규정과 같이 참석자들의 발언내용을 기재할 의무는 없다고 할 것이다.

> **상법 제391조의3 (이사회의 의사록)**
> ①이사회의 의사에 관하여는 의사록을 작성하여야 한다.
> ②의사록에는 의사의 안건, 경과요령, 그 결과, 반대하는 자와 그 반대이유를 기재하고 출석한 이사 및 감사가 기명날인 또는 서명하여야 한다. [개정 95·12·29, 99·12·31]

사견으로는 총회의 구성에 관한 사항으로 총회 명칭, 일시 및 장소, 출석조합원수(직접출석, 서면출석), 이사 및 감사의 출석상황 등을 명시하여야 한다.

총회의 의사에 관하여는 의사의 경과, 요령 및 결과를 기재하여야 한다. 총회의 개회, 보고, 의안설명, 토론 요지, 표결의 방법과 그 결과, 폐회 등을 기재하면 좋을 것으로 사료한다. 특히, 표결의 방법과 결과는 세부적일 필요가 있다. 어떤 방법으로 표결에 부쳤고, 그 결과가 어떠한지를 기재하여야 하고, 그 의결요건이 충족되었는지 여부도 분명히 기재하는 좋은 업무처리라고 본다. 작성된 의사록에는 의장 및 출석한 이사가 기명·날인하여야 한다.

일반적으로 총회 개최시 속기사를 출석시켜 속기록을 작성하는데, 속기록에 대하여 말미에 의장 및 출석 이사가 기명·날인하는 경우 의사록으로서 효력을 가진다. 다만, 녹음만 보관하는 경우에는 녹음테이프를 의사록으로 볼 수는 없고 이를 풀어 녹취록으로 만들어서 보관하여야 한다.

② 인감증명서 시효

인감증명서는 시효가 없으나, 등기와 공증 시는 있다. 임원 취임승락 시 인감증명 시효를 살펴야 한다.

다. 공개와 보존 등

조합은 의사록을 조합사무소에 비치하여야 하고, 의사록을 인터넷 등을 통하여 공개하여야 하며, 조합원의 공람요청이 있는 경우, 이를 공람시켜 주어야 한다.

공개하기 어려운 사항은 그 개략적인 내용만 공개하여야 하고, 조합원 또는 토지등소유자의 공람요청은 서면(전자문서 포함)요청의 방법에 의하며, 조합은 특별한 사유가 없는 한 그 요청에 응하여야 한다.

> 제124조(관련 자료의 공개 등) ①추진위원장 또는 사업시행자(조합의 경우 청산인을 포함한 조합 임원, 토지등소유자가 단독으로 시행하는 재개발사업의 경우에는 그 대표자를 말한다)는 정비사업의 시행에 관한 다음 각 호의 서류 및 관련 자료가 작성되거나 변경된 후 <u>15일 이내에 이를 조합원, 토지등소유자 또는 세입자가 알 수 있도록 인터넷과 그 밖의 방법을 병행하여 공개하여야 한다.</u>
> 1. 제34조제1항에 따른 추진위원회 운영규정 및 정관등
> 2. 설계자·시공자·철거업자 및 정비사업전문관리업자 등 용역업체의 선정계약서
> 3. 추진위원회·주민총회·조합총회 및 조합의 이사회·대의원회의 의사록
> 4. 사업시행계획서
> 5. 관리처분계획서
> 6. 해당 정비사업의 시행에 관한 공문서
> 7. 회계감사보고서
> 8. 월별 자금의 입금·출금 세부내역

9. 결산보고서

10. 청산인의 업무 처리 현황

11. 그 밖에 정비사업 시행에 관하여 대통령령으로 정하는 서류 및 관련 자료

②제1항에 따라 공개의 대상이 되는 서류 및 관련 자료의 경우 분기별로 공개대상의 목록, 개략적인 내용, 공개장소, 열람·복사 방법 등을 대통령령으로 정하는 방법과 절차에 따라 조합원 또는 토지등소유자에게 서면으로 통지하여야 한다.

③추진위원장 또는 사업시행자는 제1항 및 제4항에 따라 공개 및 열람·복사 등을 하는 경우에는 주민등록번호를 제외하고 국토교통부령으로 정하는 방법 및 절차에 따라 공개하여야 한다.

④조합원, 토지등소유자가 제1항에 따른 서류 및 다음 각 호를 포함하여 정비사업 시행에 관한 서류와 관련 자료에 대하여 열람·복사 요청을 한 경우 추진위원장이나 사업시행자는 15일 이내에 그 요청에 따라야 한다.

1. 토지등소유자 명부

2. 조합원 명부

3. 그 밖에 대통령령으로 정하는 서류 및 관련 자료

⑤제4항의 복사에 필요한 비용은 실비의 범위에서 청구인이 부담한다. 이 경우 비용납부의 방법, 시기 및 금액 등에 필요한 사항은 시·도조례로 정한다.

⑥제4항에 따라 열람·복사를 요청한 사람은 제공받은 서류와 자료를 사용 목적 외의 용도로 이용·활용하여서는 아니 된다.

> **규칙 제22조(자료의 공개 및 열람)** 법 제124조제6항에 따른 토지등소유자 또는 조합원의 열람·복사 요청은 사용목적 등을 기재한 서면(전자문서를 포함한다)으로 하여야 한다.

라. 시장, 군수에게 의사록 송부

임원의 선임 또는 대의원의 선출과 관련된 총회의 의사록을 관할 시장·군수에게 송부하고자 할 때에는 임원 또는 대의원 명부와 그 피선자격을 증명하는 서류를 첨부하여야 한다.

마. 서울특별시 정비사업 의사진행 표준운영규정

【별지 제15호】

의 사 록(예시)

□ 회의일시 : 20 년 월 일( ) 시

□ 회의장소 :

□ 상정안건
 ① 제1호 안건 : 안건내용
 ② 제2호 안건 : 안건내용
 ③ 제3호 안건 : 안건내용

□ 의사경과 및 요령 :
[성원보고]
 20 년 월 일( ) 시 조합등 사무실에서 다음과 같이 회의를 개최함.
 1차 성원보고 :   시 분 기준 조합원등 명 중 서면결의서 제출자 포함 명 참석
 의장은 회의가 적법하게 성립되었음을 알리고 개회를 선언함.
 최종 성원보고 :   시 분 기준 조합원등 명 중 서면결의서 제출자 포함 명 참석
 의장은 회의가 적법하게 성립되었음을 알리고 투표개시를 선언함.

[회의진행 방법]
　의장은 ○○정비사업 조합등의 회의개최경과 및 보고사항에 대해 설명하고 회의진행방법 설명 및 조합원 동의를 득함(안건상정 및 심의방법, 표결(의결)방법, 서면결의서 개봉시기 및 선투표시기 등)
투표는 무기명 비밀투표로 진행하였음.

[안건상정 및 질의응답]
　- 제1호 안건 : ○○의 건(안건제목)
　- 안건상정의 상세한 경위 기술
　- 제안설명 및 질의응답 : 구체적으로 기술
　- **표결결과 : 찬성　표, 반대　표, 기권　표, 무효　표**
　- 결의내용 : 구체적으로 기술
　- 의장은 제1호 안건 ○○의 건(안건제목)이 조합원등 과반수 찬성으로 원안대로 가결되었음을 선포함.

　- 제2호 안건 : ○○의 건(안건제목)
　- 안건상정의 상세한 경위 기술
　- 제안설명 및 질의응답 : 구체적으로 기술
　- **표결결과 : A업체　표, B업체　표, C업체　표, 기권　표, 무효　표**
　- 결의내용 : 구체적으로 기술
　- 의장은 제2호 안건 ○○의 건(안건제목)이 총　표 중　표를 득하여 A업체로 선정되었음을 선포함.

　- 제3호 안건 : ○○의 건(안건제목)
　- 안건상정의 상세한 경위 기술
　- 제안설명 및 질의응답 : 구체적으로 기술
　- **표결결과 : 찬성　표, 반대　표, 기권　표, 무효　표**
　- 결의내용 : 구체적으로 기술
　- 의장은 제3호 안건 ○○의 건(안건제목)이 조합원등 과반수 찬성 미달로 부결되었음을 선포함.

[폐회 선언]
 의장은 상정된 안건심의를 모두 마친 후 회의등 폐회를 선언함.
 회의 종료 시각 :　시　분

주 : 구체적인 기재내용은 회의진행방법에 따라 조정할 수 있습니다.

※ 속기사가 회의에 참석하여 속기록을 작성하였을 경우 의사록은 생략가능

금번 회의 상정안건이 기재사항과 같이 의결되었음을 확인함.

연번	직책	성명	생년월일	지장 및 자필서명	
	조합장			성 명 (서명 또는 날인)	
	감사			성 명 (서명 또는 날인)	
	감사			성 명 (서명 또는 날인)	
	대의원			성 명 (서명 또는 날인)	
	대의원			성 명 (서명 또는 날인)	
	대의원			성 명 (서명 또는 날인)	

09 정족수 미달로 인한 재소집

　표준정관 제22조 제6항은 "총회 소집결과 정족수에 미달되는 때에는 재소집하여야 하며, 재소집의 경우에도 정족수에 미달되는 때에는 대의원회로 총회를 갈음할 수 있다(단, 제21조 제1호 · 제2호 · 제5호 내지 제8호 · 제10호 및 제12호에 관한 사항은 그러하지 아니하다)."라고 규정하고 있다. 그러나 이 조항 중 후단부분은 법 제46조 제4항과 령 제43조에 위배되어 무효라고 본다.

　즉, 법 제46조 제4항은 "대의원회는 총회의 의결사항 중 대통령령으로 정하는 사항 외에는 총회의 권한을 대행할 수 있다."라고 하고, 령 제43조는 대의원회가 총회의 권한을 대행할 수 없는 사항을 열거하고 있다.

따라서 령 제43조에 해당하는 사항은 반드시 총회 의결사항이므로 재소집의 결과 정족수에 미달된다고 하더라도 대의원회 의결로 총회를 갈음할 수 없다고 본다.

10 조합원에게 총회 참석비용 지급 가능 여부

가. 문제의 제기

누구든지 추진위원, 조합임원의 선임 또는 제29조에 따른 계약 체결과 관련하여 다음 각 호의 행위를 하여서는 아니 된다(법 제132조).<개정 2017.8.9.>

   1. 금품, 향응 또는 그 밖의 재산상 이익을 제공하거나 제공의사를 표시하거나 제공을 약속하는 행위
   2. 금품, 향응 또는 그 밖의 재산상 이익을 제공받거나 제공의사 표시를 승낙하는 행위
   3. 제3자를 통하여 제1호 또는 제2호에 해당하는 행위를 하는 행위

이 규정은 2012. 2. 1. 신설되었고, 2017. 8. 9. 개정되어 현재에 이르고 있고, 이러한 경우 5년 이하의 징역 또는 5천만원 이하의 벌금에 처한다(법 제135조 제2호).

그런데 조합에서는 위와 같은 총회를 개최하면서 원활한 총회 성원을 위해 총회에 참석하는 조합원들에게 총회 참석비로 10만원을 지급하는 경우(20만원을 지급하는 경우도 있음)가 있는바, 이러한 행위가 도시정비법에 위배되어 처벌되는지가 문제된다.

나. 국토교통부 유권해석

이에 대해, 국토교통부는 "귀 질의하신 참석비(교통비)에 대하여는 조합에서 예산으로 정하여 총회 참석자에게 지급이 가능할 것으로 판단됨을 알려드리니, 이에 대한 보다 구체적인 사항은 해당 조합설립인가권자인 관할 시장·군수·구청장에게 문의하여 주시기 바랍니다.(국토교통부 2016. 11. 21.)"라고 유권해석을 하여, 총회 참석비 지급이 도시정비법에 위배되지 않는다고 한다.

추진위원, 조합임원의 선임 또는 제29조에 따른 계약 체결외의 총회에 대해서 총회참석비 지급이 당연히 가능하다.

11 총회장소에 경비원을 두는 방법

가. 머리글

재개발 재건축 조합에서 대의원회나 총회를 개최하는 경우 경비원들을 보게 된다. 이러한 경비원들은 과연 합법적으로 허가를 받은 자들이고, 그러한 배치가 법률적으로 위법은 아닌지가 궁금하다.

나. 경비업법의 개정

경비업법 제2조 제5호는 「도시 및 주거환경정비법」에 따른 정비사업과 관련하여 이해대립이 있어 다툼이 있는 장소를 '집단민원현장'이라고 규정하고, 제7조의2 제2항은 "누구든지 집단민원현장에 경비인력을 20명 이상 배치하려고 할 때에는 그 경비인력을 직접 고용하여서는 아니 되고, 경비업자에게 경비업무를 도급하여야 한다."라고 규정하고, 동법 제28조 제2항 제4호는 "제7조의2제2항을 위반하여 집단민원현장에 20명 이상의 경비인력을 배치하면서 그 경비인력을 직접 고용한 자"에 대해서는 3년 이하의 징역 또는 3천만원 이하의 벌금에 처한다고 규정하고 있다.

이 규정은 2013. 6. 7. 개정되어, 2014. 6. 8.부터 시행되고 있다. 경비원의 폭력이 문제가 되는 노사분규·재개발 현장 등 집단민원현장을 법률에 명확히 규정하고, 집단민원현장에 경비원을 배치할 경우 배치 48시간 전까지 관할 경찰관서장의 배치허가를 받도록 한 것이다.

다. 결론

20명 미만은 조합에서 직접 경비원을 고용하여도 무방하다. 따라서 이 경우는 특별한 제한은 없다.

그러나 20명 이상을 배치하려면 반드시 경비업자에게 도급을 하여야 하고, 이러한 경우 배치 48시간 전까지 관할 경찰관서장의 배치허가를 받아야 하는 것이다. 이를 위반하면 형사처벌을 받는다.

따라서 20명 이상을 배치하는 경우에는 조합장은 경비업법에 맞게 경비업자에게 도급을 주어야 형사처벌을 받지 않는다는 점을 주의하여야 한다.

Chapter 3

창립총회

01 추진위원회의 조합창립총회 개최 여부

　종전에는 추진위원회가 조합설립인가신청을 하기 이전에 반드시 조합창립총회를 개최해야 하는지 여부에 대한 명확한 규정이 없었다. 그러나 2009. 2. 6. 법 개정으로 인해 추진위원회가 조합설립인가신청을 하기 이전에 반드시 조합창립총회를 개최해야만 한다. 즉, 추진위원회는 조합설립인가를 신청하기 전에 대통령령으로 정하는 방법 및 절차에 따라 조합설립을 위한 창립총회를 개최해야만 한다(2009.2.6. 법률 제9444호 개정되고 2009.8.6. 시행되는 법 제14조 제3항).

> **법 제32조 (추진위원회의 기능)**
> ③추진위원회는 제35조제2항, 제3항 및 제5항에 따른 조합설립인가를 신청하기 전에 대통령령으로 정하는 방법 및 절차에 따라 조합설립을 위한 창립총회를 개최하여야 한다.
> **령 제27조(창립총회의 방법 및 절차 등)** ①추진위원회(법 제31조제4항 전단에 따라 추진위원회를 구성하지 아니하는 경우에는 토지등소유자를 말한다)는 법 제35조제2항부터 제4항까지의 규정에 따른 동의를 받은 후 조합설립인가를 신청하기 전에 법 제32조제3항에 따라 창립총회를 개최하여야 한다.

02 창립총회의 방법 및 절차 등

령 제27조(창립총회의 방법 및 절차 등) ①추진위원회(법 제31조제4항 전단에 따라 추진위원회를 구성하지 아니하는 경우에는 토지등소유자를 말한다)는 법 제35조제2항부터 제4항까지의 규정에 따른 동의를 받은 후 조합설립인가를 신청하기 전에 법 제32조제3항에 따라 창립총회를 개최하여야 한다.

②추진위원회(법 제31조제4항 전단에 따라 추진위원회를 구성하지 아니하는 경우에는 조합설립을 추진하는 토지등소유자의 대표자를 말한다)는 창립총회 14일 전까지 회의목적·안건·일시·장소·참석자격 및 구비사항 등을 인터넷 홈페이지를 통하여 공개하고, 토지등소유자에게 등기우편으로 발송·통지하여야 한다.

③창립총회는 추진위원장(법 제31조제4항 전단에 따라 추진위원회를 구성하지 아니하는 경우에는 토지등소유자의 대표자를 말한다. 이하 이 조에서 같다)의 직권 또는 토지등소유자 5분의 1 이상의 요구로 추진위원장이 소집한다. 다만, 토지등소유자 5분의 1 이상의 소집요구에도 불구하고 추진위원장이 2주 이상 소집요구에 응하지 아니하는 경우 소집요구한 자의 대표가 소집할 수 있다.

④창립총회에서는 다음 각 호의 업무를 처리한다.

> 1. 조합 정관의 확정
> 2. 법 제41조에 따른 조합의 임원(이하 "조합 임원"이라 한다)의 선임
> 3. 대의원의 선임
> 4. 그 밖에 필요한 사항으로서 제2항에 따라 사전에 통지한 사항
>
> ⑤창립총회의 의사결정은 토지등소유자(재건축사업의 경우 조합설립에 동의한 토지등소유자로 한정한다)의 과반수 출석과 출석한 토지등소유자 과반수 찬성으로 결의한다. 다만, 조합 임원 및 대의원의 선임은 제4항제1호에 따라 확정된 정관에서 정하는 바에 따라 선출한다.
>
> ⑥법 제118조에 따라 공공지원 방식으로 시행하는 정비사업 중 법 제31조제4항에 따라 추진위원회를 구성하지 아니하는 경우에는 제1항부터 제5항까지에서 규정한 사항 외에 제26조제2호부터 제4호까지의 업무에 대한 절차 등에 필요한 사항을 시·도조례로 정할 수 있다.

가. 창립총회 개최하려면 조합설립 동의율을 먼저 확보해야 한다.

창립총회를 개최하기 전에 조합설립에 필요한 동의율만큼 동의서를 징구해야 한다. 령 제27조 제1항에 "추진위원회(법 제31조제4항 전단에 따라 추진위원회를 구성하지 아니하는 경우에는 토지등소유자를 말한다)는 법 제35조제2항부터 제4항까지의 규정에 따른 동의를 받은 후 조합설립인가를 신청하기 전에 법 제32조제3항에 따라 창립총회를 개최하여야 한다."라고 명시하고 있기 때문이다.

따라서 창립총회를 개최하기 전에 동의율이 충족되었는지를 면밀히 파악하여야 할 것이다. 특히 대표자를 선정하여야 하는 경우, 1인으로 보아야 하는 경우 등을 주의하여 동의율 달성여부를 살펴야 할 것이다.

나. 창립총회에서 정관 변경 가능 여부

조합설립인가 신청시 제출된 동의서에 포함된 '조합정관' 초안의 내용이 창립총회에서 변경된 경우에도 동의서의 효력은 유지되며, 행정청이 그 동의서로 조합설립인가 여부를 심사할 수 있다.

즉, ① 행정청으로 하여금 조합설립인가신청 전에 제출된 동의철회서에 의하여서만 동의철회 여부를 심사하도록 함으로써 동의 여부의 확인에 불필요하게 행정력이 소모되는 것을 막기 위한 데 그 입법 취지가 있다고 볼 수 있는 점, ② 토지 등 소유자들은 창립총회결의사항이 그의 의사에 반하는 경우 주택재건축정비사업 조합설립추진위원회(이하 '추진위원회'라고 한다)를 상대로 위와 같은 개별 동의를 철회한다는 의사표시를 하여 동의서의 효력 발생을 저지할 수 있는 점, ③ 그런데도 위와 같은 철회의 의사표시를 하지 아니한 상태에서 창립총회에서 변경 후 정관안이 조합정관으로 확정되었다면 당초 동의서를 제출하였던 토지 등 소유자들은 조합설립인가 신청시 그것이 관할 행정청에 제출되는 것을 예견하였다고 할 것이어서 그들은 변경 된 정관안의 효력을 인정한다는 의사를 표시한 것으로 볼 수 있는 점, ④ 나아가 법정동의서의 정관에 관한 사항 부분은 정관에 포함될 구체적 내용에 대한 동의를 얻기 위한 취지라기보다는 조합의 운영과 활동에 관한 자치규범으로서 정관을 마련하고 그 규율에 따르겠다는 데에 대한 동의를 얻기 위한 취지로 해석되므로 추진위원회가 조합의 정관 또는 정관 초안을 첨부하지 아니한 채 법정동의서와 같은 서식에 따른 동의서에 의하여 조합설립에 관한 동의를 받았다고 하더라도 적법하다고 할 것인 점 등을 종합적으로 고려하여 보면, 조합설립인가 신청시 제출된 동의서에 포함된 '조합정관'의 사항에 변경이 있다고 하더라도 조합설립의 인가에 동의하였던 토지 등 소유자가 구 도시정비법 시행령에서 정한 동의철회의 시기와 방법 등 절차에 따라 동의를 철회하지 아니하는 한 그 동의서의 효력은 그대로 유지된다고 할 것이고, <u>행정청으로서는 추진위원회가 작성한 정관 초안의 내용이 창립총회에서 변경되었다고 하더라도 조합설립인가 신청시 제출된 토지 등 소유자의 동의서만으로 조합설립인가 여부를 심사하는 것으로 충분하다</u>(대법원 2014. 1. 16 선고 2011두12801 판결).

다. 창립총회 소집권자

창립총회는 추진위원장의 직권 또는 토지등소유자 1/5 이상의 요구로 추진위원장이 소집해야 한다. 다만, 토지등소유자 1/5 이상의 소집 요구에도 추진위원장이 2주 이상 소집 요구에 응하지 않을 경우 소집을 요구한 자의 대표가 소집할 수 있다.

<u>감사는 어느 경우도 소집권이 없다.</u>

라. 창립총회 개최 14일전까지 홈페이지 공개 및 등기우편 통지

추진위원회(법 제31조제4항 전단에 따라 추진위원회를 구성하지 아니하는 경우에는 조합설립을 추진하는 토지등소유자의 대표자를 말한다)는 창립총회 14일 전까지 회의목적·안건·일시·장소·참석자격 및 구비사항 등을 인터넷 홈페이지를 통해 공개해야 하며, 토지등소유자에게 <u>등기우편으로 발송·통지</u>해야 한다(령 제27조 제2항).

창립총회에서는 조합정관의 확정, 조합 임원의 선임, 대의원의 선임, 그 밖에 필요한 사항으로써 총회 전 사전에 통지한 사항 등을 처리하게 된다.

인감증명서는 시효가 없으나, 등기와 공증 시는 있다. 임원 취임 승낙을 위한 인감증명서는 시효를 살펴야 한다.

창립총회의 의사결정은 토지등소유자(재건축사업의 경우 조합설립에 동의한 토지등소유자로 한정한다)의 과반수 출석과 출석한 토지등소유자 과반수 찬성으로 결의한다. 다만, 조합 임원 및 대의원의 선임은 확정된 정관에서 정하는 바에 따라 선출한다.

<u>따라서 반드시 정관부터 확정하고(의결을 하고 통과 선포를 한 후) 나서 임원 선임을 하여야 할 것이다.</u>

마. 총회안건 진행 순서

경우에 따라 1부 주민총회를 개최하여 추진위원회 단계에서의 각종 결의를 하거나 추인을 한 후에, 2부 창립총회를 개최하는 경우도 있다.

이 경우에도 주민총회와 조합 총회의 의사정족수를 잘 살피고 별도의 회의형식을 갖추는 것이 타당하다. 실무적으로는 창립총회만을 따로 할 것을 권고한다.

안건 진행에 앞서서 추진위원회는 총회에 보고부터 하여야 한다(법 제34조 제3항).

<u>1호 안건으로 조합정관부터 확정한다.</u> 그래야 령 제27조 제4항에 의하여 정관이 정하는 바에 따라 조합 임원 및 대의원을 선출한다.

03 미동의자 발언권

　재개발은 미동의자에게 조합창립총회 출석권·발언권 및 의결권을 부여해야만 한다.

　재건축은 조합설립에 동의한 토지등소유자로 한정한다. 그러나 이에 대해 창립총회에서는 발언권을 주어야 한다는 견해도 있다. 그러나 사견은 반대이다. 령 제27조 제5항에 의하면 동의한 자만이 의사결정권이 있다.

　립총회에서 선정된 임원의 임기는 선정 시 부터인가, 조합설립인가 시 부터인가, 등기 시 부터인가가 문제된다.

　사견은 등기가 되어야 조합이 최종 법인격을 갖추므로 등기 시 부터라고 본다.

04 창립총회 후 조합설립인가신청시까지의 사정변경에 대비

 이사나 대의원으로 선임된 사람 중 일부가 집을 팔고 이사를 간다든가 자격에 하자가 있다거나 사임을 한다거나 할 경우 다시 창립총회를 열어야 하는지의 문제이다.

 조합정관이나 조합설립 동의사항 중 변경할 것이 있다면 인가를 받은 이후에 절차를 진행하면 되지만 이사나 대의원 중 결격사유가 있음이 발견된 경우에는 곤란한 문제가 있다. 즉 정관이 정한 이사의 숫자나, 정관이 정한 대의원의 숫자에 미달할 수 있는 것이다.

 이에 대해서 대법원은 "조합의 설립인가신청서에 첨부할 서류로서 조합정관, 조합원 명부, 조합설립동의서, 창립총회 회의록 등을 규정하는 한편, 제7호에서 '창립총회에서 임원·대의원을 선임한 때에는' 임원·대의원으로 선임된 자의 자격을 증명하는 서류를 첨부하도록 정하고 있다. 이에 비추어 보면 조합의 임원이나 대의원을 반드시 창립총회에서 선임할 필요는 없다고 할 것이므로[177], 창립총회에서 조합장 등 조합 임원 선임의 결의가 부결되었다고 하더라도 이 때문에 창립총회가 무효라고 볼 수는 없다."라고 판시하고 있다(대법원 2014. 10. 30. 선고 2012두25125 판결).

그러나 행정청으로서는 조합장이나, 이사, 대의원에 대해서 아무런 선출도 없이 인가를 신청할 경우에는 인가를 하지 말아야 할 것이다. 인가 후에 임원이나 대의원 선출에 혼란이 올 수도 있기 때문이다. 즉 누가 총회를 소집하여야 하는지, 이사가 부족할 경우 이사회를 거칠 수가 없는데, 이때 효력은 어떤지가 문제될 여지가 있는 것이다. 또한 임원이나 조합장이 없다면 설립등기도 되지 않는다. 따라서 나아가 만일 이사나 대의원에 대해 법정 정원수가 부족한 채 인가 신청이 있어, 이를 인가하고자 한다면, 최소한 조합장은 선출되어야 할 것이고, 법정 정원수에 맞는 대의원 및 임원을 선출한 후에 다른 업무를 수행할 것이라는 조건을 부여하여야 할 것이다.

---

[177] 이 점에 대해서는 대법원 판례에 따라 필자의 과거 견해를 변경한다. 구 사견 187페이지

Chapter 4

대의원회

01 서론

 도시정비법 제정 이전 재개발조합은 도시재개발법상 필수적으로 대의원회를 구성한 반면, 재건축조합의 경우 주택건설촉진법상 명문 규정이 없어 조합규약에 따라 대의원회를 구성하였지만 법정기구는 아니었고 임의적으로 운영해 왔다.

 도시정비법은 대의원회 구성을 강행규정으로 변경하였다. 즉, 조합원의 수가 100인 이상인 조합은 대의원회를 두어야 한다(법 제46조 제1항).

 대의원의 수, 선임방법, 선임절차 및 대의원회의 의결방법 등은 대통령령으로 정하는 범위에서 정관으로 정한다(법 제46조 제5항).

02 대의원의 수

조합원의 수가 100인 이상인 조합은 대의원회를 두어야 한다(법 제46조 제1항).

대의원회는 조합원의 10분의 1 이상으로 구성한다. 다만, 조합원의 10분의 1이 100명을 넘는 경우에는 조합원의 10분의 1의 범위에서 100명 이상으로 구성할 수 있다(법 제46조 제2항). 대의원 수는 조합원 10분의 1 이상의 범위 안에서 정관이 따로 정할 수 있다(법 제46조 제5항).

조합원의 10분의 1이 정확히 100인인 경우, 구성원 중 일부가 사퇴하면 새로 구성해야 하는 어려움 때문에 100인 이상으로 구성할 수 있도록 하였다.

03 대의원회의 정족수 부족

　대의원 수는 조합원 10분의 1 이상의 범위 안에서 정관이 따로 정할 수 있으나, 대의원 수는 조합원수의 10분의 1이상은 유지되어야 한다. 만일 이러한 법정대의원 수에 부족한 상태가 되면, 총회에서 대의원을 먼저 보궐선거로 대의원을 충원하지 않는 한 대의원회 결의는 무효이다.

대구고등법원 2012. 1. 13. 선고 2011나4224 판결
대법원 2012. 5. 10. 선고 2012다15824 판결(심리불속행 기각)
성당001,2단지아파트 주택재건축 정비사업조합
피고 조합의 대의원회가 도시정비법 제25조 제2항에 따라 총회의 권한을 대행하기 위해서는 도시정비법이 규정하고 있는 대의원 수를 충족하여 대의원회를 구성하여야 한다고 봄이 상당하다(만약 이와 달리 피고의 주장대로 위 도시정비법 규정에 따른 최소 인원수의 제한이 없다고 한다면, 재적 대의원이 계속 줄어들어 극히 적은 수의 대의원만이 남는 경우에도 그 대의원회가 조합원 총회의 권한을 대행할 수 있게 되어 불합리하고, 이와 같이 조합원 수가 줄어드는 사정 등으로 대의원 수가 법정 정원을 충족하지 못하는 지경까지 이른 경우에는 오히려 대의원회는 그 기능을 다하고 조합원 총회가 본연의 역할을 하면 될 것이다).
총회의 권한대행기관으로서 조합원의 대표성을 확보하도록 하기 위한 대의원회의 의의 및 취지 등에 비추어 <u>법정 대의원 최소 인원수에 관한 도시정비법 제25조 제2항의 규정은 공익의 요청에 의한 강행규정이라고 할 것이므로, 법정 대의원수에 미달하는 대의원회에서 이루어진 결의는 중대한 하자가 있어 무효이다.</u>

서울고등법원 2015. 3. 20. 선고 2014나45715 판결
대의원 정족수 부족이므로 이는 기능이 정지되므로, 보궐선임이 불가하고 총회에서 보궐선임을 해야 한다.

서울서부지방법원 2014. 11. 19. 선고 2014고정1697 도정법 위반
대의원회가 의결정족수 미달이므로 무효이다. 그렇다 하더라도 대의원회 회의록은 공개대상이다. 미공개로 인하여 벌금 30만원 선고.

04 대의원의 피선임자격

　대의원은 조합원 중에서 선출하며(령 제44조 제1항), 조합장이 아닌 조합 임원은 대의원이 될 수 없다(법 제46조 제3항).

　조합장이 대의원회의 의장이 되는 경우에는 대의원으로 본다(법 제42조 제2항).

　대의원의 피선임자격은 ① 피선출일 현재 사업시행구역 안에서 3년 이내 1년 이상 거주하고 있는 자(다만, 거주의 목적이 아닌 상가 등의 건축물에서 영업 등을 하고 있는 경우 영업 등은 거주로 본다), ② 피선출일 현재 사업시행구역 안에서 5년 이상 토지 및 건축물을 소유한 자이어야 한다(표준정관 제24조 제4항).

05 대의원의 선출

　대의원의 선임 및 해임에 관하여는 정관이 정하는 바에 의한다(령 제44조 제2항). 대의원의 선임 및 해임은 총회에서 조합원 과반수의 출석으로 개의하고 출석조합원 과반수의 찬성으로 의결한다. 대의원의 선임 및 해임에 관한 사항은 총회의 전속적 권한 사항이다(령 제43조 제6호). 다만, 정관으로 정하는 바에 따라 임기 중 궐위된 자(조합장은 제외한다)를 보궐선임하는 경우를 제외한다(령 제43조 제6호).

　궐위된 대의원의 보선은 대의원 5인 이상의 추천을 받아 대의원회가 이를 보궐 선임한다(표준정관 제24조 제4항 단서). 궐위된 대의원의 보궐선임은 총회의 전속권한에서 제외되어 있다(령 제43조 제6호 단서). 대의원은 원칙적으로 조합원이 직접 선출하여야 하나, 조합원의 이주로 인하여 소집이 어려울 경우에는 보선에 한해 대의원회에서 선출할 수 있도록 한 것이다.

> **표준정관 제24조(대의원회의 설치)**
> ④대의원의 선출 또는 궐위된 대의원의 보선은 다음 각 호의 1에 해당하는 조합원 중에서 선임한다. 다만, 궐위된 대위원의 보선은 대의원 5인 이상의 추천을 받아 대의원회가 이를 보궐선임한다.

06 대의원의 해임

 대의원이 직무유기 및 태만 또는 관계법령 및 이 정관에 위반하여 조합에 부당한 손해를 초래한 경우에는 해임할 수 있다. 이 경우 사전에 해당 대의원에 대해 청문 등 소명기회를 부여하여야 하며, 청문 등 소명기회를 부여하였음에도 이에 응하지 아니한 경우에는 소명기회를 부여한 것으로 본다.

 다만, 당연 퇴임(결격사유, 피선임자격 결여)한 대의원에 대해서는 해임절차 없이 그 사유가 발생한 날로부터 그 자격을 상실한다(표준정관 제24조 제8항, 제18조 제1항).

07 대의원회의 총회권한 대행

대의원회는 의사결정기관으로서 법에 의해 대행할 수 없는 사항 이외의 사항에 대한 결정권한을 가진다(법 제46조 제4항).

> **령 제43조(대의원회가 총회의 권한을 대행할 수 없는 사항)** 법 제46조제4항에서 "대통령령으로 정하는 사항"이란 다음 각 호의 사항을 말한다.
> 1. 법 제45조제1항제1호에 따른 정관의 변경에 관한 사항(법 제40조제4항에 따른 경미한 사항의 변경은 법 또는 정관에서 총회의결사항으로 정한 경우로 한정한다)
> 2. 법 제45조제1항제2호에 따른 자금의 차입과 그 방법·이자율 및 상환방법에 관한 사항
> 3. 법 제45조제1항제4호에 따른 예산으로 정한 사항 외에 조합원에게 부담이 되는 계약에 관한 사항
> 4. 법 제45조제1항제5호에 따른 시공자·설계자 또는 감정평가업자(법 제74조제2항에 따라 시장·군수등이 선정·계약하는 감정평가업자는 제외한다)의 선정 및 변경에 관한 사항

5. 법 제45조제1항제6호에 따른 정비사업전문관리업자의 선정 및 변경에 관한 사항
6. 법 제45조제1항제7호에 따른 조합 임원의 선임 및 해임과 제42조제1항제2호에 따른 대의원의 선임 및 해임에 관한 사항. 다만, 정관으로 정하는 바에 따라 임기중 궐위된 자(조합장은 제외한다)를 보궐선임하는 경우를 제외한다.
7. 법 제45조제1항제9호에 따른 사업시행계획서의 작성 및 변경에 관한 사항(법 제50조제1항 본문에 따른 정비사업의 중지 또는 폐지에 관한 사항을 포함하며, 같은 항 단서에 따른 경미한 변경은 제외한다)
8. 법 제45조제1항제10호에 따른 관리처분계획의 수립 및 변경에 관한 사항(법 제74조제1항 각 호 외의 부분 단서에 따른 경미한 변경은 제외한다)
9. 법 제45조제2항에 따라 총회에 상정하여야 하는 사항
10. 제42조제1항제1호에 따른 조합의 합병 또는 해산에 관한 사항. 다만, 사업완료로 인한 해산의 경우는 제외한다.
11. 제42조제1항제3호에 따른 건설되는 건축물의 설계 개요의 변경에 관한 사항
12. 제42조제1항제4호에 따른 정비사업비의 변경에 관한 사항

08 대의원회의 운영

  대의원회는 조합장이 필요하다고 인정하는 때에 소집한다. 다만, 다음 각 호의 어느 하나에 해당하는 때에는 조합장은 해당일부터 14일 이내에 대의원회를 소집하여야 한다(령 제44조 제4항).
  1. 정관으로 정하는 바에 따라 소집청구가 있는 때
  2. 대의원의 3분의 1 이상(정관으로 달리 정한 경우에는 그에 따른다)이 회의의 목적사항을 제시하여 청구하는 때

따라서 임시대의원회만 있을 뿐 정기대의원회는 없다.

가. 대의원회 소집권자
  대의원회는 조합장이 필요하다고 인정하는 때에 소집한다(령 제44조 제4항, 표준정관 제24조 제5항). 이때는 조합장이 의장이 된다.

나. 소수조합원에 의한 대의원회 소집청구

조합장은 ① 조합원 10분의 1 이상이 총회의 목적사항을 제시하여 소집을 청구하는 때, ② 대의원의 3분의 1 이상이 회의의 목적사항을 제시하여 청구하는 때에는 해당일부터 14일 이내에 대의원회를 소집하여야 한다(령 제44조 제4항, 표준정관 제24조 제5항).

대의원의 3분의 1 이상의 정수는 정관에서 달리 정할 수 있다(령 제44조 제4항 제2호).

> 표준정관 제24조(대의원회의 설치)
> ⑤대의원회는 조합장이 필요하다고 인정하는 때에 소집한다. 다만, 다음 각 호의 1에 해당하는 때에는 조합장은 해당일부터 14일 이내에 대의원회를 소집하여야 한다.
>   1. 조합원 10분의 1 이상이 총회의 목적사항을 제시하여 소집을 청구하는 때
>   2. 대의원의 3분의 1 이상이 회의의 목적사항을 제시하여 청구하는 때

조합장이 소집청구일로부터 14일 이내에 정당한 이유 없이 대의원회를 소집하지 아니한 때에는 감사가 지체없이 이를 소집하여야 하며, 감사가 소집하지 아니하는 때에는 소집을 청구한 자의 대표가 시장·군수의 승인을 얻어 총회를 소집할 수 있다(령 제44조 제5항, 표준정관 제24조 제6항).

> **표준정관 제24조(대의원회의 설치)**
> ⑥제5항 각호의 1에 의한 소집청구가 있는 경우로서 조합장이 14일 이내에 정당한 이유없이 대의원회를 소집하지 아니한 때에는 감사가 지체없이 이를 소집하여야 하며, 감사가 소집하지 아니하는 때에는 제5항 각호의 규정에 의하여 소집을 청구한 자의 공동명의로 이를 소집한다.

조합원이나 대의원의 소집청구에 의해 대의원회를 소집하는 경우에는 소집주체에 따라 감사 또는 소집을 청구한 자의 대표가 의장의 직무를 대행한다(령 제44조 제6항).

다. 대의원회 개최를 위한 이사회 사전의결 여부

대의원회에 안건을 상정하기 위해서는 반드시 이사회의 심의를 거쳐야 하는지. 그리고 이사회에서 부결됐지만 조합장이 필요하다고 판단하면 대의원회에 안건 상정을 할 수 있는지가 문제된다.

사견은 이사회의 사전심의 없이 대의원회 안건상정이 가능하다고 본다.

서울북부지방법원은 "채무자 정관 제27조, 제28조에 따르면 이사회는 조합의 사무집행기관으로서 그 권한도 조합사무의 집행에 한정되고 집행행위에 해당하지 않는 사무는 조합의 의사결정기관인 총회 또는 대의원회로부터 위임받아야 할 수 있음이 원칙인 점, 채무자가 주장하는 위와 같은 이사회 결의 내용은 대의원회에서 내려야 할 의사결정을 갈음하는 내용인 점, 대의원회가 대표성, 구성원의 수, 기능 등에 있어 이사회보다 우위에 있는 점에 비추어 볼 때, 이사회가 대의원들의 의사결정에 관하여 대의원회의 의결 결과와 다른 내용으로 대의원회 개최 여부를 결정할 권한은 없다."라고 판시하여(2010. 7. 23.자 2010카합843 결정), 사건과 같은 취지이다.

또한 위 서울북부지방법원의 결정례는 "대의원회가 이미 결정한 사항에 대하여 이사회가 그와 반대되는 내용의 안건을 심의하고자 하는 대의원회를 개최하는 결정을 할 수 없다."라는 것인데, 이를 역으로 해석하면 즉, 이사회가 사전심의를 하지 않았거나 부결하였더라도 대의원회는 그와 반대되는 내용의 의결을 독자적으로 행할 수 있다고 보아야 할 것이다.

라. 총회 부의 안건 대의원회 사전 심의 내지 의결 여부

총회 부의 안건에 대해 대의원회 사전 심의를 거치지 않았어도 총회 개최가 가능하다. 총회가 최고 의사결정기관이므로 대의원회에서 사전심의를 거치지 않았다고 하더라도 총회에서 의결하면 그만인 것이다(수원지방법원안양지원 2013. 5. 23.자 2013카합55 결정, 목련○단지리모델링조합).

서울북부지방법원은 "채무자 조합의 정관 제25조 제1항 제3호에서 대의원회의 의결 사항으로 총회 부의 안건의 사전 심의를 규정하고 있다고 하여 총회 부의 안건에 대하여 <u>대의원회의 사전 심의를 의무적으로 받아야 한다고 해석하기는 어렵고</u>, 오히려 위 규정은 총회에서의 결의가 원활하게 이루어질 수 있도록 대의원회에 총회 부의 안건의 적정성 등을 사전에 심의할 수 있게 하는 대의원회의 권한 규정이라고 해석함이 상당하다. 또한 이 사건 임시총회에 상정되는 각 안건은 결국 채무자 조합의 최고의결기관인 총회에서 조합원들의 의사에 따라 가부가 결정될 것이므로 각 안건에 관하여 대의원회 사전 심의를 거치지 않은 사유가 이 사건 임시총회 개최 자체를 금지할 중대한 절차 위반에 해당한다고 보기 어렵다"라고 판시한바 있다(2012. 5. 18.자 2012카합359 결정, 확정, 인덕00주택재건축정비사업조합).

마. 대의원회 소집통지

대의원회의 소집은 집회 7일 전까지 그 회의의 목적·안건·일시 및 장소를 기재한 서면을 대의원에게 통지하는 방법에 따른다. 이 경우 정관으로 정하는 바에 따라 대의원회의 소집내용을 공고하여야 한다(령 제44조 제7항). 서면을 대의원에게 '통지'라고만 하였음을 주의하여야 한다. 우편이나 직접 전달도 무방하다고 본다.

바. 대의원회의 의결사항

> **표준정관 제25조(대의원회 의결사항)** ①대의원회는 다음 각호의 사항을 의결한다.
> 1. 궐위된 임원 및 대의원의 보궐선임
> 2. 예산 및 결산의 승인에 관한 방법
> 3. 총회 부의안건의 사전심의 및 총회로부터 위임받은 사항
> 4. 총회의결로 정한 예산의 범위내에서의 용역계약 등

대의원회는 사전에 통지한 안건만 의결할 수 있다. 다만, 사전에 통지하지 아니한 안건으로서 대의원회의 회의에서 정관으로 정하는 바에 따라 채택된 안건의 경우에는 그러하지 아니하다(령 제44조 제9항).

사업추진상 시급히 대의원회 의결을 요하는 사안이 발생하는 경우에는 회의 개최 3일 전에 통지하고 대의원회에서 안건상정여부를 묻고 의결할 수 있다(표준정관 제24조 제7항).

> **서울중앙지방법원 2014. 7. 3. 선고 2014가합5147 대의원회결의 무효**
> -대의원회 소집 반드시 우편으로 하지 않아도 된다.
> -감사가 소집할 경우, 다른 자를 진행자로 지명해도 무방하다.
> -대의원 의결정족수 부족한데, 이를 보궐하기 위해 무투표당선 선포 사례에서 유효 인정

표준정관에 의하면, 통지 후 시급히 의결할 사항이 발생한 경우, 의장의 발의와 출석대의원 과반수 동의를 얻어 안건으로 채택한 경우에는 그 사항을 의결할 수 있다(표준정관 제25조 제2항).

사. 대의원회의 운영 등

표준정관 제23조(총회의 운영 등)는 대의원회에 이를 준용한다(표준정관 제26조 제3항).

> **표준정관 제26조(대의원회 의결방법)**
> ③제23조의 규정은 대의원회에 이를 준용한다.
> 표준정관 제23조(총회운영 등) ①총회는 이 정관 및 의사진행의 일반적인 규칙에 따라 운영한다.
> ②의장은 총회의 안건의 내용 등을 고려하여 다음 각호에 해당하는 자등 조합원이 아닌 자를 총회에 참석하여 발언하도록 할 수 있다.
>   1. 조합직원
>   2. 정비사업전문관리업자 · 시공자 또는 설계자
>   3. 그 밖에 의장이 총회운영을 위하여 필요하다고 인정하는 자

> ③의장은 총회의 질서를 유지하고 의사를 정리하며, 고의로 의사진행을 방해하는 발언·행동 등으로 총회질서를 문란하게 하는 자에 대하여 그 발언의 정지·제한 또는 퇴장을 명할 수 있다.
> ④제1항과 제3항의 의사규칙은 대의원회에서 정하여 운영할 수 있다.

아. 대의원회 의결방법

(1) 의견진술 등

이사·감사는 대의원회에 참석하여 의견을 진술할 수 있다(표준정관 제25조 제4항).

(2) 의사정족수 및 의결정족수

대의원회는 재적대의원 과반수의 출석과 출석대의원 과반수의 찬성으로 의결한다. 다만, 그 이상의 범위에서 정관으로 달리 정하는 경우에는 그에 따른다(령 제44조 제8항).

특정한 대의원의 이해와 관련된 사항에 대해서는 그 대의원은 의결권을 행사할 수 없다(령 제44조 제10항). 이 경우에는 의결정족수에서 제외된다.

(3) 의결권의 행사방법

대의원은 대리인을 통한 출석을 할 수 없다. 다만, 서면으로 대의원회에 출석하거나 의결권을 행사할 수 있으며, 이 경우 출석으로 본다(표준정관 제26조 제2항).

자. 의사록의 작성

조합은 대의원회의 의사록을 작성하여 청산 시까지 보관하여야 하며, 의사록은 조합사무소에 비치하여 조합원이 항시 열람할 수 있도록 하여야 한다(표준정관 제31조).

의사록에는 의사의 경과, 요령 및 결과를 기재하고 의장 및 출석한 이사가 기명날인하여야 한다.

> **표준정관 제31조(의사록의 작성 및 관리)** 조합은 총회·대의원회 및 이사회의 의사록을 작성하여 청산시까지 보관하여야 하며, 그 작성기준 및 관리 등은 다음 각호와 같다. 다만, 속기사의 속기록일 경우에는 제1호의 규정을 적용하지 아니한다.
> 1. 의사록에는 의사의 경과, 요령 및 결과를 기재하고 의장 및 출석한 이사가 기명날인하여야 한다.
> 2. 의사록은 조합사무소에 비치하여 조합원이 항시 열람할 수 있도록 하여야 한다.
> 3. 임원의 선임 또는 대의원의 선출과 관련된 총회의 의사록을 관할 시장·군수에게 송부하고자 할 때에는 임원 또는 대의원 명부와 그 피선자격을 증명하는 서류를 첨부하여야 한다.

의사록에 기재할 사항 및 공개와 보존에 관하여는 총회에서 본 바와 같다.

09 총회의 무산과 대의원회의 결의 갈음

　표준정관 제22조 제6항은 "총회 소집결과 정족수에 미달되는 때에는 재소집하여야 하며, 재소집의 경우에도 정족수에 미달되는 때에는 대의원회로 총회를 갈음할 수 있다(단, 제21조제1호·제2호·제5호 내지 제8호·제10호 및 제12호에 관한 사항은 그러하지 아니하다)."라고 규정하고 있다.

　그러나 이 조항 후단부분은 법 제46조 제4항과 령 제43조에 위배되어 무효라고 본다.

　즉, 법 제46조 제4항은 "대의원회는 총회의 의결사항 중 대통령령으로 정하는 사항 외에는 총회의 권한을 대행할 수 있다."라고 하고, 령 제43조는 대의원회가 총회의 권한을 대행할 수 없는 사항을 열거하고 있다.

따라서 령 제43조에 해당하는 사항은 반드시 총회 의결사항이므로 재소집의 결과 정족수에 미달된다고 하더라도 대의원회 의결로 총회를 갈음할 수 없다고 본다.

결국 대의원회가 총회의 권한을 대행할 수 있는 사항은 다음 각 호와 같다.
   1. 정비사업비의 사용
   2. 정관으로 정하는 바에 따라 임기중 궐위된 자(조합장은 제외한다)를 보궐 선임하는 경우
   3. 정비사업비의 조합원별 분담내역
   4. 법 제45조제1항제9호에 따른 사업시행계획서의 작성 및 변경에 관한 사항 중 같은 항 단서에 따른 경미한 변경
   5. 법 제45조제1항제10호에 따른 관리처분계획의 수립 및 변경에 관한 사항 중 법 제74조제1항 각 호 외의 부분 단서에 따른 경미한 변경
   6. 사업완료로 인한 해산
   7. 제89조에 따른 청산금의 징수·지급(분할징수·분할지급을 포함한다)과 조합 해산 시의 회계보고
   8. 제93조에 따른 비용의 금액 및 징수방법

Chapter 5

이사회

01 이사회 설치에 관한 규정

 도시정비법이 제정되면서 종전 구 「주택건설촉진법」상 조합의 업무집행에 관한 결정권한을 갖는 집행기관으로서의 이사회의 권한이 대의원회의 권한으로 옮겨졌고, 이사회는 단순 업무의 집행 또는 의안 상정기관으로 자리매김하게 되었다.

 법상 이사회의 설치가 의무화되어 있지는 않고, 표준정관에서 조합의 사무를 집행하기 위하여 조합장과 이사로 구성하는 이사회를 두도록 하고 있다.

 한편, 서울시의 경우 이사회의 설치 및 소집, 사무, 의결방법 등 이사회 운영에 관한 사항을 조합정관에 정하도록 하고 있다(서울시 조례 제22조 제1호)

표준정관 제27조(이사회의 설치) ①조합에는 조합의 사무를 집행하기 위하여 조합장과 이사로 구성하는 이사회를 둔다.
②이사회는 조합장이 소집하며, 조합장은 이사회의 의장이 된다.
서울시 조례 제22조(조합정관에 정할 사항) 영 제38조제17호에서 "그 밖에 시·도조례가 정하는 사항"이란 다음 각 호의 사항을 말한다.
 1. 이사회의 설치 및 소집, 사무, 의결방법 등 이사회 운영에 관한 사항

02 이사회 소집 및 의장

 이사회는 조합장이 소집하며, 조합장은 이사회의 의장이 된다(표준정관 제27조 제2항).

 표준정관에서는 이사회 소집절차에 관하여 아무런 규정을 두고 있지 아니하므로, 정관 작성 시 이에 대해 규정할 필요가 있고, 정관에서 정한 소집절차에 따라 소집이 이루어지지 아니한 경우 이사회 결의의 효력이 문제될 수 있다.

 이사회가 특정 이사에게 적법한 소집통지를 하지 아니하여 그 이사가 출석하지 아니한 채 이사회가 개최되었다면 그와 같이 개최된 이사회의 결의는 무효라 할 것이다(대법원 2005. 5. 18.자 2004마916 결정 참고).

대법원 2011. 6. 24. 선고 2009다35033 판결
이사회 소집통지를 할 때에는, 회사의 정관에 이사들에게 회의의 목적사항을 함께 통지하도록 정하고 있거나 회의의 목적사항을 함께 통지하지 아니하면 이사회에서의 심의·의결에 현저한 지장을 초래하는 등의 특별한 사정이 없는 한, 주주총회 소집통지의 경우와 달리 회의의 목적사항을 함께 통지할 필요는 없다.

대법원 2012. 1. 27. 선고 2011두9164 판결
[1] 학교법인이 이사회 소집을 위한 절차로서 각 이사에게 회의의 목적사항을 통지할 때, 상정될 안건의 구체적 내용이나 그에 관한 판단자료를 포함해서 통지해야 하는지 여부(원칙적 소극)
[2] 甲 학교법인이 '법인이사 선·해임의 건'이라고 안건제목을 명시한 이사회 소집 공문을 각 이사에게 발송하고 이사회를 개최하여 새로운 이사 6인을 선임한 후 이들에 대한 임원취임승인신청서를 작성하여 교육감에게 제출하였으나 교육감이 사립학교법 제17조 제3항 위반 등을 이유로 이를 거부한 사안에서, 이사회결의에 사립학교법 제17조 제3항을 위반한 절차상 잘못이 없다고 본 원심판단을 정당하다고 한 사례
[1] 이사회 소집절차에 관한 사립학교법 제17조 제3항 등은 학교법인의 이사들로 하여금 사전에 회의의 목적사항을 알 수 있게 함으로써 이사회 참석 여부를 결정하거나 적정한 심의권 행사를 위하여 필요한 준비를 할 수 있도록 하는 데 취지가 있으므로, 소집통지에 포함될 회의의 목적사항은 이사들의 회의참석에 관한 의사결정이나 준비를 가능하게 할 정도이면 충분하고, 달리 학교법인의 정관 등에서 특별한 규정을 두고 있지 않은 한, 상정될 안건의 구체적 내용이나 그에 관한 판단자료까지 반드시 소집통지에 포함해야 하는 것은 아니다.
[2] 甲 학교법인이 '법인이사 선·해임의 건'이라고 안건제목을 명시한 이사회 소집 공문을 각 이사에게 발송하고 이사회를 개최하여 새로운 이사 6인을 선임한 후 이들에 대한 임원취임승인신청서를 작성하여 교육감에게 제출하였으나 교육감이 사립학교법 제17조 제3항 위반 등을 이유로 이를 거부한 사안에서, 소집통지서에 '법인이사 선·해임의 건'이 회의의 목적사항으로 명시된 이상, 새로 선임될 이사들의 신상자료가 첨부되지 않았다고 하여 회의의 목적사항이 명시되지 않았다고 볼 수 없다는 이유로, 그 소집통지에 따라 개최된 이사회에서 한 이사 선임 결의에 사립학교법 제17조 제3항을 위반한 절차상 잘못이 없다고 본 원심판단을 정당하다고 한 사례.

03 이사회의 권한

이사회는 통상업무의 집행에 관한 결의만 할 수 있고, 대의원회가 업무집행에 관한 종전 이사회 권한을 가진다.

다만, 정관에 별도의 조항으로 전문적이고 효율적인 조합운영을 위하여 이사회 보좌기관으로서 자문 또는 고문기관을 둘 수 있다.

> **표준정관 제28조(이사회의 사무)** 이사회는 다음 각호의 사무를 집행한다.
> 1. 조합의 예산 및 통상업무의 집행에 관한 사항
> 2. 총회 및 대의원회의 상정안건의 심의·결정에 관한 사항
> 3. 업무규정 등 조합 내부규정의 제정 및 개정안 작성에 관한 사항
> 4. 그 밖에 조합의 운영 및 사업시행에 관하여 필요한 사항

04 이사회의 결의

가. 정족수

이사는 평등한 의결권을 갖는다. 즉, 이사는 평등의 원칙에 의하여 1개의 의결권을 갖는 것이 원칙이다.

이사회는 구성원 과반수 출석으로 개의하고, 출석 구성원 과반수 찬성으로 의결한다(표준정관 제29조 제1항).

이사회의 결의에 관하여 이사 자신과 관련된 사항에 대하여는 당해 이사는 의결권을 행사할 수 없다(표준정관 제29조 제2항).

> 표준정관 제29조(이사회의 의결방법) ①이사회는 대리인 참석이 불가하며, 구성원 과반수 출석으로 개의하고 출석 구성원 과반수 찬성으로 의결한다.
> ②구성원 자신과 관련된 사항에 대하여는 그 구성원은 의결권을 행사할 수 없다.
> ③제26조제2항의 규정은 이사회의 의결에 준용한다.

나. 의결권 행사방법

이사는 <u>대리인을 통한 출석을 할 수 없다.</u> 다만, 서면으로 이사회에 출석하거나 의결권을 행사할 수 있다(표준정관 제29조 제3항, 제26조 제2항). 재개발표준정관 제29조는 재건축표준정관 제29조제3항이 없어 서면참석여부에 대해 침묵을 지키고 있으나, 서면참석을 막을 이유는 없다고 사료한다.

> 재건축표준정관 제29조(이사회의 의결방법) ①이사회는 대리인 참석이 불가하며, 구성원 과반수 출석으로 개의하고 출석 구성원 과반수 찬성으로 의결한다.
> ②구성원 자신과 관련된 사항에 대하여는 그 구성원은 의결권을 행사할 수 없다.
> ③제26조제2항의 규정은 이사회의 의결에 준용한다.[178]
> 재건축표준정관 제26조(대의원회 의결방법)
> ②대의원은 대리인을 통한 출석을 할 수 없다. 다만, 서면으로 대의원회에 출석하거나 의결권을 행사할 수 있다. 이 경우 제1항의 규정에 의한 출석으로 본다.

---

178 재개발표준정관은 제3항이 없다.

다. 이사선임결의 총회가 무효인 경우

정비사업조합의 이사선임결의에 하자가 있어 이사를 선임하는 <u>총회결의가 취소되거나 혹은 무효인 것으로 확인되는 경우</u>, 그 이후 그와 같은 총회에서 선임된 이사들에 의한 이사회 결의의 효력에 관하여 직접적으로 거론하고 있는 판례는 찾지 못하였다.

다만 상법상 회사의 경우에 있어, 대법원은 "이사 선임의 주주총회 결의에 대한 취소판결이 확정된 경우 그 결의에 의하여 이사로 선임된 이사들에 의하여 구성된 이사회에서 선정된 대표이사는 <u>소급하여 그 자격을 상실하고</u>, 그 대표이사가 이사 선임의 주주총회결의에 대한 취소판결이 확정되기 전에 한 행위는 대표권이 없는 자가 한 행위로서 무효가 된다."고 판시하고 있다(대법원 2004. 2. 27. 선고 2002다19797 판결 참조). 또한 하급심도 이사선임결의가 무효 확정되면 소급하여 이사자격을 상실한다고 한다(전주지방법원 군산지원 2015. 5. 14. 선고 2015가합10020 판결).

정비사업조합의 경우에도 위 상법상 주식회사에 관한 대법원 판례의 법리가 유추적용될 수는 있을 것으로 보인다. 따라서 이사를 선임한 총회 결의가 무효가 된다면, 그 이후 이사회 결의도 무효로 보아야 한다고 본다[179].

---

[179] 다만, 조합 이사회의 결의가 무효인 것과 이사회의 결의에 기초한 조합의 행위의 효력은 별개로 판단되어야 할 것이다. 조합과 거래한 거래상대방의 보호라는 측면에서 무효인 이사회 결의에 기초하여 한 조합의 모든 행위를 무효로 볼 수는 없을 것이기 때문이다. 이와 관련하여 대법원은 정관 등에 의해 내부적으로 일정한 거래에 대하여 이사회의 결의를 얻도록 한 경우에는 이사회의 결의가 흠결되었다고 하더라도 거래상대방 보호의 면에서 상대방에게 악의 또는 중과실이 없는 한 유효라고 본다는 취지의 판시(대법원 1978. 6. 27. 선고 78다389 판결 참조)를 한 바 있는바, 그렇다면 조합 이사회의 결의가 무효라고 하더라도 이사회 결의를 전제로 조합과 거래한 상대방

이 이사회 결의가 무효라는 점에 대하여 알고 있었거나 또는 알지 못한 것에 중대한 과실이 있는 등의 특별한 사정이 없다면 조합과 거래상대방 사이의 거래행위는 유효한 것으로 보아야 할 것이다.

05 감사의 이사회 출석권한 및 감사요청

감사는 이사회에 출석하여 의견을 진술할 수 있고, 이사회는 조합운영상 필요하다고 인정될 때에는 감사에게 조합의 업무에 대하여 감사를 실시하도록 요청할 수 있다. 다만, 감사는 이사회의 구성원이 아니므로 이사회 의결에는 참가하지 못한다(표준정관 제30조).

> 표준정관 제30조(감사의 이사회 출석권한 및 감사요청) ①감사는 이사회에 출석하여 의견을 진술할 수 있다. 다만, 의결권은 가지지 아니한다.
> ②이사회는 조합운영상 필요하다고 인정될 때에는 감사에게 조합의 업무에 대하여 감사를 실시하도록 요청할 수 있다.

06 의사록의 작성

 조합은 이사회를 개최한 경우 이사회 의사록을 작성하여야 한다. 정관에 특별한 규정이 없으면 의장이 작성의무자가 된다. 통상의 경우 조합장이 의장이 되므로 조합장이 회의록 작성의무를 지나, 조합장이 아닌 다른 사람이 의장직을 수행하였다면 그 의장이 작성의무를 지게 된다.

 이사회 의사록은 자료가 작성되거나 변경된 후 15일 이내에 이를 조합원, 토지등소유자 또는 세입자가 알 수 있도록 인터넷과 그 밖의 방법을 병행하여 공개하여야 한다(법 제124조).

 한편, 의사록이란 이사회가 어떠한 과정을 거쳐 어떠한 의사결정을 하였는지를 기록한 문서로서, 의사록이 작성되어야 이사회 결의의 효력이 발생하는 것은 아니고, 이사회 결의는 그 의결만으로 효력이 발생한다.

즉, 의사록은 의사에 관한 사실을 기록하는 문서로 증거방법일 뿐이다.

의사록에 기재할 사항 및 공개와 보존에 관하여는 총회에서 본 바와 같다.

PART 4
시공자 선정 총회 및 계약 노하우

Chapter 1 발상의 전환으로 분담금 절감하기
Chapter 2 시공자 선정 시기 및 방법
Chapter 3 선정 절차
Chapter 4 입찰 및 낙찰 관련 법적 쟁점
Chapter 5 시공자 선정 총회 등
Chapter 6 도급계약 노하우
Chapter 7 도급계약 해제 요령
Chapter 8 시공자 선정 비리 뿌리 뽑는다

Chapter 1

발상의 전환으로 분담금 절감하기

01 시공자 甲질 예방법

분명 시공자는 조합과의 관계에서 보면 도급을 받는 위치이므로, 소위 乙이다. 그런데 정비사업에서 시공자는 대여금을 무기로 하여 甲질을 한다.

시공자의 甲질을 예방하려면 도급계약을 제대로 체결하고, 시공감독을 잘하면 된다.

도급계약을 제대로 체결하려면 조합장과 임원들이 의지가 있어야 한다. 조합장에게 월급을 제대로 주는 것도 의지를 높이는 길일 것이다. 조합원들이 조합임원을 제대로 선임하고, 총회에 적극적으로 참여하여 각자의 권리의무를 다하면 된다.

아직 시공자와 도급계약을 체결하지 않은 조합은 서울시가 발표한 표준도급계약서로 계약을 체결하고(선정과 계약을 동시에 하라), 이미 도급계약을 체결한 조합은 시공자에게 이 책이 제시하는 독소조항의 변경을 요구하고, 이에 응하지 않으면 민법에 의거하여 계약을 해제하면 된다. 그래도 시공자는 원가공개 문제로 조합을 상대로 손해배상청구소송을 하지는 못한다.

조합원들이 단결하면 시공자의 甲질은 예방 된다.

02 정비사업 시공은 땅 집고 헤엄치기

시공자는 재건축·재개발 사업을 매우 선호한다. 확실하게 돈 되는 장사니까 그렇다. 조합원 입장에서는 참 아픈 말이다.

> **바람 잘 날 없는 재건축… 왜? 확실하게 돈 되는 장사니까 [한국일보 2010.5.4.]**
> 내로라하는 국내 대형 건설업체 모두 사활을 걸고 재건축에 매달리는 이유는 뭘까. '확실히 남는 장사'이기 때문이다.(중략) A건설 관계자는 "재건축 단지의 경우 입지가 좋기 때문에 일반 물량의 경우 거의 100% 분양이 보장된다"며 "공사비 이상으로 수주만 할 수 있다면 손쉽게 이익을 남기는 사업"이라고 말했다. B건설 관계자도 "개별 사업장 특성(용적률·가구수·땅값 등)에 따라 편차가 있지만, 서울지역 1,000가구 규모의 재건축 단지를 수주할 경우 건설업체 몫은 공사비의 7% 가량"이라고 말했다. 실제로 서울 강남권 C재건축 단지의 경우, 3.3㎡당 2,300만원으로 일반 물량을 분양해 조합원에게 가구당 6억원의 이익을 보장하더라도 시공사는 전체 예상 공사비(3,000억원)에서 6~7% 가량의 마진을 남기는 것으로 추정됐다.(중략)

나아가 돈만 되는 것이 아니라 위험부담도 없다. 그리고 정부는 앞으로 신도시 건설로 인한 대규모 택지공급을 하지 않겠다는 입장이므로, 결국 시공자들은 정비사업을 소홀히 할 수가 없다.

<표> 일반아파트와 정비사업의 차이

일반아파트	정비사업 아파트
막대한 토지구입비 지출	토지구입비 없음
미분양 리스크 높음	미분양 리스크 낮음 (조합원분, 입지 우수)
모델하우스 선 오픈 후 분양	조합원은 모델하우스도 보지 못하고 분양

따라서 조합원들은 시공자를 선정함에 있어서 여유를 가져도 된다.

03 시공사 선택 기준 다양화

그동안 ① 브랜드가 어디인지? ② 3.3㎡당 공사비가 얼마인지? 이 2가지가 시공자를 선택하는 기준이 되어 왔다.

먼저 브랜드를 살펴보면, 정비사업에는 서울이나 지방을 불문하고 최소한 시공능력 평가 30위 안에 드는 시공자들이 참여한다. 당연히 시공능력 최상위 업체가 시공하는 것을 마다할 조합원들은 없을 것이다. 아파트 브랜드가 아파트 가격에 영향을 미친다고 생각하기 때문이다. 다만 결혼을 할 때 인물만 보고 선택하여 평생을 후회하는 것처럼 시공자도 브랜드만이 아니라 사업참여제안서의 속 내용을 세밀히 살펴보고 선택하면 더 지혜롭다는 것이다. 대치동 동부센트레빌이 좋은 예이다.

다음 3.3㎡당 공사비도 겉으로만 보아서는 안된다. 시공자들이 제시한 참여제안서를 보면 최초에 제시하는 3.3㎡당 공사비를 나중에 증액하겠다는 함정이 여러 곳에 있는데도 불구하고 그저 3.3㎡당 공사비가 현재 싼 곳을 선정하는 경우가 있는 것이다.

요즈음 서울시에서 진행되는 정비사업의 경우에는 내역입찰이 실시되어 단순 공사비 제안이 불가해지자 시공자들이 대안설계, 특화설계, 혁신설계라는 이름으로 포장하여 향후 거액의 증액을 예고하는데도 조합원들은 향후 증액 가능성은 보지 못하고 현재 3.3㎡당 공사비가 싸다는 이유로 선정한다. 그리고 시공자 선정 이후 조합과 시공자간에 엄청난 증액 전쟁을 하다가 결국은 시공자가 승리하여 증액을 하여 준다.

조합원들은 시공자를 선택함에 있어서 모순 속에서 조화를 꾀해야 한다. 즉, 조합원들의 고민은 비용은 저렴하지만 품질은 높은 아파트를 원하는 것이다. 과연 비용이 저렴한데 품질이 높아질 수 있는가. 참으로 어려운 문제이다.

조합원들은 시공자가 제시하는 참여제안서를 분석하기가 쉽지 않다. 따라서 조합에서 전문가의 도움을 받아 분석하여 조합원들이 올바른 선택을 하도록 정보를 제공하여 주어야 한다.

이하에서는 시공자 선택 기준에 대해서 다른 시각을 몇 가지만 제시하고자 한다. 다만 내역입찰이 실시되는 서울지역과 나머지 지역은 조금은 다른 기준이 적용되어야 할 것이다.

첫째, 공사비 증액요인이 투명하여야 한다.

서울시의 경우에는 완성된 설계를 바탕으로 내역입찰(물량내역서와 공사비 산출내역서에 의한 입찰을 말한다)을 하므로 공사비 증액요인이 많지는 않다. 그렇다고 전혀 없는 것은 아니다. 예를 들어 공사착수 기준일이 변경되면 공사비 증액요인이 되는 것이다. 서울시 외에 다른 지역의 조합들은 내역입찰을 하지 않고 단순 3.3㎡당 공사비만으로 시공자를 선정하므로, 공사비 증액요인을 더 면밀히 살펴야 한다. 공사비 증액이 없거나 최소화 한 시공자를 선택하여야 한다. 이는 조합이 전문가를 동원하여 분석하고 조합원들에게 제시하여야 한다.

서울시를 제외하고는 도급계약서에 물량내역서와 공사비산출내역서를 첨부하지 않는 경우가 많으나, 이는 후일 공사비증액요인으로 작용하므로, 반드시 물량내역서와 공사비산출내역서를 첨부하여 최종적인 도급계약을 체결하여야 할 것이다.

― 부실조합설립동의서 실태 및 사업비 증액 규모 발표 ―

"사업비 분담내역 몰라도 사업은 GO!, 실제 사업비 대폭 증액되어도 주민 속수무책"

■일시 : 2009년 10월 7일(수) 오전 10시 30분 ■ 장소 : 경실련 강당
사업시작 시 제시한 사업비 집행단계에서 대폭 증가
사업비 증액규모
○(조합설립-관리처분) 구역별 평균 744억원(45%) 증액
 - 물가상승률 반영한 실질 사업비 증액 : 169만원(건축연면적 3.3㎡ 기준)
 **30평형 분양기준, 가구당 7천2백만원 부담액 증가한 셈
○대기업 건설사가 시공사로 정비사업 독점하고 사업비 증액규모도 커
 - 시공순위 10위 이내 : 구역의 62%, 증액규모의 80%, 구역 당 781억 증액
 - 시공순위 30위 이내 : 구역의 97%, 증액규모의 99%

시공자가 숨겨둔 공사비 증액사유는 다음과 같다.

- 단순 3.3㎡당 공사비 계약
- 설계변경(당 입찰제안서는 조합에서 제시한 설계도면 기준임 : 결국은 조합이 제시한 설계도면 이외의 최종 인·허가 단계인 사업시행인가시 추가 부분이 생길 경우에는 그에 해당하는 금액 변동이 발생함)
- 조합원 평형변경으로 인한 변동(설계변경 수반하고, 기간지연으로 추가 비용 발생)
- 물가변동(시공자가 사업추진을 하지 않아 늦어지는데도 물가변동을 주장하는 것은 상식이하이다)
- 사업여건 변동(토질상태, 자재 값 급등, 조합 요구사항 반영, 기상조건 악화 등)
- 사업기간지연(이주기간 지연, 공사비 산정기준일 변경, 결국 착공기준일 변경으로 인한 증액)
- 마감재 불특정(유럽풍의 실내마감, 원목마루형 거실바닥, 최고급자재 사용 등)
- 대여금과 공사비 변제조건
  ○시공사 : 공사비 우선 변제→무이자 대여원금→유이자 대여이자→유이자 대여원금→기타비용
  ○조 합 : 유이자 대여이자→유이자 대여원금→공사비 →무이자 대여금→기타비용
  ▶1,000세대 건축 시 이 순서만 바꾸어도 약70억원 정도가 절감된다고 함)
- 각종 금리조건(시공자는 사실상 금융으로 돈 번다)
- 계약해제 시 시중은행 일반대출 연체금리로 대여금 반환 조항(약17%)
- 발코니 확장

둘째, 마감재가 투명하여야 한다.

마감재는 총공사비의 약 40% 정도를 차지한다. 사실상 시공자가 제대로 이윤을 남기는 부분은 마감재 공사인 것이다.

"유럽풍의 실내마감, 원목마루형 거실바닥, 최고급자재 사용" 등 화려한 형용사를 제시하는 시공자보다는 마감재에 대해 정확하게 제품명을 기입하거나 단가를 제시하여 추후 변화 요인이 없도록 제시하는 시공자를 선택하여야 한다.

단적으로 화장실 변기만 해도 5만원부터 200만원까지가 있다. 아래 신문 보도내용을 보면 마감재의 중요성을 알 수 있다. 모델하우스에 설치된 가구가 실제 아파트에 시공되는 비율이 32%라고 한다. 충격적인 내용이다.

모델하우스 자재, 분양아파트 적용 주택법안 놓고 갈등 건설경제 2011-02-23
반기는 가구업체 '가구 바꿔치기' 없애는 계기 될 것
특판용 가구에도 브랜드 라벨 부착돼 신뢰도 향상
가구업계는 관련법안이 시행되면 건설현장 스펙인(spec-in) 시공 시 관행처럼 굳어져 왔던 '가구 바꿔치기'가 전면 철폐되는 계기가 될 것으로 기대하고 있다. 그동안은 건설사 측의 요구로 모델하우스에 적용했던 가구 모델과 다른 제품이 실제 입주하는 아파트에 시공되거나 심할 경우 실제 아파트에는 납품되지 못하는 사례가 발생하면서 업체들이 적지 않은 피해를 입었다는 것.
한 업체 관계자는 "그동안 건설사는 분양카타로그에 '모델하우스에 시공된 제품은 동일 품목이상으로 변경 가능'이라는 문구를 집어넣음으로써 논란의 중심에서 교묘히 비켜서 있었다"며 "그러나 실제 아파트에 적용된 가구가 모델하우스에 적용된 제품과 동급 이상의 품질을 지녔다는 것을 누가 증명할 수가 있느냐"고 말했다.

그는 또 "이 같은 폐단 때문에 그동안 우리 회사의 경우 모델하우스 시공분이 본납시공까지 이어진 비율은 평균 32%밖에 되지 않았다"고 말했다.

가구업계는 또 이 법이 시행되면 특판용으로 납품되는 가구에도 브랜드 가구업체들의 라벨(label)이 붙게 되면서 소비자가 쉽게 실제 아파트에 시공된 가구제품을 확인할 수 있어 신뢰도를 높이는 계기가 될 것으로 기대하고 있다. 그동안 대부분의 건설사는 빌트인 가구제품에 대해 브랜드 라벨을 붙이지 못하도록 요구해왔다.

아울러 이 법의 시행으로 자재 낭비를 막고, 안정적인 재고 관리가 가능해진다는 점에서 자원 절약은 물론 전체 가구산업 발전을 위해서도 긍정적이라고 업계는 설명했다.

업계 관계자는 "가구업체는 모델하우스에 스펙인 시공을 할 때, 본납시공을 위한 자재 확보에 열을 올리고 안정적으로 관리하기 위해 많은 비용을 투입한다"며 "모델하우스에 시공된 가구제품이 실제 아파트에 동일하게 적용되지 않는다면 이 같은 노력과 비용을 낭비하는 것으로 사회적으로나 전체 가구산업계를 위해서도 좋지 않은 결과를 가져온다"고 말했다.

안양 석수00 재건축 '마감재 논란' 파장
예비입주자모임 "약속과 다르다" … 조합·시공사 "계약대로 이행했다"

주거환경신문 2010. 2. 17.

후분양제아파트로 인해 샘플하우스 오픈은 일반아파트 분양 때 오픈하기로 했지만 지난해 12월 조합원들의 건의로 인해 샘플하우스를 서둘러 오픈 했다. 하지만 샘플하우스를 내방한 조합원들은 ○○건설에서 시공한 내부모습에 실망을 감추지 못했다.

예비입주자의 한 조합원은 "아파트의 마감재는 입주시점기준 최근 ○○가 시공한 분양아파트 및 조합원 재건축 아파트 선택사양과 동일수준으로 하겠다고 계약서에 명시했다"며 "하지만 이를 지키지 않고 저급자재로 샘플하우스를 만들어 공개해 농락 당한 기분이 든다"고 말했다. 뿐만 아니라 "절차상으로도 조합원으로 구성된 위원회의 동의를 거쳐 시공하기로 돼 있으나, 이를 무시하고 동의 요청도 없이 시공을 했다"고 말했다.

셋째, 독소조항을 제시하는 시공자를 배제하여야 한다.

대표적인 독소조항을 살펴보면, ① 조합임원 연대보증 요구, ② 조합에 입금된 돈에 대해 다음날 시공자 통장으로의 자동이체, ③ 계약해제 시 연 17%의 과다한 폭리, ④ 유이자 대여금 우선 변제가 아닌 공사비 우선 변제 조항 등이다.

넷째, 예상관리비를 제시받아야 한다.

25평형 아파트에 살면서 관리비로 월 60만원을 내야 한다면, 이는 자가 주택이 아니라 거의 월세를 내는 수준이다.

> **새 아파트 '관리비 폭탄' 진실은…** 머니투데이 2011.03.03
> 지난달 경기 파주시 A아파트 158㎡(공급면적)에 입주한 김지영씨(54)는 얼마전 관리비 고지서를 받고 깜짝 놀랐다. 지난달 총 관리비가 60만원을 넘었기 때문. 김씨는 "개별로 사용한 난방비, 전기세 등을 제외하고 공동 부담하는 관리비만 20만원이 훌쩍 넘는다"며 "왜 이리 비싼지 모르겠다"고 말했다.
> 아파트 단지마다 관리비 폭탄으로 몸살을 앓고 있다. 겨울 한파로 인한 개별 난방비 상승이 주원인이지만 공동전기료와 난방비도 더불어 올랐기 때문이다.
> 3일 국토해양부의 공동주택관리정보시스템에 따르면 지난해 12월 전국 아파트의 개별사용료는 1㎡당 1252원으로 전달(666원)보다 2배 가량 올랐다. 개별사용료에는 아파트 단지에서 공동으로 쓰는 난방·전기·가스·수도세 등이 포함된다. 서울과 경기는 지난달에도 평균 사용료가 각각 1220원, 1167원 선으로 높게 나타났다. (중략)
> 한 건설사 관계자는 "요즘 아파트는 지상을 조경공원으로 꾸미고 지하에 주차장을 넓게 조성하는 데크형 설계가 많다보니 외부 조명, 지하주차장 램프, 엘리베이터, 복도 센서 등이 많이 설치돼 공동전기료가 많이 나올 수 있다"고 설명했다.
> 겨울철 단지내 도로와 주차장의 열선 가동으로 공동난방비가 증가한 것도 원인이다. 배관의 동파를 막기 위해 단지내 열선을 가동하고 경비실, 관리실에도 쓰이는 난방비도 관리비 상승에 한몫을 했다.

다섯째, **층간소음, 벽간소음 방지대책이 충실하여야 한다.**

입주 후에 층간소음이나 벽간소음이 생기면 이는 치명적이다. 따라서 이에 대한 대비책이 제대로 된 제안을 하는 시공자를 선택하여야 한다. 또한 엘리베이터는 고장이 발생하면 입주자에게 치명적이므로 최상품으로 시공하겠다고 제시하는 업체를 선택하여야 한다.

04 선정과 계약을 동시에 하라

　조합이 시공자를 선정한 후에 도급계약 내용에 대해 시공자를 상대로 협상을 하여 유리하게 하기는 매우 어렵다. 조합은 사업자금이 급한데, 시공자는 사업자금 대여를 무기로 하여 조합을 압박한다.

　시공자 선정전까지는 조합이 소위 "甲"이나, 선정 후에는 시공자가 대여금을 무기로 하여 "슈퍼 甲"으로 행세한다.

　이를 막기 위한 방법은 간단하다. 시공자 선정총회와 계약총회를 한꺼번에 하는 것이다.

　조합이 입찰지침서에 도급계약서안을 제시하면서 시공자가 제시하여야 할 부분만 보충제시하도록 하고, 나머지는 조합이 제시하는 도급계약내용대로 계약서를 제시하도록 하고, 시공자가 제시한 도급계약서안이 입찰지침에 위배되는 지 여부를 대의원회에서 심의하여 통과될 경우만 총회에 상정하면 되는 것이다.

즉, 시공자 선정과 동시에 계약 체결에 관한 결의를 하기 위해서는 시공자로 하여금 입찰시 공사도급계약서를 제출하도록 하고, 공사도급계약서를 총회 자료집에 수록해서 결의를 받으면 된다.

> 서울고등법원 2014. 12. 12. 선고 2014누61714 판결
> <u>한 번의 총회에서 '시공자 선정'과 '시공계약 체결 위임' 2가지 안건을 상정하여 총회 의결 거치고</u> 구체적인 것은 대의원회 의결을 거치면 시공자와 유효한 계약 도급계약 체결이 가능하다.

일부 조합원들은 조합이 이러한 조건을 제시하면 시공자들이 입찰에 참여하지 않을 것이라는 반론을 제기하나, 이는 결국 조합원들의 선택의 몫이다. 정비사업의 장점을 생각하고, 브랜드를 강조하지 않고, 내실을 기하고자 하는 조합으로서는 해볼 만한 도전이다.

05 현장소장 선택

시공자 선택만큼 중요한 것이 시공자의 현장소장이다. 아파트 품질은 시공자가 아니라 시공자의 현장소장이 좌우한다. 아래 기사처럼 뇌물을 받은 현장소장이 아파트를 제대로 지을 리가 없다.

> △세계일보: 조폭 뺨치는 갑질 병폐…기업윤리 어디로 갔나
> 세계일보는 "경찰 조사에서 드러난 OO산업의 갑질 행태는 우리 기업의 도덕성을 새삼 떠올리게 한다. 이 회사의 임직원 11명은 하청업체를 상대로 2011년부터 2014년까지 6억원이 넘는 돈을 뜯어냈다"며 "30여년간 OO산업이 시공한 공사만 수주하던 이 회사는 참다못해 ○○산업의 갑질 행태를 외부에 알렸다가 수백억원대의 공사비를 받지 못해 결국 문을 닫았다"고 밝혔다.[출처: 더피알]

입찰지침서에 현장소장 추천권을 기재하고, 매년 신문사에서 선정하는 우수 아파트를 지은 현장소장을 선정하는 것도 하나의 방법이다.

06 대안 · 혁신 · 특화 설계의 불편한 진실

가. 국토부, 서울시 합동점검 결과

국토교통부는 2018. 3. 22. 지난해 실시한 강남권 5개 재건축 조합에 대한 합동점검 결과 총 76건의 부적격 사례를 적발하여 수사의뢰, 시정명령 및 행정지도 등의 조치를 취했다.

시공자 등 입찰 관련된 위배사항을 보면, 무상으로 제공키로 한 사항을 실제로는 유상으로 처리하는 방식이 가장 대표적이었으며, 점검대상이 된 5개 조합의 시공자가 모두 적발되었다.

특히 특정업체는 최대 약 5천 억 수준의 무상 품목(특화)을 유상으로 중복 설계(무상 특화 전체 5,026억 원이 총공사비 2조 6,363억 원에 중복 포함)하였으며, 향후 조합원의 추가 부담금 및 분쟁으로 연결될 소지가 큰 사항으로 확인되었다(보도자료 참고).

나. 대안, 특화, 혁신 설계의 불편한 진실

시공자는 입찰제안서에 대안, 특화, 혁신설계라는 명칭 등을 사용하여, 조합원들의 마음을 잡고자 노력한다.

그러나 이러한 대안, 특화, 혁신설계가 진정으로 조합원들에게 도움이 되는지는 따져 보아야 한다.

특화, 혁신, 대안설계라는 것이 통상 조합원들의 분담금 증액 요인으로 자리 잡기 때문이다. <u>조합원들의 분담금은 올리지 않고 오로지 시공자가 그 자신의 비용을 들여서 소위 특화나 혁신설계를 하여 준다고 믿는 조합원이 있다면 지금이라도 그것은 일장춘몽임을 깨달아야 한다.</u>

서울시의 경우 이미 사업시행인가를 받은 설계를 특화나 혁신이라는 이름으로 변경하려면 필연적으로 변경 사업시행인가를 받아야 한다. 변경 사업시행인가를 받으려면 당연히 세월이 흐르게 마련이다. 그 지나가는 세월 동안 시공자는 자신들이 제시한 공사비는 착공기간을 언제로 하여 정한 것인데, 이 기간을 지나서 착공을 하므로 당연히 공사비를 증액하여야 한다는 것이다. 도급계약서에는 물가변동, 착공기준일 도과, 설계변경 시에는 공사비를 증액하여야 한다고 되어 있는 경우가 대부분이다. 나아가 위 점검결과처럼 중복하여 계상함으로서 숨기기도 한다. 참으로 기가 막힌 공사비 증액사유가 생기는 것이다. 그런데도 시공자는 특화나 혁신설계를 밀어붙이고, 조합원들은 이에 동의를 한다. 이는 조합원들이 자신들의 분담금은 증액되지 않을 것이라는 생각을 갖지 않는다면 선택을 할 수가 없는 것이다. 간단하게 추론해 보자. 시공자는 영업을 하는 회사로서 이익을 남기려 하는데 자신들의 이익을 줄여서 혁신이나 특화를 하겠는가?

특화나 혁신, 대안설계는 이미 공사비 증액사유로 악용된 지 오래이다. 이것을 조합원들만 모르거나 알아도 인정하려 들지 않는 것뿐이다. 서울시 공동사업시행 건설업자 선정기준 고시문(2016-355호, 2016.11.10.) 제9조 제8항은 <u>"건설업자 선정 시 조합은 입찰공고 및 현장설명회 내용에 건설업자가 자사의 브랜드 홍보를 위하여 사업시행계획 등 변경을 수반하는 입찰 제안을 할 경우에는 변경에 소요되는 비용은 건설업자가 전액 부담하도록 하여야 한다."</u>라는 규정을 두고 있다. 이러한 조항이 있어도 결국 설계변경에 따른 비용은 시공자가 부담한다고 해도 착공기준일 변경으로 인한 공사비 증액은 피할 수가 없는 것이다. 따라서 아예 "특화, 대안, 혁신설계등으로 인하여 착공기준일이 변경되는 등의 사유가 발생해도 일체의 공사비 증액은 불가하고, 시공자가 부담한다."라는 조건을 부여하여야 할 것이다.

시공자가 대안, 특화, 혁신 설계를 말하는 경우에는 조합원들은 그로 인하여 공사비가 증액되는지를 먼저 따져야 한다. 이것을 따지지 않고서 무조건 품질이 좋아질 것이라는 환상만 가지고 사업시행변경인가에 동의를 하지 않기를 바랄뿐이다. 현명한 조합원들만이 자신의 분담금을 줄이는 것이다.

07 컨소시엄 입찰 허용 시 주의점

　실무상 종종 소위 '컨소시엄'을 구성하여 입찰에 참여하는 것을 허용하고, 이에 따라 공동참여를 하는 경우가 많다. 「정비사업계약업무처리기준」 제10조는 '공동참여'라는 용어를 사용하고 있다.

　이러한 '공동참여'가 이루어지는 이유는 다음과 같다. 즉, 대규모 건설공사는 속성상 예측할 수 없는 위험요소를 갖고 있으므로 <u>위험을 공동수급체 사이에 분산시킴으로써 단독수주 시 초래할 가능성이 있는 손실을 막을 수 있다.</u> 또한 공사에 필요한 수주자격(공사실적과 도급한도액), 기술면허 등을 수 개의 기업이 공동으로 갖춤으로써 수주의 기회를 확대하는 효과가 있고, 대외적 신뢰도 증대시킬 수 있다. <u>조합으로서도 시공의 확실성을 담보 받을 수 있어서</u> 개별기업의 도산 여부에 관계없이 공사완성의 차질을 줄일 수 있다(물론 반면에 담합의 위험성도 상존한다).

실무적으로 정비사업에서 이러한 공동참여가 이루어짐에도 불구하고, 조합에서는 '공동수급협정서'를 받아 두지 않고 있다.

「국가를 당사자로 하는 계약에 관한 법률」제25조 및 시행령 제72조는 **공동수급체**란 용어를 사용하여 관급공사에 관한 공동도급계약의 체결을 규정하고 있다. 위 시행령 제72조에 의한 공동계약을 위하여 재정경제부 회계예규로서 "공동계약운용요령"(회계예규 2200.04-136-21, 2010.9.8)이 제정되어 시행되고 있는데, "공동수급협정서"라 함은 공동계약에 있어서 공동수급체구성원 상호간의 권리·의무 등 공동계약의 수행에 관한 중요사항을 규정한 계약서를 말한다.

공동계약운용요령 별첨 1은 공동수급표준협정서를 제시하고 있는데, 협정서 제6조는 "공동수급체의 구성원은 발주기관에 대한 계약상의 의무이행에 대하여 연대하여 책임을 진다. 다만, 공사이행보증서가 제출된 공사로서 계약이행요건을 충족하지 못하는 업체는 출자비율에 따라 책임을 진다."라고 규정하고 있다.

즉, 공동수급협정서는 조합에 대해서 시공자들이 연대책임을 진다는 서류로서 매우 중요한 것이다.

따라서 조합은 시공자 선정 시 컨소시엄을 허용할 경우에는 이러한 공동수급표준협정서 내용에 따라 작성된 "공동수급협정서"를 제출하도록 하여야 할 것이다.

08 조합장 월급

　정비사업 총회에 참석하여 보면, '조합장 월급 50만원 인상의 건'이 상정되면, 무려 2시간 정도 토론을 한다. 그런데 조합원 1인당 수천만원의 분담금이 생기는 안건에 대해서는 5분 정도 토론을 한다.

　그런데 10년 정도 정비사업을 하면 조합 운영비는 약 50억원 정도이다. 반면에 조합장이 제대로 도급계약을 체결하려는 마음을 먹고 움직이면 조문 하나만 바꾸어도 그 이상을 절감한다.

　정비사업에서 조합장이 어떤 마인드를 가지고 있느냐는 실로 중요하다. 여기서 그렇게 강조하는 시공자와의 계약 문제도 결국 조합장의 의지에 달려 있다.

　조합장 월급에 대해 발상을 전환해 보자.

09 조합임원 연대보증

　조합장이나 임원들이 시공자에 대하여 연대보증을 할 필요나 이유는 없다. 도급계약에서 시공자들이 가장 중시하는 것 중에서, 첫째는 임원들 연대보증을 시키는 것이고, 둘째는 조합에 일반분양분 등 자금이 들어오면 다음 날 시공자 통장으로 자동이체를 한다는 조항을 두는 것이다.

　시공자가 중요시 한다는 것은 역으로 그렇게 하면 시공자에게 어마어마한 이익이 되기 때문이다. 우선 조합장이나 임원들이 연대보증을 하면 이는 시공자의 족쇄를 차는 것이다. 시공자가 잘못을 하면 도급계약을 해제하여야 하는데, 연대보증을 하였으면 그것을 꺼린다. 그러면 시공자는 마음대로 공사비 증액을 요구한다.

　절대로 연대보증을 하지 말아야 할 것이고, 만일 피치 못해서 한다면 뒤에서 서술하는 것처럼 구역 내 재산 등으로 한정하여야 한다. 조합원들도 임원들이 연대보증을 서지 않도록 힘을 보태야 한다.

그런데 어떤 조합은 아예 정관에 "조합임원은 조합의 원활한 사업 추진을 위하여 대의원회 또는 총회 결의를 받아 행하는 각종 계약의 연대보증인이 되어야 하며, 이를 승낙하지 않은 임원은 자동으로 임원의 자격을 상실한다."라는 조항을 두는 경우도 있다. 참으로 이해가 가지 않는 조합이다.

10 독소조항 제거 등

 단언컨대 도급계약만 제대로 체결하면 조합원 분담금을 약3,000만 원을 절약할 수 있다.

 도급계약을 제대로 체결하는 방법은 선정과 계약을 한꺼번에 하는 등의 방법으로, 서울시 표준도급계약서대로 체결하는 것이다.

 서울시 표준도급계약서는 그동안 시공자의 甲질에 의해 관행처럼 이루어지던 독소조항(자세한 사항은 제6장, 8. 참고)을 상당부분 제거하였다. 즉, 임원 연대보증 조항과 자동이체 조항을 삭제하였고, 공사비와 이주비를 분리하였고, 대여금 변제 순서를 조합에게 유리하게 하였고, 공사비 증액을 엄격하게 통제하였다. 그리고 화룡점정으로 위약금 조항을 신설하였다. 그동안에 시공자가 횡포를 부릴 수 있었던 이유는 바로 위약금 조항이 없기 때문인데, 이를 시정하여 신설한 것이다.

따라서 조합원들은 도급계약 체결 안건이 총회에 상정되기 전에 서울시 표준도급계약서에 의해 작성되도록 노력하여야 할 것이다. 그리고 그렇지 않은 도급계약 건이 상정되면 부결시켜야 할 것이다.

그리고 만일 이미 도급계약이 체결되었다면, 독소조항을 체크하여 시공자에게 변경계약을 요구하고, 이에 시공자가 응하지 않으면 민법에 의하여 일방적으로 도급계약을 해제하면 된다. 그래도 위약금 조항이 없는 한(99.9% 없다고 장담한다), 시공자는 손해배상청구를 하려면 원가공개를 하여야 하므로, 조합을 상대로 소송을 하지는 못한다. 지금까지 한 사례도 없다. 이러한 결단은 착공하기 전에 하여야 한다. 착공 후에는 시공자와 계약을 해제하기가 매우 어렵다.

■ 반드시 변경해야할 독소조항 예시

제10조 (시공 보증 등)
①이 계약의 이행을 보증하기 위하여 "갑"은 "갑"의 임원 전원을 연대보증인으로 세워야 하며, "을"은 도시 및 주거환경정비법 제51조에 따른 시공보증서를 "갑"에게 제출한다.
▶삭제. 연대보증을 할 이유가 없다.
②"갑"의 연대보증인은 "갑"의 계약의무 불이행에 따른 채무에 대하여 "갑"과 연대하여 책임을 진다.
③연대보증인이 사망 또는 파산 등으로 인하여 보증인의 자격을 상실한 경우에는 다른 연대보증인으로 교채하여야 하며, 교채된 연대보증인은 종전의 의무사항을 승계한다.

▶오히려 서울시 표준계약서처럼 강화할 필요가 있음. 특히 임원 연대보증을 한다면 시공자도 계약해제에 대비하여 계약이행보증을 하여야 할 것임

제10조 (계약이행의 보증)
① "을"은 본 계약의 이행을 보증하기 위하여 계약체결시 총공사금액의 100분의 ○을 계약보증금으로 "갑"에게 납부하여야 한다.
【주】「도시 및 주거환경정비법」상 시공보증과는 별개이며, 위약금 성격으로, 10% 범위 이내의 범위에서 정하는 것이 바람직함.
② "을"은 이 조건의 규정에 따라 계약금액이 증액된 경우에는 이에 상응하는 금액의 계약보증금을 추가로 납부하여야 하며, 계약금액이 감액된 경우에 "갑"은 이에 상응하는 금액의 계약보증금을 반환하여야 한다. 다만, "을"은 제1항의 계약보증금을 제3항에 따라 계약보증서로 제출한 경우에는 증액 또는 감액된 계약금액에 상응하는 변경된 금액의 보증서를 제출하여야 한다.
③ 제1항의 계약보증금은 다음 각 호의 기관이 발행한 보증서로 납부할 수 있다.
　1.「건설산업기본법」에 따라 공제조합이 발행한 보증서
　2.「주택법」에 따른 대한주택보증회사가 발행한 보증서
　3.「은행법」에 따른 금융기관,「한국산업은행법」에 따른 한국산업은행,「한국수출입은행법」에 따른 한국수출입은행,「중소기업은행법」에 따른 중소기업은행 또는「장기신용은행법」에 따른 장기신용은행이 발행한 보증서
　4.「보험업법」에 따른 보험사업자가 발행한 보증보험증권

제10조의2 (계약보증금의 처리)
① "을"이 정당한 이유없이 계약상의 의무를 이행하지 아니한 때에는 계약보증금을 "갑"에게 귀속한다.
② 제1항에 따라 계약보증금을 "갑"에게 귀속함에 있어서 그 계약보증금은 이를 기성부분에 대한 미지급액과 상계 처리할 수 있다.
③ "갑"은 "을"이 납부한 계약보증금을 계약이 이행된 후 "을"에게 지체없이 반환한다.

제39조 (공사비 상환 등)

①제38조의 입금된 분양대금 등은 입금되는 일자를 기준으로 "갑"이 "을"에게 지급해야 될 전채공사금액에 달할 때까지는 입금액 전액을 공사비 변제에 우선 충당하고 잔여금에 대해 유이자 대여금 원리금, 무이자 대여원금, 기타비용의 순서로 충당하기로 한다.

▶공사비는 기성률에 따라 지급하되, 기성률보다 초과되는 돈이 입금될 경우에는 유이자 대여금 이자 및 원금, 공사대금 및 기타자금의 상환순서로 지급한다.

②"갑"은 제7조의 공사비 및 제14조의 사업추진비에 대하여 본 계약상 특별한 규정이 없는 한, 제46조 제1항의 규정에 의한 입주기간만료일 익일까지 원리금 전액을 "을"에게 상환하여야 한다.

③조합원 및 일반분양자의 분양대금 납부 지연으로 인한 연채료, 선납할인료, 계약해지로 인한 위약금 등은 "을"의 선투입 공사비에 대한 금융비용에 대응하여 공사비와 별도로 "을"에게 귀속한다.

▶삭제가 타당

④분양대금 등의 은행예치로 발생되는 이자는 공사비 등의 상환 전에는 "을", 공사비 등의 상환 후에는 "갑"에게 귀속하고 입주기간 만료일로부터 3개월 이내에 정산한다.

▶삭제가 타당

⑤무이자대여금은 입주기간 종료일 이후 전액 유이자 대여금으로 전환한다. 단, 조합운영비는 제16조 제1항에서 정한 기간까지는 무이자로 대여한다.

제41조 (자금관리)

①분양대금 등의 수납관리는 "을"의 공사비를 충당하거나 사업추진비 등의 상환을 위하여 "갑"과 "을"의 공동명의로 계좌를 개설하여 "을"이 관리하고, "을"의 공사비 등의 정산완료 시점까지 "을"이 지정한 계좌에 입금일 익일 자동이체토록 한다.

▶▶▶ 반드시 삭제가 타당, 자동이체를 할 이유가 없다.

②세금 관계는 "갑"이 "을"에게 지급한 실입금 일자가 속한 매월 말을 기준으로 매출세금계산서 및 매출계산서를 "갑"에게 발행토록 하며 준공시 조세관련 법령에 따라 실입금액과 상관없이 준공일자를 기준으로 잔여 공사비에 대하여 매출세금계산서 및 매출계산서를 교부하기로 한다.

③"갑" 또는 "갑"의 조합원의 권리행사 등 "을"에게 책임 없는 사유로 인하여 "을"이 제1항의 계좌에 입금된 금원을 인출할 수 없는 경우 "갑"은 동 미인출 금액의 인출지연기간에 대하여 제17조 제3항의 연체이자율에 따른 이자를 "을"에게 지급하여야 한다.

④"을"은 공사비 및 대여금의 수령을 완료하였을 시는 자금관리에 대한 관리권 일체를 "갑"과 "을"이 협의하여 "갑"에게 이관 한다.

▶ 제1항이 삭제되면 불필요한 조문임

제34조 (계약의 해제 및 해지)

③제2항의 규정에 의하여 계약이 해지 된 때에는 "갑"은 "을"로부터 차입한 대여금에 반환시까지의 제17조 제3항의 연체이자율을 적용한 금액을 가산하여 "을"에게 반환하여야 하며, "갑"과 "을"은 기성부분의 공사금액을 정산한다.

▶ 연17%는 너무 과다하다. 대여일로부터 해제일까지는 무이자로, 해제일로부터 반환일까지는 연7%가 적당하다고 본다.

④제1항 또는 제2항의 규정에 의한 계약의 해제 또는 해지로 인하여 손해가 발생한 경우에는 상대방에게 그에 대한 배상을 청구할 수 있다.

Chapter 2

시공자 선정 시기 및 방법

01 일반론

<표> 시공자 선정 시기

시기	재개발/도시환경	재건축
- 2003.6.30.	규정 없음	규정없음
2003.7.1. - 2005.3.17.	사업시행인가 후	사업시행인가 후
2005.3.18. - 2006.8.24.	규정없음	사업시행인가 후
2006.8.25. - 2009.2.5.	조합설립인가 후	사업시행인가 후
2009.2.6. -	조합설립인가 후 단, 토지등소유자 시행 도시환경은 사업시행인가 후	조합설립인가 후
2012.2.1. -	공공관리의 경우 시·도조례로 정하는 시기 서울시조례 : 사업시행인가 후 선정	좌동
2018.2.9. -	조합설립인가 후(법 제29조) 단, 공공지원 시공자 선정시기는 시·도조례(법 제118조제6항)	좌동

> □ 부칙<제6852호, 2002.12.30>
> 제7조 (사업시행방식에 관한 경과조치) ①종전법률에 의하여 사업계획의 승인이나 사업시행인가를 받아 시행중인 것은 종전의 규정에 의한다.
> ②조합 설립의 인가를 받은 조합으로서 토지등소유자 2분의 1 이상의 동의를 얻어 시공자를 선정하여 이미 시공계약을 체결한 정비사업 또는 2002년 8월9일 이전에 토지등소유자 2분의 1 이상의 동의를 얻어 시공자를 선정한 주택재건축사업으로서 이 법 시행일 이후 2월 이내에 건설교통부령이 정하는 방법 및 절차에 따라 시장·군수에게 신고한 경우에는 당해 시공자를 본칙 제11조의 규정에 의하여 선정된 시공자로 본다.
> □ 부칙<법률 제7960호, 2006.5.24>
> 제2조(경과조치) 재개발사업 및 도시환경정비사업의 경우에는 2006.8.25 이후 최초로 추진위원회 승인을 얻은 분부터 적용한다.

시공자의 선정은 추진위원회 또는 주민총회의 권한이 아니라 조합원 총회의 고유권한이므로 추진위원회 단계에서 개최한 주민총회에서 시공자 선정 결의를 한 것은 무효이다(대법원 2008. 6. 12. 선고 2008다6298 판결 등 다수).

조합은 조합설립인가를 받은 후 조합총회에서 경쟁입찰 또는 수의계약(2회 이상 경쟁입찰이 유찰된 경우로 한정한다)의 방법으로 건설업자 또는 등록사업자를 시공자로 선정하여야 한다. 다만, 조합원 100인 이하의 정비사업은 조합총회에서 정관으로 정하는 바에 따라 선정할 수 있다(법 제29조 제4항).

단, 공공지원 시공자 선정시기는 시·도조례로 정한다(법 제118조 제6항). 서울시 조례 제77조제1항은 "법 제118조제6항에 따라 조합은 사업시행계획인가를 받은 후 총회에서 시공자를 선정하여야 한다. 다만, 법 제118조제7항제1호에 따라 조합과 건설업자 사이에 협약을 체결하는 경우에는 시공자 선정 시기를 조정할 수 있다."라고 한다.

① 토지등소유자가 재개발사업을 시행하는 경우

사업시행계획인가를 받은 후 규약에 따라 건설업자 또는 등록사업자를 시공자로 선정하여야 한다(법 제29조 제5항).

② 시장·군수등이 직접 정비사업을 시행하거나, 토지주택공사등 또는 지정개발자를 사업시행자로 지정한 경우

사업시행자 지정·고시 후 경쟁입찰 또는 수의계약의 방법으로 건설업자 또는 등록사업자를 시공자로 선정하여야 한다(동조 제6항).

이때 주민대표회의 또는 토지등소유자 전체회의는 대통령령으로 정하는 경쟁입찰 또는 수의계약(2회 이상 경쟁입찰이 유찰된 경우로 한정한다)의 방법으로 시공자를 추천할 수 있다.<개정 2017.8.9.>

주민대표회의 또는 토지등소유자 전체회의가 시공자를 추천한 경우 사업시행자는 추천받은 자를 시공자로 선정하여야 한다. 이 경우 시공자와의 계약에 관해서는 「지방자치단체를 당사자로 하는 계약에 관한 법률」 제9조 또는 「공공기관의 운영에 관한 법률」 제39조를 적용하지 아니한다.<개정 2017.8.9.>

③ '②' 항 추천하지 않거나, 관리처분방식 주거환경개선사업

－주민대표회의 또는 토지등소유자 전체회의는 대통령령으로 정하는 경쟁입찰 또는 수의계약(2회 이상 경쟁입찰이 유찰된 경우로 한정한다)의 방법으로 시공자를 추천＋응해야 함
－주거환경개선사업의 사업시행자가 시공자를 선정하는 경우도 같음
－ "대통령령으로 정하는 경쟁입찰"
  1. 일반경쟁입찰 · 제한경쟁입찰 또는 지명경쟁입찰 중 하나일 것
  2. 해당 지역에서 발간되는 일간신문에 1회 이상 제1호의 입찰을 위한 공고를 하고, 입찰 참가자를 대상으로 현장 설명회를 개최할 것
  3. 해당 지역 주민을 대상으로 합동홍보설명회를 개최할 것
  4. 토지등소유자를 대상으로 제출된 입찰서에 대한 투표를 실시하고 그 결과를 반영할 것

02 재개발·재건축사업

재개발·재건축사업의 사업시행자등이 법 제29조제4항 및 제7항에 따라 건설업자등을 시공자로 선정하거나 추천하는 경우(법 제25조에 따른 공동시행을 위해 건설업자등을 선정하는 경우를 포함한다)에 대하여는 「정비사업 계약업무 처리기준」[180](이하 '시공자선정기준'이라고 한다)이 적용된다.

시공자나 정비사업전문관리업자의 경우에는 이 법 시행 후 최초로 시공자나 정비사업전문관리업자를 선정하는 경우부터 적용한다(부칙 제2조). 국토교통부는 시공자나 정비사업전문관리업자를 선정하기 위한 최초의 대외적 절차인 입찰공고 등의 절차를 이 법 시행 이후 추진하는 경우에 적용된다고 한다(2018. 4. 6.).

---

180 [시행 2018.2.9.] [국토교통부고시 제2018-101호, 2018.2.9., 제정]

시공자나 정비사업전문관리업자 외에는 이 법 시행 후 <u>최초로 계약을 체결</u>하는 경우부터 적용된다.

일반경쟁입찰	- 2인 이상 유효한 입찰참여 필요 - 대의원회는 6인 이상 총회 상정 업체 선정, 6인 미만은 모두 총회 상정 - 대의원회 재적의원 과반수가 직접 참여한 회의에서 비밀투표의 방법으로 의결하여야 한다. 이 경우 서면결의서 또는 대리인을 통한 투표는 인정하지 아니한다.
지명경쟁입찰	- 대의원회 의결 - 5인 이상 지명 후 3인 이상 입찰 참여 필요
수의계약	- 2회 이상 유찰 시 수의계약
100인 이하	- 조합총회에서 정관으로 정하는 바에 따라 선정

03 사업계획 변경 시 수의계약 가능 여부

가. 문제의 제기

조합은 2012. 1. 용적율 199.56%, 2,768세대를 내용으로 하는 시공사 선정공고를 냈고, 같은 해 11월과 2014. 2.까지 3회 같은 내용으로 입찰공고를 했으나 시공자의 참여가 없어 유찰되었다. 그 후 조합은 용적율 249.02%, 4,175세대를 내용으로 사업계획을 변경하고, 2014. 11.경 이미 유찰되었으므로 시공자를 수의계약하는 안건을 총회에 상정할 수 있는지가 문제된다.

나. 법원의 태도

> **울산지방법원 2015. 1. 23.자 2015카합10007 결정**
> 수의계약의 방식을 규정하고 있는 시공사 선정기준이 도시정비법이 정한 위임의 한계를 벗어난 것으로 무효이거나, 경쟁입찰과 수의계약에서 공고된 사업내용이 동일한 등 같은 조건에서만 수의계약으로 해석되기 부족한 점 (오히려 이 사건 기록 및 심문 전체의 취지에 의하면, 채무자 조합은 시공사 선정 입찰참여안내서에서 조합에서 제시한 정비사업의 개요는 시공사 선정을 위한 참고자료일 뿐이고, 시공자 선정 이후 관련법의 개정 및 정비계획의 변경 등에 의하여 변경될 수 있음을 밝히고 있음에 비추어 시공자 선정과 사업내용의 변경은 별다른 관련이 없는 것으로 보인다) 등에 비추어 <u>이 사건 총회의 개최 내지는 시공자 선정 안건의 상정 및 결의를 금지시켜야 할 급박한 보전의 필요성이 충분히 소명되었다고 볼 수 없다.</u>

다. 법제처 유권해석

법제처는 법원과는 반대 입장이다.

> **경상남도 창원시 - 『도시 및 주거환경정비법』 제11조제1항 등**
> [법제처 15-0330, 2015. 6. 17., 경상남도 창원시]
> **【질의요지】**
> 「도시 및 주거환경정비법」 제11조제1항 본문에 따라 경쟁입찰의 방법으로 주택재개발사업의 시공자를 선정할 때, 그 입찰이 3회[181] 이상 유찰된 후 해당 사업계획의 개요가 변경되어 기존 입찰공고의 내용과 동일성이 인정되지 않는 경우에도, 그 주택재개발사업조합이 「정비사업의 시공자 선정기준」 제5조제2항에 따라 시공자를 수의계약으로 선정할 수 있는지?

---

181 현재는 2회 이상 유찰시 수의계약

< 질의 배경 >
○ 창원시는 주택재개발사업 시공자 선정을 위한 입찰이 3회 이상 유찰된 이후 그 사업의 개요가 변경된 경우(2,002세대→2,549세대 건설), 조합이 수의계약으로 시공자를 선정할 수 있는지를 국토교통부에 질의하였고, 국토교통부가 이 경우 수의계약이 불가하다는 답변을 하자 법제처에 법령해석을 요청함.

【회답】
「도시 및 주거환경정비법」 제11조제1항 본문에 따라 경쟁입찰의 방법으로 주택재개발사업의 시공자를 선정할 때, 그 입찰이 3회 이상 유찰된 후 해당 사업계획의 개요가 변경되어 기존 입찰공고의 내용과 동일성이 인정되지 않는 경우에는, 그 주택재개발사업조합이 「정비사업의 시공자 선정기준」 제5조제2항에 따라 시공자를 수의계약으로 선정할 수 없습니다.

【이유】
「도시 및 주거환경정비법」 제11조제1항 본문에서는 조합은 제16조에 따른 조합설립인가를 받은 후 조합총회에서 국토교통부장관이 정하는 경쟁입찰의 방법으로 건설업자 또는 등록사업자를 시공자로 선정하여야 한다고 규정하고 있고, 그 위임에 따른 「정비사업 시공자 선정기준」 제5조제1항 본문에서는 조합이 건설업자등을 시공자로 선정하고자 하는 경우에는 일반경쟁입찰, 제한경쟁입찰 또는 지명경쟁입찰의 방법으로 선정하여야 한다고 규정하고 있으며, 같은 조 제2항에서는 제1항에도 불구하고 미 응찰 등의 사유로 3회 이상 유찰된 경우에는 총회의 의결을 거쳐 수의계약 할 수 있다고 규정하고 있는바,
이 사안은 주택재개발사업의 시공자를 선정하기 위한 입찰이 3회 이상 유찰된 후, 해당 사업계획의 개요가 입찰공고의 내용과 달리 변경되어 동일성이 인정되지 않는 경우에도, 그 주택재개발사업조합은 입찰이 3회 이상 유찰되었으므로 「정비사업의 시공자 선정기준」 제5조제2항에 따라 시공자를 수의계약으로 선정할 수 있는지, 아니면 사업계획의 개요가 입찰공고의 내용과 달리 변경된 경우에는 같은 조 제1항에 따른 절차를 다시 거쳐 시공자를 선정하여야 하는 것인지에 관한 것이라 하겠습니다.

먼저,「도시 및 주거환경정비법」제11조제1항에서 시공자 선정을 경쟁입찰의 방법에 의하도록 정하고 있는 취지는 조합과 시공자의 유착고리를 차단하여 재개발 수주 경쟁으로 인한 각종 비리와 부조리를 근절하고, 수주를 위하여 투입된 비용이 주택가격에 전가되는 것을 막기 위한 것인바(2002. 12. 30. 법률 제6852호로 제정되어 2003. 6. 30. 시행된 「도시및주거환경정비법」 국회 심사보고서 주요부분 참조), 이에 비추어 볼 때「정비사업의 시공자 선정기준」제5조제2항은 동일성이 인정되는 입찰이 3회 이상 유찰된 경우에 한하여 사업시행의 공백을 방지하기 위해 예외적으로 수의계약을 허용하고 있는 것으로 보아야 하고, 유찰된 사업계획과의 동일성을 인정하기 어려운 경우까지 바로 수의계약을 할 수 있도록 허용하려는 취지는 아니라고 할 것입니다.

또한,「정비사업의 시공자 선정기준」제9조제1호에서는 사업계획의 개요(공사규모, 면적 등)를 입찰공고 내용의 하나로 명시하고 있는바, 공사규모의 확대 등으로 변경된 사업계획과 기존 입찰공고 시의 사업계획 간에 동일성이 인정되지 않는 경우라면, 기존 입찰에 대한 3회 이상의 유찰은 변경된 사업계획과는 무관한 것으로서, 변경된 사업계획에 대해서는 아직 입찰 자체가 없는 것이라 할 것이므로, 변경된 사업계획이 포함된 새로운 입찰에 대해서 다시 3회 이상의 유찰이 있는 경우라야 조합이 수의계약으로 시공자를 선정할 수 있다고 보아야 할 것입니다.

한편,「정비사업의 시공자 선정기준」제5조제2항이 입찰의 동일성을 명문으로 요구하지 않고 있음을 들어 3회 이상 유찰이 있으면 그 후 사업계획의 개요가 변경되더라도 주택재개발사업조합은 수의계약으로 시공자를 선정할 수 있다는 의견이 있을 수 있으나, 앞에서 살펴본 이유에 덧붙여 그 의견에 따를 경우 수의계약을 허용한다면 사업계획의 변경을 이유로 「도시 및 주거환경정비법」제11조제1항과 「정비사업의 시공자 선정기준」제5조제1항이 규정하는 경쟁입찰의 원칙을 잠탈하는 결과를 막을 수 없게 된다는 점에서, 그와 같은 의견은 타당하지 못하다고 할 것입니다.

이상과 같은 점을 종합해 볼 때,「도시 및 주거환경정비법」제11조제1항 본문에 따라 경쟁입찰의 방법으로 주택재개발사업의 시공자를 선정할 때, 그 입찰이 3회 이상 유찰된 후 해당 사업계획의 개요가 변경되어 기존 입찰공고의 내용과 동일성이 인정되지 않는 경우 에는,「정비사업의 시공자 선정기준」제5조제2항에 따라 수의계약으로 시공자를 선정할 수 없다고 할 것입니다.

감사원 – 시공자 선정을 위한 1차 입찰이 유찰된 후 변경된 조건으로 2차·3차 입찰 공고를 한 경우에도 수의계약 체결이 가능한지 (「정비사업의 시공자 선정기준」 제5조제2항 관련)
[법제처 16-0305, 2016. 7. 11., 감사원]

【질의요지】
「도시 및 주거환경정비법」 제11조제1항 본문에서는 조합은 같은 법 제16조에 따른 조합설립인가를 받은 후 조합총회에서 국토교통부장관이 정하는 경쟁입찰의 방법으로 건설업자 또는 등록사업자를 시공자로 선정하여야 한다고 규정하고 있고, 그 위임에 따른 「정비사업의 시공자 선정기준」(국토교통부고시 제2016-187호) 제5조제1항 본문에서는 조합이 건설업자등을 시공자로 선정하고자 하는 경우에는 일반경쟁입찰, 제한경쟁입찰 또는 지명경쟁입찰의 방법으로 선정하여야 한다고 규정하고 있으며, 같은 조 제2항에서는 같은 조 "제1항에도 불구하고 미 응찰 등의 사유로 3회 이상 유찰된 경우에는 총회의 의결을 거쳐 수의계약을 할 수 있다"라고 규정하고 있는 바,
주택재개발사업의 시공자 선정을 위한 입찰이 3회 유찰되었으나, 각 입찰공고에서의 "입찰참가 자격"이 모두 다른 경우에도 주택재개발사업을 시행하고자 하는 조합이 「정비사업의 시공자 선정기준」 제5조제2항에 따라 시공자를 수의계약으로 선정할 수 있는지?
< 질의 배경 >
○ 감사원은 주택재개발사업의 시공자 선정을 위한 1차 입찰이 유찰된 후에 입찰참가 자격에 관한 사항을 변경하여 2차 및 3차 재공고입찰에 부쳤으나 유찰된 경우에 「정비사업의 시공자 선정기준」 제5조제2항에 따라 수의계약을 할 수 있는지에 대하여 국토교통부에 질의하였는데, 국토교통부로부터 이 경우에는 3회 이상 유찰된 경우에 해당하지 않아 수의계약을 할 수 없다는 답변을 받자 이에 이의가 있어 법제처에 법령해석을 요청함.

【회답】
주택재개발사업의 시공자 선정을 위한 입찰이 3회 유찰되었으나, 각 입찰공고에서의 "입찰참가 자격"이 모두 다른 경우에는 주택재개발사업을 시행하고자 하는 조합이 「정비사업의 시공자 선정기준」 제5조제2항에 따라 시공자를 수의계약으로 선정할 수 없습니다.

Chapter 3

선정 절차

01 한눈에 보는 선정 절차

입찰공고	
1. 사업계획의 개요(공사규모, 면적 등) 2. 입찰의 일시 및 방법 3. 현장설명회의 일시 및 장소 (현장설명회를 개최하는 경우에 한한다) 4. 부정당업자의 입찰 참가자격 제한에 관한 사항 5. 입찰참가에 따른 준수사항 및 위반(제34조를 위반하는 경우를 포함한다)시 자격 박탈에 관한 사항 6. 그 밖에 사업시행자등이 정하는 사항	○현장설명회 개최일 7일 전까지 공고 ○방법 　- 일반 : 전자조달시스템 또는 전국 또는 지방 일간신문, 1회 이상 　- 지명 : 추가로 내용증명우편 통지 (도달), 　　지명 : 5인 이상 지명, 3인 이상 입찰 ○2회 이상 유찰 시는 수의계약 ○조합원 수 100인 이하는 정관

↓

현장설명회 1. 설계도서(사업시행계획인가를 받은 경우 사업시행계획인가서를 포함하여야 한다) 2. 입찰서 작성방법·제출서류·접수방법 및 입찰유의사항 등 3. 건설업자등의 공동홍보방법 4. 시공자 결정방법 5. 계약에 관한 사항 6. 기타 입찰에 관하여 필요한 사항	○입찰서제출마감일로부터 20일 전까지 개최 -단 내역입찰의 경우 45일 전 까지 개최 ▶이사비 등 이익 제공 제안 금지 -단 이주비, 추가이주비(재건축제외)는 예외 ▶설계제안 시 적정성 검토

↓

입찰서(사업참여제안서 포함) 접수 및 개봉	○접수 : 전자조달시스템에서 접수 -부속서류는 밀봉한 상태로 접수 ○부속서류 개봉 : 미리 참여자에게 일시 장소 통지 - 참여자 대표(대리인 가능) 각 1인, 조합 임원, 이해관계자 각 1인이 참여한 공개된 장소에서 개봉

↓

대의원회 의결	○대의원회는 총회 상정 6인 이상 선정 (다만, 6인 미만 입찰한 경우 모두 총회 상정) - 재적위원 과반수 참석, 비밀투표로 선정 - 서면 및 대리인 투표 불인정

↓

조합원 통지 및 합동홍보설명회 개최	—	○조합원에게 통지, 자료제공 ○2회 이상 합동설명회 개최 ○합동홍보설명회 개최 시는 조합원에게 개최 7일 전 까지 일시 및 장소 통지 (도달) ○조합원상대 개별홍보 불가, 사은품 등의 이익제공 또는 이익제공 약속 불가 ▶구역 내외 홍보공간 제공 가능 ▶홍보직원 명단 등록 ▶▶3회 이상 개별홍보 적발 시는 입찰 무효, 다만, 단독응찰이 되어도 유효한 입찰 성립(전자입찰조문 24조 준용)
↓		
대상자 선정	—	○총회 의결 -과반수 직접 출석, 대리인 인정 -서면가능, 단 철회 후 직접 참석의결 하지 않는 한 직참 제외, 조합이 지정한 기간 장소에서 배부받아 제출 -서면결의서 : 조합이 지정한 기간 장소에서 배부받아 제출(35조3항), 총회 안내 시 제출요령 고지 *서면결의서 우편발송 불가 -투표 전 설명기회 부여
↓		
계약 체결	—	▶계약서를 작성하여 기명날인하여야 한다. ○선정후 3월 이내에 계약 미체결 시 선정 무효가능 ▶계약후 공사비검증 도입

조합이 이러한 절차를 이행하지 않은 경우에는 절차상 하자가 있는 것이고, 그러한 하자가 중대한 경우에는 시공자선정 결의 자체가 무효가 될 수도 있다. 따라서 조합은 시공자선정 절차에 하자가 발생하지 않도록 주의해야 한다.

02 입찰방법

가. 일반경쟁 또는 지명경쟁

사업시행자등은 일반경쟁 또는 지명경쟁의 방법으로 건설업자등을 시공자로 선정하여야 한다(기준 제26조). 제한경쟁은 불가하다.

일반경쟁입찰이 미 응찰 또는 단독 응찰의 사유로 2회 이상 유찰된 경우에는 총회의 의결을 거쳐 수의계약의 방법으로 건설업자등을 시공자로 선정할 수 있다. 전에는 3회 이상 유찰되어야 수의계약이 가능하였다.

나. 지명경쟁에 의한 입찰

사업시행자등은 지명경쟁에 의한 입찰에 부치고자 할 때에는 5인 이상의 입찰대상자를 지명하여 3인 이상의 입찰참가 신청이 있어야 한다(기준 제27조).

지명경쟁에 의한 입찰을 하고자 하는 경우에는 대의원회의 의결을 거쳐야 한다.

다. 입찰공고

사업시행자등은 시공자 선정을 위하여 입찰에 부치고자 할 때에는 현장설명회 개최일로부터 7일 전까지 전자조달시스템 또는 1회 이상 일간신문에 공고하여야 한다. 다만, 지명경쟁에 의한 입찰의 경우에는 전자조달시스템과 일간신문에 공고하는 것 외에 현장설명회 개최일로부터 7일 전까지 내용증명우편으로 통지하여야 한다(기준 제28조).

라. 입찰 공고 사항

입찰공고 등에는 다음 각 호의 사항을 포함하여야 한다.
1. 사업계획의 개요(공사규모, 면적 등)
2. 입찰의 일시 및 방법
3. 현장설명회의 일시 및 장소(현장설명회를 개최하는 경우에 한한다)
4. 부정당업자의 입찰 참가자격 제한에 관한 사항
5. 입찰참가에 따른 준수사항 및 위반(제34조를 위반하는 경우를 포함한다)시 자격 박탈에 관한 사항
6. 그 밖에 사업시행자등이 정하는 사항

03 금품제공 금지

가. 이사비 등 제공 금지

　사업시행자등은 건설업자등에게 이사비, 이주비, 이주촉진비, 「재건축초과이익 환수에 관한 법률」제2조제3호에 따른 재건축부담금, 그 밖에 시공과 관련이 없는 사항에 대한 금전이나 재산상 이익을 요청하여서는 아니 된다(기준 제29조 제2항).

　국토교통부는 시공자 선정 총회 비용 제공도 금지된다고 한다(2018.2.25.).

　건설업자등은 입찰서 작성시 이사비, 이주비, 이주촉진비, 「재건축초과이익 환수에 관한 법률」제2조제3호에 따른 재건축부담금, 그 밖에 시공과 관련이 없는 사항에 대한 금전이나 재산상 이익을 제공하는 제안을 하여서는 아니 된다(기준 제30조 제1항).

나. 이주비 대출이자, 추가이주비 제안(재건축 제외)

건설업자등은 금융기관의 이주비 대출에 대한 이자를 사업시행자등에 대여하는 것을 제안할 수 있다(기준 제30조 제2항).

건설업자등은 <u>금융기관으로부터 조달하는 금리 수준으로 추가 이주비</u>(종전 토지 또는 건축물을 담보로 한 금융기관의 이주비 대출 이외의 이주비를 말한다)를 사업시행자등에 대여하는 것을 제안할 수 있다(<u>재건축사업은 제외한다</u>).

따라서 추가이주비에 대해 무이자로 대여하는 제안도 금지된다.

04 설계 제안 시 적정성 검토

　사업시행자등은 건설업자등이 설계를 제안하는 경우 제출하는 입찰서에 포함된 설계도서, 공사비 명세서, 물량산출 근거, 시공방법, 자재 사용서 등 시공 내역의 적정성을 검토해야 한다(기준 제29조 제3항).

　조합으로서는 전문성이 부족하므로 비용을 들여서라도 전문기관에 의뢰하여 제대로 검토하기를 권고한다.

05 현장설명회

 사업시행자등은 입찰서 제출마감일 20일 전까지 현장설명회를 개최하여야 한다. 다만, 비용산출내역서 및 물량산출내역서 등을 제출해야 하는 내역입찰의 경우에는 입찰서 제출마감일 45일 전까지 현장설명회를 개최하여야 한다(기준 제31조).

 현장설명회에는 다음 각 호의 사항이 포함되어야 한다.
  1. 설계도서(사업시행계획인가를 받은 경우 사업시행계획인가서를 포함하여야 한다)
  2. 입찰서 작성방법·제출서류·접수방법 및 입찰유의사항 등
  3. 건설업자등의 공동홍보방법
  4. 시공자 결정방법
  5. 계약에 관한 사항
  6. 기타 입찰에 관하여 필요한 사항

06 입찰서의 접수 및 개봉

　시공자 선정을 위한 입찰서의 접수 및 개봉에 관하여는 제22조를 준용한다(기준 제32조).

> 제22조 ① 사업시행자등은 전자조달시스템을 통해 입찰서를 접수하여야 한다.
> ② 전자조달시스템에 접수한 입찰서 이외의 입찰 부속서류는 밀봉된 상태로 접수하여야 한다.
> ③ 입찰 부속서류를 개봉하고자 하는 경우에는 부속서류를 제출한 입찰참여자의 대표(대리인을 지정한 경우에는 그 대리인을 말한다)와 사업시행자 등의 임원 등 관련자, 그 밖에 이해관계자 각 1인이 참여한 공개된 장소에서 개봉하여야 한다.
> ④ 사업시행자등은 제3항에 따른 입찰 부속서류 개봉 시에는 일시와 장소를 입찰참여자에게 통지하여야 한다.

07 대의원회의 의결

 사업시행자등은 제출된 입찰서를 모두 대의원회에 상정하여야 한다(기준 제33조).

 대의원회는 총회에 상정할 6인 이상의 건설업자등을 선정하여야 한다. 다만, 입찰에 참가한 건설업자등이 6인 미만인 때에는 모두 총회에 상정하여야 한다.

 대의원회 <u>재적의원 과반수가 직접 참여한 회의에서 비밀투표의 방법으로 의결하여야 한다. 이 경우 서면결의서 또는 대리인을 통한 투표는 인정하지 아니한다.</u>

08 건설업자등의 홍보

가. 2회 이상 합동홍보설명회 개최

사업시행자등은 총회에 상정될 건설업자등이 결정된 때에는 토지등소유자에게 이를 통지하여야 하며, 건설업자등의 합동홍보설명회를 <u>2회 이상 개최</u>하여야 한다. 이 경우 사업시행자등은 총회에 상정하는 건설업자등이 제출한 입찰제안서에 대하여 <u>시공능력, 공사비 등이 포함되는 객관적인 비교표를 작성</u>하여 토지등소유자에게 제공하여야 한다(기준 제34조 제1항).

<u>조합은 비교표 작성에 매우 신중하여야 한다</u>. 예를 들어 3.3㎡당 공사비만 해도 갑회사는 400만원이고, 을회사는 420만원이나, 이는 겉으로 나타난 숫자에 불과하고, 속에 들어 있는 내용을 제대로 분석하면 실제로 갑회사의 3.3㎡당 공사비는 430만원인 경우가 허다하다.

따라서 조합은 실제 공사비, 공사비 변동요인, 독소조항 여부, 마감재, 예상 관리비 등에 대해 조합원들이 제대로 선택할 수 있도록 객관적인 비교표를 작성하여 제공하여야 한다. 입찰지침서에 조합이 의뢰한 전문가의 비교 견해를 첨부하여 조합원들에게 배부하겠다는 내용을 포함시키고 실천하여야 한다.

사업시행자등은 합동홍보설명회를 개최할 때에는 개최일 7일 전까지 일시 및 장소를 정하여 토지등소유자에게 이를 통지하여야 한다(기준 제34조 제2항).

나. 개별홍보 금지

건설업자등의 임직원, 시공자 선정과 관련하여 홍보 등을 위해 계약한 용역업체의 임직원 등은 토지등소유자 등을 상대로 <u>개별적인 홍보를 할 수 없으며</u>, 홍보를 목적으로 토지등소유자 또는 정비사업전문관리업자 등에게 사은품 등 물품·금품·재산상의 이익을 제공하거나 제공을 약속하여서는 아니 된다(기준 제34조 제3항).

다. 홍보공간 제공

사업시행자등은 최초 합동홍보설명회 개최 이후 건설업자등의 신청을 받아 정비구역 내 또는 인근에 개방된 형태의 홍보공간을 1개소 제공할 수 있다. 이 경우 건설업자등은 사업시행자등이 제공하는 홍보공간에서는 토지등소유자 등에게 홍보할 수 있다(기준 제34조 제4항).

건설업자등은 미리 홍보를 수행할 직원(건설업자등의 직원을 포함한다. 이하 "홍보직원"이라 한다)의 명단을 사업시행자등에 등록하여야 하며, 홍보직원의 명단을 등록하기 이전에 홍보를 하거나, 등록하지 않은 홍보직원이 홍보를 하여서는 아니 된다. 이 경우 사업시행자 등은 등록된 홍보직원의 명단을 토지등소유자에게 알릴 수 있다(기준 제34조 제5항).

이러한 홍보공간 제공과 홍보공간에서의 홍보 허용은 전면개정법에서 처음 인정한 것으로 매우 적절한 조치라고 본다.

사업시행자는 입찰지침에서 홍보직원의 숫자를 결정하여야 할 것이다.

> **기준 제34조(건설업자등의 홍보)** ① 사업시행자등은 제33조에 따라 총회에 상정될 건설업자등이 결정된 때에는 토지등소유자에게 이를 통지하여야 하며, 건설업자등의 합동홍보설명회를 2회 이상 개최하여야 한다. 이 경우 사업시행자등은 총회에 상정하는 건설업자등이 제출한 입찰제안서에 대하여 시공능력, 공사비 등이 포함되는 객관적인 비교표를 작성하여 토지등소유자에게 제공하여야 한다.
> ② 사업시행자등은 제1항에 따라 합동홍보설명회를 개최할 때에는 개최일 7일 전까지 일시 및 장소를 정하여 토지등소유자에게 이를 통지하여야 한다.
> ③ 건설업자등의 임직원, 시공자 선정과 관련하여 홍보 등을 위해 계약한 용역업체의 임직원 등은 토지등소유자 등을 상대로 개별적인 홍보를 할 수 없으며, 홍보를 목적으로 토지등소유자 또는 정비사업전문관리업자 등에게 사은품 등 물품·금품·재산상의 이익을 제공하거나 제공을 약속하여서는 아니 된다.

④ 사업시행자등은 제1항에 따른 합동홍보설명회(최초 합동홍보설명회를 말한다) 개최 이후 건설업자등의 신청을 받아 정비구역 내 또는 인근에 개방된 형태의 홍보공간을 1개소 제공할 수 있다. 이 경우 건설업자등은 제3항에도 불구하고 사업시행자등이 제공하는 홍보공간에서는 토지등소유자 등에게 홍보할 수 있다.

⑤ 건설업자등은 제4항에 따라 홍보를 하려는 경우에는 미리 홍보를 수행할 직원(건설업자등의 직원을 포함한다. 이하 "홍보직원"이라 한다)의 명단을 사업시행자등에 등록하여야 하며, 홍보직원의 명단을 등록하기 이전에 홍보를 하거나, 등록하지 않은 홍보직원이 홍보를 하여서는 아니 된다. 이 경우 사업시행자등은 등록된 홍보직원의 명단을 토지등소유자에게 알릴 수 있다.

Chapter 4

입찰 및 낙찰 관련 법적 쟁점

01
경쟁입찰 시 입찰자가 스스로 입찰을 포기하는 경우

　시공자를 경쟁입찰로 선정함에 있어서 사업참여제안서를 제출한 회사가 중간에 입찰을 포기하거나 홍보설명회에 참여하지 않는 경우가 있다. 이러한 경우 조합은 상당한 손해를 보는 바, 이에 대한 대처법을 알아본다.

　간단하다. 입찰지침서에 그러한 사유가 발생한 경우 입찰보증금을 손해배상금으로 몰수한다는 조항을 두면 된다.

> 입찰보증금은 ① 시공자의 담합 또는 홍보지침 미준수, 입찰무효사유의 발생, 입찰 후 합동홍보설명회에 참여하지 않는 등 중도포기 시 등 관련규정을 위반한 경우, ② 낙찰자가 정당한 사유 없이 정하여진 기간 내에 계약을 체결하지 않아 선정이 무효로 된 경우, ③ 조합이 요구하는 공사시방서, 공종별물량산출내역서 등 공사비산출내역서를 제출하지 않아 조합이 계약을 체결하지 못한 경우, ④ 기타 조합에 손해를 끼친 경우에는 조합에 귀속된다.

02 입찰보증금의 법적성격

입찰보증금은 손해배상금 예정의 성질을 갖는다.

> 대법원 1997. 3. 28. 선고 95다48117 판결
> [1] 한국토지개발공사의 상업용지 공급에 관한 제한경쟁입찰에서 입찰보증금을 위약벌이 아니라 손해배상액 예정의 성질을 지닌 것이라고 한 원심 판단을 수긍한 사례.

조합은 입찰보증금을 보증서로 제출받은 경우에는 기한 내 실제로 돈을 입금하지 않을 경우 보증서를 제출하여야 한다. 보증서 제출 시 제출 날짜 및 제출 시간에 늦지 않도록 하여야 한다. 일부 시공자가 제출 마지막날 오후 5시경 대표이사 결재중이니 잠시 기다려 달라고 현혹하여, 조합이 이를 기다리다가 그만 시간을 넘겨 제출하지 못한 사례도 있다.

입찰보증금을 받은 경우 시공자 선정총회 시 '입찰보증금은 무이자 대여금으로 한다.' 라는 안건도 같이 처리하기를 권고한다(서울중앙지방법원 2009고정8182호 판결).

03 입찰지침서

가. 입찰지침서에 대한 오해

입찰지침서는 다른 조합 것을 그대로 모방해도 되는가? 절대로 안 된다. 입찰지침서는 시공자선정 및 계약에 있어서 가중 중요한 문서이다.

입찰지침서는 향후 시공자와의 도급계약의 일부를 이루는 것이다. 따라서 조합으로서는 모범적인 입찰지침서를 참고하여 자신의 조합사정에 맞추어 제대로 작성하여야 할 것이다. 모범적인 입찰지침서를 여러 개 입수한 이후 자신의 조합사정에 맞추어 수정하는 것이 좋은 방법이다.

> 다음카페 : ○○바른 재건축을 위한 모임
> - 0,000세대의 입찰지침서를 000세대의 안산00단지 입찰지침서를 베껴서 글자 몇 자만 바꿔서야 되겠습니까?
> - 저는 조합원일 뿐이지만, 참조해서 좋은 것을 그대로 하는 것이 무슨 죄가 되나요??
> 좀 현실적이고 건설적인 비판을 하세요. 이게~ 뭡니까?? 입찰지침서가 거기서 거기지요. 뭐 창작소설이나 쓰는 것인가요?? 이게 뭡니까?? 좀 고상한 비판을 하도록 하세요. 쯧.
> - 입찰지침서면 ○○주공의 성패를 가늠할 수 있는 첫 출발이 되는 것입니다. 이건 참조가 아니라 별 고민없이 그대로 베껴 쓴 게 문제라는 거죠. 물론 ○○○ 님이 얘기하신 것처럼, 죄는 안되죠. 그러나 이건 신뢰와 정성의 문제입니다.

나. 입찰지침서는 청약의 유인 또는 청약

입찰의 경우 입찰에 부치는 자가 입찰을 부친다는 표시(입찰공고)를 하고 이 표시에 따라 경쟁자가 입찰을 한 후 입찰에 부친 자가 개찰을 하여 낙찰을 결정하는 과정을 밟게 된다.

이러한 입찰에 관해서, <u>입찰에 부친다는 표시(입찰공고)의 성질을 청약으로 볼 것인지, 청약의 유인으로 볼 것인지가 문제된다.</u>

통상의 경우 경쟁입찰에 부친다는 의사표시로서 <u>입찰공고는 청약의 유인</u>에 해당하며, <u>입찰은 청약, 입찰결과로서 행해지는 낙찰자 결정은 승낙의 성질을 가진다.</u> 그러므로 입찰참가자격은 경쟁계약에 있어서 청약의 유인인 입찰공고에 따라 청약을 할 수 있는 법적 지위를 의미한다. <u>낙찰을 결정함으로써 승낙하는 것이 되고, 계약 또는 계약의 예약이 성립하는 것이고, 계약서의 작성은 계약성립의 증거에 지나지 않는다</u>(대법원 1978. 4. 11. 선고 78다317 판결). 또한, 입찰에 부친

자는 입찰자 가운데 누구에게 낙찰하느냐를 결정할 여지를 남길 수 있다.

> **서울민사지법 1990. 8. 23. 선고 89가합20656 판결**
> 입찰시방서상 입찰을 실시하는 회사가 입찰내역의 전부 또는 일부를 그 경제성, 업체기술능력, 공급범위, 납기, 품질 등을 평가하여 낙찰 또는 유찰로 결정하도록 되어 있고 그러한 경우에도 입찰자는 그에 대하여 이의를 제기할 수 없도록 규정되어 있다면 이러한 방식에 의한 매매계약은 입찰참가회사의 응찰과 입찰을 실시하는 회사의 낙찰선언에 의하여 비로소 성립되는 것이므로 입찰참가회사에 대한 견적서제출요청이나 입찰기일통지 등의 입찰안내는 단순한 청약의 유인에 불과한 것으로 보아야 한다.

다만, 입찰에 붙인 자가 최고가격 또는 최저가격을 정하고 또한 기타의 계약조건을 구체적으로 표시하고 있는 때에는 입찰에 부친다는 표시가 청약이 되는 경우도 있다. 이때에는 입찰에 부친 자가 개찰을 개시하는 때에 승낙의 효력이 생기며, 따라서 그 후의 입찰철회는 허용되지 않는다고 하여야 할 것이다.

다. 낙찰자의 지위

낙찰자는 계약당사자와 같이 구체적인 계약상의 권리를 취득하게 되는 것이 아니라 단순히 자신이 유효한 낙찰자의 지위에 있음을 확인받아 그에 따른 계약을 체결하여 줄 것을 청구할 수 있는 권리를 취득하는 것이며(대법원 1994. 12. 2. 선고 94다41454 판결), 경쟁입찰에 참가하여 낙찰자로 결정된 업체는 입찰자에 대하여 계약의 체결을 청구할 권리가 있어 계약의 당사자인 수급인으로서의 지위를 이미 확보하고 있다고 할 것이어서, 본계약이 체결되지 않았더라도 낙찰자가 입찰자로부터 장래 지급받게 될 대금채권에 대한 압류 · 전부명령은 유효하다고 판시함으로써(대법원 2002. 11. 8. 선고 2002다7527 판결), 낙찰자가 입찰자에 대하여 입찰조건대로 계약을 체결할 것을 청구할 권리가 있음도 인정하고 있다.

즉, 대법원은 "공사도급계약의 도급인이 될 자가 수급인을 선정하기 위해 입찰절차를 거쳐 낙찰자를 결정한 경우 입찰을 실시한 자와 낙찰자 사이에는 도급계약의 본계약체결의무를 내용으로 하는 <u>예약의 계약관계가 성립하고</u>, 어느 일방이 정당한 이유 없이 본계약의 체결을 거절하는 경우 상대방은 예약채무불이행을 이유로 한 손해배상을 청구할 수 있다. 이러한 손해배상의 범위는 원칙적으로 예약채무불이행으로 인한 통상의 손해를 한도로 하는데, 만일 입찰을 실시한 자가 정당한 이유 없이 낙찰자에 대하여 본계약의 체결을 거절하는 경우라면 낙찰자가 본계약의 체결 및 이행을 통하여 얻을 수 있었던 이익, 즉 이행이익 상실의 손해는 통상의 손해에 해당한다고 볼 것이므로 입찰을 실시한 자는 낙찰자에 대하여 이를 배상할 책임이 있다."라고 판시하고 있다(대법원 2011. 11. 10. 선고 2011다41659판결).

라. 입찰지침서 작성 시 유의사항

입찰지침서 작성 시에는 아래 사항을 유의하여야 한다.

- 입찰제안서에 조합운영비 대여금을 제안하도록 하고, 시공자로 선정되면 계약을 체결하기 전이라도 즉시 조합운영비를 대여하여야 하며, 이를 어길 경우 선정을 무효로 한다.
- 총회개최일자 등이 변경여지가 있음을 명확히 고지하고 이로 인하여 일체의 이의를 제기하지 않을 것을 조건으로 부과
- 철거공사도 공사범위에 포함 하여야 함

- 사업시행인가 후 변경계약시나 최종 변경계약시 공사시방서, 공종별물량내역서 등 상세 공사비 산출내역에 관한 자료 제출을 거부하는 경우는 계약해제 사유로 함(단, 서울시는 이미 물량내역서를 제출하여야 하므로 예외)
- 특별한 사유 없이 계약 체결 기간을 지키지 아니하는 경우 낙찰을 무효로 하고, 이 경우 입찰보증금을 몰수한다는 규정을 두어야 함
- 입찰보증금 몰수 규정
- 재공고입찰 시 입찰조건이 변경될 수 있음
- 향응이나 돈 제공 사실 적발시는 선정 전이면 경쟁입찰자격을 박탈하고, 선정 이후면 선정 취소 사유
- 컨소시엄 입찰시에는 공사수급협정서 제출 요구
- 대여금에 대한 금전소비대차계약서도 미리 제시
- 담합 적발시 손해배상(위약금은 입찰보증금에 해당하는 금액)
- 입찰자격 요건 구비일
- 입찰무효사유 명확히
- 질의응답도 계약서 일부임
- 수정제안 가능일
- 시공자가 스스로 입찰 또는 계약포기 시 기존 대여금 처리 방법
- 임원 연대보증 여부
- 계약해제 요건
- 입찰보증금에 대해 대여금이라고만 기재하지 말고 '무이자' 대여금이라고 적시

마. 입찰지침서 내용의 변경 권한

이사회가 아닌 대의원회에 있다.

> **서울동부지방법원 2010. 7. 2.자 2010카합1471 결정 【총회개최금지가처분신청】**
> 주택재건축정비사업조합이 시공자 선정을 위한 입찰 과정에서 입찰마감일까지 입찰조건에 따른 입찰자가 없다는 이유로 긴급 이사회의 결의에 따라 입찰마감일을 연기한 사안에서, 형식적·절차적인 측면에서 위 조합의 정관 규정상 입찰마감일의 연기 결정을 위한 권한은 집행기관에 불과한 조합장을 포함한 임원들이나 이사회에게 있는 것이 아니라 의결기관인 대의원회에 있다고 봄이 상당하므로, 대의원회의 사전 결의 없이 긴급 이사회의 결의만으로 입찰마감일을 결정한 것은 무효이고, 실질적·내용적인 측면에서 위 입찰마감일 연기 결정의 직접적인 근거인 입찰참여지침서에서 정한 '기타 불가피한 사유로 인하여 지정된 일시에 입찰을 실시하지 못하는 경우'라 함은 입찰방해 기타 소란 행위 등 조합 측의 사정으로 인하여 입찰참여대상업체로 하여금 사실상 입찰의 기회를 부여할 수 없었거나 이에 준하는 사유로 인하여 실제로 입찰을 실시할 수 없는 특별한 사정을 의미하는 것이지, 입찰마감일까지 입찰조건에 따른 입찰자가 없는 사정까지 포함한다고 볼 수 없으므로, 위 입찰마감일 연기 결정이 무효라고 본 사례.
> '입찰참여지침서'는 대내외적인 구속력을 가지는 것이어서 대의원회의 변경 또는 추인결의 역시 무제한적인 재량이 허용되는 것이 아니고, 입찰의 공정성·적정성·적법성을 해하지 않는 범위 내에서만 그 변경이 가능하다고 할 것이다.

바. 입찰 전 입찰참여자격 박탈 방법 : 대의원회 의결

이사회에서 입찰참여자격을 박탈한 것은 위법하며 대의원회에서 하여야 한다(수원지방법원 2011. 4. 15.자 결정 2011카합108 총회개최금지가처분).

Chapter 5

시공자 선정 총회 등

01 과반수 직접 출석

총회는 토지등소유자 과반수가 직접 출석하여 의결하여야 한다. 이 경우 법 제45조제5항에 따른 대리인이 참석한 때에는 직접 출석한 것으로 본다(기준 제35조).

즉, 총회 장소에 직접 출석한 조합원 및 대리인을 통해 출석한 조합원이 전체 조합원의 과반수가 되어야만 회의를 시작할 수 있다. 이때 서면결의서를 제출한 조합원이 아무리 많다고 하더라도 조합원 과반수가 직접 출석(대리인 출석 포함)하지 아니하는 경우에는 회의를 시작할 수 없다.

조합원 과반수가 직접 참석한 경우에는 서면결의서를 제출한 조합원은 당해 총회에 참석한 것으로 간주하므로 개의정족수 및 의결정족수 산정시 참석 조합원에 포함된다.

조합원 총회에 상정될 안건이 '시공자 선정의 건' 이외에 다른 안건이 있는 경우에는 각 안건별로 개의정족수가 다르다고 할 것이므로, 다른 안건에 대해 회의를 진행하는 것은 무방하다. 조합원 과반수가 직접 출석하지는 않았으나, 서면결의서를 제출한 조합원을 포함해 조합원 과반수가 출석한 경우에는 '시공자 선정의 건' 이외의 안건에 대해서는 회의를 진행하다가, 직접 출석자가 과반수에 이르렀을 때 '시공자 선정의 건'에 대한 회의를 진행할 수 있다.

　일부 조합은 개의정족수를 채우기 위해 금전을 지급하거나 전자제품 등 경품을 제공하는 사례가 있으나 이 경우는 시공사선정총회개최금지가처분을 당할 우려가 있다.

> **법원 "경품 뿌리는 재개발 총회 못연다"**
> 한국경제 2009-11-24
> 경품을 뿌리는 재개발 시공사 선정 총회를 허용할 수 없다는 법원의 첫 판단이 나왔다. 시공사로 선정되기 위해 총회에서 가전제품 등 경품을 살포하는 건설사들의 관행에 제동이 걸릴 전망이다.
> 서울북부지법은 김OO씨 등이 서울 상계뉴타운 상계O재개발조합을 상대로 낸 '시공사 선정 등을 위한 임시총회 개최 금지 가처분' 신청을 받아들였다고 24일 밝혔다. 가처분 신청이 받아들여지면서 이달 안에 시공사를 선정하려던 조합 측의 계획은 무산됐다.
> 재판부는 임시총회 참가율을 높이기 위해 경품을 제공키로 한 행위가 국토해양부가 정한 '정비사업의 시공자 선정 기준'과 조합 측의 입찰지침서에 위반된다고 판단했다.

조합 측은 지난 10일 임시총회 소집 통지를 하면서 참석하는 조합원에게 시가 15만원 상당의 전기압력밥솥 1대씩을 주기로 했다. 또 추첨을 통해 LCD TV 3대, 노트북 컴퓨터 2대 등의 경품을 줄 예정이었다. 여기에 사용되는 비용은 임시총회에서 선정된 시공사가 부담하는 조건이었다. 그러나 이 같은 경품 제공은 홍보를 목적으로 조합원 등에게 물품 금품 등을 제공하지 못하도록 한 국토부 기준에 위배된다. 조합 측의 입찰 지침서도 금품 및 향응제공 금지를 규정하고 있다.

재판부는 "금품 제공은 결국 공사비에 반영돼 조합원 분담금 증가로 이어지는 데다 금품 제공이 의사·의결 정족수 충족에 영향을 미침으로써 조합원들의 의사결정권을 침해할 수 있다"고 밝혔다.(중략)

02 서면결의

조합원은 총회에 직접 참석이 어려운 경우 서면으로 의결권을 행사할 수 있으나, 서면결의서를 철회하고 시공자선정 총회에 직접 출석하여 의결하지 않는 한 직접 참석자에는 포함되지 않는다.

과거 판례는 서면결의서를 내고 현장에 참석한 경우에도 직접 참석한 것으로 인정하였으나, 전면개정법이 시행되면서 매표행위 등 부작용을 막기 위해 아예 서면결의서를 철회하고 현장에서 직접 의결에 참여한 경우에만 직접 참석으로 강화한 것이다. 이 점을 조합은 유의하여야 한다.

서면의결권 행사는 조합에서 지정한 기간·시간 및 장소에서 서면결의서를 배부받아 제출하여야 한다. 따라서 조합은 우편으로 서면결의서를 보내지 않아야 한다.

조합은 조합원의 서면의결권 행사를 위해 조합원 수 등을 고려하여 서면결의서 제출기간·시간 및 장소를 정하여 운영하여야 하고, 시공자 선정을 위한 총회 개최 안내시 서면결의서 제출요령을 충분히 고지하여야 한다. 전면개정법 시행 전에는 "시공자 선정 총회의 경우 건설업자등 관련자는 서면결의서를 징구할 수 없다(기준 제14조 제2항)."라고 규정하였다가, 현재 기준에는 그 내용이 없으나, 현재는 조합이 제출요령을 정하므로, 시공자가 제출하는 서면결의서는 무효로 처리하여야 할 것이다.

03 현장 설명

조합은 총회에서 시공자 선정을 위한 투표 전에 각 건설업자등별로 조합원들에게 설명할 수 있는 기회를 부여하여야 한다(기준 제35조 제5항).

04 의결정족수

총회의 의결은 이 법 또는 정관에 다른 규정이 없으면 조합원 과반수의 출석과 출석 조합원의 과반수 찬성으로 한다(법 제45조 제3항).

그런데 시공자가 3인 이상인 경우 과반수 득표를 하는 것이 어렵다. 따라서 조합정관에 이를 대비하여 별도의 규정 즉, 다수득표에 의할 수 있다는 규정을 두는 것이 좋다.

그리고 3개 이상이 입찰하여 1차 투표결과 과반수가 되지 않아 다시 결선 투표를 하는 경우 기존에 제출된 서면결의서는 사용하지 못한다고 보아야 한다. 이는 조합원들이 서면결의서를 작성할 때 예상하지 못한 것이기 때문이다.

05 총회 비용

조합은 이사비, 이주비, 이주촉진비, 재건축부담금, <u>그 밖에 시공과 관련이 없는 사항에 대한</u> 금전이나 재산상 이익 요청이 금지된다(기준 제29조제2항).

국토교통부는 시공자 선정 총회 비용도 시공자가 조합에 제공하는 것이 금지된다고 유권해석을 하고 있다(2018.2.25.).

06 계약의 체결 및 계약사항의 관리

가. 총회 의결

사업시행자등은 시공자와 계약을 체결하는 경우 계약의 목적, 이행기간, 지체상금, 실비정산방법, 기타 필요한 사유 등을 기재한 계약서를 작성하여 기명날인하여야 한다(기준 제36조).

이러한 조치는 우선 총도급금액만 결정하여 계약을 체결하고 우선대여금을 받는 꼼수를 막기 위한 것이다.

사업시행자등은 선정된 시공자가 정당한 이유 없이 3개월 이내에 계약을 체결하지 아니하는 경우에는 총회의 의결을 거쳐 해당 선정을 무효로 할 수 있다.

나. 시공자와의 계약 체결을 대의원회에 위임할 수 있는지의 여부

사업시행자등은 법 제45조제1항제4호부터 제6호까지의 규정에 해당하는 계약은 총회(법 제45조에 따른 총회, 법 제48조에 따른 토지등소유자 전체회의,「정비사업 조합설립추진위원회 운영규정」에 따른 주민총회 및 사업시행자인 토지등소유자가 자치적으로 정한 규약에 따른 총회 조직을 말한다. 이하 같다)의 의결을 거쳐야 하며, 그 외의 계약은 대의원회의 의결을 거쳐야 한다(기준 제15조 제1항).

> **법 제45조 제1항**
> 4. 예산으로 정한 사항 외에 조합원에게 부담이 되는 계약
> 5. 시공자·설계자 또는 감정평가업자(제74조제2항에 따라 시장·군수등이 선정·계약하는 감정평가업자는 제외한다)의 선정 및 변경. 다만, 감정평가업자 선정 및 변경은 총회의 의결을 거쳐 시장·군수등에게 위탁할 수 있다.
> 6. 정비사업전문관리업자의 선정 및 변경

이는 2018. 2. 9. 전면개정법이 시행됨에 따라 도입된「정비사업계약업무처리기준」에서 새롭게 규정한 것이다.

전면개정법 시행 이후 국토교통부 유권해석에 의하면, <u>도급계약서는 총회 의결만 가능하고 대의원회 위임은 불가하다</u>(기준 제15조, 2018. 4. 6.).

2018. 2. 9.부터 전면개정법에 따른 계약업무처리기준이 시행되기 전에 과거 판례를 살펴보면, 실제 "시공자선정입찰지침서를 인준하고, 총회에서 선정된 시공자와의 계약서 검토 및 계약을 대의원회로

위임하여 차기 총회에서 추인받는다."라고 기재된 안건에 대해서, 법원은 "선정된 시공자와의 계약체결은 총회에만 그 권한이 부여된 것이고, 특히 채무자 조합 정관은 계약체결 전 총회의 사전 의결을 요하고 있으므로, 대의원회에 그 체결 즉시 효력이 발생하는 본계약을 체결할 권한을 부여하는 것은 허용되지 않는다. 그러나 제2호 안건의 내용은 대의원회가 계약 내용을 협의한 후 총회에서 계약체결에 대한 결의가 이루어질 경우 대의원회에서 그에 따라 계약을 체결하도록 하는 내용으로 보이므로 명백히 도시정비법 및 정관에 위배된다고 단정하기 어렵다."라고 판시하고 있다(서울동부지방법원 2010. 8. 19.자 2010카합1903 결정 총회개최금지가처분).

수원지방법원은 "시공자와의 계약체결은 대의원회에 위임할 수 없는 총회의 결의사항에 해당한다고 할 것이므로 이를 대의원회에 위임하는 '계약체결 위임의 건'의 결의 역시 위법하게 된다."라고 판시하였다(수원지방법원 2011. 4. 15.자 2011카합108 결정).

07 공사비 검증제도 신설

 사업시행자등은 시공자와 계약 체결 후 다음 각 호에 해당하게 될 경우 검증기관(공사비 검증을 수행할 기관으로서 「한국감정원법」에 의한 한국감정원을 말한다. 이하 같다)으로부터 공사비 검증을 요청할 수 있다.

   1. 사업시행계획인가 전에 시공자를 선정한 경우에는 공사비의 10% 이상, 사업시행계획인가 이후에 시공자를 선정한 경우에는 공사비의 5% 이상이 증액되는 경우

   2. 제1호에 따라 공사비 검증이 완료된 이후 공사비가 추가로 증액되는 경우

   3. 토지등소유자 10분의 1 이상이 사업시행자등에 공사비 증액 검증을 요청하는 경우

   4. 그 밖에 사유로 사업시행자등이 공사비 검증을 요청하는 경우

기준은 임의규정 형식으로 되어 있으나, 제3호의 경우에는 반드시 검증요청을 하여야 한다고 본다.

이러한 공사비 검증제도 신설은 시공자를 견제하는 강력한 수단으로서 매우 훌륭한 입법조치라고 본다. 다만 임의규정 형식에서 강행규정 형식으로 바꿀 것을 제안한다.

공사비 검증을 받고자 하는 사업시행자등은 검증비용을 예치하고, 설계도서, 공사비 명세서, 물량산출근거, 시공방법, 자재사용서 등 공사비 변동내역 등을 검증기관에 제출하여야 한다.

검증기관은 접수일로부터 60일 이내에 그 결과를 신청자에게 통보하여야 한다. 다만, 부득이한 경우 10일의 범위 내에서 1회 연장할 수 있으며, 서류의 보완기간은 검증기간에서 제외한다.

검증기관은 공사비 검증의 절차, 수수료 등을 정하기 위한 규정을 마련하여 운영할 수 있다.

사업시행자등은 공사비 검증이 완료된 경우 검증보고서를 총회에서 공개하고 공사비 증액을 의결받아야 한다.

08 새로운 시공자 선정 절차 금지 가처분 허용 여부

  총회에서 시공자로 선정된 건설업체가 조합이 선정을 취소하고 새롭게 시공자를 선정하고자 할 때 조합을 상대로 새로운 시공자 선정을 위한 절차의 중지를 구할 수 있는지 여부가 문제된다.

  도급인은 언제든지 손해를 배상하고 해제할 수 있다는 민법 제673조의 규정상 보전의 필요성을 인정되기는 어렵다. 즉 불가하다. 이는 정비회사의 경우도 마찬가지이다.

> **민법 제673조 (완성전의 도급인의 해제권)**
> 수급인이 일을 완성하기 전에는 도급인은 손해를 배상하고 계약을 해제할 수 있다.

09 시공자 계약 해제 총회 과반수 직접 참석 여부

 기존의 시공자와 계약을 해제하는 경우 또는 선정을 철회하는 경우에도 직접 참석자가 과반수이상이어야 한다는 특별정족수를 충족해야 하는지가 문제이다.

가. 과반수가 직접 참석해야 한다는 판결

 이에 대해 법원은 "조합이 일정한 경우 선정을 무효화하기 위해서는 선정과 동일한 방식의 총회 의결을 거치도록 정하고 있는 선정 기준 제15조의 취지에 비춰 보면 조합의 일방적인 시공자 선정 철회를 위해서도 당연히 선정 기준 제14조에 따른 총회의 의결이 필요한 것으로 보인다."라며 "만약 시공자 선정의 철회를 일반 의사정족수에 의해 자유롭게 할 수 있다면 선정 기준 제15조에 의한 제한을 잠탈하게 된다."라고 판단했다. 이어 "조합 정관 제12조 제1항 단서에 의하면 선정된 시공자의 변경 시에도 시공자 선정 기준에 따르도록 돼 있어 시공자 변경은 이미 선정된 시공자에 대한 선정 철회와 새로운 시공자 선정이 결합된 행위이다."라며 "별도로 선정 철회만을 의결할 때도 변경과 동일한 의사정족수가 필요한 것으로 해석된다."라고 밝혔다(서울북부지방법원 2011. 8. 25. 선고 2011가합2207 판결).

나. 과반수가 직접 참석하지 않아도 된다는 판결

채무를 불이행한 시공자에게 계약의 해지 의사표시를 할 수 있는 요건을 강화함에 따라 오히려 조합의 내부적인 의사결정의 자유를 제한하고 조합원의 이익에도 반하므로, 시공사 계약해지를 위한 총회 시 조합원 과반수가 직접 참석하지 아니하여도 무방하다(서울동부지방법원 2015. 1. 21.자 2014카합10149 결정).

나아가 위 결정에는 정관에 조합원 발의에 따른 총회소집의 경우에는 인감증명서를 요구하는 것은 총회의 개최를 요구하는 의사의 진실성을 담보하기 위한 것인데, 비록 인감증명서가 첨부되어 있지는 않지만 조합원들 의사의 진실성이 확인되면 그만이고,

또한 정관에 대의원회에서 사전심의 하지 않고 총회에 부의된 안건에 대한 효과 등에 대해서 아무런 규정이 없고, 관계법령이나 정관에서 조합원 총회의결사항을 대의원회에서 사전 심의한 안건만으로 제한하고 있는 다른 규정도 없고, 총회는 조합원 전원으로 구성된 최고 의사결정기관으로서 대의원회가 사전심의한 안건에 대해서만 의결할 수 있다고 보기도 어려운 점에 비추어 보면 대의원회의 사전심의가 없었다는 점만으로는 총회의결이 무효는 아니라고 판시하고 있다.

다. 사견

사견은 계약해제나 선정철회의 경우에는 과반수가 직접 참석하지 않아도 무방하다고 본다. 시공자가 채무불이행을 저질러 계약을 해제하는 총회에 조합원 과반수가 직접 참석하여야 한다면 이는 조합에게 오히려 불리하다. 나아가 그렇게 해제하는 총회 의사결정 요건을 강화할 아무런 이유도 없다.

10 시공자선정 총회결의 무효 소송

가. 총회 대의원회 개최금지 가처분

시공자 선정 총회에 하자가 있다고 생각하면 먼저 총회결의를 금지하는 가처분(총회, 대의원회 개최금지가처분)을 제기해 본다.

> 시공자 선정 총회개최금지 가처분 인용 사례
> 서울동부지법 2010. 7. 2.자 2010카합1471 결정
> [2] 공정하고 투명한 재건축사업의 추진을 통해 주거환경을 개선하고 조합원의 주거안정 및 주거생활의 질적 향상을 목적으로 하는 주택재건축사업의 목적에 비추어 볼 때, '시공자 선정 절차'는 그 핵심에 해당하는 것으로 이를 둘러싼 이해관계인이 많을 뿐만 아니라 그 과정에서 불공정한 행위로 인해 주택재건축사업이 지연되거나 무산되는 등의 결과가 발생할 경우 종국적으로 그 피해가 조합원들에게 돌아갈 수밖에 없으므로, '시공차 선정 절차'를 진행함에 있어 공정성·적정성을 전제로 한 엄격한 관계 법령의 준수가 요구된다.

또한, 이러한 시공자 선정을 위한 입찰절차에 있어서 '공정성'이란 적어도 입찰참여 대상자에게 동일한 기준을 적용하고 동일한 정보를 제공함으로써 실제로 입찰에 참여할 의사결정의 기회를 동등하게 부여하였는지 여부를 기준으로 판단함이 상당하다.

[3] 주택재건축정비사업조합이 시공자 선정을 위한 입찰 과정에서 홍보활동지침 준수서약서 제출기한까지 이를 제출하지 않아 입찰참여 자격이 없는 업체에 대하여 입찰이 마감된 후 대의원회를 개최하여 '홍보활동지침 준수서약서의 제출기한'에 관한 입찰참여규정을 변경함으로써 입찰참여 자격을 사후에 부여한 사안에서, 이는 사후에 관련 규정을 변경하여 무효인 입찰참여를 유효로 만드는 것이어서 허용될 수 없을 뿐만 아니라 현장설명회에 참여한 업체 중에서 홍보활동지침 준수서약서를 제출하지 않은 다른 업체에 대하여 위와 같은 입찰참여규정의 변경내용에 관한 아무런 사전 통지도 없는 상태에서 입찰이 마감된 이후에 위 특정 업체에 대해서만 입찰참여의 자격을 부여한 것이어서 다른 업체들과 사이에서 입찰참여의 정보와 그 기회가 공정하게 부여된 것이라고 볼 수 없으므로, 입찰의 공정성은 물론 관련 규정의 적법성에도 위반되어 무효라고 본 사례.

나. 시공자선정 총회결의 무효 확인 소송

주로 다음과 같은 사실이 있으면 무효가 된다.

- 모델하우스에서 개별홍보를 하고, 참석자들에게 뷔페 식사를 제공하고, 시가 3만원 상당의 냄비세트를 제공한 사실로 시공자 선정 무효
- 한우 우족세트 선물, 제주도 여행 사실로 시공자 선정 무효
- 서면결의서 문제로 무효
- 직접 참석 50% 미달로 무효

대표적인 시공자 선정 무효확인소송 승소사례를 소개한다.

서울고등법원 2013. 5. 30. 선고 2012나3403 판결
대법원 2016. 8. 29. 선고 2013다50466 판결
형식적으로는 경쟁입찰의 방법에 따라 총회에서 시공자의 선정 결의를 하였더라도 조합이나 입찰 참가업체가 시공자 선정 과정에서 구 도시 및 주거환경정비법령이나 정관에서 정한 절차나 금지사항을 위반하거나 조합원들에게 금품을 제공하여 '시공자 선정동의서'를 매수하는 등 부정한 행위를 하였고, 부정행위가 시공자 선정에 관한 총회결의 결과에 영향을 미쳤다고 볼 수 있는 경우 등과 같이, 정관에서 경쟁입찰에 의하여 시공사를 정하도록 한 취지에 정면으로 위배되는 경우에는 결의가 정관이 정한 바에 따라 이루어졌다고 볼 수 없으므로 무효라고 보아야 한다.
그리고 본 사안의 경우 ① A주택재개발조합의 정관에서 '일반경쟁입찰 또는 지명경쟁입찰'의 방법으로 시공자를 선정하도록 정한 것은 시공사 선정과정의 투명성을 제고하여 조합원들의 이익을 도모하기 위한 것으로 보이는 점, ② 그럼에도 이 사건 정비사업의 시공자로 선정되기 위하여 입찰에 참여한 L사가 조합원들에게 상당한 금원을 제공하는 대가로 서면결의서 등을 받아 이를 총회에 제출하거나 금원을 받은 조합원으로 하여금 총회에 출석하여 투표하도록 한 것은 경쟁입찰의 공정성을 해하고, 조합원들의 자유로운 결정권이나 선택권을 침해하는 것으로서 정관에서 경쟁입찰의 방식으로 시공사를 정하도록 한 취지에 정면으로 반하는 행위로 볼 수 있다. 한편 A주택재개발조합이 1차 총회가 무산된 후 시공자 선정절차를 새로 진행하였고, L사는 종전과 달리 대림건설과 컨소시엄을 구성하여 참여한 사정은 인정되지만, L사가 시공사로 선정되기 위하여 2010. 6. 초순경 A주택재개발조합의 조합원들에게 1인당 500,000원에서 35,000,000원까지의 금원을 지급하였는데, 2차 총회는 그로부터 불과 3개월만에 개최되어 D·L 컨소시엄이 압도적인 득표를 하였고 당시 L사의 이러한 금품 살포행위 등이 외부에 알려지지 아니하였을 뿐만 아니라 L사가 그 이후에도 2차 총회 직전까지 위 용역업체에 수십억 원을 추가로 지급하였음이 인정되므로, 위와 같은 입찰참여 형태의 변경이나, 총회결의를 다시 했다는 사정만으로 조합원들이 L사의 금품 제공의 영향이 없는 상태에서 자유로 의사결정을 했다고

보기 어려운 점 등을 종합해 보면, A주택재개발조합의 조합원들이 2차 총회에서 L사를 구성원으로 하는 D·L 컨소시엄을 시공자로 선정한 결의는 '경쟁입찰 방법으로 시공자를 선정'하도록 한 정관의 취지에 정면으로 위배되는 것으로 무효라고 보아야 한다.

대법원 2016. 11. 24 선고 2013다37494 판결

1. 피고보조참가인 지□△건설 주식회사의 상고이유를 판단한다.
(1) 구 도시 및 주거환경정비법(2013. 3. 23. 법률 제11690호로 개정되기 전의 것, 이하 구 도시정비법이라 한다) 제11조 제1항 본문은 '주택재개발사업조합은 조합설립인가를 받은 후 조합총회에서 국토해양부장관이 정하는 경쟁입찰의 방법으로 건설업자 또는 등록사업자를 시공자로 선정하여야 한다'고 규정하고 있다. 이는 시공자 선정과정의 투명성을 제고하고 조합원 간의 분쟁을 예방하는 데 그 입법 취지가 있다고 할 것이다. 위 규정의 위임에 따라 국토해양부 장관이 제정한 '정비사업의 시공자 선정기준'(국토해양부 고시 제2009-550호, 이하 '이 사건 고시'라고 한다) 제13조 제3항은 '건설업자 등 관련자는 조합원을 상대로 개별적인 홍보를 할 수 없으며, 홍보를 목적으로 조합원 또는 정비사업전문관리업자 등에게 사은품 등 물품·금품·재산상의 이익을 제공하거나 제공을 약속하여서는 아니 된다.'고 규정하고 있다. 그리고 구 도시정비법 제84조의3 제1호는 구 도시정비법 제11조의 규정을 위반하여 시공자를 선정한 자 및 시공자로 선정된 자를 형사처벌하도록 규정하고 있다.

위와 같은 구 도시정비법 제11조의 입법 취지와 이 사건 고시 제13조 제3항 및 구 도시정비법 제84조의3 제1호의 규정내용 등을 종합하면, <u>비록 형식적으로는 경쟁입찰의 방법에 따라 조합총회에서 시공자의 선정 결의를 하였다고 하더라도, 조합이나 입찰 참가업체가 시공자 선정과정에서 도시정비법령이나 정관에서 정한 절차나 금지사항을 위반한 채 조합원들에게 금품을 제공하여 '시공자 선정동의서'를 매수하는 등 부정한 행위를 하였고, 이러한 부정행위가 시공자 선정에 관한 총회결의 결과에 영향을 미쳤다고 볼 수 있는 경우 등과 같이, 구 도시정비법 제11조 등에서 경쟁입찰에 의하여 시공사를 정하도록 한 취지에 정면으로 위배되는 경우에는 이러한 결의가 구 도시정비법 제11조 등이 정한 바에 따라 이루어졌다고 볼 수 없으므로 무효라고 보아야 한다.</u>

(2) 원심은 ① 피고보조참가인들(이하 '참가인들'이라 한다)이 2010. 6.경 토요일과 일요일에 피고 조합의 조합원들 300~400여명을 서울 마포구 합정동에 있는 시공사의 서교자이갤러리 모델하우스에 데리고 가 위 모델하우스에 적용된 싱크대나 베란다 확장 등의 옵션이 피고 ○○아파트에도 동일하게 적용될 것이라며 개별적인 홍보를 하고, 저녁식사 및 커피포트, 냄비세트 등의 선물을 제공한 점, ② 참가인들은 직원들을 통하여 2010. 6. 29. 제3차대의원회의가 개최되기 전부터 대의원들에게 식사 접대를 하고 선풍기, 홍삼액 등 선물을 제공하고 입찰에 참여한 3개 업체 중에서 시공사를 선정하는 안건의 총회상정을 부탁한 점, ③ 참가인들은 제3차 대의원회의에서 총회상정안건이 부결된 후 대의원들에 대한 향응, 금품제공을 강화한 것으로 보이는 점, ④ 조합원들을 상대로도 선풍기, 화장품, 우산 등을 제공하면서 개별적인 홍보활동을 한 점, ⑤ 총회 당일인 2010. 8. 21.에도 관광버스 5대를 동원하여 조합원들을 송추가마골까지 이동시키고, 그곳에서 조합원들에게 식사를 제공하면서 총회출석을 독려한 점, ⑥ 참가인들이 조합원들에게 총회에 참석할 경우 300,000원 상당의 쿠쿠압력밥솥을 제공할 것이라고 홍보하고, 실제로 조합에 332,862,000원 상당의 밥솥을 제공하여 총회장에 비치한 점 등 그 판시와 같은 사정들을 종합하면, 참가인들이 이 사건 재개발 사업의 시공자 선정과정에서 조합원들에 대한 재산상 이익의 제공, 조합원을 상대로 한 개별적 홍보 등 이 사건 고시에서 금지한 행위를 하였고, 그 위반행위의 태양이나 정도, 중요도, 광범위성 등에 비추어 입찰의 공정을 해하고 조합원들의 자유로운 결정권이나 선택권을 침해할 정도에 이르렀다고 판단되므로, 피고가 2010. 8. 21. 개최한 시공자 선정 조합임시총회에서 참가인들을 시공자로 선정하는 내용으로 의결한 시공자선정 및 시공자계약체결위임의 건(제1, 2호 안건)에 대한 결의는 구 도시정비법 제11조 제1항을 위반한 것으로 무효라고 판단하였다.

앞서 본 법리에 따라 기록을 살펴보면, 원심의 판단은 정당하다. 거기에 시공자 선정결의의 적법 요건에 관한 법리를 오해한 잘못이 없다.

대법원 2017. 5. 30 선고 2014다61340 판결

구 도시 및 주거환경정비법(2013. 3. 23. 법률 제11690호로 개정되기 전의 것, 이하 '구 도시정비법'이라 한다) 제11조 제1항 본문의 내용과 입법취지, 이 규정을 위반한 행위를 유효로 한다면 정비사업의 핵심적 절차인 시공자 선정에 관한 조합원 간의 분쟁을 유발하고 그 선정 과정의 투명성·공정성이 침해됨으로써 조합원들의 이익을 심각하게 침해할 것으로 보이는 점, 구 도시정비법 제84조의3 제1호에서 위 규정을 위반한 경우에 형사처벌을 하고 있는 점 등을 종합하면, 구 도시정비법 제11조 제1항 본문은 강행규정으로서 이를 위반하여 경쟁입찰의 방법이 아닌 방법으로 이루어진 입찰과 시공자 선정결의는 당연히 무효라고 보아야 한다. 나아가 형식적으로는 경쟁입찰의 방법에 따라 조합총회에서 시공자 선정결의를 하였다고 하더라도 실질적으로 구 도시정비법 제11조 제1항 본문에서 경쟁입찰에 의하여 시공사를 정하도록 한 취지를 잠탈하는 경우에도 위 규정을 위반한 것으로 볼 수 있다. 가령 조합이나 입찰 참가업체가 시공자 선정과정에서 조합원들에게 금품을 제공하여 시공자 선정동의서를 매수하는 등 시공자 선정기준, 조합의 정관, 입찰참여지침서나 홍보지침서 등에서 정한 절차나 금지사항을 위반하는 부정한 행위를 하였고, 이러한 부정행위가 시공자 선정에 관한 총회결의 결과에 영향을 미쳤다고 볼 수 있는 경우를 들 수 있다.

Chapter 6

도급계약 노하우

01 기울어진 운동장

 기울어진 운동장이라는 말이 있다.

 아래 신문기사를 보면 시공자는 시공자로 선정된 이후부터는 골리앗으로 군림하며, 이에 대해 조합은 속수무책으로 당하고 있다는 것이다.

정비사업 골리앗 시공자
⑤ "잠시 추이를 지켜보자…", 기약 없는 사업지연 대체 언제까지
시공자 이런저런 핑계에 '피 보는'건 조합뿐
경기침체 등을 이유로 사업지연 요구하는 시공자
다수 구역서 사업지연에 따른 볼멘소리 흘러나와
주거환경신문 2012년 01월 02일
최근 분양 신청까지 마치고 시공자와 본계약을 협의중인 서울시 중랑구 한 재건축조합은 시공자인 A건설사의 설계변경 요구에 난색을 표하고 있다. 분양리스크를 줄이기 위해 소형평형을 늘려달라는 것인데 구역특성상 더 이상 늘릴 수가 없기 때문. 이와 관련해 중랑구 재건축조합장은 "우리 구역

은 층수제한에 걸려 있는 상태에서 임대아파트를 피하기 위해 199세대로 맞춘 만큼 더 이상 소형평형대를 늘릴 수가 없다"며 "지금의 설계안은 조합 설립 후 구역지정 단계부터 시공자를 비롯한 협력업체들과 수십차례 설계 회의 거친 뒤 내린 것"이라고 설명했다. 또 다른 조합관계자는 "이 사실을 누구보다 잘 알고 있는 시공자가 불가능한 설계변경을 요구하고 있는 것은 사업을 지연시키려는 불순한 의도"라며 언성을 높였다. 그래도 대안이 있기에 변경을 요구하는 것이 아닐까. 그러나 답은 '그렇지 않다'였다. 이에 대해 A건설사 관계자는 "우린 시공자로서 조언을 하는 것뿐이지 설계에 대한 방법은 조합과 설계자가 찾아야할 문제"라며 "일단 총회를 개최해 설계변경에 대해 조합원들의 의견을 모으길 원한다"고 말했다. 시공자 요구대로 총회를 개최하게 되면 자연히 비용은 추가될 것이고, 설계안을 찾다보면 사업은 지연될 것이 자명한 상태. 조합은 결코 이를 받아들일 수 없다는 입장이다.

또 경기도 정비사업장의 상황도 크게 다르지 않다. 시공자 워크아웃 등으로 고난을 겪었던 고양시 한 재건축조합은 지난 2009년 B건설사를 시공자로 맞이하며 재도약을 꿈꾸고 있었다. 하지만 관리처분총회를 앞두고 B건설사의 태도가 돌변했다. 경기 침체로 인한 미분양 우려와 다수의 현금청산자 발생으로 사업추진이 어려워졌으니 설계변경을 통해 리스크를 최소화 시켜달라는 것. 이와 관련해 고양시 조합관계자는 "당초 B건설사는 확정지분제 방식으로 계약을 했다"며 "이는 어느 정도의 리스크는 감수한다고 조합과 약속을 한 것임에도 불구하고, 사업을 지연시키며 조합의 숨통을 조여왔다"고 분개했다. 이로 인해 좀처럼 협의점을 찾지 못하며 사업은 1년 가까이 제자리걸음 쳤고, 결국 조합은 총회를 개최해 설계변경 후 사업을 추진하기로 결정했다. 총회가 끝난 뒤 B건설사 관계자는 "설계변경은 시공자와 조합원 모두가 상생할 수 있는 방법으로서 조합원들의 현명한 판단에 감사를 드린다"며 "그동안 빠르게 사업을 추진하지 못했던 부분에 대해서는 정말 죄송하게 생각한다"고 말했다.

반면, 안산시 한 재건축사업장의 상황은 더욱 심각하다. 이 구역은 지난 2008년 9월 정비구역 지정, 같은해 11월 조합설립인가, 같은해 12월 사업시행인가까지 타의 추종을 불허할 정도로 빠른 사업추진을 자랑하며 업계 관계자들의 눈길을 끌었던 바 있다. 하지만 거기까지였다. 지난 2009년 시공자로 선정한 C건설사가 돌연 "미분양에 대한 책임을 질 수 없다"며 계약체결을 회피, 2년이 지난 지금까지 사업은 지지부진이다. 더욱이 시공자와의 지루한 줄다리기 속에서 조합은 사업비 지원조차 받지 못하며 지독한 자금난에 허덕였다. 결국 조합원 출자까지 받게 된 조합은 얼마 전 총회를 통해 C건설사의 시공자 자격박탈을 의결했다. 이와 관련해 조합관계자는 "본인들이 낸 제안서대로 계약을 체결하자는 것인데 성의 없는 태도로 일관하며 이를 부정했고, 매달 지급하기로 약속한 조합운영비 조차도 겨우 2달 정도만 지원했다"고 비난했으며, 조합장은 "사업을 2년 가까이 지연시키며 그 동안 시공자가 펼쳐온 '조합 피말리기 작전'에 조합은 심히 유감을 표한다"고 전했다.

파주시 한 주택재개발 조합장도 시공자들의 행포에 울분을 토하고 있었다. 사업을 추진해야 할 시공자 D건설사가 미분양이 우려된다며 사업을 사실상 중단한 상태기 때문. 조합은 조금씩이라도 진행해 보자며 설득하고 있지만 시공자는 눈 하나 깜짝 안하고 오히려 조합을 괴롭히고 있었다. 이에 대해 조합장은 "시공자의 부담을 줄여주기 위해 조합운영비도 기존 월 1500만원에서 800만원으로 낮춰 줬다"며 "힘든 결정을 내렸음에도 불구하고, 본계약 전이라고 '배 째라는 식'으로 나오는 시공자에게 이제 배신감마저 느낀다"고 밝혔다. 이처럼 일련의 상황들에 대해 한 업계전문가는 "조합 운영비를 절반 가까이 줄였다는 것은 정말 심각한 것"이라며 "시공자가 힘없는 조합을 상대로 꼼수를 부리고 있는 것으로 밖에 보이지 않는다"고 안타까운 마음을 전했다.

도대체 왜 이렇게 조합이 당하는 것인지 궁금하다. 그 이유는 간단하다. 처음에 체결된 도급계약(소위 '가계약'이라고 불림)이 조합에게 불리하게 체결되었기 때문이다.

시공자가 마음대로 설계변경을 요구하고, 사업추진을 보류하는 것은 그렇게 해도 시공자는 아무런 타격이 없기 때문이다.

즉, 조합이 최초 도급계약에서 시공자가 의무를 다하지 않아 계약이 해제된 경우 위약금 약정을 해 놓았다면 시공자가 위와 같은 행동을 할 수는 없을 것이다. 위약금 약정이 없으므로 사업추진을 보류해도 시공자는 아무런 손해가 없는 것이다. 조합이 시공자의 잘못으로 시공자와 계약을 해제해도 시공자는 그동안 조합에 빌려준 대여금에 대해서는 통상 시중은행 일반대출 연체금리를 가산한 금액을 더하여 반환받을 수 있고, 별다른 손해배상책임은 지지 않기 때문이다. 위약금 약정이 없으므로 조합이 손해배상청구소송을 제기해도 사업추진 지연으로 인한 조합의 손해를 입증하기가 어렵기 때문이다.

그래서 도급계약이 가장 중요한 것이다.

02 오해와 진실

오해	진실
1. 먼저 선정하고 후에 별도로 계약을 하는 것임	1. 선정과 계약총회를 동시에 해 보자 -입찰지침서 제대로 작성(CM회사) -도급계약서안 미리 제시하고 시공자로부터도 안을 제시받아야 함(전문변호사)
2. 가계약은 계약이 아님	2. 가계약도 계약임 -처음 계약부터 제대로 체결해야 함
3. 조합임원이 연대보증을 하여야 함	3. 연대보증은 불필요하고 오히려 조합에 해로움 -연대보증을 하지 않는 조건 부여
4. 표준계약서대로 하면 됨	4. 표준계약서를 뛰어 넘어야 함 -전문변호사를 선임하여야 함
5. 일방적으로 유리하게 하여야 함	5. 상생(相生)을 하여야 함

6. 현장설명회 자료, 질의회신, 홍보물은 계약과는 무관함	6. 현장설명회 자료, 질의회신, 홍보물도 계약의 일부를 이룬다고 명시
7. 선정 및 계약 컨설팅비를 절약하여야 함	7. 적은 돈인 선정 및 계약 컨설팅비를 절약하다가 오히려 손해 볼 수도 있음
8. 금전소비대차계약은 중요하지 않음	8. 시공자와의 금전소비대차계약은 도급계약만큼 중요

재건축 · 재개발조합의 현실은 설계도서가 완성되지 않은 상황에서 3.3㎡당 금액으로 공사계약을 함으로서 계약의 근거기준이 모호하다는 점에서 문제가 발생한다(서울시는 내역입찰을 하므로 예외이다).

건물 모양, 내부 평면, 외벽마감, 실내마감, 설비, 마감재 품질 등 모든 것들이 개략적이다 보니 계약서라고 날인은 하였지만, 어느 하나 확실하게 정의되고 확인된 것이 없는 상황에서 공사계약금액만 결정하는 것이다.

시공자는 최초 계약서에 설계변경, 사업여건 변화(토질상태 등), 사업기간 지연(이주지연 등), 물가변동, 공사착수일 변경, 마감재 변경 등으로 인한 공사비 증액을 예정하고 있는데도, 조합이 이를 삭제하지 못하고 속수무책으로 당하고 있는 것이다.

그리고 조합은 시공자와의 금전소비대차계약에도 매우 신경을 써야 한다. 실무적으로 금전소비대차계약에 조합에 불리한 독소조항이 의외로 많다.

03 약정해제사유 추가

계약 시 가장 중요한 사항 중 하나는 약정해제권을 얼마나 내게 유리하게 체결하는지에 달려 있다.

법정해제권은 어차피 계약서에 넣지 않았어도 법이 보장하는 것이므로 조합 입장에서는 약정해제권에 집중하여야 한다. 법정해제권은 계약금, 이행지체, 이행불능, 불완전이행이다.

다음의 특약사항을 도급계약서에 추가로 반영하기를 권고한다.

① "을"이 "갑"에게 대여하기로 하였던 대여금을 정해진 기일로부터 3개월 이상 지급치 않을 경우
② "을"이 "갑"에게 선대여하여야 할 사업경비를 "갑"이 서면으로 요청하였음에도 3개월 내에 지급하지 않을 경우
③ "을"이 계속 중이던 공사를 공사대금의 증액요구 등을 하면서 "갑"과의 협의 없이 1개월 이상 중단하거나 공사장에서 철수하는 경우
④ "을"에게 회생개시결정, 파산선고, 워크아웃, 어음부도 등의 사유가 발생한 때
⑤ "갑"이 자재검사를 하고 교체를 요구하였음에도 "을"이 3회 이상 불응할 경우

04 위약금 제대로 약정

민법에 의한 손해배상의 범위는 통상의 손해를 한도로 한다.

> **민법 제393조** ①채무불이행으로 인한 손해배상은 <u>통상의 손해</u>를 그 한도로 한다.
> ②<u>특별한 사정으로 인한 손해</u>는 채무자가 그 사정을 알았거나 알 수 있었을 때에 한하여 배상의 책임이 있다.

따라서 통상 손해는 입증이 어려우므로, 손해배상의 예정(=위약금)을 하여야 한다.

> **민법 제398조** ①당사자는 채무불이행에 관한 손해배상액을 예정할 수 있다.
> ②손해배상의 예정액이 부당히 과다한 경우에는 <u>법원은 적당히 감액할 수 있다.</u>
> ④<u>위약금의 약정은 손해배상액의 예정으로 추정한다.</u>

손해배상액의 예정을 하면 손해의 발생과 그 금액을 입증할 필요없이 예정된 배상액을 청구할 수 있다. 다만, 금액이 과다하면 법원이 감액할 수는 있다.

이러한 위약금 약정이 없으면 시공자가 대여금을 지급하지 않거나 기타 도급계약을 위반하여 조합이 계약을 해제해도 시공자로부터 손해배상금을 받기가 어려워, 시공자가 횡포를 부리는 것이다. 반드시 위약금 약정을 하도록 권고한다.

통상 위약금은 공사대금의 10% 정도가 적당하다.

05 불합리한 공사비 증액 차단

싼값은 미끼? 재건축 사업비 툭하면 1조 증가(한국경제 2010.5.3)
조합원 "시공사, 선정되면 값 올려" 시공사 "설계 변경 등 인상 불가피"
서울 지역의 대표적 재건축 단지인 송파구 가락시영아파트는 2003년5월 열린 조합 창립총회 때 총사업비가 1조2462억원이었다. 2년여 지난 2007년 사업시행계획에선 3조545억원으로 145.1%(1조8083억원)나 늘어났다.

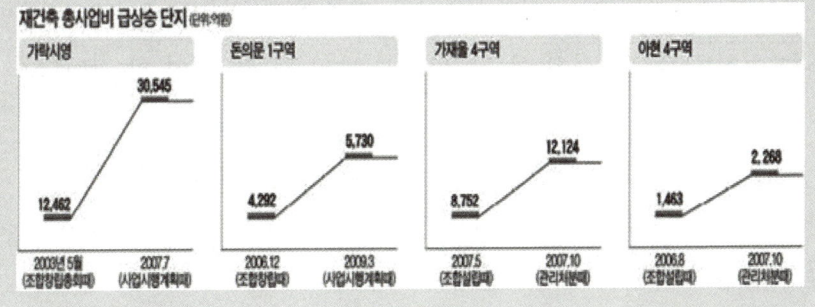

시공자가 툭하면 공사비를 증액하여 달라고 요구하고 이에 조합이 속수무책인 것은 내역입찰을 하지 않기 때문이다.

서울시는 내역입찰을 실시한다. 즉, 입찰자가 설계도서를 면밀히 검토하여 물량내역서를 직접 작성하고, 단가를 기재한 산출내역서를 제출하여야 하며, 조합이 제공한 물량내역서는 단순히 참고용으로서 낙찰자는 향후 계약체결 및 계약후 설계도서의 누락 또는 오류 등을 이유로 설계변경을 요구할 수 없도록 한다. 따라서 내역입찰이 실시되면 근거 없이 함부로 공사비 증액을 할 수가 없다.

다만 내역입찰을 실시하더라도 지금까지는 꼼수 증액 사유 즉, 대안·특화·혁신설계라는 이름으로 포장하여 설계변경을 유도하고, 설계변경이 이루어지려면 필히 사업시행변경인가를 받아야 하므로, 그동안 시간이 경과되어, 늘 약방의 감초처럼 우려먹는 증액 사유, 즉 물가변동이나, 공사착수기간 지연, 사업여건변경을 들고 나오므로, 조합으로서는 이러한 증액사유를 찾아내어 철저히 차단하여야 할 것이다.

내역입찰을 실시하지 않는 조합은 최종적으로 도급계약을 체결할 때는 필히 물량내역서와 산출내역서를 받고 체결하여야 할 것이다.

한편 공사도급변경계약 체결 시 증액되는 사업비가 '합리적으로 예상할 수 있는 범위'를 벗어나는 경우 이러한 공사도급계약 체결 시에는 조합원의 가중된 결의(3분의 2 이상 동의)가 필요하다.

대법원 2016. 5. 12. 선고 2013다49381 판결 [약정금등]

[1] 도시 및 주거환경정비법에 의한 재건축조합이 '시공자와의 계약서에 포함될 내용'에 관한 안건을 총회에 상정하여 의결하는데, 당초 재건축결의 시 채택한 조합원의 비용분담 조건을 변경하는 내용인 경우, 정관변경에 관한 구 도시 및 주거환경정비법 제20조 제3항, 제1항 제15호를 유추적용하여 조합원 3분의 2 이상의 동의를 받아야 하는지 여부(적극) 및 위 동의를 거치지 않고 시공자와 체결한 계약의 효력(무효)

[2] 도시 및 주거환경정비법에 의한 주택재건축조합의 대표자가 같은 법에 정한 강행규정에 위반하여 적법한 총회의 결의 없이 계약을 체결한 경우, 상대방이 법적 제한이 있다는 사실을 몰랐다거나 총회결의가 유효하기 위한 정족수 또는 유효한 총회결의가 있었는지에 관하여 잘못 알았더라도 계약이 무효인지 여부(적극) 및 이는 강행규정이 유추적용되어 과반수보다 가중된 정족수에 의한 결의가 필요한 경우에 결의 없이 체결한 계약도 마찬가지인지 여부(적극)

[1] 도시 및 주거환경정비법(이하 '도시정비법'이라 한다)에 의한 재건축조합의 정관은 재건축조합의 조직, 활동, 조합원의 권리의무관계 등 단체법적 법률관계를 규율하는 것으로서 공법인인 재건축조합과 조합원에 대하여 구속력을 가지는 자치법규이므로 이에 위반하는 활동은 원칙적으로 허용되지 않는다. 그런데 구 도시 및 주거환경정비법(2005. 3. 18. 법률 제7392호로 개정되기 전의 것, 이하 '구 도시정비법'이라 한다)은 '시공자 계약서에 포함될 내용'이 조합원의 비용분담 등에 큰 영향을 미치는 점을 고려하여 이를 정관에 포함시켜야 할 사항으로 규정하고 있고(제20조 제1항 제15호), 정관 기재사항의 변경을 위해서는 조합원의 3분의 2 이상의 동의를 받도록 규정하고 있다(제20조 제3항). 그러므로 '시공자와의 계약서에 포함될 내용'에 관한 안건을 총회에 상정하여 의결하는 경우 내용이 당초의 재건축결의 시 채택한 조합원의 비용분담 조건을 변경하는 것인 때에는 비록 직접적으로 정관 변경을 하는 결의가 아니더라도 실질적으로는 정관을 변경하는 결의이므로 의결 정족수는 정관변경에 관한 규정인 구 도시정비법 제20조 제3항, 제1항 제15호의 규정을 유추적용하여 조합원의 3분의 2 이상의 동의를 요한다.

나아가 조합원의 비용분담 조건을 변경하는 안건에 대하여 특별다수의 동의요건을 요구함으로써 조합원의 이익을 보호하고 권리관계의 안정과 재건축사업의 원활한 진행을 도모하고자 하는 도시정비법 관련 규정의 취지에 비추어 보면, 재건축조합이 구 도시정비법의 유추적용에 따라 요구되는 조합원 3분의 2 이상의 동의를 거치지 아니하고 당초의 재건축결의 시 채택한 조합원의 비용분담 조건을 변경하는 취지로 시공자와 계약을 체결한 경우 계약은 효력이 없다.

[2] 계약체결의 요건을 규정하고 있는 강행법규에 위반한 계약은 무효이므로 그 경우에 계약상대방이 선의·무과실이더라도 민법 제107조의 비진의표시의 법리 또는 표현대리 법리가 적용될 여지는 없다. 따라서 도시 및 주거환경정비법에 의한 주택재건축조합의 대표자가 그 법에 정한 강행규정에 위반하여 적법한 총회의 결의 없이 계약을 체결한 경우에는 상대방이 그러한 법적 제한이 있다는 사실을 몰랐다거나 총회결의가 유효하기 위한 정족수 또는 유효한 총회결의가 있었는지에 관하여 잘못 알았더라도 계약이 무효임에는 변함이 없다. 또한 총회결의의 정족수에 관하여 강행규정에서 직접 규정하고 있지 않지만 강행규정이 유추적용되어 과반수보다 가중된 정족수에 의한 결의가 필요하다고 인정되는 경우에도 그 결의 없이 체결된 계약에 대하여 비진의표시 또는 표현대리의 법리가 유추적용될 수 없는 것은 마찬가지이다.

06 연대보증 문제

가. 문제의 제기

조합임원이 연대보증을 하여야 책임 있는 업무를 수행을 한다고 믿는 조합원들이 있다. 그러나 이는 절대로 아니다. 시공자가 그토록 임원들의 연대보증에 집착하는 이유를 생각해 보면 답이 나온다. 연대보증은 임원들을 옥죄는 시공자의 강력한 수단에 불과하다.

시공자가 정비조합에게 일방적으로 자금대여를 중지하는 경우가 있다. 통상 도급계약상은 시공자가 자금을 대여하지 않는 등 그 의무를 이행하지 않는 경우 조합이 도급계약을 해제할 수 있도록 규정되어 있으나, 실무적으로 조합은 계약해제를 강행하지 못하고 시공자들에게 끌려 다니고 있는 실정이다. 이는 여러 가지 이유가 있겠지만 그중 가장 큰 이유는 도급계약을 해제하면 그동안 대여 받은 돈을 시공자에게 변제하여야 하는데, 조합으로서는 새로운 시공자를 선정하여 다시 돈을 대여 받지 않는 한 변제할 자력이 없는 상태인데, 이런 상태에서 조합이 변제를 하지 못하면 연대보증을 선 조합임원들이 개인재산으로 변제책임을 져야 한다는 시공자의 협박(?) 때문일 것이다.

그러나 다른 것은 몰라도 시공자가 그 의무를 다하지 않아 도급계약을 해제하는 경우까지 임원들이 연대보증 책임을 져야 한다면 이는 너무나 억울하다. 물론 민법상 연대보증을 한 자는 일단 그 보증책임을 져야 할 것이다. 그러나 재개발 재건축 조합에 있어서 임원들의 연대보증은 일반 연대보증과는 다른 측면이 많다. 통상 조합임원이 연대보증을 하는 상대방은 시공자이다. 시공자는 도급계약을 맺으면서 임원들의 연대보증을 강요하고 있는 실정이다.

나. 판례 경향

이에 대한 판례를 살펴보면, 대법원은 "원고와 재건축조합 사이에 체결된 이 사건 계약은 재건축조합의 귀책사유 없이 합의에 의해 해제되었다고 판단한 후, 그 판시와 같은 사정을 들어 피고들이 재건축조합의 연대보증인으로서 부담하여야 할 보증채무인 '계약의무의 불이행에 따른 채무'에는 계약의 '합의해제'로 인한 원상회복의무는 포함되지 않는다."라고 판시 한바 있다(대법원 2012. 9. 27. 선고 2012다45795 판결).

또한 대법원은 "계속적 보증계약은 보증책임의 한도액이나 보증기간에 관하여 아무런 정함이 없는 경우에는 보증인은 원칙적으로 변제기에 있는 주채무 전액에 관하여 보증책임을 부담하는 것이나, 그 보증을 하게 된 동기와 목적, 피담보채무의 내용, 거래의 관행 등 제반 사정에 비추어 당사자의 의사가 계약문언과는 달리 일정한 범위의 거래의 보증에 국한시키는 것이었다고 인정할 수 있는 경우에는 그 보증책임의 범위를 당사자의 의사에 따라 제한하여 새겨야 한다."라고 판시한바 있고(대법원 1994. 6. 24. 선고 94다10337 판결), 대구고등법원은 "서면상으로는 주채무자의 모든 채무를 보증하는 것으로 되어 있지만 보증의 경위와 목적, 피담보채무의 내용, 거래관행 등 제반 사정에 비추어 일정한 계약에 기한 채무만을 보증한 것으로 해석함이 상당하다"고 전제한 다음, "이 사건 공사계약 제8조 제3항에서 정한 피고들의 연대보증책임은 ○○시장조합의 귀책사유로 인한 채무불이행을 당연한 전제로 하는 것이고, 이렇게 해석하는 것이 이 사건 계약 당시의 a나 피고들의 의사에 부합한다. 그런데 <u>이 사건 공사계약은 a의 채무불이행으로 인한 ○○시장조합의 해제권 행사로 인하여 해제된 것일 뿐, ○○시장조합의 채무불이행으로 인하여 해제된 것이 아닌 바, 그와 같은 해제로 인한 원상회복의무는 ○○시장조합의 계약의무 불이행에 따른 채무라고 보기 어려우므로, 그 해제로 인한 원상회복의무는 피고들의 연대보증책임의 범위에 포함되지 않는다고 봄이 타당하다.</u>"라고 판시한 바 있다(대구고등법원 2012. 11. 7. 선고 2012나2935 판결).

즉, 비록 별다른 제한 없이 연대보증을 하였다고 하더라도, 보증을 하게 된 동기와 목적, 피담보채무의 내용, 거래의 관행 등 제반 사정에 비추어 당사자의 의사가 계약문언과는 달리 일정한 범위의 거래의 보증에 국한시키는 것이었다고 인정할 수 있는 경우에는 그 보증책임의 범위를 당사자의 의사에 따라 제한할 수 있는 것이다.

이러한 판례이론에 따라 정비조합과 시공자사이에 체결되는 계약 및 연대보증계약을 살펴보면, ① 조합 자체는 실질적으로 별다른 자력이 없으므로, 연대보증인으로서는 이 사건 정비사업이 추진되지 못할 경우를 대비하여 보증책임의 범위를 제한할 필요가 있다는 점, ② 조합의 임원들인 피고들이 연대보증을 한 목적은 조합이 이 사건 공사계약상 의무를 성실하게 이행하는 것을 간접적으로 강제하기 위한 것으로 보이는 점, ③ 이러한 조합원의 지위에서 한 연대보증인은 '조합이 해산되지 않고 정상적으로 사업을 추진할 것을 전제로', '조합의 계약의무 불이행에 따른 채무에 대하여 조합과 연대하여 책임을 진다'라고 생각하는 것이 통상적이라는 점 등에 비추어 보면, 조합 또는 연대보증인이 책임질 수 없는 사유, 즉 조합과 시공사 사이에 계약이 합의 해제되거나 시공사의 귀책사유로 계약이 해제된 경우 뿐 아니라 공사도급계약이 강행법규 위반으로 무효되거나 불공정한 법률행위 등으로 취소된 경우에도 연대보증한 조합임원들에게는 계약의 무효, 취소로 말미암은 대여금 반환 등의 부당이득반환이나 원상회복책임이 인정될 수 없다고 볼 것이다. 이는 소위 출구전략에 의해 조합이 해산될 경우도 마찬가지라고 생각한다.

다. 승소사례

2013. 2. 13. 법무법인 강산이 수행한 재판(수원지방법원 안양지원 2012가합1912호)에서도 시공자가 자금을 대여하지 않아 조합이 도급계약을 해제하자 조합에게 대여금 변제를 요청하였으나 조합이 돈이 없어 변제를 하지 못하자 시공자가 임원 개인 재산을 가압류하고 임원에게 변제를 요구하는 소송을 제기한 사건에서, 위와 같은 논리 등을 들어(위 주장 외에도 여러 가지 주장이 추가되었다) 임원들의 연

대보증 책임이 없음을 주장하자, 법원은 임원에 대한 가압류는 해제하고, 이후 어느 경우든 임원에 대해서는 연대보증 책임을 묻지 않아야 한다는 내용의 화해권고 결정을 하였고, 이에 대해서 시공자가 이의를 제기하지 않아 확정된 사례도 있다.

재개발·재건축 조합의 임원들이 무조건 연대보증 책임을 지는 것은 아니다. 제대로 재판을 수행하면 연대보증책임을 지지 않을 수도 있다.

라. 상사소멸시효 적용 승소사례

소비대차계약 상 채무이행기는 '도급가계약에 따른 지급(상환)시기'이고, 도급가계약에 따른 이행기는 '입주지정기간만료일'이나. 도급계약은 무효이므로 결국 소비대차계약은 기한의 정함이 없는 소비대차계약이 되고, 그 성립시기부터 소멸시효가 진행되고, 그 소멸시효기간은 <u>상법 제64조에 의해 5년이다</u>. 그 이후에 제기된 대여금 청구소송은 소멸시효가 완성되었다. 상행위로부터 생긴 채권뿐 아니라 이에 준하는 채권에도 상법 제64조가 적용되거나 유추적용될 수 있다(대법원 2003. 4. 8. 선고 2002다64957, 64964 판결, 대법원 2014. 7. 24. 선고 2013다214871 판결 등 참조).

그리고 소멸시효는 객관적으로 권리가 발생하여 그 권리를 행사할 수 있는 때부터 진행하고 그 권리를 행사할 수 없는 동안에는 진행하지 아니한다. 여기서 '권리를 행사할 수 없는' 경우란 그 권리행사에 법률상의 장애사유, 예컨대 기간의 미도래나 조건불성취 등이 있는 경우를 말하는 것이고, 사실상 권리의 존재나 권리행사 가능성을 알지 못하였고 알지 못함에 과실이 없다고 하여도 이러한 사유는 법률상 장애사유에 해당한다고 할 수 없다(대법원 2015. 09. 10. 선고 2015다212220 판결).

따라서 결론적으로 상사소멸시효 주장도 하여야 한다(대전지방법원 2016. 12. 8. 선고 2016가합101864 판결).

마. 특약 권고

조합임원들이 시공자에 대해서 연대보증을 할 이유가 없다. 다만, 아직도 시공자는 연대보증을 요구하여, 임원들 간 갈등요소로 작용한다.

만일 할 수 없이 임원들이 연대보증을 하더라도 다음과 같은 문구를 넣기를 권고한다.

> 조합임원들의 연대보증책임 범위는 정비구역 내 재산으로만 한정하고, 임원으로 재직 시(변경여부 불문하고) 및 조합 채무불이행 시로만 한정(즉, 시공자의 책임으로 인한 경우는 해지되는 경우는 지지 않는다) 한다.

단, 서울시 융자금에 대한 보증은 별개의 문제이다.

07 계약해제로 인한 원상회복 시 가산금리

　甲조합은 시공자와의 계약을 해제하려고 한다. 그런데 계약서를 살펴보니 해제시에 반환하여야 할 대여금에 대해 일반시중은행 연체금리(약 17%)를 가산하여 적용한다고 되어 있다. 이는 처음에 甲조합이 도급계약 체결시에 해제 시 반환금리에 대해서 약정을 잘못한 것이다.

　대여 받은 돈은 당연히 돌려주어야 하는데, 여기에 이자를 가산하여야 하는지, 이자를 주지 않으면 다시 또 지연손해금을 추가로 지급하여야 하는데 이때 지연손해금은 얼마인지가 문제이다. 왜냐하면 민법 제548조 제1항은 "당사자 일방이 계약을 해제한 때에는 각 당사자는 그 상대방에 대하여 원상회복의 의무가 있다. 그러나 제삼자의 권리를 해하지 못한다.", 동조 제2항은 "전항의 경우에 반환할 금전에는 그 받은 날로부터 이자를 가하여야 한다."고 규정하고 있기 때문이다.

따라서 도급계약이 해제된 경우에 대여금을 받은 날로부터 얼마의 이자를 가산하여 반환하여야 할지에 대해서 약정이 있는 경우와 없는 경우가 있을 것이다.

즉, 계약서를 어떻게 썼느냐에 따라 엄청나게 결론이 달라지는 것이다. 우리 대법원은 이 경우에 당사자 사이에 그 이자에 관하여 특별한 약정이 있으면 그 약정이율이 우선 적용되고 약정이율이 없으면 민사 또는 상사 법정이율이 적용된다고 한다(대법원 2013. 4. 26. 선고 2011다50509 판결).

또한 계약해제 후 지연손해금에 대해서도 당사자 사이에 별도의 약정이 있으면 그에 따라야 할 것이고(설사 그것이 법정이율보다 낮다 하더라도 마찬가지이다), 만일 약정이 없다면 당연히 민사 또는 상사 법정이율이 적용된다고 한다(대법원 2013. 4. 26. 선고 2011다50509 판결).

이처럼 계약서를 어떻게 작성하였느냐에 따라 반환하여야 돈이 엄청나게 달라진다.

이해를 돕기 위해 예를 하나 더 들고자 한다. 즉, 甲조합이 시공자로부터 2015. 4. 1. 1억원을 수수하고, 2015. 5. 1. 2억원을 수수하고, 2015. 6. 1. 계약을 해제하였다면, 특약이 없다면, 갑은 1억원에 대해서는 2015. 4. 1.부터 2015. 6. 1.까지, 2억원에 대해서는 2015. 5. 1.부터 2015. 6. 1.까지 법정이자(민사 또는 상사)를 가산하여 지급하여야 하는 것이다.

반면 원상회복의무가 이행지체에 빠진 이후의 기간(위에서 2015. 6. 2부터)에 대해서는 부당이득반환의무로서의 이자가 아니라 반환채무에 대한 지연손해금이 발생하게 되므로 거기에는 지연손해금율이 적용되어야 한다. <u>그 지연손해금율에 관하여도 당사자 사이에 별도의 약정이 있으면 그에 따라야 할 것이고,</u> 설사 그것이 법정이율보다 낮다 하더라도 마찬가지이다(대법원 2013. 4. 26. 선고 2011다50509 판결).

다만, <u>계약해제 시 반환할 금전에 가산할 이자에 관하여 당사자 사이에 약정이 있는 경우에는 특별한 사정이 없는 한 이행지체로 인한 지연손해금도 그 약정이율에 의하기로 하였다고 보는 것이 당사자의 의사에 부합한다(위에서 만일 갑조합과 시공자가 반환할 금전에 가산할 이자로 년7%로 정하였다면, 갑은 받은 날로부터 년7%를 가산하고, 나아가 해제 다음날인 2015. 6. 2.부터도 년7%의 지연손해금을 가산하여 지급한다는 의미).</u> 다만 그 약정이율이 법정이율보다 낮은 경우에는 약정이율에 의하지 아니하고 법정이율에 의한 지연손해금을 청구할 수 있다고 봄이 타당하다(2015. 6. 2.부터는 년7%가 아닌 법정이자인 년5%를 가산하여 지급).

계약해제로 인한 원상회복 시 반환할 금전에 받은 날로부터 가산할 이자의 지급의무를 면제하는 약정이 있는 때에도 그 금전반환의무가 이행지체 상태에 빠진 경우에는 법정이율에 의한 지연손해금을 청구할 수 있는 점과 비교해 볼 때 그렇게 보는 것이 논리와 형평의 원리에 맞기 때문이다(대법원 2013. 4. 26. 선고 2011다50509 판결).

계약 해제의 효과로서 원상회복의무를 규정하는 민법 제548조 제1항 본문은 부당이득에 관한 특별규정의 성격을 가지는 것으로서, 그 이익 반환의 범위는 이익의 현존 여부나 청구인의 선의·악의를 불문하고 특단의 사유가 없는 한 받은 이익의 전부이다(대법원 2014. 3. 13. 선고 2013다34143 판결).

▶계약해제 시 가산하여 반환하여야 금액 총 정리		
	①받은 날로부터 이자가산금	②해제일 다음날부터 지연가산금
①② 모두 약정 有	약정 10% ⇒10%	-약정 10% ⇒10% -약정 3% ⇒3%
①만 약정 有	약정 7% ⇒7%	약정× ⇒7% (①과 동일)
	약정 3% ⇒3%	약정× ⇒법정이자
	이자가산 면제 약정 ⇒0%	법정이자
②만 약정 有	법정이자	-약정 7% ⇒7% -약정 3% ⇒3%
①② 모두 약정 無	법정이자	법정이자

08 서울시 표준도급계약서 활용

 서울시에서 발표한 표준도급계약서대로 계약을 체결하거나 조합 사정에 맞게 수정하여 사용할 것을 권장한다. 국토교통부가 발표한 표준계약서가 오래되어 많은 문제점이 있어, 개선을 한 매우 진일보한 계약서안이다. 특히 임원 연대보증 폐지, 위약금 약정, 자금관리권 이양 등 획기적인 내용들이 들어 있다.

(1) 산출내역서를 근거로 한 계약체결 의무화

기존	개선
○ 산출내역서 없이 계약체결 - E/S 또는 설계변경에 따른 계약금액 증액 근거 불명확 - 분담금 상승 근거가 규명되지 않아 소송 등 분쟁으로 이어짐	○ 입찰시부터 입찰금액에 대한 산출내역서 제출 - '공공관리 시공자 선정기준' 기 반영 ○ 계약문서에 산출내역서 포함 - E/S, 설계변경 또는 공사대금 지급 등 근거 활용

(2) 공사계약과 자금대여계약 구분 명확화

기존	개선
○ 기본이주비(무이자 이주비) 금융비용을 공사금액에 포함 - 금융이자가 물가변동 등 설계변경에 따른 공사비 증액시 동반 상승 작용 - 사실상 무이자는 없음.	○ 공사계약과 이주비 등 자금대여를 명확히 구분 - 산출계약서에 의한 계약금액 규정 - E/S, 설계변경에 따른 계약금액 조정방법·절차 규정 - 사업경비, 조합운영비 및 이주비 대여 및 상환조건을 공사계약과 구분하여 규정

(3) 기성률에 의한 공사비지급

기존	개선
○ 기성률에 관계없이 분양수입 입금 기준으로 공사계약금액 도달할 때까지 공사비부터 우선 지급 - <u>유이자 대여금 조기상환 불가</u> - 조합은 분양수입 발생해도, 시공자에게 사업경비 등 자금대여, 이자 추가 발생 - 시공자는 자금대여에 따른 금융수익 창출, 운영비 대여 무기로 영향력 행사	○ 기성률에 따라 산출내역서에 의한 공사대금 지급 　(시공감리 검토·확인 절차 이행) - <u>유이자대여금부터 상환 가능</u> - 분양수입금 발생시 사업경비 대여 불필요 - 이자수입 조합으로 귀속 - 조합 자율적 사업추진 역량 강화

(4) 시공사에서 조합으로 자금관리권한 이양

기존	개선
○ 사실상 시공자 자금관리권 소유 - 공동명의 자금관리하되, 분양금 입금 익일 시공자 계좌 이체하거나, - 처음부터 시공자 명의로 자금관리 - 조합은 수입 발생해도 시공자로부터 사업경비 대여, 이자 추가 - 은행 예치이자 시공자에게 귀속 - 이주 등 완료 기한 초과시 연체료 납부 등 불공정계약 빌미 제공	○ 자금관리권을 사업주체인 조합으로 전환 - 조합원 또는 일반분양금 등 수입금을 조합이 관리 - 불필요한 연체료 및 이자납입 등 방지로 사업경비 절감 - 잉여자금 활용 이율 높은 상품에 예치하여 수익 창출 기회

(5) 위약금 의무화

제10조 (계약이행의 보증)
① "을"은 본 계약의 이행을 보증하기 위하여 계약체결시 총공사금액의 100분의 ○을 계약보증금으로 "갑"에게 납부하여야 한다.
【주】「도시 및 주거환경정비법」상 시공보증과는 별개이며, 위약금 성격으로, 10% 범위 이내의 범위에서 정하는 것이 바람직함.
제11조 (계약보증금의 처리)
① "을"이 정당한 이유없이 계약상의 의무를 이행하지 아니한 때에는 계약보증금을 "갑"에게 귀속한다.

Chapter 7

도급계약 해제 요령

01 일방적인 해제 가능 여부

도급계약은 상대방의 귀책사유 없이 일방적으로 민법에 의해서 해제가 가능하다.

> **민법 제664조 (도급의 의의)** 도급은 당사자일방이 어느 일을 완성할 것을 약정하고 상대방이 그 일의 결과에 대하여 보수를 지급할 것을 약정함으로써 그 효력이 생긴다.
> **민법 제673조 (완성전의 도급인의 해제권)** 수급인이 <u>일을 완성하기 전</u>에는 도급인은 손해를 배상하고 계약을 해제할 수 있다.

일방적 해제 시 손해배상 범위는 이행이익 배상이다(만일 역으로 위약금 약정이 있다면 그 약정금액이다).

즉, 이 경우 계약해제로 인하여 입게 될 손해, 즉 이미 지출한 비용과 일을 완성하였더라면 얻었을 이익을 합한 금액을 배상하여야 한다.

> **대법원 2002. 5. 10. 선고 2000다37296,37302 판결**
> 민법 제673조에서 도급인으로 하여금 자유로운 해제권을 행사할 수 있도록 하는 대신 수급인이 입은 손해를 배상하도록 규정하고 있는 것은 도급인의 일방적인 의사에 기한 도급계약 해제를 인정하는 대신, <u>도급인의 일방적인 계약해제로 인하여 수급인이 입게 될 손해, 즉 수급인이 이미 지출한 비용과 일을 완성하였더라면 얻었을 이익을 합한 금액을 전부 배상하게 하는 것이</u>라 할 것이므로, 위 규정에 의하여 도급계약을 해제한 이상은 특별한 사정이 없는 한 도급인은 수급인에 대한 손해배상에 있어서 과실상계나 손해배상 예정액 감액을 주장할 수는 없다.
>
> **대법원 2011. 11. 10. 선고 2011다41659판결**
> <u>즉 이행이익이 포함된다고 판단</u>한 것은 위와 같은 법리에 따른 것으로서 정당하고, 낙찰자가 본계약의 체결 및 이행을 통하여 얻을 수 있었던 이익은 일단 본계약에 따라 타방 당사자로부터 지급받을 수 있었던 급부인 낙찰금액이라고 할 것이나, 본계약의 체결과 이행에 이르지 않음으로써 낙찰자가 지출을 면하게 된 직·간접적 비용은 그가 배상받을 손해액에서 당연히 공제되어야 하고, 나아가 손해의 공평·타당한 분담을 지도원리로 하는 손해배상제도의 취지상, 법원은 본계약 체결의 거절로 인하여 낙찰자가 그 이행과정에서 기울여야 할 노력이나 이에 수반하여 불가피하게 인수하여야 할 사업상 위험을 면하게 된 점 등 여러 사정을 두루 고려하여 객관적으로 수긍할 수 있는 손해액을 산정하여야 한다.

따라서 조합으로서는 이미 도급계약을 체결하였다면 독소조항이 있는 지를 살펴서 이를 변경할 것을 요구하고, 이에 시공자가 응하지 않으면, 위 조항을 근거로 해제하면 그만이다(물론 이때 위약금 조항이 없어야 할 것이다).

앞에서 도급계약에 위약금 조항이 없기 때문에 시공자가 횡포를 부린다고 하였다. 2017년까지 체결된 수십 개의 도급계약서를 분석하였지만 쌍방이 귀책사유가 있어 해제를 할 경우 위약금 조항이 있는 것을 찾지 못하였다. 그렇기 때문에 역설적으로 이제라도 조합원들은 시공자에게 독소조항에 대해 시정을 요구하고, 시공자가 응하지 않으면 계약을 해제하는 것을 검토해보라는 것이다.

이렇게 민법에 의거하여 계약을 일방적으로 해제 하면 시공자가 조합을 상대로 손해배상청구소송을 할 것이다. 하지만 이러한 소송은 전혀 두려울 것이 없다. 만일 위약금 약정이 없다면, 시공자가 이행이익을 입증하여야만 승소가 가능한데, 이행이익을 입증한다는 것은 곧 시공자가 원가를 공개하는 것과 같다. 그래서 지금까지 시공자가 해제를 당해도 조합을 상대로 손해배상청구를 하지 못하는 것이다.

만일 서울시 표준도급계약서처럼 쌍방이 위약금 약정을 하였다면, 시공자가 아무런 잘못도 없는데, 조합이 굳이 민법 제673조를 근거로 하여 해제를 할 필요는 없을 것이다. 이때는 시공자에게 귀책사유가 있을 경우만 해제하면 된다.

02 약정해제권 행사

　도급계약에 약정해제권을 별도로 약정하였고, 그러한 사유가 발생하면 당연히 해제가 가능하다.

　그래서 앞에서 언급한 바와 같은 약정해제사유를 추가로 꼭 도급계약에 넣으라는 것이다.

03 대여금 미지급으로 인한 해제

도급계약에서 법정해제권(계약금, 이행지체, 이행불능, 불완전이행)이 발생할 여지는 이행지체 정도이다. 즉, 대여금을 제때에 지급하지 않는 경우이다.

그러나 대여금 미지급을 이유로 해제를 하려면, 약정해제조항이 있는 경우여야 안전하다.

즉, 대여금미지급이 있을 경우 계약을 해제한다는 조항이 없는 경우에는 조합은 이행지체를 이유로 한 법정해제권을 행사하여야 한다. 이러한 경우 법원은 단순하게 대여금이 몇 개월 밀린 사유만으로는 법정해제권을 행사할 수가 없다고 보는 경우가 있다. 따라서 이러한 경우에는 대여금 중 사업비를 청구하여 사업비도 이행지체에 빠지도록 하여야 할 것이다. 반드시 해제통지를 하기 전에 전문변호사와 협의를 거치기를 권고한다.

한편 시공자가 대여금을 지급하지 않는 경우, 조합으로서는 해제권 행사 외에도 대여금 지급청구소송을 제기하는 것도 좋은 방법이다.

대여금 지급청구 소송 승소 사례
서울중앙지방법원 2014. 8. 21. 선고 2013가합550718 판결
도급계약에 의거하여 각종 사업비 청구(현금청산금 포함), 도급계약이 체결됨으로서 사업추진비에 대한 금전소비대차계약도 체결됨, 조합이 대여금 21억원 승소

대전지방법원 2013. 12. 19. 선고 2013가합6661 판결
위 같은 취지. 시공자선정규정은 도급계약의 일부, 자금차입에 대해 총회 결의 얻음

04 해제 시 검토사항

　조합이 시공자와의 계약을 해제하면 시공자는 즉각 대여금 반환청구소송을 한다. 시공자가 조합을 상대로 손해배상 청구소송을 하지는 않는다. 승소를 하려면 원가공개를 하여야 하기 때문에 시공자가 승소를 하여도 다른 사업장에서 엄청난 피해를 입는다.

　따라서 조합은 조합임원이 연대보증을 하였다면, 임원들에 대한 연대보증을 풀기 위한 문제를 고민하여야 한다. 연대보증을 풀려면 바로 시공자를 다시 선정하여 기존 시공자에 대한 대여금을 변제하면 된다.

　그래서 조합은 해제권을 행사하기에 앞서서 다각도로 새로운 시공자 선정 문제를 먼저 고민하여야 할 것이다.

05 공동사업주체인 시공자 해제

재개발 사업계획 변경 승인신청, 기존 시공사 아닌 새로운 시공자와 하면 된다.
서울행정법원, 재건축조합 권리 보장한 판결
법률신문 2005-02-04

시공사와 재개발조합이 공동사업주체였더라도 사업주체의 변경을 내용으로 하는 재개발사업계획변경승인신청은 기존 시공자가 아닌 새로운 시공자와 공동으로 하면 된다는 법원의 첫 판결이 나왔다.
<u>이번 판결은 시공사와 관계가 악화돼 시공사의 변경이 불가피할 경우 조합측이 일방적으로 사업계획을 변경할 수 있도록 한 것</u>으로 시공사와 조합이 공동사업주체일 경우 발생하는 조합의 불리한 권리를 우월하게 보장했다는 데 의미가 있다.
서울행정법원 제11부(재판장 韓騎澤 부장판사)는 재건축 전문 시공사 K건설이 성동구청장을 상대로 낸 민영주택건설사업계획변경승인처분취소 청구소송(2004구합23322[182])에서 "사업계획변경승인신청은 새로운 시공자와 공동으로 신청하면 된다"며 지난달 26일 원고패소 판결을 내렸다.

재판부는 판결문에서 "▲ 원래 재건축조합과 시공자의 관계는 민법상 도급계약의 당사자인 도급인과 수급인의 지위에 불과한 점 ▲그럼에도 불구하고 구 주택건설촉진법 제44조제3항에서 주택조합이 시공자와 공동으로 사업을 시행하도록 규정한 것은 주택조합 또는 고용자가 같은 법 제6조 및 같은법시행령 제9조 소정의 자격요건을 갖춘 등록업자와 공동으로 주택건설사업을 시행하도록 함으로써 주택건설사업의 내실을 기하고 그 적정성과 실효성을 유지하기 위한 것이라고 할 것이고 위 규정이 건설업자인 시공자를 보호하기 위한 규정이라고 할 수 없는 점 ▲그런데 재건축조합과 시공자 사이에 분쟁이 발생해 재건축조합이 종전의 시공자와의 공동사업약정을 해지하고 새로운 시공자를 선정해 피고에게 사업주체의 변경을 내용으로 하는 사업계획변경승인신청을 하는 경우 종전 시공자가 재건축조합에 대해 불합리한 요구를 하더라도 재건축조합으로서는 이에 응할 수밖에 없고 <u>극단적으로는 시공자를 변경하는 것 자체가 불가능하게 될 수도 있는 점</u> 등이 주택이 없는 국민의 주거생활의 안정을 도모하고 모든 국민의 주거수준의 향상을 기하려는 구 주택건설촉진법의 목적에 부합하지 않는다"고 밝혔다.

재판부는 이어 "다만 종전 시공자의 동의가 필요없고 재건축조합이 단독으로 또는 새로운 시공자와 공동으로 승인신청을 해야 한다고 해석하는 경우에는 시공자의 지위가 크게 약화될 수 있을 것이지만 이는 민사법상의 손해배상청구 등의 방법으로 해결할 수 있다"며 "민법 제673조도 '수급인이 일을 완성하기 전에는 도급인은 손해를 배상하고 계약을 해제할 수 있다'고 규정함으로써 도급인에게 일방적인 계약해제권을 부여하고 있는 점, 재건축사업의 경우 현실적으로는 재건축조합보다는 시공자가 주도적인 역할을 해왔으나 그로 인한 폐해가 적지 않았고 그에 따라 도시및주거환경정비법은 제11조에서 사업시행인가를 받은 후에 경쟁입찰의 방법으로 시공자를 선정하도록 규정할 뿐 구 주택건설촉진법에서와 같이 시공자를 공동사업주체로 인정하지 않은 점 등을 고려하면 사업주체의 변경을 내용으로 하는 사업계획변경승인신청의 경우, 조합과 종전 시공자가 공동으로 승인신청을 하는 것이 아닌 조합과 새로운 시공자가 공동으로 신청하면 된다"고 덧붙였다.

---

182 서울행정법원 2005. 1. 26. 선고 2004구합23322 판결, 대법원 2006. 12. 8. 선고 2005두16659 판결(심리불속행기각)

K사는 2003년5월 D재건축조합이 창립총회를 개최, K사를 시공자로 선정하고 성동구청에 공동으로 재건축사업에 관한 사업계획승인신청을 했다가 이듬해 4월 재건축사업 시공자를 Y사로 변경하는 사업계획변경승인신청을 해 성동구청이 받아들이자 소송을 냈었다.

Chapter 8

시공자 선정 비리 뿌리 뽑는다

01 시공자선정 취소 명령 또는 과징금, 입찰제한 신설

시공자들은 그동안 비리를 저질러 시공자로 선정되어도 그만이라는 생각이었지만 이제는 아니다.

2018. 10. 13. 부터는 만약 금품제공과 관련한 비리를 저지르면 선정 자체가 취소되고, 공사비의 20%에 해당하는 금액을 과징금으로 내야 하고, 2년간 입찰이 제한된다.

다만 이러한 비리척결이 금품제공에 한정된 것은 너무 아쉽다. 조합원을 현혹하는 경우도 포함되어야 한다. 즉 특화·대안·혁신설계라는 이름으로 포장하여 공사비를 증액하는 경우에도 이러한 철퇴를 가하는 것이 옳다. 앞으로 추가로 개정하기를 강력히 촉구한다.

02 개정내용 요약

(1) 시공자 선정 취소 명령 또는 과징금, 입찰제한

시·도지사는 건설업자가 시공자 선정 등과 관련하여 금품·향응 제공 등 행위제한 의무를 위반한 경우 사업시행자에게 시공자 선정을 취소할 것을 명하거나 건설업자에게 과징금을 부과할 수 있도록 하고, 해당 건설업자에 대해서는 2년 이내의 범위에서 정비사업의 입찰참가를 제한할 수 있도록 한다(제113조의2 및 제113조의3 신설).

(2) 용역업체 감독의무 부여

건설업자에게 시공자 선정과 관련하여 계약한 용역업체 및 피고용인에 대한 관리·감독 의무를 부여하고, 이를 위반한 경우 5천만원 이하의 벌금에 처한다(제132조의2 및 제138조제2항 신설).

03 법 개정 사항

> **도시정비법 [시행 2018.10.13.] [법률 제15676호, 2018.6.12., 일부개정]**
>
> 제113조의2 및 제113조의3을 각각 다음과 같이 신설한다.
>
> 제113조의2(시공자 선정 취소 명령 또는 과징금) ① 시·도지사(해당 정비사업을 관할하는 시·도지사를 말한다. 이하 이 조 및 제113조의3에서 같다)는 건설업자가 다음 각 호의 어느 하나에 해당하는 경우 사업시행자에게 건설업자의 해당 정비사업에 대한 시공자 선정을 취소할 것을 명하거나 그 건설업자에게 사업시행자와 시공자 사이의 계약서상 공사비의 100분의 20 이하에 해당하는 금액의 범위에서 과징금을 부과할 수 있다. 이 경우 시공자 선정 취소의 명을 받은 사업시행자는 시공자 선정을 취소하여야 한다.
>
> 1. 건설업자가 제132조를 위반한 경우

제132조(조합임원 등의 선임·선정 시 행위제한) 누구든지 추진위원, 조합임원의 선임 또는 제29조에 따른 계약 체결과 관련하여 다음 각 호의 행위를 하여서는 아니 된다. <개정 2017.8.9.>
1. 금품, 향응 또는 그 밖의 재산상 이익을 제공하거나 제공의사를 표시하거나 제공을 약속하는 행위
2. 금품, 향응 또는 그 밖의 재산상 이익을 제공받거나 제공의사 표시를 승낙하는 행위
3. 제3자를 통하여 제1호 또는 제2호에 해당하는 행위를 하는 행위

 2. 건설업자가 제132조의2를 위반하여 관리·감독 등 필요한 조치를 하지 아니한 경우로서 용역업체의 임직원(건설업자가 고용한 개인을 포함한다. 이하 같다)이 제132조를 위반한 경우
② 제1항에 따라 과징금을 부과하는 위반행위의 종류와 위반 정도 등에 따른 과징금의 금액 등에 필요한 사항은 대통령령으로 정한다.
③ 시·도지사는 제1항에 따라 과징금의 부과처분을 받은 자가 납부기한까지 과징금을 내지 아니하면 「지방세외수입금의 징수 등에 관한 법률」에 따라 징수한다.

제113조의3(건설업자의 입찰참가 제한) ① 시·도지사는 제113조의2제1항 각 호의 어느 하나에 해당하는 건설업자에 대해서는 2년 이내의 범위에서 대통령령으로 정하는 기간 동안 정비사업의 입찰참가를 제한할 수 있다.
② 시·도지사는 제1항에 따라 건설업자에 대한 정비사업의 입찰참가를 제한하려는 경우에는 대통령령으로 정하는 바에 따라 대상, 기간, 사유, 그 밖의 입찰참가 제한과 관련된 내용을 공개하고, 관할 구역의 시장, 군수 또는 구청장 및 사업시행자에게 통보하여야 한다. 이 경우 통보를 받은 사업시행자는 해당 건설업자의 입찰 참가자격을 제한하여야 한다.
③ 사업시행자는 제2항에 따라 입찰참가를 제한받은 건설업자와 계약(수의계약을 포함한다)을 체결해서는 아니 된다.

제121조에 제3호 및 제4호를 각각 다음과 같이 신설한다.
 3. 제113조의2제1항에 따른 시공자 선정 취소 또는 과징금 부과
 4. 제113조의3제1항에 따른 입찰참가 제한

제121조(청문) 국토교통부장관, 시·도지사, 시장, 군수 또는 구청장은 다음 각 호의 어느 하나에 해당하는 처분을 하려는 경우에는 청문을 하여야 한다. <개정 2018.6.12.>
1. 제106조제1항에 따른 정비사업전문관리업의 등록취소
2. 제113조제1항부터 제3항까지의 규정에 따른 추진위원회 승인의 취소, 조합설립인가의 취소, 사업시행계획인가의 취소 또는 관리처분계획인가의 취소
3. 제113조의2제1항에 따른 시공자 선정 취소 또는 과징금 부과
4. 제113조의3제1항에 따른 입찰참가 제한

제126조제2항에 제4호의2를 다음과 같이 신설한다.
 4의2. 제113조의2에 따른 과징금

제126조(도시·주거환경정비기금의 설치 등)
② 정비기금은 다음 각 호의 어느 하나에 해당하는 금액을 재원으로 조성한다. <개정 2018.6.12.>
1. 제17조제4항에 따라 사업시행자가 현금으로 납부한 금액
2. 제55조제1항에 따라 시·도지사, 시장, 군수 또는 구청장에게 공급된 소형주택의 임대보증금 및 임대료
3. 제94조에 따른 부담금 및 정비사업으로 발생한 「개발이익 환수에 관한 법률」에 따른 개발부담금 중 지방자치단체 귀속분의 일부
4. 제98조에 따른 정비구역(재건축구역은 제외한다) 안의 국·공유지 매각대금 중 대통령령으로 정하는 일정 비율 이상의 금액
4의2. 제113조의2에 따른 과징금

제132조의2를 다음과 같이 신설한다.

제132조의2(건설업자의 관리·감독 의무) 건설업자는 시공자 선정과 관련하여 홍보 등을 위하여 계약한 용역업체의 임직원이 제132조를 위반하지 아니하도록 교육, 용역비 집행 점검, 용역업체 관리·감독 등 필요한 조치를 하여야 한다.

제138조에 제2항을 다음과 같이 신설한다.
② 건설업자가 제132조의2에 따른 조치를 소홀히 하여 용역업체의 임직원이 제132조 각 호의 어느 하나를 위반한 경우 그 건설업자는 5천만원 이하의 벌금에 처한다.

PART 5
분쟁 사례

01 하자판단 기준 시점

대법원 2014. 10. 30. 선고 2012두25125 판결

항고소송에서 행정처분의 적법 여부는 특별한 사정이 없는 한 행정처분 당시를 기준으로 하여 판단해야 하는바, 여기서 행정처분의 위법 여부를 판단하는 기준 시점에 관하여 판결 시가 아니라 처분 시라고 하는 의미는 행정처분의 위법 여부를 판단할 때 처분 후 법령의 개폐나 사실상태의 변동에 영향을 받지 않는다는 뜻이지 처분 당시 존재하였던 자료나 행정청에 제출되었던 자료만으로 위법 여부를 판단한다는 의미는 아니므로, 처분 당시의 사실상태 등에 관한 증명은 사실심 변론종결 당시까지 할 수 있고, 법원은 행정처분 당시 행정청이 알고 있었던 자료뿐만 아니라 사실심 변론종결 당시까지 제출된 모든 자료를 종합하여 처분 당시 존재하였던 객관적 사실을 확정하고 그 사실에 기초하여 처분의 위법 여부를 판단할 수 있다.

02 임원 선거가 무효가 되는 조건

대법원 2012. 10. 25. 선고 2010다102533 판결
재건축·재개발조합의 임원 선출에 관한 선거관리 절차상에 일부 잘못이 있는 경우에, 그 잘못으로 인하여 자유로운 판단에 의한 투표를 방해하여 자유와 공정을 현저히 침해하고 그로 인하여 선출결의의 결과에 영향을 미쳤다고 인정되는지 여부 등을 참작하여 선출결의의 무효 여부를 판단하여야 한다(대법원 2010. 7. 15. 선고 2009다100258 판결 등 참조, 대법원 2003. 12. 26. 선고 2003다11837 판결).

대법원 2014. 12. 11 선고 2013다204690 판결
제10차 대의원회에서 선출된 선거관리위원들의 임기는 당해 선거업무인 2009. 10. 29.자 임원 선출을 위한 임시총회가 앞서 본 바와 같이 개최되지 못함으로써 위 선거관리규정에 따라 종료하였다고 할 것이고, 피고는 그로부터 약 1년이 지난 이 사건 임시총회에서의 임원 선임에 관한 선거업무를 위하여 새로운 선거관리위원회를 구성했어야 할 것임에도 위 선거관리규정을 위반하여 임기가 만료된 선거관리위원들로 구성된 선거관리위원회로 하여금 담당하게 하였으므로, 적법한 선거관리위원회가 구성되지 아니한 상태에서 실시된 선거를 통하여 선출된 자들을 피고의 임원으로 선임한 이 사건 선임결의는 그 절차에 하자가 있다.

03 소집절차 하자를 추인하는 경우, 재인준 결의

적법한 소집절차를 거친 총회에서 하자있는 소집절차에 기한 총회결의를 추인하면 처음부터 유효한 결의가 있는 것으로 된다.

> **대법원 1995. 6. 16. 선고 94다53563 판결**
> 소집절차에 하자가 있어 그 효력을 인정할 수 없는 종중총회의 결의라도 후에 적법하게 소집된 종중총회에서 이를 추인하면 처음부터 유효로 된다.
>
> **대법원 2003. 9. 26. 선고 2001다64479 판결**
> 당초 재개발조합 총회에서 임원을 선임한 결의에 대하여 그 후에 다시 개최된 총회에서 위 종전 결의를 그대로 재인준하는 결의를 한 경우에는 설사 당초의 임원선임결의가 부존재 혹은 무효라고 할지라도 새로운 총회가 당초 임원선임결의에 의하여 선임된 임원에 의하여 소집된 총회이므로 무권리자에 의하여 소집된 총회라는 사유는 이를 독립된 무효사유로 볼 수 없다 할 것인바, 만약 이를 무효사유로 본다면 최초의 임원선임결의의 무효로 인하여 연쇄적으로 그 후의 결의가 모두 무효로 되는 결과가 되어 법률관계의 혼란을 초래하고 법적 안정성을 현저히 해하게 되기 때문이다.

04 이사회 또는 대의원회의 소집결의의 하자

(1) 총회를 소집하기로 하는 이사회 결의의 효력에 다툼이 있는 경우

> 대법원 1980. 10. 27. 선고 79다1264 판결
> 이사회의 결정 없이 주주총회가 소집되었다고 하더라도 외관상 이사회의 결정이 있었던 것과 같은 소집형식을 갖추어 소집권한 있는 자가 적법한 소집절차를 밟은 이상 이사회의 결정이 없었다는 사정은 주주총회결의 부존재의 사유는 되지 않고 주주총회결의 취소의 사유가 됨에 불과하다.
>
> 서울남부지방법원 2009. 5. 22.자 2009카합533 결정
> 동법원 2009. 7. 21.자 결정 2009카합772 결정
> 총회의 소집을 위한 피신청인 조합의 이사회 결의는 보궐이사로 선임된 OO, OO, OO이사에 대한 소집통지 없이 개최된 하자가 있는 사실이 소명되므로 총회개최금지 가처분 인용

(2) 이사회 결의 없이 총회를 소집하는 경우

표준정관에는 총회를 개최하거나 일시를 변경하는 경우 총회의 목적, 안건, 일시, 장소, 변경사유 등에 관하여 <u>미리 이사회의 의결을 거쳐야 하므로</u>, 이사회의 결의 없이 조합장이 독단적으로 총회를 소집하는 경우에는 총회결의 무효의 원인이 될 수 있다.

> **대법원 1987. 4. 28. 선고 86다카553 판결**
> 정당한 소집권자에 의하여 소집된 주주총회가 아니라면 그 결의는 당연무효라 할 것이나 그렇지 아니하고 <u>정당한 소집권자에 의하여 소집된 주주총회의 결의라면 설사 주주총회의 소집에 이사회의 결의가 없었고 그 소집통지가 서면에 의하지 아니한 구두소집통지로서 법정소집기간을 준수하지 아니하였으며 또한 극히 일부의 주주에 대하여는 소집통지를 빠뜨렸다 하더라도 그와 같은 주주총회 소집 절차상의 하자는 주주총회 결의의 단순한 취소사유에 불과하다 할 것이고, 취소할 수 있는 결의는 법정기간 내에 제기된 소에 의하여 취소되지 않는 한 유효하다</u>
>
> **대법원 1980. 10. 27. 선고 79다1264 판결**
> 이사회의 결정없이 주주총회가 소집되었다고 하더라도 외관상 이사회의 결정이 있었던 것과 같은 소집형식을 갖추어 소집권한 있는 자가 <u>적법한 소집절차를 밟은 이상 이사회의 결정이 없었다는 사정은 주주총회결의 부존재의 사유는 되지 않고 주주총회결의 취소의 사유가 됨에 불과하다.</u>
>
> **서울북부지방법원 2011. 3. 8.자 2010카합1201 결정**
> 보조참가인 조합의 정관 제20조 제6항에 따르면 조합장이 조합원 총회를 소집할 때에는 이사회에서 총회의 목적, 안건, 일시, 장소, 변경사유 등에 관한 의결을 거치도록 되어 있는데, 위 정관이 이사회를 조합의 사무를 집행하기 위한 필수적 회의기관으로 규정하고 있는 점 및 위와 같이 이사회의 의결을 거치도록 한 것이 소집권자인 조합자의 권한을 견제하고 총회의 안건 등을 미리 검토함으로써 효율적·합리적인 재개발을 추진하려는 데 그 목적이 있는 것이라는 점 등에 비추어 보면, <u>총회를 소집함에 있어서 이사회 결의를 거치지 않거나 그 이사회의 결의에 중대한 하자가 있어 총회개최에</u>

관한 이사회 결의가 무효인 경우에는 총회 역시 소집절차에 중대한 하자가 있어 무효라고 할 것이다.

서울남부지방법원 2017. 11. 9. 선고 2015가합108193 판결
이사회 결의의 하자로 인한 총회 결의가 무효로 할 만큼 중대·명백한 하자는 아니다.[183]

(3) 이사회 혹은 대의원회의의 결의에 자격 없는 자가 참가하여 표결한 경우

대법원 1997. 5. 30. 선고 96다23375 판결
비법인사단의 이사회 혹은 대의원회의의 결의에 자격 없는 자가 참가한 하자가 있다 하더라도 그 의사의 경과, 자격 없는 자의 표결을 제외하더라도 그 결의가 성립함에 필요한 정족수를 충족하는 점 등 제반 사정에 비추어 그 하자가 결의의 결과에 영향을 미치지 않았다고 인정되는 때에는 그 결의를 무효라고 볼 것은 아니다(재건축조합 대의원회의의 임원선임 결의에 조합원이 아니어서 대의원 자격이 없는 자들이 참가하여 표결한 사안에서, 그들이 그 회의에서 아무런 발언 없이 찬성의 의사표시만을 하였을 뿐이고 또한 그들을 제외하더라도 결의 성립에 필요한 정족수를 충족하고 있으므로 그 대의원 결의는 무효가 아니라고 본 사례).

---

183 이 사안은 일단 이사회는 적법하게 개최되었으나, 이사자격이 없는 임시이사 2명이 결의에 참여하여, 하자 있는 이사회 의결이 있다는 점은 인정하고 있다.

05 소집권한 없는 자에 의한 소집

(1) 이사회의 소집결의는 있으나 조합장 또는 정관상의 소집권자가 아닌 자가 소집한 경우

> **대법원 1993. 9. 10. 선고 93도698 판결**
> 대표이사 아닌 이사가 이사회의 소집 결의에 따라서 주주총회를 소집한 것이라면 위 주주총회에 있어서 소집절차상 하자는 주주총회결의의 취소사유에 불과하고 그것만으로 바로 주주총회결의가 무효이거나 부존재가 된다고 볼 수 없다.

(2) 소집권한 없는 자에 의한 총회 소집에 소집권자가 동의한 경우

> 대법원 1994. 5. 10. 선고 93다51454 판결
> 소집권한 없는 자에 의한 총회 소집이라고 하더라도 소집권자가 소집에 동의하여 그로 하여금 소집하게 한 경우에는 이를 권한 없는 자의 소집이라고 볼 수 없다.

> 대법원 1994. 1. 11. 선고 92다40402 판결
> 소집권한 없는 자에 의한 총회소집이라고 하더라도 소집권자가 소집에 동의하여 그로 하여금 소집하게 한 것이라면 그와 같은 총회소집을 권한 없는 자의 소집이라고 볼 수 없으나 단지 소집권한 없는 자에 의한 총회에 소집권자가 참석하여 총회소집이나 대표자선임에 관하여 이의를 하지 아니하였다고 하여 이것만 가지고 총회가 소집권자의 동의에 의하여 소집된 것이라거나 그 총회의 소집절차상의 하자가 치유되어 적법하게 된다고는 할 수 없다.

(3) 소집권자가 이미 소집한 총회를 연기하거나 철회할 수 있는지 여부

소집의 연기 또는 취소의 결정이 조합원에게 알려질 수 있는 적절한 조치를 한 경우에는 가능하다.

> 대법원 2007. 4. 12. 선고 2006다77593 판결
> [1] 법인이나 법인 아닌 사단의 총회에 있어서, 소집된 총회가 개최되기 전에 당초 그 총회의 소집이 필요하거나 가능하였던 기초 사정에 변경이 생겼을 경우에는, 특별한 사정이 없는 한 그 소집권자는 소집된 총회의 개최를 연기하거나 소집을 철회·취소할 수 있다.
> [2] 법인이나 법인 아닌 사단의 총회에 있어서 총회의 소집권자가 총회의 소집을 철회·취소하는 경우에는 반드시 총회의 소집과 동일한 방식으로 그 철회·취소를 총회 구성원들에게 통지하여야 할 필요는 없고, 총회 구성원들에게 소집의 철회·취소결정이 있었음이 알려질 수 있는 적절한 조치가 취하여지는 것으로써 충분히 그 소집 철회·취소의 효력이 발생한다.

(4) 법원허가 임시총회와 같은 기일에 다른 임시총회 소집은 불가하다

> 대법원 1993. 10. 12. 선고 92다50799 판결
> 종중 정관 규정에 따른 소수 대의원이 법원의 허가를 받아 임시총회를 소집한 경우 종중의 기관으로서 소집하는 것으로 보아야 할 것이고 종중의 대표자라도 위 소수의 대의원이 법원의 허가를 받아 소집한 임시총회의 기일과 같은 기일에 다른 임시총회를 소집할 권한은 없게 된다고 보아야 한다.

(5) 해임총회시 당초의 해임결의 후 새로 소집권한을 부여받은 추진위원장 또는 직무대행자에 의하여 소집된 것이어서 무권리자에 의하여 소집된 총회라는 사유는 원칙적으로 독립된 무효사유로 볼 수 없다.

> 대법원 2010. 10. 28. 선고 2009다63694 판결
> 당초 주택재개발 정비사업조합 설립추진위원회의 주민총회에서 추진위원장 및 추진위원의 해임결의가 있은 후 다시 개최된 주민총회에서 위 종전결의를 그대로 인준하거나 재차 해임결의를 한 경우, 종전 해임결의의 무효확인을 구할 이익이 있는지 여부(소극) 및 이때 새로운 주민총회가 무효인 당초의 해임결의 후 새로 소집권한을 부여받은 자에 의하여 소집된 것이어서 무권리자에 의하여 소집된 총회라는 사유를 독립된 무효사유로 볼 것인지 여부(소극)
> 당초 주택재개발 정비사업조합 설립추진위원회의 주민총회에서 추진위원장 및 추진위원의 해임결의가 있은 후 다시 개최된 주민총회에서 위 종전결의를 그대로 인준하거나 재차 해임결의를 한 경우에는, 설사 당초의 해임결의가 무효라고 할지라도 다시 개최된 위 주민총회의 결의가 하자로 인하여 무효라고 인정되는 등의 특별한 사정이 없는 한 종전 해임결의의 무효확인을 구하는 것은 과거의 법률관계 내지 권리관계의 확인을 구하는 것에 불

과하여 권리보호의 요건을 결여한 것이다. 이 경우 새로운 주민총회가 무효인 당초의 해임결의 후 새로 소집권한을 부여받은 추진위원장 또는 직무대행자에 의하여 소집된 것이어서 무권리자에 의하여 소집된 총회라는 사유는 원칙적으로 독립된 무효사유로 볼 수 없다. 만일 이를 무효사유로 본다면 당초의 해임결의의 무효로 인하여 연쇄적으로 그 후의 결의가 모두 무효로 되는 결과가 되어 법률관계의 혼란을 초래하고 법적안정성을 현저히 해하게 되기 때문이다.

(6) 공동대표자인 경우

대법원 1999. 06. 25. 선고 99다10363 판결
총회의 소집권자인 공동대표 중의 1인이 나머지 공동대표자와 공동하지 않은 채 단독으로 총회를 소집하였다 하더라도 특단의 사정이 없는 한 그 총회의 결의가 부존재라거나 무효라고 할 정도의 중대한 하자라고 볼 수는 없다.

06 통지상의 하자

(1) 법정기한을 1일이나 2일 지연하여 소집한 경우

단순히 기한을 넘긴 사정만으로 총회결의가 무효로 되는 것은 아니고, 적정한 결의권 행사가 방해되었는지 여부에 따라 총회결의의 유무효를 판단한다.

> **대법원 1999. 6. 25. 선고 99다10363 판결**
> 비법인 사단의 총회개최에 일정의 유예기간을 두고 소집통지를 하도록 규정한 취지는 그 구성원의 토의권과 의결권의 행사를 보장하기 위한 것이므로 회원에 대한 소집통지가 단순히 법정기한을 1일이나 2일 지연하였을 뿐이고 회원들이 사전에 회의의 목적사항을 알고 있는 등의 사정이 있었다면 회원의 토의권 및 결의권의 적정한 행사는 방해되지 아니한 것이므로 이러한 경우에는 그 총회결의는 유효하다.

(2) 일부에 대한 소집통지를 흠결한 경우

일부 조합원에 대한 소집통지를 흠결한 총회결의는 원칙적으로 무효이나, 소집통지를 받지 아니한 조합원이 총회개최 사실을 알게 된 경우에는 구체적 사정을 고려하여 결의의 효력을 판단하여야 할 것이다.

그러나 대세는 일부 소집통지가 누락되어도 법원은 인정하는 분위기이다.

> **대법원 1995. 6. 9. 선고 94다42389 판결**
> 종중 총회의 소집통지는 종중의 규약이나 관례가 없는 한 통지 가능한 모든 종원에게 소집통지를 적당한 방법으로 통지를 함으로써 각자가 회의의 토의와 의결에 참여할 수 있는 기회를 주어야 하고 일부 종원에게 이러한 소집통지를 결여한 채 개최된 종중 총회의 결의는 그 효력이 없고, 이는 그 결의가 통지 가능한 종원 중 과반수의 찬성을 얻은 것이라고 하여 달리 볼 것은 아니나, 소집통지를 받지 아니한 종원이 다른 방법에 의하여 이를 알게 된 경우에는 그 종원이 종중 총회에 참석하지 않았다고 하더라도 그 종중 총회의 결의를 무효라고 할 수 없다.
> 종중 문장이 특정 종원에게 종중 총회 소집통지서를 보내면서 연월, 시간과 장소 등은 기재하고 그 일자의 기재를 누락하였지만, 그 종원은 종중의 상당한 수의 종원들이 거주하고 있는 마을에 거주하고 있을 뿐만 아니라 위 종중 총회 장소도 같은 마을이며 문장이 종중 총회의 소집일자를 신문에 공고까지 하였다면, 그 종원은 위 날짜에 종중 총회가 소집되는 것을 알았다고 보여지므로, 그 종원에 대한 소집통지서의 소집일 기재 누락만으로는 종중 총회 결의를 무효라고 할 수 없다고 한 사례.

> 서울고등법원 2011. 3. 22.자 2010라2148 결정
> [1] 종중의 회의, 즉 총회는 원칙적으로 대표자나 소집권자가 종중원에게 그 총회의 소집통지를 하여 개최하나, 종중의 규약이나 관례에 따라 종중원이 매년 1회씩 일정한 일시에 일정한 장소에서 정기적으로 모여 종중의 대소사를 처리하기로 미리 약정이 되어 있는 경우에는 따로 그와 같은 소집통지를 하지 아니하여도 그 회의의 의결을 무효라 할 수 없다.

(3) 서면에 의하지 아니하고 전화에 의한 총회소집통지에 의하여 소집된 총회에서 한 결의의 효력

전화 또는 전자우편에 의한 소집통지를 한 사실만으로 총회결의가 무효로 되는 것은 아니고, 참석기회를 부여하였는지 여부 등을 종합적으로 고려하여 판단하여야 할 것이다.

> 대법원 1987. 5. 12. 선고 86다카2705 판결
> 사단법인의 신임회장을 조속히 선임하여 실추된 명예를 회복하고 업무의 공백을 메워야 할 형편에 있어 정관소정의 기한내에 전화로 안건을 명시하여 총회소집통보를 하였으며 또한 총회구성원들 모두가 총회결의등에 관하여 아무런 이의를 제기하지 아니하였다면 총회 소집통지를 서면에 의하지 아니하고 전화로 하였다는 경미한 하자만으로는 총회의 결의를 무효라고 할 수 없다.
>
> 부산지방법원 2007. 7. 26.자 2007카합491 결정
> 총회소집통지가 총회의 7일 전인 2007. 2. 20.까지 조합원들에게 등기우편으로 발송하지 아니한 것은 당사자들 사이에 다툼이 없으나, 한편 기록에 의하면 피신청인들은 2007. 2. 21. 조합원 모두에게 전자우편으로 총회소집통지를 하여 조합원들에게 총회참석기회를 부여한 사실이 소명되는바, 그렇다면 조합원들에게 총회소집통지를 하면서 등기우편으로 발송하지 아니하였다는 사정만으로 이 사건 임시총회에 취소 또는 무효에 이를 정도의 하자가 있다고 할 수는 없으므로 이 부분 주장 역시 이유가 없다.

(4) 등기우편 여부

> 서울동부지방법원 2015. 1. 13. 선고 2014가합105170 판결, 고덕○조합
> 임원선거를 함에 있어 후보자 등록 등을 등기우편으로 하지 않고 일반우편으로 통지하고 인터넷에만 게시하여 위법이라는 주장에 대해 각 동별 게시판에 게재, 다음카페에 고지, 12건만 반송, 53%가 아파트에 거주, 이는 공고기간을 1일 정도 미달, 등기우편이 아니므로 정관을 위배하였지만, 임원 피선거권을 침해하였다고 보기는 어렵다.

(5) 통지사항이 미비한 경우(목적사항 불 기재, 시간·장소 누락 등)

총회소집통지를 함에 있어 목적사항이 전혀 기재되지 아니한 경우에는 그 결의의 효력을 부인함이 타당하나, 목적사항의 기재정도는 조합원이 의안이 무엇인지 알기에 족할 정도로 기재하는 것으로 충분하다.

> 대법원 1993. 10. 12. 선고 92다50799 판결
> 종중 총회를 소집함에 있어 회의의 목적사항을 기재하도록 하는 취지는 종중원이 결의를 할 사항이 사전에 무엇인가를 알아 회의에의 참석 여부나 결의사항에 대한 찬반의사를 미리 준비하게 하는 데 있으므로 회의의 목적사항은 종중원이 의안이 무엇인가를 알기에 족한 정도로 구체적으로 기재하면 족하다.

(6) 총회 개최 시간 지연

당초 통지된 시간 또는 장소에 참석한 조합원들의 참석권이 침해되었는지 여부를 기준으로 판단한다.

> **대법원 2003. 7. 11. 선고 2001다45584 판결**
> 주주총회의 개회시각이 부득이한 사정으로 당초 소집통지된 시각보다 지연되는 경우에도 사회통념에 비추어 볼 때 정각에 출석한 주주들의 입장에서 변경된 개회시각까지 기다려 참석하는 것이 곤란하지 않을 정도라면 절차상의 하자가 되지 아니할 것이나, 그 정도를 넘어 개회시각을 사실상 부정확하게 만들고 소집통지된 시각에 출석한 주주들의 참석을 기대하기 어려워 그들의 참석권을 침해하기에 이르렀다면 주주총회의 소집절차가 현저히 불공정하다고 하지 않을 수 없고, 또한 소집통지 및 공고가 적법하게 이루어진 이후에 당초의 소집장소에서 개회를 하여 소집장소를 변경하기로 하는 결의조차 할 수 없는 부득이한 사정이 발생한 경우, 소집권자가 대체 장소를 정한 다음 당초의 소집장소에 출석한 주주들로 하여금 변경된 장소에 모일 수 있도록 상당한 방법으로 알리고 이동에 필요한 조치를 다한 때에 한하여 적법하게 소집장소가 변경되었다고 볼 수 있다.

(7) 총회의 소집목적 이외의 사항에 대해 결의한 경우

표준정관 제20조 제8항에서는 "총회는 통지한 안건에 대해서만 의결할 수 있다"라고 규정하고 있으므로, 통지한 안건 이외의 사항에 대한 결의는 정관에 위배된 결의로 무효사유가 된다.

> 대법원 1979. 3. 27. 선고 79다19 판결
> 상법 제363조 제1항, 제2항의 규정에 의하면 주주총회를 소집함에 있어서는 회의의 목적사항을 기재하여 서면으로 그 통지를 발송하게 되어 있으므로 주주총회에 있어서는 원칙적으로 주주총회 소집을 함에 있어서 회의의 목적 사항으로 한 것 이외에는 결의할 수 없으며, 이에 위배된 결의는, 특별한 사정이 없는 한, 상법 제376조 소정의 총회의 소집절차 또는 결의방법이 법령에 위반하는 것으로 보아야 하고, 다만 회사 정관에 주주전원의 동의가 있으면 미리 주주에게 통지하지 아니한 목적 사항에 관하여도 결의할 수 있다고 되어 있는 때는 예외이나, 그 경우의 주주 전원이란 재적주주 전원을 의미한다고 보아야 할 것이며, 미리 주주에게 통지하지 아니한 사항에 관한 결의에 가담한 주주가 그 결의의 취소를 구함이 곧 신의성실의 원칙 및 금반언의 원칙에 반한다고 볼 수 없다.

07 결의방법의 하자

(1) 총회의 결의 방법

조합정관에서 따로 정하는 경우가 아니라면, 거수, 기립, 투표 등 찬반의 의사를 확인할 수 있는 방법이면 족하다. 그러나 정관의 위임을 받은 선거관리규정에서 따로 정하는 것이 좋다.

> **대법원 2006. 2. 23. 선고 2005다19552,19569 판결**
> 원심은, 원고 조합의 창립총회에서 규약안을 의결함에 있어서 의장이 설명을 마친 후 거수의 결의방법을 채택하여 찬반을 물었고, 절대다수의 조합원들이 찬성에 거수하고 반대는 극소수임을 확인하고는 규약안이 의결되었음을 선포한 사실을 인정한 다음, 찬성 조합원 수를 구체적으로 집계하지 아니하였다는 것만으로 그 결의가 무효라고 볼 수는 없다고 판단하였다.

조합원 총회의 결의는 조합원들이 결의사항에 대하여 찬부를 표명함으로써 행하여지는 것으로 규약 등에 별다른 규정이 없는 한 거수, 기립, 투표 등 어느 방법을 택하여도 무방하다 할 것인바, 원심이 들고 있는 사정과 여기에 위와 같이 규약안의 의결을 선포하였을 때 참석한 조합원들이 박수로써 호응하였고 그에 대하여 반대하는 의사표명이 없었던 점을 더하여 보면, 위와 같은 원심의 조치는 정당한 것으로 수긍할 수 있고, 거기에 총회의 결의정족수에 관한 법리를 오해한 위법이 있다고 보이지 아니한다.

서울지방법원 2001. 11. 7. 선고 2001가합3955 판결
투표방법이나 집계에 관하여 아무런 규정이 없는 경우 총회장에서 붓대롱으로 기표란에 찍는 방식으로 투표하도록 하였음에도 펜, 무인 등의 방법으로 기표한 투표용지에 대하여도 어느 기표란에 기표하였는지 의사가 분명하게 나타나 있는 이상 투표자의 의사를 존중하여 유효한 것으로 보아야 한다.

(2) 대리인이 인감증명서 없이 총회에 참석한 경우

조합정관의 규정에 따를 것이나, 단순히 인감증명서가 위임장보다 늦게 제출되었다는 사정만으로 대리인의 참석을 무효라고 단정할 수는 없다.

대법원 2007. 7. 26. 선고 2007도3453 판결
재건축주택조합규약에서 조합총회의 결의에 대리인이 참석할 경우 본인의 위임장에 인감증명서를 첨부하여 제출하도록 하는 것은 조합원 본인에 의한 진정한 위임이 있었는지를 확인하기 위한 것이므로, 조합원 본인이 사전에 대리인에게 총회참석을 위임하여 그 자격을 소명할 수 있는 위임장을 작성해 주고 대리인이 총회에 출석하여 그 위임장을 제출한 이상 본인의 인감증명서가 뒤늦게 제출되었다는 사정만으로 대리인의 참석을 무효라고 할 수 없다.

(3) 의장이 독단으로 개회선언을 하고 퇴장한 경우

참석한 조합원 전원의 동의로 임시의장을 선출하여 총회를 진행한 경우에는 그 유효성을 인정할 수 있을 것이다.

> **대법원 1983. 8. 23. 선고 83도748 판결**
> 개회선언된 임시주주총회에서 의안에 대한 심사도 아니한 채 법률상으로나 사실상으로 의사를 진행할 수 있는 상태에서 주주들의 의사에 반하여 대표이사나 이사가 자진하여 퇴장한 경우 임시 주주총회가 개회되었다거나 종결되었다고 할 수는 없으며, 설령 당시 대표이사가 독단으로 개회선언을 하고 퇴장하였더라도 의장으로서 적절한 의사운영을 하여 의사일정의 전부를 종료케 하는 등의 직책을 포기하고 그의 권한 및 권리행사를 하지 아니하였다고 볼 것이니 <u>그 당시 회의장에 남아있던 총 주식수의 과반수 이상의 주주들이 전 주주의 동의로서 임시의장을 선출하여 진행한 임시주주총회의 결의는 적법하다.</u>

(4) 의장이 일방적 폐회선언 후 남은 자가 진행

> **울산지방법원 2008. 7. 22.자 2008카합553 결정**
> (1) 이 사건 지주총회결의의 절차적 하자 관련 주장 부분
> 살피건대, 앞서 인정한 사실에 드러난 다음과 같은 사정 즉, ① 이 사건 조합의 2006. 12. 6.자 지주총회는 채무자 측의 이 법원에 대한 총회소집허가신청이 제기되자 지주총회 개최를 거부하던 당시 조합장 ○○○○가 채무자 측의 요구에 따라 개최하였던 점, ② 앞서 본 바와 같이 당시 채권자 측은 의사진행과정에서 충분한 의안전달이나 적법한 토론을 거치지도 아니하고 구성원들의 의사가 충분히 표명되지도 아니한 채 채권자들을 임원으로 호명하고 박수에 의하여 결의하였고, 도시개발사업 현안문제의 처리에 관한 사항에 대하여는 의결절차에 회부하지도 아니한 채 퇴장한 점 등에 비추어 보면 채무자 측의 요구로 인하여 개최된 총회에서 구성원들의 의사도 충분히 반영하지 아니하고 일부 안건에 대하여는 의결절차에 회부하지도 아니한

채 앞서 본 바와 같이 일방적으로 한 채권자 측의 폐회선언은 2006. 12. 6.자 지주총회의 종료선언으로의 효력이 없다 할 것이다. 따라서, 이후 그 자리에 남아 있던 채무자 측(채무자 측 조합원의 자격 및 의결권은 뒤에서 보는 바와 같이 적어도 일부는 인정되는 것으로 보인다)이 앞서 본 바와 같이 임시의장 및 사회자를 선출하여 회의를 계속 진행하여 채무자들을 임원으로 선출한 이 사건 총회결의는 그 절차에 위법, 무효사유가 없다고 볼 것이다. 따라서, 이와 다른 전제의 채권자들의 위 주장은 이유 없다.

(5) 조합원 아닌 자가 결의에 참가한 경우

대법원 1983. 8. 23. 선고 83도748 판결
주주총회가 적법하게 소집되어 개회된 이상 의결권 없는 자가 의결권을 행사하였으며 동인이 의결권을 행사한 주식수를 제외하면 의결정족수에 미달하여 총회결의에 하자가 있다는 주장은 주주총회 결의방법이 법령 또는 정관에 위반하는 경우에 해당하여 결의취소의 사유에 해당한다.

대법원 1997. 5. 30. 선고 96다23375 판결
비법인사단의 이사회 혹은 대의원회의의 결의에 자격 없는 자가 참가한 하자가 있다 하더라도 그 의사의 경과, 자격 없는 자의 표결을 제외하더라도 그 결의가 성립함에 필요한 정족수를 충족하는 점 등 제반 사정에 비추어 그 하자가 결의의 결과에 영향을 미치지 않았다고 인정되는 때에는 그 결의를 무효라고 볼 것은 아니다(재건축조합 대의원회의의 임원선임 결의에 조합원이 아니어서 대의원 자격이 없는 자들이 참가하여 표결한 사안에서, 그들이 그 회의에서 아무런 발언 없이 찬성의 의사표시만을 하였을 뿐이고 또한 그들을 제외하더라도 결의 성립에 필요한 정족수를 충족하고 있으므로 그 대의원 결의는 무효가 아니라고 본 사례).

(6) 불공정한 의사진행의 경우

> 대법원 1996. 12. 20. 선고 96다39998 판결
> 사실상 주주 2인으로 구성된 주식회사의 일방 주주측이 다른 주주의 회의장 입장을 부당하게 방해하였고, 그 의사진행방식 및 결의방식이 개최시각보다 지연 입장하게 된 다른 주주의 의결권 행사를 최대한 보장하는 방법으로 이루어지지 아니하여 신의칙에 반한다는 이유로, 주주총회 결의방법이 현저하게 불공정한 때에 해당한다고 본 사례.

(7) 의장이 자격이 없는 경우

> 대법원 1977. 9. 28. 선고 76다2386 판결
> 정관상 의장이 될 사람이 아닌 자가 정당한 사유없이 주주총회의 의장이 되어 의사에 관여한 사유만으로서는 그 주주총회가 부존재한 것으로 볼 수 없고 주주총회결의 취소사유에 해당한다 할 것이다.

(8) 안건의 일괄상정

일괄상정을 금하는 정관규정이 없는 한 그 자체로 무효가 되는 것은 아니다.

> 서울고등법원 2007. 6. 7. 선고 2006나38842 판결
> 조합의 조합규약이나 정관에서 총회에 상정할 수개의 안건을 하나의 안건으로 묶어 일괄 상정하는 것을 금지하고 있거나 달리 안건 상정에 관한 방식 등에 관하여 아무런 제한을 가하고 있지 않으므로, 피고가 2005. 4. 24.자 정기총회에서의 제1호 안건으로 2004. 12. 27.자 임시총회에서 결의된 6개 안건 모두를 일괄 상정하였다고 하더라도 이는 총회의 결의를 무효로 할 만한 중대한 절차상의 하자라고 보기 어렵다.

(9) 의장이 결의 성립을 보류한 채 폐회한 경우

결의의 성립 선언이라는 결의의 존재를 인정할 외형적 징표가 없으므로, 결의가 존재하지 않는 것이 된다.

> **대법원 2008. 2. 14. 선고 2007다62437 판결**
> [1] 재건축조합의 총회의 결의는 의사결정기관인 총회의 의사를 결정하는 법률행위로서, 소정의 절차에 따라 결의의 성립이 선언됨으로써 관계자에 대하여 구속력을 가지는 결의가 외형적으로 존재하게 되고, 그와 같이 결의의 존재를 인정할 수 있는 어떤 외관적인 징표가 있어야만 그 결의의 효력 유무의 확인을 구할 수 있다.
> [2] 재건축조합의 조합해산안에 대한 임시총회 결의절차에서 의장이 일부 서면결의서의 하자 유무의 확인을 이유로 결의 성립의 선언을 보류한 채 폐회선언을 한 경우, 결의의 존재를 인정할 외관적 징표가 없으므로 그 결의가 존재함을 전제로 한 임시총회의 해산결의 존재확인의 소는 확인의 이익이 없어 부적법하다고 한 사례.

08 무효인 결의를 기초로 이루어진 후속 결의 효력

무효인 결의를 기초로 이루어진 조합 내부 행위는 무효라고 보아야 할 것이나, 무효인 결의를 기초로 제3자와 이루어진 행위에 대해서는 모두 무효라고 볼 것은 아니다.

> 광주고등법원(제주재판부) 2010. 4. 14. 선고 2009나527 판결(확정)
> (1) 2008. 9. 21.자 결의
> 도시개발법 제15조는 조합에 관하여 이 법으로 규정한 것 외에는 민법중 사단법인에 관한 규정을 준용한다(제4항)고 규정하고 있고, 민법 제70조는 사단법인의 총사원의 1/5 이상이 회의의 목적사항을 제시하여 총회소집을 청구한 경우 이사는 임시총회를 소집하여야 하되 위 사원수는 정관으로 증감할 수 있고(제2항), <u>위 청구가 있은 후 2주 내에 이사가 총회소집절차를 밟지 아니한 경우 청구한 사원은 법원의 허가를 얻어 이를 소집할 수 있다(제3항)</u>고 규정하고 있으므로, 피고의 대의원회의 소집절차에 관하여도 위 <u>민법 제70조가 준용</u>되어 소집권자인 조합장이 대의원들의 소집요구에 불응할 경우 법원의 소집허가가 필요한 것인지가 문제되는바, 앞서 본 관련법규

및 정관규정에 의하여 인정되는 다음의 사정, 즉, ① 대의원회는 도시개발법상 임의적 기관에 불과하지만 피고 정관상으로는 필수적 기관으로 규정되어 있는 점, ② 피고 정관상 대의원회가 임원선임 등 몇 가지 중요 사항을 제외하고는 총회의 권한을 일반적으로 대행하도록 되어 있으므로 대의원회소집절차를 총회소집절차와 달리 취급할 이유가 없는 점, ③ 위와 같은 대의원회의 포괄적 권한에 비추어 소집요구자에 의한 자체적인 대의원회 소집을 허용할 경우 무분별한 대의원회 소집의 남발과 이에 대한 정족수 충족여부 등에 관한 분쟁으로 정상적인 조합운영에 큰 혼란을 초래할 여지가 있는 점 등을 고려하면, 피고의 대의원회 소집권자인 조합장이 대의원들의 대의원회 소집요구에 응하지 않을 경우에도 총회소집과 같이 민법 제70조를 준용하여 그 회의 소집에 법원의 허가가 필요하다고 봄이 상당하다 할 것이다.

돌이켜 이 사건에 관하여 보건대, 피고의 전체 대의원 중 1/3 이상이 2008. 5. 16. 등 3회에 걸쳐 조합장인 원고 이○○에게 임원개임 등 안건을 목적사항으로 한 대의원회 소집을 요구한 사실, 원고 이○○이 위 각 소집요구에 응하지 아니하자 천○○ 등이 법원의 소집허가 없이 스스로 대의원회를 소집·개최하여 2008. 9. 21.자 결의를 진행한 사실은 앞서 본 바와 같은바, 법원의 소집허가가 없는 이상 천○○ 등에게 독자적으로 대의원회를 소집할 아무런 법률상 권한이 없으므로, 2008. 9. 21.자 결의는 소집권한 없는 자에 의하여 소집된 절차상 중대한 하자가 있다. 원고들의 이 부분 주장은 이유있다.

(2) 2008. 10. 19.자 결의

살피건대, 위에서 본 바와 같이 2008. 9. 21.자 결의가 무효인 이상, 원고들이 해임되어 조합장 등 임원들이 보궐되었다고 보아 새로운 임원을 선임한 2008. 10. 19.자 결의 또한 나아가 살펴 볼 필요 없이 무효라 할 것이므로, 이를 지적하는 원고들의 주장은 이유 있다.

09 조합원의 권리를 부당하게 박탈하는 경우

정관이 정하는 임원 자격에 미달하는 자를 임원으로 선임하는 결의, 정관이 정하는 정수를 초과하여 임원을 선임하는 결의 등도 무효사유에 해당한다.

> **대법원 1999. 3. 9. 선고 98다60118 판결**
> 재건축주택조합이 정기총회에서 조합의 재건축사업에 반대한 조합원들에게 신축아파트 추첨권을 주지 않기로 한 결의와 신축아파트를 배정함에 있어 위 조합원들을 제외하고 나머지 조합원들에 대하여, 그 방법도 공개추첨에 의하지 아니하고 조합원들이 입주를 희망하는 아파트의 동, 층, 호수를 임의로 선택하여 지정하도록 한 결의는 강행법규인 주택건설촉진법 제32조, 제47조와 주택공급에관한규칙 제28조 및 조합원에게 신축아파트의 분양신청권을 보장하고 분양 방법을 공개추첨에 의하도록 규정한 조합의 정관에 위배하여 조합원의 기본적 권리를 침해한 것으로서 무효라고 본 사례.

10 선거운동방법 위배

서울동부지방법원 2017. 7. 6. 선고 2016가합1951 판결
주문 : 피고가 2016. 6. 18. 실시한 추진위원장 및 감사선거는 각 무효임을 확인한다.
추진위원장으로 입후보한 상태였고, 서면결의서가 도달된 상태에서, 호별방문을 하는 것은 부정선거운동이고, 정비사업대행업체가 서면결의서를 징구한 것 등은 그 절차에 있어서 중대한 하자가 있어 무효이다.

서울동부지방법원 2017. 11. 16. 선고 2017가합101568 판결
주문 : 피고가 2016. 10. 25. 개최한 주민총회에서 의결한 별지 기재 각 안건들에 대한 결의는 무효임을 확인한다.
등기우편에 의하지 아니하고 일반 우편에 의하여 이루어진 사안에서 토지등소유자의 출석권 의결권 등의 행사에 영향을 미친 중대한 절차상의 흠이 있다.
제3자에 의한 인편투표를 인정하고 있지 아니한 상태에서 총회대행업체 직원들에 의해 서면결의서가 제출된 것은 토지등소유자들을 직접 대면함으로써 토지등소유자들의 의사결정에 영향을 미쳤을 개연성이 상당하므로, 그 절차에 있어서 중대한 하자가 있어 무효이다.